Gerhard Henschel

Neidgeschrei

Antisemitismus und Sexualität

| Hoffmann und Campe |

1. Auflage

www.hoca.de
Satz: atelier eilenberger, Leipzig
Gesetzt aus der Jenson
Druck und Bindung: Druckerei C. H. Beck, Nördlingen
Printed in Germany
ISBN 978-3-455-09497-8

HOFFMANN
UND CAMPE

Ein Unternehmen der
GANSKE VERLAGSGRUPPE

Inhalt

Einleitung 7

»Die Sünde wider das Blut«
Besichtigung eines sexualantisemitischen Bestsellers 25

»Eine perverse Hurenbrut«
Träume von der Sexualität der Juden 47

»Eine Schwäche des Blutes«
Geheimnisse der Verführungskunst 85

»Es ist Haremsluft, in der sie leben«
Prostitution und Pornographie aus antisemitischer Sicht 103

Galante Dinge in eiserner Faust
Die Franzosen als »heimliche Juden« 113

»Apotheosen des Unterleibs« *Das negroide Element* 141

Die »Schwarze Schmach«
Ein besonderes Kapitel im Buch der deutschen Ehre 161

»Estherpolitik« *Die schöne Jüdin und ihre Lustmörder* 181

»Ein leuchtend Brandmal auf die Stirne«
Kirchliche und staatliche Verkehrskontrollen 197

»Die Art von Scherzen, die sie liebten«
Juden in der Gewalt ihrer Feinde 237

Von Fäkalzylindern und phallischen Müttern
Tiefenpsychologische Deutungsversuche 257

Der Moschusduft explodierender Märtyrer
Islamische Diskursbeiträge 281

Anmerkungen 291

Literatur 362

Personenregister 373

Einleitung

Im Januar 1913 veröffentlichte der Jude Paul Mayer in der Zeitschrift *Die Aktion* ein Gedicht mit dem Titel »Ahasvers fröhlich Wanderlied«:

Seht, ich bin der Wurzellose
Kein der Umwelt Anvermählter,
Keines Heimwehtraums Narkose
Treibt das Herz mir in die Hose
Denn ich bin ein Leidgestählter.

Friedlich sitzt ihr in der Wolle
Eurer heiligsten Gefühle
Pflügend die ererbte Scholle
Während ich die wandertolle
Sehnsucht in Gesängen kühle.

Manchmal zerrt ihr mich am Rocke
Und ihr kitzelt meine Wunden
Doch ich greif' zum Wanderstocke
Ich bin frei und ich frohlocke
Weil ich nicht, wie ihr, gebunden.

Treibt ihr mich von euren Schwellen,
Ich bin doch der Meistbegehrte
Eure Neidgeschreie gellen
Denn ich trinke eure Quellen
Und ich wäge eure Werte.

Und mit eines Königs Geste
Schenke ich euch meine Gabe
Und ich schmücke eure Feste
Spende euch dazu das Beste
Was ich selbst errungen habe.

Meiner Seele glatte Häute
Bergen, was ich bettelnd büsste;
Doch es türmt sich meine Beute,
Und es jauchzen eure Bräute
Mir, dem Auswurf fremder Wüste.

Gähnend dampft ihr euren Knaster
Zu der ehrbaren Verdauung
Doch ich bin ein kluger Taster
Und ich reize eure Laster
Zu höchsteigener Erbauung.

Also treibe ich die Spiele,
Meines reifen Uebermutes
Sonderbare, sehr subtile
Letzte, euch verhüllte Ziele
Meines Asiatenblutes.[1]

Das war ein kühner Streich: Hier hatte ein Jude die schärfsten den Juden seit Jahrhunderten geltenden Verleumdungen einmal stolz und frech bestätigt und sich als sexueller Freibeuter höhnisch über die gehörnten

Spießbürger ausgelassen, die gähnend ihren Knaster schmauchten und in der Wolle ihrer heiligsten Gefühle verdämmerten, während ihre sexuell ausgehungerten Bräute ihm, Ahasver, »dem Auswurf fremder Wüste«, zu Willen waren. Das Neidgeschrei, das daraufhin erscholl, war gewaltig. In der antisemitischen Literatur wurde »Ahasvers fröhlich Wanderlied« fortan als freies Bekenntnis zu den Spielen eines reifen Übermutes und den letzten Zielen des jüdischen Asiatenblutes immer und immer wieder zitiert. 1938 eröffnete der Nationalsozialist Hans Diebow damit sein Machwerk »Der ewige Jude«.[2] Ein irritierter Historiker meldete 1974 Zweifel an der Echtheit des Gedichts an,[3] aber daran gab es nichts zu deuteln: »Ahasvers fröhlich Wanderlied« hatte der jüdische Lyriker Paul Mayer verfaßt, »ein zarter, feingliedriger Mann«,[4] der noch viele Jahre lang als Autor und Lektor für Rowohlt tätig war und seine Arbeit im Verlag 1935, auf Drängen der Reichsschrifttumskammer, einstellen mußte.[5]

»Man weiß nicht«, hieß es in einer Publikation des nationalsozialistischen Propagandaministeriums, »was man an dieser sonderbaren Lyrik mehr bestaunen solle, ihre grenzenlose Offenheit oder ihren frivolen Zynismus«:

> Jedenfalls, unverhüllter und treffender als in dieser authentischen Weise konnte der Geist des Judentums nicht in Worte gegossen werden. Ohne jeden Ballast von Tradition und Pietät wird hier das Ideal der »Wurzellosigkeit« proklamiert, werden die Ideale anderer Völker leichtfertig verhöhnt. Dieser Geist, dem nichts heilig ist, der sich sogar seiner animalischen Gelüste in fast gotteslästerlicher Überhebung rühmt, dieser Geist war es, der immer mehr unter dem Einfluß des Judentums zur Ausbreitung gelangte. […] Gegen ihn mußte eine jede Regierung, die auf christlicher Sitte und auf die primitivsten Regeln des Anstands hielt, Front machen.[6]

Man kann nicht behaupten, daß die Nationalsozialisten, als sie regierten, die christliche Sittenordnung, die Zehn Gebote oder auch nur die primitivsten Regeln des Anstands respektiert hätten. Als Machthaber warfen sie, wie man weiß, systematisch jeden Ballast von Tradition und Pietät ab, verbreiteten einen Kampfgeist, dem nichts heilig war, ließen ihren Mordopfern die Goldzähne herausbrechen, strebten selbst in gotteslästerlicher

Überhebung die Weltherrschaft an und verübten ausnahmslos jedes Verbrechen, das sie dem verhaßten Volk der Juden jemals nachgesagt und verübelt hatten. Im Dritten Reich durften sich die Antisemiten, mit staatlicher Lizenz zum Töten, so schamlos benehmen wie die Karikaturen der Juden in antisemitischen Pamphleten.

In diesem Buch soll der Vermutung nachgegangen werden, daß der sexuelle Neid ein Hauptmotiv der Judenfeindschaft bildet und von Anfang an aus ihren Zeugnissen gesprochen hat. Die Konsequenzen, Verlaufsformen und Ursprünge des modernen Rassenantisemitismus sind gründlich erforscht worden, bis hinunter in das Wurzelfaserwerk der judenfeindlichen Traktate aus dem frühen neunzehnten Jahrhundert. Jeder, der noch tiefer schürfen möchte, kann sich anhand der unermeßlich reichen Forschungsliteratur auch von allen früheren Entwicklungsstadien der Judeophobie genaue Kenntnisse verschaffen, bis in die fernsten Zeiten. Doch so weit der Blick in die Vergangenheit auch schweift, er trifft immer wieder auf die gleiche boshafte, mit allen Anzeichen innerer Erregung vorgetragene und insgeheim, wie es oft scheint, von glühendem Neid erhitzte Anklage an die Adresse der Juden, die es einfach nicht lassen könnten, sich sexuell über Gebühr zu vergnügen, nichtjüdische Frauen zu verführen und die moralische Ordnung zu zerrütten.

In zeitlich oder regional begrenzten Studien über die Geschichte des Judentums blitzt das sexuelle Motiv manchmal am Rande auf, in Zitaten aus Gerichtsurteilen über einen Juden, der sich einer Christin »unzüchtig« genähert hatte, oder aus lokalen Flugschriften, in denen sich die Juden als Verführer der Jugend gebrandmarkt sahen. Führt man aber solche Quellenfunde in größerer Zahl zusammen und vermehrt den Zufluß um einschlägige Zitate aus der judenfeindlichen Literatur, von den Schriften der Kirchenväter bis zur antizionistischen Öffentlichkeitsarbeit der Islamisten, dann ergibt sich ein Panorama von geradezu atemberaubender Weite, Tiefenschärfe und Häßlichkeit. Wenn es statthaft wäre, die Judenfeinde der Antike, des Mittelalters und der frühen Neuzeit ebenso wie ihre modernen Nachfolger als Antisemiten zu bezeichnen, könnte man sagen, daß der Sexualantisemitismus seit mindestens zweitausend Jahren existiert und seit der Zeitenwende sehr viel mehr gewesen ist als eine marginale Begleiterscheinung der abendländischen Geschichte.

Im Folgenden werden hauptsächlich Quellen aus dem deutschen Sprachraum zitiert, aber das soll nicht heißen, daß die Wanderlegende von den geilen, ihre »Wirtsvölker« zu Ausschweifung und Sittenlosigkeit verleitenden Juden andernorts weniger verbreitet gewesen wäre. Die Sage vom lüsternen Juden erfreut sich seit Jahrhunderten einer grenzüberschreitenden Beliebtheit, die sich mit historischen Auslandsnachrichten belegen läßt. Im Jahre 1115 gab der französische Benediktinerabt Guibert von Nogent in seiner Autobiographie die Sage von einem Juden wieder, der einen Mönch zur Masturbation und zur Teufelsanbetung verführt habe.[7] Unter Karl II., dem König von Neapel, erfolgte 1289 eine Vertreibung der Juden, die man des Wuchers und sexueller Exzesse beschuldigte.[8] Papst Alexander VI. legte 1498 in einer abenteuerlich konstruierten Anklage einigen Nonnen zur Last, sie hätten »mit Juden Geschlechtsverkehr gehabt und seien in der Folge schwanger geworden; dann hätten sie die Föten abgetrieben und daraus ›Pastillen‹ zubereitet, die sie ihren Liebhabern und Buhlern zum Verzehr gegeben hätten«.[9] 1569 hielt Pius V. in der päpstlichen Bulle »Hebraeorum gens« den Juden vor, daß sie häufig »in die Wohnung ehrbarer Frauen« gingen und »viele von ihnen zu scheußlicher Kuppelei« drängten.[10]

Und so ging es weiter und weiter. Er werde sich jetzt, das verkündet Sancho, der Sohn eines reichen und soeben verstorbenen Juden, in einem 1694 entstandenen Theaterstück des englischen Dramatikers und Hofhistoriographen John Dryden, in ein wildes und wüstes Liebesleben stürzen.[11] Gegen die Emanzipation der Juden führte ein anderer Gentleman 1753 das Argument an, daß deren eigener Gott sie bereits im Altertum als hurenhaft und schamlos gescholten habe.[12] Im selben Jahr erschien in einer britischen Zeitung eine Schauergeschichte mit der Pointe, die Juden wollten nach der Entjungferung sämtlicher englischen Mädchen alle Engländer erst beschneiden und dann abschlachten.[13]

In Frankreich erging sich unterdessen der Philosoph Voltaire in den vulgärsten Phantasien über die Sünden der Juden, von der Verführung hilfloser Römerinnen und der Schändung ehrbarer Jungfrauen bis hin zu Perversionen wie Inzucht und Sodomie. Jüdinnen, erklärte er, seien besonders empfänglich für die sexuelle Stimulation durch Esel, Pferde und Ziegenböcke; im übrigen seien die Juden unreinlich und leprös, und sie würden sich keine Unterwäsche anziehen.[14] Ein Zürcher Pfarrer zählte 1768 »die *Delicta carnis*, die verbottene unzůchtige strafbahre Verbrechen, Hurey, Ehebruch und andere Leichtfertigkeiten« auf und behauptete: »Die Erfahrung aller Zeiten hat gezeiget, daß die Jůdische Nation diesem Laster auf eine besondere Weise ergeben gewesen, und solches eigentlich ihre *Favorit*=Sůnde ausgemachet« habe.[15] Dieser Glaube erhielt sich in der Schweiz so lebendig, daß die Juden, die ihre staatsbürgerliche Emanzipation anstrebten, 1851 in einer Zeitung des Schweizer Kantons Basel-Landschaft kurzerhand mit Ehebrechern, Prostituierten und Kindsmörderinnen gleichgesetzt werden konnten.[16]

Wahrhaft ritterlich hat sich der Schriftsteller Émile Zola auf die Seite des jüdischen, der Spionage verdächtigten Offiziers geschlagen, dem die Dreyfus-Affäre ihren Namen abzwang, und doch ist auch Zolas erzählerisches Werk nicht frei von Pointen und Formulierungen, die ein drastisches Bild von der Alltäglichkeit sexualantisemitischer Klischees in der Dritten Republik vermitteln: In Zolas 1883 erschienenem Roman »Au bonheur des dames« dreht ein gewissenloser, viele Geliebte verschleißender Konfektionshändler, der von sich selbst behauptet, er sei »jüdischer als jeder Jude«, christlichen Kundinnen minderwertige Waren an, und er läßt, wie der Erzähler beiläufig anmerkt, unter der Anmut seiner Galanterie »die Brutalität eines Juden« aufscheinen, der die Frau pfundweise verkaufe.[17] Über dieses Normalmaß des Antisemitismus ging der Schriftsteller, Politiker und spätere Wortführer der »Anti-Dreyfusards« Édouard Drumont 1886 in seiner berüchtigten, sogleich ins Deutsche übersetzten und in Deutschland vielfach neuaufgelegten Anklageschrift »La France juive« erheblich hinaus. »Wünscht man«, fragte Drumont, »daß die ehedem anständigen Tanzbelustigungsorte der Jugend jetzt schlechte Lokale werden? Dort ist der Jude Merkowski der richtige Mann. Die Jüdin Simia und das Zwitterwesen Wolf rufen dort zu Nichtsnutzigkeiten die Leute herbei.«[18] Nach Drumonts Erkenntnissen folgten die Juden hierbei einem Generalstabsplan zur Zerrüttung der christlichen Sexualmoral: »Uebrigens dient die jüdische Prostituirte ihrem Volke nach ihrer Weise; sie erfüllt ihre Mission, indem sie die Söhne unserer Aristokratie ruinirt und der Schande überliefert. So ist sie ein nicht unwirksames Instrument, das im Interesse der jüdischen Politik thätig ist.«[19] In diesem Kampf bediene sich »die antireligiöse jüdische Propaganda außerdem der Zeitschriften und sonstigen Veröffentlichungen obscöner Gattung, der sogenannten *Pornographie*«. In einer Fußnote merkte Drumont dazu an: »Nach dem Talmud soll es Glück bedeuten, wenn man von Exkrementen träumt. Fast alle schweinischen (sadiques) Bücher werden von jüdischen Verlegern verbreitet.«[20] Für die Wahrnehmung der Sittenstrenge frommer Juden boten solche Überlegungen ebensowenig Raum wie für die Entwicklung des Gedankens, daß die jüdischen Verleger pornographischer Literatur weitaus lieber den christlichen Kundenmarkt studiert haben dürften als den Talmud.

»Der jüdische Arendenpächter, das ist der Satan, der in jeder Richtung Verkommenheit, Ausbeutung, Trunksucht verbreitet«, warnte 1898 ein polnischer Antisemit seine Landsleute. »Die Schenke des Juden ist der Ort, wo der Keim von Streit, Prozessen, Morden und anderen Brutalitäten wächst.«[21] Zu Beginn des zwanzigsten Jahrhunderts glaubte auch Nicolae C. Paulescu, der als Professor für Physiologie an der Universität Bukarest wirkte, etwas Verräterisches über die Juden herausgefunden zu haben: »Lediglich die christliche Religion fordere die Einschränkung der Begierden; demgegenüber mache der Talmud die Wollust zum Maß aller Dinge.«[22] Bei einer Debatte über neue Gesetze gegen die Prostitution prangerten rechtsgerichtete Abgeordnete 1909 in der russischen Duma die Juden als Mädchenhändler und Volksverderber an,[23] und noch heikler wurde es in den Jahren der Revolution für die russischen Juden: Ein Agent der konterrevolutionären Weißen Armee stufte sie ganz allgemein als zersetzende, die Jugend mit Wein, Weibern und Kartenspiel verseuchende Bakterien ein.[24]

Spuren hat der Sexualantisemitismus auch in der Geschichte der USA hinterlassen. Im späten neunzehnten Jahrhundert wurden die US-amerikanischen Juden in einer Artikelserie der Zeitschrift *Life* als Zerstörer der öffentlichen Sittlichkeit denunziert[25] und die aus Osteuropa eingewanderten Juden allesamt der Zuhälterei verdächtigt, des Handels mit christlichen Frauen und der Demoralisierung Amerikas.[26] Von einem antisemitischen Mob wurde 1915 der Jude Leo Frank gelyncht, dem man in Georgia in Atlanta, unter Berufung auf fadenscheinige Indizien, die Vergewaltigung und Ermordung einer vierzehnjährigen Christin angehängt hatte.[27] 1920 veröffentlichte der Großindustrielle Henry Ford eine judenfeindliche Kampfschrift, die ebenso zügig wie einst die von Drumont ins Deutsche übersetzt wurde. Die »Hauptanklage« des Kapitalisten Ford an die Adresse der Bolschewisten betraf ausdrücklich ihre »sittliche Verwahrlosung« und nicht ihre Wirtschaftsweise:

> Bekanntlich steht die Keuschheit der christlichen weiblichen Jugend bei den jüdischen Jünglingen und Männern nicht so hoch im Kurse wie die der jüdischen Jungfrauen [...] Die Hauptanklage richtet sich nicht gegen die kommunistische Wirtschafts=Methode, auch nicht gegen den Betrug und die trostlose Irreführung des Volkes. Nein, sie richtet sich gegen die unverhüllt, schmutzige sittliche Verwahrlosung, gegen die viehische Unflätigkeit, die in allem zum Durchbruch kommt: hier zieht sich eine scharfe Linie zwischen nicht=jüdischer und jüdischer Sitten=Auffassung.[28]

Henry Fords Geringschätzung der jüdischen Geschlechtsmoral teilten auch die 1944/45 vom Institute of Social Research befragten US-amerikanischen Arbeiter, deren Kommentare der Soziologe Leo Löwenthal zusammengefaßt hat: »Juden praktizieren offenbar das Verbotene. Sie schwelgen in Schlampigkeit und Lasterhaftigkeit. Sie versagen sich keine Genüsse und Lüste und wehren sich gegen jede Form selbstauferlegter Disziplin. Ihr Sexualleben, auf das in den Interviews vereinzelt Bezug genommen wird, ist der Höhepunkt der ihnen unterstellten ungehemmten Lust.«[29] Zur weiteren Verbreitung dieses Klischees trugen noch in den Jahren des Zweiten Weltkriegs populäre englische Romane bei, die davon handelten, daß schmutzig, schleimig und rattenhaft dargestellte Judenfiguren nichtjüdische Frauen verführten, quälten und schwängerten.[30] Eine 1946 in Großbritannien erstellte Studie über rassistische Vorurteile gab als Mehrheitsmeinung wieder, daß die Annäherung von Juden an Frauen oftmals offen und ungehemmt und nur selten erfolglos verlaufe, was »bei sensitiveren und schüchternen Verehrern natürlich Eifersucht und Zorn« hervorrufe.[31]

Den Ursprung der Syphilis lokalisierten amerikanische Mediziner zu guter Letzt im Schoß der einheimischen Judenheit. Die Syphilis, so hieß es im September 1968 in einer US-amerikanischen Zeitschrift, sei eine unter Juden zirkulierende Infektion, deren Verbreitung mit der Wollust und der Promiskuität der Juden ursächlich verbunden sei.[32] In der Sowjetunion verfuhr man nicht zimperlicher: 1970 erschien im Verlag des Kriegsministeriums der UdSSR ein Roman mit dem Titel »Liebe und Haß«, verfaßt von dem ehemaligen Marineoffizier Iwan Tschewzow. Darin spielt ein wollüstiger »Halbjude« verrückt: »Nahum war von Sinnen vor Begierde. Das wilde Ungeheuer und das Bauerntier wohnten in seiner Brust. Auf dem Bett sitzend und schnaufend wie ein Stier, berührte er Sonias zitternde Schultern. Wie von einem elektrischen Schlag durchzuckt, flüchtete sie an die Wand und schrie hysterisch: Wag nicht, mich anzurühren! Wag nicht, mich anzurühren!«[33] Noch etwas härter traf es die Juden 1986 in einem Roman des Schriftstellers Wassilij Below. Darin wurde »der zersetzende Einfluß von Alkoholismus, Pornographie und der gesamten westlichen Massenkultur mit ihren Moden und Verhaltensweisen, mit Popkultur, Jeans und Aerobic eifrig angeprangert«, und ein Jude mußte als »Verkörperung des bösen Prinzips« herhalten.[34]

Im leidenschaftlichen Widerstand gegen die jüdische Sexualität hätten viele verfeindete Fraktionen zusammenfinden können, wenn es nicht seit Menschengedenken üblich gewesen wäre, rundheraus jedem Außenseiter sexuelle Perversionen anzudichten. Eine Untersuchung der Phantasien über die Sexualität der Juden wäre unvollständig, wenn darin nicht auch das faszinierende und furchterregende Problem der sexuellen Fremde im allgemeinen zur Sprache käme. Es lädt zu ausschweifenden Wachträumen ein, und es steht jedem Denunzianten offen, sich aus Lust am Klatsch oder aus politischer Berechnung über das sittenwidrige Sexualverhalten anderer Leute zu äußern. Von heidnischer Seite sahen sich die frühen Christen dem Vorwurf ausgesetzt, daß sie die Genitalien ihrer Priester verehrten und sexuelle Orgien feierten.[35] Im Jahr 177 wies ein griechischer Christ diesen Vorwurf zurück: Nicht die Christen, sondern die Heiden seien Ehebrecher, Zuhälter und Knabenschänder.[36] Stets aufs neue sagte die Kirche den Ketzern »unnennbare Schandthaten der Unzucht« nach,[37] so wie schon der Apostel Paulus den Heiden »schändliche Lüste« unterstellt hatte: »Denn ihre Weiber haben verwandelt den natürlichen Brauch in den unnatürlichen. Desgleichen auch die Männer haben verlassen den natürlichen Brauch des Weibes und sind aneinander erhitzt in ihren Lüsten und haben Mann mit Mann Schande getrieben und den Lohn ihres Irrtums (wie es denn sein sollte) an sich selbst empfangen.«[38] Die Unsitte, den Anhängern des jeweils anderen Aberglaubens sexuelle Schandtaten vorzuwerfen, hatten die Christen von ihren Verfolgern übernommen. Im neunten Jahrhundert ermahnte Haimo, der Bischof von Halberstadt, seine Gemeinde, nicht »in gieriger Lust wie die Heiden« zu leben, »nicht wie die Mauren, Vandalen und Sarazenen, die sechzig oder mehr Frauen haben«.[39] Wie es die Männer und Weiber am Nil miteinander trieben, hielt im zwölften Jahrhundert der jüdische Chronist Benjamin von Tudela fest: Die Männer würden dort nackt einhergehen und sexuellen Verkehr mit den eigenen Schwestern pflegen und überhaupt mit allen Frauen, deren sie habhaft werden könnten.[40] Den Unfug dieser Form der Völkerkunde förderte der Humanist Enea Silvio Piccolomini, der von 1458 bis zu seinem Tod im Jahre 1464 als Pius II. das Amt des Papstes versah: Er hatte es auf den Islam abgesehen und verteufelte die Türken alle miteinander als sexuelle Missetäter,[41] beschrieb Verlogenheit und Wollust als grundlegende Charakterzüge des Propheten Mohammed und verdammte den Koran, weil er Unsittlichkeit, Vielweiberei und Ehescheidung erlaube.[42]

Die losen Sitten im Ausland hatten die Phantasie der Inländer schon seit den Punischen Kriegen beschäftigt. Als eine neue Welt entdeckt wurde, ging es noch höher her. Im frühen sechzehnten Jahrhundert berichtete Amerigo Vespucci von den gewaltigen Genitalien der Eingeborenen, die in polygamen und inzestuösen Verhältnissen lebten und im übrigen gewohnheitsmäßige Menschenfresser seien. Ihre Frauen seien allesamt nackt und außerordentlich lüstern. Sie würden sich, wenn sie die Gelegenheit hätten, sexuell mit Christen zu verkehren, bereitwillig beflecken und prostituieren, getrieben von maßloser Geilheit, und auch den eigenen Männern alles abverlangen: »Denn da ihre Frauen wollüstig sind, lassen sie das Gemächt ihrer Gatten zu solcher Dicke anschwellen, daß dieses entstellt und abscheulich aussieht; und dies bewirken die Frauen durch einen speziellen Trick und zwar durch den Biß bestimmter giftiger Tiere. Und dadurch verlieren viele Männer dort ihr Gemächt, und so werden sie zu Eunuchen.«[43] Die Männer aber würden es als vornehmstes Zeichen ihrer Freundschaft mit den Fremden ansehen, ihnen alle Ehefrauen und auch alle jungfräulichen Töchter anzubieten, die

»nach gelust zu haben« und zu deflorieren seien.[44] Es paßte dazu, was der englische Kompilator Samuel Purchas im frühen siebzehnten Jahrhundert über die Einwohner von Guinea notierte, ohne auch nur einen einzigen von ihnen persönlich kennengelernt und examiniert zu haben: Sie seien verfressen, versoffen, wollüstig, diebisch, dreckig und polygam, und auch die Frauen würden der Unzucht frönen, besonders gern mit Fremdlingen.[45] So malte sich der weiße Mann die Orgien auf dem schwarzen Kontinent am liebsten aus, detailgenau und hingebungsvoll, gestützt auf Informationen aus zweiundzwanzigster Hand und immer der dunklen Ahnung folgend, daß es in der sexuellen Fremde stürmischer und verruchter zugehe als daheim in London, Lissabon oder Königsberg.

Innerlich aufwühlen ließ sich die Christenheit damals auch durch Pikanterien aus der Welt der Magie. Der Klatsch über walpurgisnächtliche Sexualkontakte zwischen Hexen und dem Teufel stand zu dieser Zeit in höchster Blüte.[46] Es war ein uraltes Lied, und es sollte noch älter werden.[47] »Am ausführlichsten«, schreibt der Amerikanist Gert Raeithel, »wurde im 17. Jahrhundert die Frage diskutiert, ob es sich bei den Indianern um Juden handelte«.[48] William Hubbard, »der amtlich autorisierte Historiker der Puritaner«, habe in seiner Kriegsgeschichte den Standpunkt vertreten, daß die Bekämpfung der Indianer »der Ausrottung von Ungeziefer« gleichkomme.[49] Tabu gewesen sei indessen nur der sexuelle Verkehr zwischen Indianern und den Frauen der Siedler: »In Neuengland haben weiße Männer regelmäßig Indianerfrauen geheiratet. Wenn eine Engländerin aber einem Indianer ›carnal knowledge‹ gewährt hatte, war sie einer Bestrafung sicher. Die Silhouette eines Indianers wurde aus rotem Tuch ausgeschnitten, auf den Ärmel genäht, das Zeichen mußte sie ein Jahr lang tragen.«[50] Den Puritanismus der Christen, die solche Strafen erdachten, fällten und vollstreckten, hat der Journalist Henry Louis Mencken als Ausfluß der bohrenden Angst vor dem Verdacht definiert, daß irgendwo irgendwer glücklich sei.[51]

Für sexuelle Bacchanalien, die nicht unterbunden werden konnten, weil sie in entlegenen Ländern stattfanden, dachte man sich Strafen der Natur oder Gottes aus. 1772, einige Jahre nach einer Expedition in den Orient, verriet der Naturforscher Carsten Niebuhr der christlichen Welt etwas Kitzliges über die Mohammedaner:

> Sie sind nach dem Gesetze verbunden alle ihre Weiber anständig zu unterhalten, und einer jeden wöchentlich einmal beyzuwohnen. Eine Pflicht die vielen Mohammedanern zu schwer ist; denn sie heyrathen entweder sehr jung, oder der Vater kauft seinem Sohn eine Sclavinn, um zu verhüten, daß er nicht Bekanntschaft mit liederlichen Weibern suche. Man hat eine Tradition, daß Mohammed, welcher ein schlechter Naturkündiger gewesen seyn muß, gesagt habe: Eine Mannsperson werde, so wie ein Brunnen, immer ergiebiger, je mehr er gleichsam ausgeschöpft werde. Aber die Mohammedaner erschöpfen sich doch in ihrer Jugend dergestalt, daß sich oft Leute von dreyßig Jahren bey unserm Arzt über Unvermögen beschwereten.[52]

Niebuhr, befangen in dem seinerzeit als wissenschaftliches Dogma geltenden Irrtum, daß ein früher und großzügiger Gebrauch die Geschlechtswerkzeuge des Mannes ruiniere und den Samenfluß versiegen lasse, mag auf der Reise zwar von dem einen oder anderen impotenten Araber gehört haben, doch die Folgerung, »die Mohammedaner« würden sich in ihrer Jugend sexuell zu heftig verausgaben und seien daher mit ihrer Manneskraft durchweg als Dreißigjährige am Ende, wirkt aus heutiger Sicht weniger überzeugend als auf Niebuhrs Zeitgenossen.[53]

Aus Jamaika teilte der britische Kolonialverwaltungsbeamte Edward Long der zivilisierten Menschheit 1774 mit, daß die Eingeborenen dort sexuell triebstark seien und so schamlos wie Paviane.[54] Sondiert und generell mißbilligt wurden im späten achtzehnten Jahrhundert auch die sexuellen Aktivitäten der Zigeuner. Höheren Orts ging man davon aus, daß sie niedrigen Leidenschaften frönten. »Nichts übersteigt ferner die Zügellosigkeit wollüstiger Sitten, die unter diesem Volke Herkommens ist«, heißt es in einer antiziganistischen Hetzschrift aus dem Jahr 1783.[55] Doch es ging auch andersherum: Hinsichtlich ihrer »ölreichen Organisation zur sinnlichen Wollust« sprach Johann Gottfried Herder den »Negern« Ende des achtzehnten Jahrhunderts ein Kompliment aus,[56] dessen Berechtigung der Rassist Christoph Meiners allerdings anzweifelte, nachdem er sich mit den »eben so säuischen, als schaamlosen Negern« vertraut gemacht hatte.[57] Die Virilität der Afrikaner und ihrer versklavten Nachfahren in der Neuen Welt gab vielen weißen Männern zu denken, vor allem, wie Gert Raeithel hervorgehoben hat, in den Vereinigten Staaten von Amerika:

> Der Süden war in der Phantasie von Abolitionisten ein Ort des ungezügelten Hedonismus, ein Sündenpfuhl, den es trockenzulegen galt, ein großes Bordell, wie der Liberator im Jahr 1858 schrieb: Weiße Herren suhlten sich dort mit schwarzen Sklavinnen und trügen dadurch zur überstarken Vermehrung der schwarzen Rasse bei. Eine Emanzipation der Sklavenbevölkerung würde zu ihrer Verstreuung führen und ihr Wachstum reduzieren. Solange der Süden aber eine geschlossene Einheit bliebe, würde dort, wie in den Klöstern, die Lust regieren. Die Südstaatler drehten den Spieß um und behaupteten, die angeblich human gesinnten Abolitionisten gäben in Wirklichkeit nur ihrer Triebhaftigkeit nach; was sie wirklich wollten, seien afrikanische Frauen.[58]

Immer waren es die anderen, die ihren Trieben freien Lauf ließen – die Sklaven, die Sklavenhalter, die Sklavenbefreier, die Hunnen, die Mauren, die Vandalen, die Mongolen, die Indianer, die Türken, die Schweden, die Franzosen, die Ketzer oder eben die Heiden, die Christen, die Muslime, die Sarazener, die Zigeuner und ein ums andere Mal die Juden und mindestens ebensooft die Schwarzafrikaner.

1872 brachte der Ethnograph Gustav Fritsch zu Papier, was er bei der Erforschung des Unterleibs einiger Frauen vom Stamm der Hottentotten herausgefunden hatte: »Es wäre wohl nicht unmöglich, dass die so regelmässig vorkommende Verlängerung der Labien und eventuell der Clitoris gar nichts Besonderes darstellt, sondern wesentlich als eine Folge der ausserordentlich häufigen Masturbation anzusehen ist; jedenfalls wird dieses Laster viel zur monströsen Ausbildung der Eigenthümlichkeit beigetragen haben.«[59] Man stelle sich vor, hottentottische Medizinmänner hätten damals anatomische Untersuchungen an Gustav Fritschs Großmutter vornehmen wollen, um deren Schamlippenlänge zu ermitteln. Davon wäre Gustav Fritsch nicht erbaut gewesen. Er selbst aber nahm sich das Recht heraus, mit Zollstock, Lupe und Monokel zur Vulva afrikanischer Frauen vorzudringen und dort Maß zu nehmen, vor den Augen einer Leserschaft, zu der auch Friedrich Engels zählte, ein Mann, der sich seinen eigenen Gedanken über die Geschlechtsfreuden der Wilden hingegeben hat: »Nicht nur waren Bruder und Schwester ursprünglich Mann und Frau, auch der Geschlechtsverkehr zwischen Eltern und Kindern ist noch heute bei vielen Völkern gestattet«, behauptete Engels, ohne seine Traumgespinste mit einem Quellenverweis zu untermauern.[60]

Gegen Ende des neunzehnten Jahrhunderts machte die Erforschung der primären Geschlechtsorgane unterm Lendenschurz der kolonialisierten Völker bedeutende Fortschritte. Der Verfasser einer anthropologisch-kulturhistorischen Studie widmete sich speziell der strittigen Frage nach dem wahlweise beängstigenden, beneidenswerten oder aufreizenden Format der Genitalien:

> Die Beobachtungen über die verschiedene Form und die verschiedene Ausdehnung der Genitalien bei den verschiedenen Rassen sind noch sehr spärlich; bekannt aber ist bereits, daß das männliche Glied bei den Negern im allgemeinen viel größer ist als bei den anderen Völkern, und während der Jahre, in denen ich in Südamerika als Arzt praktizierte, habe ich diese Thatsache mit meinen eigenen Augen gesehen. Diesem größeren Volumen der Geschlechtsteile des Mannes entspricht auch eine größere Weite der Schamteile der Negerinnen. Falkenstein hat gefunden, daß die Neger in Loango eine sehr starke Rute haben, und daß ihre Frauen mit der Umarmung der Europäer ziemlich unzufrieden sind.[61]

Als Verursacher und Auslöser sexueller Eskapaden unter den Wilden hatte man das Klima im Verdacht,[62] aber die Furcht vor der sexuellen Fremde reift unter jedem Himmel heran: Im späten neunzehnten Jahrhundert lief in China das Gerücht um, die christlichen Missionare würden selbst mit ihren engsten Familienangehörigen den Analverkehr praktizieren, chinesische Ehefrauen mit Aphrodisiaka verführen und jungen Männern den Samen und mit ihm auch deren Lebensatem aussaugen.[63] Die Wilden sind immer die anderen.

Kennzeichnend für die Begriffe, die sich die Anthropologen vom sexuellen Haberfeldtreiben der Wilden gemacht haben, ist eine Notiz des Sexualforschers Auguste Forel:

> Typisch für die Begriffe der Wilden ist die folgende Angabe Ribbes (Zwei Jahre unter den Kannibalen der Salomo-Inseln, Dresden-Blasewitz, Beyer 1903) über eine allgemeine Sitte der Salomo-Insulaner:

> Ein junges reifes Mädchen wird eines Tages als »*Mangotta*« (öffentlich) erklärt. Sie kann dann mit jedem, der sie haben will – ob weiß oder schwarz – sexuell verkehren. Je mehr Liebhaber es sind, um so größer die »Ehre«. Dabei findet sie unter Umständen einen, der sie heiratet. Von da ab ist ihre Untreue mit dem Tode bedroht (Folge: Epidemien von Gonorrhöe).[64]

Woher wußte Forel, daß die Angabe typisch »für die Begriffe der Wilden« war? Er wußte es nicht. Er hatte es sich nur so gedacht, und er hielt fest, was auch ohne sein Zutun unverrückbar festzustehen schien: »Eines scheint dagegen festzustehen, nämlich die mit geistiger Minderwertigkeit einhergehende heftige, ungezügelte sexuelle Leidenschaft der Neger.«[65] Zum gleichen Schluß kam der italienische Professor Cesare Lombroso:

> Die Papua sind alle sehr sinnlich und fast jede Unterhaltung dreht sich um das Sexuelle. Hört man Papua lachen, so kann man sicher sein, daß sie zoten. Die Weiber haben in dieser Hinsicht gar keine Zurückhaltung im Gespräch und lachen ausgelassen über die obszönen Späße. Die Prostitution wird schon in früher Jugend ausgeübt, und es ist nicht übertrieben, zu sagen, daß man nie weiß, wann ein Weib defloriert worden ist. Auch die Spiele der Kinder sind unpassend und bei beiden Geschlechtern masturbieren die Kinder gewöhnlich. Die Tribadie ist ebenfalls bekannt und gilt nicht für verwerflich.[66]

Man darf das bezweifeln. Aber selbst wenn alles wahr wäre, was die Ethnologen einander über die Schamlosigkeit ihrer Forschungsobjekte erzählt haben, so würde doch kaum etwas davon an die Unverschämtheit des Anthroposophen Rudolf Steiner heranreichen, der 1923 seine visionären Einsichten in das Triebleben und das Gehirn des Afrikaners zum besten gab: »Der Neger hat also ein starkes Triebleben. Und weil er eigentlich das Sonnige, Licht und Wärme, da an der Körperoberfläche in seiner Haut hat, geht sein ganzer Stoffwechsel so vor sich, wie wenn in seinem Innern von der Sonne selber gekocht würde. Daher kommt sein Triebleben. Im Neger wird da drinnen fortwährend richtig gekocht, und dasjenige, was dieses Feuer schürt, ist das Hinterhirn.«[67]

Hier öffnet sich, jenseits fehlerhafter oder mißdeuteter, aber doch vielleicht in gutem Glauben zusammengetragener Feldforschungsergebnisse, das Märchenreich der reinen Scharlatanerie, mit fließenden Übergängen ins Gebiet der absichtsvollen sexuellen Denunziation politischer Gegner oder militärisch unterlegener Besitzer wertvoller natürlicher Ressourcen wie Gold, Diamanten, Erdöl, Zuckerrohr, Kakao und Arbeitskraft.[68] Überspannte Vorstellungen vom Sexualbolschewismus hegte der evangelische Theologe Paul Althaus, der 1929 vor »dem sexuellen Chaos« in Sowjetrußland warnte.[69] Der Reiseschriftsteller Paul Rohrbach kam der Sache und den Intentionen seines Führers schon etwas näher, als er 1935 die in Afrika dominierende Sexualmoral auf den Nenner brachte: »Weiberbesitz ist für den Neger einfach eine Kapitalsanlage.«[70] Rohrbach wußte es genau: »Dem Neger fehlt es auch, wenn er auf sich allein gestellt ist, an der Fähigkeit, um idealer Werte willen das Leben zu wagen. Sein ganzes Dasein ist erfüllt und beherrscht von Sinnlichkeit, und sein Selbstbewußtsein ist immer im Begriff, sich als gewöhnliche Eitelkeit zu präsentieren.«[71]

Der Anthropologe Hans Peter Duerr hat zahlreiche Beispiele für die wissenschaftliche Fehlinterpretation fremder Sitten zusammengetragen.[72] Am markantesten ist in dieser Disziplin der italienische Ethnologe Lidio Cipriani hervorgetreten, der in seiner 1966 erschienenen Studie über die Insulaner auf den Andamanen den Mitgliedern des Stamms der Onge jeglichen Sinn für Schicklichkeit absprach. Vor Ort hatte er sich zwischen zwei halbnackten, sichtlich beschämten Frauen jenes Stamms fotografieren lassen und eine von ihnen, wie auf dem Bild zu sehen ist, gezwungen, trotz ihrer Beschämung in die Kamera zu blicken. Duerrs Kommentar dazu lautet, »daß die Dummheit dieses Gelehrten offenbar seine Schamlosigkeit noch übertrifft«.[73]

Ins Gerede über die mehr oder weniger subtilen Ziele ihres Trieblebens haben sich Juden wie Paul Mayer oder militante Schwarze wie Eldridge Cleaver manches Mal auch selbst gebracht. Cleaver, ein Aktivist der Black Panther, bekannte sich 1968 offen zu der Genugtuung, die es ihm bereitet habe, weiße Frauen zu vergewaltigen: »Vergewaltigung war eine aufwühlende Tat. Es begeisterte mich, das Gesetz des weißen Mannes und sein Wertsystem herauszufordern, es mit Füßen zu treten und seine Frauen zu schänden«, schrieb er und zitierte die Worte des Dichters LeRoi Jones: »Komm herauf, schwarzer DaDa-Nihilismus. Schände die weißen Mädchen. Schände ihre Väter. Durchschneide die Kehlen der Mütter.«[74] Das war mehr, als das FBI sich bieten lassen konnte. Als die Schauspielerin Jean Seberg sich 1970 mit einem Nordafrikaner anfreundete und für die Black Panther eintrat, geriet sie ins Visier der amerikanischen Kriminalpolizei: »Daß sie ihren weißen Körper einem Schwarzen hingab, war für viele der weißen Agenten ein unerträglicher Gedanke.«[75]

Im wiedervereinigten Deutschland kamen solche Gedanken der Auflagenhöhe billiger Publikumszeitschriften zugute. Eine Korrespondentin der *Blitz-Illu* berichtete 1999 über die »Sex-Bräuche fremder Völker« (»Diesmal: Bei den Wahima in Tansania. ›Zungenmessen als Potenz-Wettbewerb!‹ Der Sieger darf mit 3 Busch-Girls eine ganze Nacht wild durchrammeln!«):

> Überall stehen Krieger im Bastrock und strecken ihre Zungen raus. »Adonga slek!« (= Zungen ziehen!) donnert jemand. »Boah, sein das riesig Schlecker! Wie bei Schlange!« Rumbuh guckt neidisch, als er sieht, wie die Schoko-Girls die Zungen ihrer Männer packen und neugierig dran zerren. [...] Wann wohl der nächste Wettbewerb stattfindet? Als das Training vorbei ist, frag' ich Häuptling Abobo. Grunzend trommelt er sich auf die Brust und brüllt: »Abobo bubu!« Heißt soviel wie: »Immer, wenn Abobo will!« [...] »Für deine Weiß-Pussy du willst auch Wahima-Krieger?« fragt pötzlich Abobo und legt den Arm um mich. Das ist mir doch zuviel, und ich verabschiede mich höflich. Außerdem will ich möglichst schnell in Zaire sein. Denn dort sollen die Eingeborenen sogar hängend an den Lianen Sex machen![76]

Und das war auch nicht ordinärer als der Klatsch, den der syrische Kirchenlehrer Ephräm im vierten Jahrhundert über den römischen Kaiser Julian ausgestreut hatte: »Ihm sagte die Feier jener Schandgöttin zu, an deren Festtage Weiber und Männer vor unreiner Lust rasen, Jungfrauen sich preisgeben, Ehefrauen Unzucht treiben und schandvolle Reden ausstoßen. Solche abscheuliche Feiern liebte er, aber von den gesegneten Festen der Keuschheit und dem Ostern der Lauterkeit wollte er nichts wissen.«[77] Der einzige Unterschied besteht darin, daß Ephräm einen Glauben verbreiten wollte, während die Verleger der *Blitz-Illu* nur um die Verbreitung ihrer Zeitschrift bemüht waren.

Das Gerede über die sexuelle Fremde ist uferlos. Es nimmt kein Ende, und es ist unmöglich, einen Anfang zu bestimmen. Niemand weiß, was die Australopithecinen einander über die »Sex-Bräuche« ihrer jeweiligen Nachbarn zugeraunt haben, aber seit es schriftliche Zeugnisse gibt, gehören solche Erzählungen zum literarisch fixierten Weltkulturerbe, und unendlich viele davon betreffen die Juden und ihre angeblich übermäßige Wollust. Was bis heute fehlt, ist eine epochenübergreifende Bestandsaufnahme dieser Erzählungen, vom Altertum bis zur Gegenwart. Wie haben sich die Judenfeinde, die sich doch immer als etwas Besseres vorgekommen sind, die sexuelle Attraktivität der Juden erklärt? Auf welche Ausreden verfielen Christen und »Arier«, die zur Befriedigung ihres Geschlechtstriebs auf die Vermittlung durch jüdische Zuhälter angewiesen waren? Inwiefern und seit wann spielten dabei Phantasien über eine niedere, triebstarke »Mischrasse« eine Rolle? Hätte es nicht genügt, aus deutscher Sicht, die Franzosen als lasterhaftes Volk zu befehden? Und weshalb haben einige der schärfsten Gegner des Judentums Dramen und Romane hinterlassen, aus denen die unerfüllte Sehnsucht nach einer geliebten Jüdin spricht? Sexuelle Kontakte zwischen Christen und Juden haben kirchliche und staatliche Gesetzgeber in Europa im Lauf der Jahrhunderte immer wieder von neuem zu unterbinden versucht, und je grausamer die Delinquenten bestraft worden sind, desto näher scheint der Verdacht zu liegen, daß die Richter einem persönlichen Vergeltungsbedürfnis gefolgt sind. Dieser Verdacht ist nicht beweisbar, doch es spricht auch nichts dagegen, die erlassenen Verbote und die Berichte über die vollstreckten Strafen einmal zusammenzustellen und das Urteil über die innere Unabhängigkeit der Justiz den Lesern zu überlassen.

Am Ende steht die Frage nach der Geistesverfassung von Menschen, denen etwas fehlen würde, wenn es keine Juden gäbe, über deren Verkommenheit sie sich aufregen könnten. Um darauf eine Antwort zu geben, haben historisch bewanderte Sozialpsychologen und Psychoanalytiker mehrere Erklärungsmodelle entwickelt, die ein Kapitel für sich bilden. Am Anfang soll hier aber erst einmal ein Zeitzeuge zu Wort kommen, der stolz darauf gewesen ist, daß er in seinem ganzen Leben keine einzige Braut zum Jauchzen gebracht hat: Artur Dinter.

»Die Sünde wider das Blut«

Besichtigung eines sexualantisemitischen Bestsellers

dies sei es was an juden nicht gut sei
daß sexuelles sei bei ihnen allzu frei
ERNST JANDL[1]

1917 veröffentlichte der völkische Politiker und Schwarmgeist Artur Dinter[2] den Roman »Die Sünde wider das Blut«, der bis 1934 mehr als eine Viertelmillion Käufer gefunden haben soll.[3] Der Roman erzählt vom harten Schicksal des blonden Ariers und Eiweißchemikers Hermann Kämpfer.[4] Auf einem verschlungenen Leidensweg gelangt dieser Romanheld durch das Tal der Dunkelheit zum Licht der Rasseerkenntnis.

Faustischer Wissensdrang und natürliche Keuschheit haben den Hagestolz Kämpfer bis zur Vollendung seines zweiten Lebensjahrzehnts davon abgehalten, außerhalb seines Chemielabors Erfahrungen zu sammeln. Dann verirrt er sich an einem Weihnachtsabend in ein Grandhotel, wo er, entgegen seiner Gewohnheit, Wein trinkt und das Treiben der Festgäste beobachtet:

> Gierig sog Hermann das flutende Bild in sich ein. Das also war das große Leben, nach dem er sich so oft gesehnt, dem aber hinzugeben er bisher sich nicht getraute aus Liebe zu seiner Wissenschaft. Wie das gleiste und glänzte und schimmerte und leuchtete! Diese eleganten kostbaren Toiletten der Damen, die sich so farbenfreudig von dem schwarzen Untergrunde der festlichen Herrenkleidung abhoben! Diese feingliedrigen, geschmeidigen Mädchengestalten, die lachend und quirlend sich da unten bewegten und mit Anmut im Arme der Tänzer sich auf dem spiegelnden Boden drehten mit ihren entzückenden, zierlich beschuhten Füßchen![5]

Hermann, überwältigt vom Fluten und Glänzen und Schimmern und Leuchten, leert sein Weinglas und bestellt sich eine Flasche Sekt.

> Da kam dicht unter ihm eine von mehreren Herren umflirrte, auffallend schöne Blondine vorbei. Sie mochte etwa zweiundzwanzig Jahre alt sein. Ein Kleid von lichtblauer Seide umfloß das herrliche Ebenmaß ihrer Gestalt. Nach Empireart hochgegürtet, schmiegte es sich eng den edeln Formen an, den oberen Teil der marmorschönen Brust und die prachtvoll gerundeten Schultern freilassend. Wie eine Blüte erhob sich auf schlankem, blendend weißem Halse der schöne Kopf, von einer Fülle goldblonden Haares gekrönt. Um den Hals trug sie einen kostbaren Diamantschmuck und ebensolche blitzende Krystalle in dem feinen, fast durchsichtigen Ohr. Wie von ungefähr sah sie zu Hermann auf, dessen ernsttraurige Augen sich mit den ihren trafen. Einen kleinen, kaum wahrnehmbaren Augenblick blieb sie stehen, ihn ansehend, dann ging sie mit den Herren scherzend weiter. Nach drei Schritten aber drehte sie sich um, und warf nach Hermann, der ihr verträumt mit den Augen gefolgt war, eine Papierschlange. Diese wickelte sich ihm um den Hals und lachend zog das schöne Mädchen vorsichtig an dem dünnen Streifen, als wollte sie den so Gefesselten zu sich herabziehen. Das Papier zerriß. Hermann, keiner Bewegung fähig, blieb stumm und starr. Da ging sie mit spöttischem Lächeln weiter.[6]

Damit ist es um Hermann geschehen. Er weiß noch nicht, daß die blonde Schönheit eine Arierin zur Mutter und einen Juden zum Vater hat, und er kann nicht ahnen, daß sie, nach Artur Dinters späterer Analyse, als Kind dieser Mesalliance im Innersten zerrissen ist und für den blonden Kämpfer als Gemahlin nicht in Frage kommen dürfte. Doch er hat einen Schwips, und die jähe, verwirrende Zufuhr des Energiestroms aus arischer Marmorkälte und jüdischer Hitzewallung erregt ihn: »Siedend heiß schoß es Hermann den Rücken hinab.«[7] Der Erzähler läßt indessen keinen Zweifel an Hermanns Unschuld und Tugendhaftigkeit aufkommen: »Noch kein Mädchen hatte Hermann in seinem Leben berührt, und das Gefühl der Liebe war ihm bisher fremd. Alles, was er an hohen und heiligen Empfindungen dieser Art in sich barg, hatte er der über alles geliebten Mutter und der einzigen Schwester geschenkt.«[8] Ein dreißigjähriger Mann, von dem sich so etwas rechtens sagen ließe, wäre ein Wundertier, ein Eunuch oder ein Psychopath. Dinters Verklärung des

Trieblebens seines Romanhelden wirft die gleichen Fragen auf, die sich Rudolf Olden 1935 stellte, als er »Mein Kampf« gelesen hatte: »Ein Mensch ohne Geschlechtstrieb? Und einer, der nicht einmal in jungen Jahren geglaubt haben soll, die Erfüllung seines Wesens in der Verbindung mit einem anderen zu finden? Gibt die Natur solche Rätsel auf?«[9]

Dinter unterbreitet seinen Lesern, als ob er diesen Einwand schon befürchtet hätte, eine Erklärung für Hermann Kämpfers Enthaltsamkeit:

> Wohl gab es für ihn Zeiten, wo eine namenlose Sehnsucht über ihn kam, etwas in seine Arme zu schließen und es zu küssen. Dann hatte er sich unter den Töchtern des Universitätsstädtchens, mit denen er auf den üblichen Gesellschaften zusammenkam, nach einer Gefährtin umgesehen. Aber kein stärkeres Gefühl war in seinem Herzen rege geworden und seine unverdorbene Natur hielt ihn davon ab, sich mit einer Liebe zu begnügen, die nicht aus der Tiefe der Seele geboren war oder gar eine sogenannte gute Partie zu machen.[10]

Erst der Anblick der über und über geschmückten Halbjüdin und ihr scheinbar spielerischer Papierschlangenwurf bringen Hermann vom rechten Wege ab, und er verliebt sich, im herben Stil jener Männer, deren Wesen und Artung Jahrzehnte später der hellsichtige Dichter Ernst Herbeck erfaßt hat:

> Die Männer haben ein starkes Herz.
> Sie fahren in der Gesellschaft. Sie
> führen sich selbst. Die Männer ver-
> lieben sich schwerst. Sie weisen das
> Leben ab. Sie haben auch einen starken
> Bart. Die Männer sind müde.[11]

Solch ein Mann ist Hermann Kämpfer – starkherzig, souverän, lebensabweisend, urwüchsig, aber auch erschöpft von den hohen Ansprüchen, die er an sich selbst stellt, und wenn er sich verliebt, dann nicht leichthin, sondern schwerst. Und gerade ihm ist das Los beschieden, durch einen Zufall den hakennasigen Vater jener ebenmäßig geformten Blondine kennenzulernen, den jüdischen Kommerzienrat Burghamer.

> Sein Gesicht, von einer großen Pelzmütze und dem hochgeschlagenen Kragen des Pelzmantels eingerahmt, hatte etwas Diabolisches. Unter dichten schwarzen, leicht ergrauten Brauen lauerten ein Paar tiefschwarze, zusammengekniffene Augen. Eine unschöne, träg gebogene Nase ließ graues Gestrüpp aus ihren Öffnungen hervorwuchern. Der ungepflegte, stark ergraute, schwarze Schnurrbart fiel in langen Zotten über den wulstigen Mund, dessen dicke Unterlippe herabhing.[12]

Ebendieser reiche Jude bietet Hermann einen gutbezahlten Job in einem Imperium an, von dessen ungeheuren Ausmaßen der nun immer tiefer ins Verderben schlingernde Arier sich noch keine Vorstellung macht. Das Äußere seines zukünftigen Arbeitgebers widert ihn an; das geht klar genug aus der Geschichte hervor. Alles an diesem Juden wirkt auf Hermann Kämpfer abstoßend undeutsch:

> Ohne nach Hermanns Einwilligung zu fragen, schob der Kommerzienrat ihm ein Teeglas zu. Dabei warf er ihm zwei, drei, vier, fünf Stück Zucker in das Glas, daß Hermann ängstlich die Hand darüber hielt. Dann bediente er sich selbst und schlürfte mit lautem Geräusch das heiße Getränk, wobei ihm der ungepflegte Schnauzbart in die Flüssigkeit hing. Ab und zu tauchte er ein Stückchen Gebäck in den Tee, ließ es, nachdem er davon abgebissen, hineinfallen, um es mit den Fingern wieder herauszufischen und schmatzend zu verschlingen.[13]

Der alte Jude ist unsauber und begierig nach Süßem. Er schmatzt und schlürft. Hermann Kämpfer aber lebt in der Hoffnung, die Tochter des Juden wiederzusehen und sie als Objekt seiner vormals ziel- und namenlosen Sehnsucht in die Arme schließen zu dürfen, und er nimmt, innerlich widerstrebend, das Angebot an, in die Dienste des Juden zu treten: »Hermann hatte Mühe, ein an Ekel grenzendes Gefühl zu überwinden, das von der kaltfeuchten Hand des Kommerzienrats auf ihn überrieselte. Es war ihm, als halte er einen Frosch in der Hand.«[14] Und es bleibt der Phantasie der Leser überlassen, woher dem sexuellen Neutrum Hermann Kämpfer dieses Gefühl in seiner Hand bekannt vorkommt.

Er ist aber auch heftigerer Empfindungen fähig: »Eine jähe Eifersucht schlug ihre Krallen in Hermanns Brust.«[15] Als ein gutsituierter jüdischer Baron die Geliebte erobert und sich mit ihr verlobt, brechen in Hermanns Brust »alle Orkane der Eifersucht«[16] auf, und sie verdunkeln sein

Gemüt. »Diesem fettgehamsterten Trottel gehörte nun *seine* Elisabeth! Mit einem Gemisch von Wut und Weh im Herzen schritt er dahin.«[17]

Elisabeth, die blonde Halbjüdin, hat ihrerseits die liebe Not mit ihren feurigen, einander widerstreitenden Emotionen:

> Elisabeth war in allen Herzens- und Seelentiefen aufgewühlt. Von dem, was in ihr vorging, vermochte sie sich zunächst keine Rechenschaft zu geben. Sie hatte das Gefühl, als taumle sie blind an einem Abgrunde entlang, in den unsichtbare Kräfte sie hinabzuziehen drohten. Es erschien ihr unbegreiflich, daß sie nicht schon längst in diesen Abgrund hinabgestürzt, und es war ihr, als könne, ja müsse jeden Augenblick der Todessturz erfolgen. Klar fühlte sie aber, daß ihr Hilfe und Rettung nur von einem einzigen Menschen werden könne, von Hermann Kämpfer. Und auch das fühlte sie klar, daß sie mit Leib und Seele diesem starken blonden Manne verfallen war. Das war der Held, den sie in ihren Träumen erschaut, der Mann, von dem sie sich Kinder ersehnt, der Gatte, nach dem ihr Blut in ihren schlaflosen Nächten schrie. Zum ersten Male hatte sie darüber volle Gewißheit, daß sie den Baron nicht liebte, ja daß sie das Gefühl der Liebe bisher überhaupt noch nicht gekannt. Nun aber wußte sie, *was Liebe* war![18]

Das Durcheinander im Herzen Elisabeths führt der Erzähler auf die unreine Mischung ihres Bluts zurück:

> Der Lebenswille des reinen Germanenblutes ihrer Mutter war durch die dunkle chaotische Flut aus den Adern ihres Vaters nicht herabgemindert, wenn auch in allen seinen edleren Trieben gehemmt. Leidenschaft und Sinnlichkeit, Genußgier und Zügellosigkeit, die Erbreste unserer tierischen Entwickelung, waren durch diese fluchwürdige Blutmischung erhöht, alles Große und Gute, Reine und Wahre, Edle und Tiefe, aus der Tierheit in die Geistigkeit strebende, erniedrigt, gelähmt oder gar erstickt. Das war der Fluch der Sünde wider das Blut, der sie ihr Dasein verdankte.[19]

Elisabeth ahnt nun, »daß sie ein bemakeltes Geschöpf sei«, und sie grollt ihren Eltern: »Oh, nun begriff sie, warum ihr jede tiefere Regung für ihren Vater abging, ja warum sie ihn haßte! Er war schuld an dem Fluche, unter dem ihr Dasein stand! Aber war nicht auch ihre Mutter schuldig?«[20]

Über Elisabeths tumben Verlobten, den jüdischen Baron, erfährt man, daß er das weibliche Geschlecht »bis zum Überdruß genossen« habe. »Er kannte nur Weiber, keine Frauen. Und auch die Damen seiner Kreise waren für ihn nur Weibchen im rein zoologischen Sinne. Für deutsches Frauentum fehlte dem fremdblütigen Wüstensohne aus naturnotwendigen Gründen jedes Organ.«[21] Die Verlobung wird gelöst. Unterm Weihnachtsbaum schließt Hermann, der in der Zwischenzeit nur ein einziges Mal mit einer reinrassigen Arierin geschlafen hat, seinen Herzensbund mit der Kommerzienratstochter. »Eine tiefe Schamröte überzog Elisabeths Gesicht, denn in dem Augenblick war es ihr gegenwärtig, wie sie vor Jahresfrist gedankenlos die Papierfessel um Hermann geworfen. Gediegen Gold gab er ihr nun zurück. Eilends barg sie ihr Gesicht an der Brust des geliebten Mannes.«[22] Danach ist Bescherung:

> Elisabeth schwelgte in einer ganzen Flut köstlicher Wäsche, Spitzen und Stoffe, und Hermann fand zu seiner unbeschreiblichen Freude einen Teller voll Äpfel, Nüsse und Backwerk vor und rechts und links daneben je einen mit bunten Zuckerringeln bemalten Pfefferkuchenmann, genau so, wie er es in seiner Kindheit gewohnt war. Daneben standen die ersten, vor kurzem erschienenen Bände der großen Kant-Ausgabe der Berliner Akademie.[23]

Eine symbolträchtige Szene: In edler Einfalt und stiller Größe erweist der Arier gleichermaßen Immanuel Kant und einem Pfefferkuchenmann die Reverenz, während die jüdisch versippte Braut in »köstlicher Wäsche« schwelgt. Rein äußerlich hat sie mit ihrem Vater allerdings fast nichts gemein, und Hermann grübelt:

> Die Vermutung, an die er sich früher bereits geklammert, daß sie vielleicht gar nicht die Tochter Burghamers sei, und daß irgendein Geheimnis über ihrer Geburt schwebe, beschäftigte ihn von neuem. Mehr als einmal war er dabei, die Kommerzienrätin hierüber zu befragen, aber eine begreifliche Scheu hielt ihn immer wieder davon zurück. Der kleine Schönheitsfehler der Unterlippe, den Elisabeth als einziges äußeres Merkmal von ihrem Vater geerbt, und den sie mit weiblicher Meisterschaft zu verbergen wußte, war ihm bisher nicht aufgefallen.[24]

Zu Ostern, gleichfalls symbolträchtig, findet die Hochzeit statt, Hermann Kämpfers persönlicher Gang nach Golgatha. Die Flitterwochen nehmen, wie nicht anders zu erwarten war, einen unglücklichen Verlauf. Schon nach wenigen Tagen ist Elisabeths Wesen

> wie umgewandelt. Das chaotische Blut ihres Vaters begann seine Natur geltend zu machen. In seinem Aufsieden schienen alle feinen und feinsten seelischen Regungen zu ersticken. Rettungslos lieferte es seine Trägerin wieder der kaum überwundenen Sinnengier aus und alle Dämme der Sitte und Sittlichkeit drohte es zu sprengen. Das sinnliche Begehren der jungen Frau war derart wild und ungezügelt, daß Hermann sich geradezu abgestoßen von ihr fühlte.[25]

Daraus geht hervor, daß Hermann seine ehelichen Pflichten nur widerstrebend und unzureichend erfüllt. In seiner Not entzieht er sich ihnen:

> Hermann, dessen Wesen im Geistigen wurzelte, litt unsagbar unter dem rein sinnlichen Zustand, zu dem Elisabeths Liebe herabgesunken war. Aber dem immer neuen Verlangen seiner schönen jungen Frau, die mit allen Evaskünsten ihn umstrickte, vermochte er nicht zu widerstehen. Als schließlich dieses an Ausschweifung grenzende Liebesleben seine Geisteskräfte zu lähmen drohte, benutzte er die nächste sich bietende Gelegenheit zu einer längeren Geschäftsreise.[26]

Hier dringt die irrationale Befürchtung durch, daß der Geschlechtsverkehr den männlichen Geist lähme, weil mit jedem Samenerguß unwiederbringlich eine Portion der Energie verschwinde, die erforderlich ist, wenn man ein Weltreich erobern, die kosmischen Gesetze ergründen oder die »Kritik der reinen Vernunft« studieren möchte, im Schaukelstuhl, mit einem Teller Äpfel, Nüsse und Backwerk in Reichweite, am knisternden Kaminfeuer, und draußen rieselt der Schnee ... und dennoch sähe Hermann Kämpfer einem menschlichen Lebewesen ähnlicher, wenn er nach all den widernatürlich keusch verlebten Jugendjahren wenigstens auf der Hochzeitsreise etwas freudiger seinen Mann gestanden hätte. Immerhin räumt Dinter ein, daß Hermann die »Evaskünste« seiner Frau unwiderstehlich finde.

Er schwängert sie, doch der Kummer verdirbt auch die Monate der frohen Hoffnung. Die werdende Mutter verdrießt Hermann mit ihren Launen. Unversehens spricht sie wieder von dem jüdischen Baron, den sie zwei Jahre zuvor sitzengelassen hat, und sie schreibt ihm sogar einen Brief, den Hermann gerade noch abfangen kann.

> Von nun an aber lauerte der Teufel des Argwohns in seinem Blut. Wer bürgte ihm denn dafür, daß sie ihn nicht bereits ganz anders betrogen? Ja, daß das Kind, das sie erwartete, gar nicht *sein* Kind sei?
>
> Ohne Umschweife, mit geradezu brutaler Offenheit stellte er sie herüber zur Rede.
>
> Mit großen kindlichen Augen sah sie ihn über alle Maßen erstaunt an. Dann sagte sie mit lächelnder Ruhe:
>
> »Du bist von Sinnen.«
>
> Diesmal sprach sie die Wahrheit. Das sagte ihm die Klarheit ihres Auges und die Sicherheit ihrer Stimme. So verstellen konnte sich selbst eine Frau nicht.[27]

Trotzdem wartet eine Überraschung auf Hermann, als er kurz nach der Geburt des Kindes ans Wochenbett tritt:

> Es war ein Knabe. Als aber Hermann glückstrahlend seinen Sohn, den ihm die Wärterin in einem Steckkissen reichte, auf die Arme nehmen wollte, da prallte er entsetzt zurück.
>
> Ein dunkelhäutiges, mit pechschwarzem, krausem Kopfhaar bedecktes, menschenunähnliches Etwas schrie ihm entgegen. Tiefdunkle Augen, die einen bläulichen Schimmer zu haben schienen, blinzelten ihn unter langen schwarzen Wimpern aus einem uralten Gesichte an. Eine plattgedrückte Nase gab dem Kopfe etwas Affenähnliches.[28]

Allem Anschein nach ist es ein Judenbankert. Der Arzt äußert beschwichtigend, daß dieses Kind eben dem Großvater gleiche. Daraufhin vertieft sich Hermann in das Studium der Vererbungslehre, eine Wendung, die der Erzähler dazu nutzt, über Juden, Germanen, Amoriter, Kelten, Slawen und den Greuel der Rassenmischung zu dozieren. Die »Summe der neuen Studien« bringt Hermann auf den Gedanken, eine mörderische Verzweiflungstat zu begehen:

> Unerträglich erschien ihm der Zwiespalt und die Schmach und Schande, in der zu leben er nunmehr verurteilt war. Er überlegte, ob er sich nicht samt Frau und Kind aus der Welt schaffen solle, ja müsse. Aber seine Religion hielt ihn davon ab. Er war entschlossen, den Weg, den er seiner inneren Stimme zuwider aus eigener Schuld beschritten,

zu Ende zu gehen, seinen Volksgenossen zur Warnung, dem deutschen Vaterlande zum Nutzen, sich selber zur Erlösung.[29]

Erschüttert wird Hermanns Bereitschaft, sein Kreuz auf sich zu nehmen, durch die unverkennbare, immer deutlicher hervortretende Ähnlichkeit des Knaben mit dem jüdischen Baron. Es fehle nur noch das Monokel, sagt eine Besucherin. Hermann fordert ihn heraus, duelliert sich mit ihm und schießt ihm das linke Ohr ab, und die beiden Duellanten werden zu drei Monaten Festungshaft verurteilt.

An der linken Schulter des Knaben entdeckt Hermann nach seiner Entlassung einen Leberfleck, dessen Ebenbild er selbst an der gleichen Stelle trägt. Er akzeptiert das als Beweis seiner Vaterschaft und bemüht sich fortan darum, dem bislang sträflich von ihm vernachlässigten, Heinrich geheißenen Sohn die rechte Erziehung angedeihen zu lassen. Auch die Mutter, nun abermals schwanger, ringt um Haltung: »Tapfer kämpfte Elisabeth gegen die Dämonen ihres vom Vater ererbten Blutes an.«[30]

Der nächste Abgrund, ja, der Höllenrachen selbst tut sich auf, als der Kommerzienrat Burghamer stirbt: »Er verschied in den Armen dreier hübscher blonder Mädchen, denen er eine gemeinsame Wohnung im bayrischen Viertel eingerichtet hatte.«[31] Bald erweist sich, daß Burghamer auch in fünf anderen Großstädten luxuriös eingerichtete Nebenwohnsitze unterhalten hat, um dort ungestört Arierinnen entjungfern und schwängern zu können: »Denn nur auf unberührte blonde Jungfrauen hatte er es abgesehen, andere reizten ihn nicht. Diese zur Mutter zu machen, war sein teuflisches Vergnügen.«[32] Nicht weniger als 117 Jungfrauen hat er im Laufe der Jahre zu alleinerziehenden Müttern gemacht und mit einer lebenslänglichen Rente versorgt. »Man muß annehmen, daß der Kommerzienrat diese Rassevergiftung am deutschen Volke nicht etwa nur unbewußt verübte, um seinen Lüsten zu frönen, sondern daß er damit planmäßig geradezu teuflische Ziele verfolgte! Das erhellt aus einem Briefwechsel, den er mit einem jungen Rassegenossen geführt. Diesen Briefwechsel fand Hermann im Nachlaß vor. Darunter befand sich folgendes Gedicht«[33] – und es folgt, mit den schönsten Zeilen im Sperrdruck, »Ahasvers fröhlich Wanderlied«, das auch Artur Dinter stark beeindruckt und ihn auf den verwegenen Gedanken gebracht hat, dem Verfasser Paul Mayer eine dubiose Geschäftsverbindung mit der Romanfigur Burghamer anzudichten:

> Die durch Sperrdruck hervorgehobenen Zeilen waren von des Kommerzienrats Hand angestrichen und am Rande mit einem »Bravo!« versehen. Aus dem Briefwechsel ging hervor, daß er den jungen Mann dauernd mit hohen Geldbeträgen unterstützte, um ihn in den Stand zu setzen, den »subtilen Zielen«, von denen in dem Gedicht die Rede ist, sorglos leben zu können. Ferner erklärte er sich gern bereit, alle Kosten zu tragen, falls sich bei den »Bräuten« irgendwelche Folgen einstellen sollten! Aber nicht genug damit! Er versprach dem jungen Manne genau wie jenen Mädchen, eine bestimmte Prämie für jeden »Erfolg«, den er bei einer solchen *blonden* Braut nachweisen könne! Und solcher »Erfolge« wies ihm der junge Freund dutzende nach![34]

Dinter scheint Paul Mayer allerlei zugetraut zu haben, nicht zuletzt eine enorme Ausstrahlung auf blonde Frauen, die zu Dutzenden seinem Charme erlagen und somit dem Reproduktionsprozeß der Edelrasse entzogen wurden, und all das auf Kosten einer Romanfigur aus Dinters obszönsten Träumen. »Und ich reize eure Laster / Zu höchst eigener Erbauung«, bekundet Ahasver in jenem »Wanderlied«. Artur Dinter fühlte sich dadurch tatsächlich bis aufs Blut gereizt. Es gibt kein anderes deutsches Gedicht, dessen Wirkungsgeschichte der von »Ahasvers fröhlich Wanderlied« gleichkäme. Und es muß wahrhaft erbaulich gewesen sein für Paul Mayer, Antisemiten wie Artur Dinter mit ein paar kunstvoll gefügten Versen in ohnmächtige Wut zu versetzen. Gefährlich wurde es erst, als die provozierten Wüteriche sich bewaffneten, mit Knüppeln, Messern und Revolvern und ab 1933 mit dem Arsenal aus allen Rüstkammern der Staatsgewalt.

In Hermann Kämpfers Vita geht es jetzt Schlag auf Schlag. Elisabeth, aufs höchste erregt über die skandalösen Neuigkeiten, fällt in Ohnmacht und erleidet eine Frühgeburt: »Noch ehe der Arzt oder Hermann, die beide unverzüglich herbeigerufen wurden, zur Stelle sein konnten, war das Kind bereits da. Es lebte. Es war wieder ein schwarzer, diesmal aber bildschöner Judenknabe. Als man es der Mutter, die es lebhaft zu sehen wünschte, zeigte, schrie sie laut auf und verschied in dem Augenblick als Hermann das Zimmer betrat. Kurz darauf starb auch das Kind.«[35] Mit einem reinrassig arischen Erben hingegen ist schon vor Jahren, wie sich nun herausstellt, jene Frau niedergekommen, die den sonst asexuellen Kämpfer in der Ära seiner Werbung um Elisabeths Hand zum ersten Fehltritt seines Lebens verleitet hat. Auch diese Mutter ist inzwischen verstorben, doch der Knabe lebt. Er ist blond und heißt Hermann, wie sein Vater, der die Halbwaise aufspürt und zu sich nimmt.

Zur Erziehung seiner grundverschiedenen Söhne stellt ihr Erzeuger einen Pädagogen ein, und es entstehen Studien in vergleichender Rassenkunde: Hermann, der unehelich geborene, aber gottgewollte Musterknabe, ist gutmütig, tapfer, beflissen, folgsam, klug und ehrlich; Heinrich, der Bastard, ist zappelig, verschlagen, feige, frech, berechnend und unverschämt. »Als er kaum zwölf Jahre alt war, wurde er von der Schule relegiert, weil er ein Sittlichkeitsattentat auf ein unerwachsenes Mädchen, das Kind des Pedells versucht hatte.«[36] Und das ist noch eine der kleinsten Sünden wider das Blut, die der Erzähler sofort bestraft:

> Bei einer Kahnpartie, die beide Knaben mit dem Erzieher auf dem Wannsee machten, fiel Heinrich ins Wasser. Ohne Besinnen sprang ihm sein Bruder in den Kleidern nach. Heinrich aber behinderte in seiner Todesangst den Retter derart, daß beide untergingen. Vergebens sprang nun auch der Erzieher ins Wasser, er konnte beide nicht mehr erfassen, spurlos waren sie in der Tiefe verschwunden. Erst einige Stunden später gelang es, die Leichen der beiden Knaben aus dem See zu fischen.[37]

Anschließend luchsen jüdische Anwälte Hermann Kämpfer sein ererbtes Vermögen ab und treiben ihn in den Ruin: »Binnen weniger Jahre stand Hermann als Bettler auf der Straße, an Leib und Seele zermürbt.«[38] Die Frauen, die er geschwängert hat, sind tot, und auch all seine Söhne sind tot, aber da er selbst noch am Leben ist, regt sich in Hermann aufs neue der Impuls zur Fortpflanzung der Herrenrasse: »Auf der ganzen Welt hatte er keinen einzigen Menschen, mit dem er in Liebe verbunden war, und die Sehnsucht nach Weib und Kind war in ihm so über alle Maßen groß, daß er, der lebensharte Mann, oft wie ein Kind vor sich herweinte.«[39] Doch es nützt ihm nichts. Die Gottheit hat Größeres mit dem störrischen Hermann vor: »Er konnte und wollte nicht den Schicksalswink verstehen, den ihm die Gottheit durch sein bisheriges Liebes- und Ehegeschick erteilt, daß es die Aufgabe seines diesmaligen Erdenwandelns sei, sich von irdischen Liebesfreuden loszuringen, um rein und reif und stark zu werden für eine Liebe höherer Art, die nur im Geistigen ihr Ziel und Ende sieht.«[40]

Zu welchem Ziel und Ende jene Gottheit die irdischen Liebesfreuden ursprünglich erschaffen hat, geht aus Dinters theosophischer Lehre vom rassistischen Geistchristentum nicht hervor. Es scheint sich jedenfalls um Teufelswerk zu handeln, dem Hermann Kämpfer entsagen soll, und der nächste Schicksalswink läßt nicht lange auf sich warten.

Nach einem Verkehrsunfall lernt Hermann eine Krankenschwester namens Johanna kennen, die der Erzähler als »wohlgebautes, blauäugiges, blondes, vollerblühtes Weib« taxiert.[41] Für Hermann und Johanna ist es Rassenerwachen auf den ersten Blick: »›Die müßte dir Kinder schenken!‹ war sein erster Gedanke. Auch sie war auf den ersten Blick die Seine geworden, aber mit keiner Regung verriet sie es ihm.«[42] Als Hermann um ihre Hand anhält, weist Johanna ihn zurück, und er fragt sich perplex: »Hatte sie irgendeinen Grund nicht zu heiraten? War sie vielleicht krank? Lächerliche Frage! Dieses gesundheitsstrotzende Geschöpf! Oder hatte sie eine unglückliche Liebe, die sie nicht vergessen konnte? Oder hatte sie gar eine Vergangenheit? Ein heißer Strom von Eifersucht und Schmerz schoß ihm bei diesem Gedanken durchs Herz. Undenkbar schien ihm das. Sie war die Tochter eines mecklenburgischen Beamten.«[43] Der Gedanke, daß die Tochter eines mecklenburgischen Beamten »eine Vergangenheit« haben könne, liegt Hermann ferner als das Gefühl der Eifersucht, das ihn hier nicht zum ersten Mal durchbohrt. Dieses Gefühl paßt eigentlich nicht so recht zu einem Mann, der fleischlichen Begierden abhold ist und in seiner Brust von klein auf nur hohe und heilige Empfindungen kultiviert hat. Wer Gott sucht, in Gebet und Arbeit, der sollte doch keinen Anlaß zur Eifersucht auf die Genießer irdischer Liebesfreuden mehr kennen und auch nicht neidisch durch ein Spundloch im Bretterzaun das Gewoge auf dem Tanzboden beschielen oder eingedenk der Vergangenheit einer mecklenburgischen Beamtentochter eifersüchtig aufwallen.

Die Frauen haben es nicht leicht mit Hermann Kämpfer. Wenn sie ihm gefallen, will er sie augenblicklich heiraten und befruchten, und sobald ihm das gelungen ist, geht er lieber auf Dienstreise, als sich im Ehebett den Gefahren der Gehirnerweichung auszusetzen. Trotzdem will er es noch einmal wissen: Er überredet Johanna, und sie heiraten. Fatalerweise »blieb ihre Liebe in den niederen Bezirken der Sinnlichkeit stecken und das tiefe Glück ahnungsvollen Verstehens kannte sie nicht«.[44] Es sieht böse aus für Hermann, und noch böser, als er Johanna geschwängert hat:

> Innigere Gefühle jedoch regten sich wiederum in Hermann für seine Frau, als er Vaterfreuden entgegen sah. Sämtliche Vorfahren Johannas waren, wie seine eigenen, blonde Nordgermanen. Er durfte also noch einmal der Erfüllung seines Lebenswunsches entgegensehen, ein Kind der eigenen Art zu besitzen.
>
> Aber zu seinem und seiner Frau Entsetzen geschah das ganz Unfaßliche, ganz Ungeheure, sie gebar ein Kind mit schwarzem Kraushaar, dunkler Haut und dunklen Augen, ein echtes Judenkind.
>
> Hermann brüllte auf wie ein zu Tode getroffener Stier, als er seiner ansichtig wurde.
>
> »Dirne!« schrie er seiner Frau entgegen.
>
> Wie vom Blitz getroffen sank sie unter diesem vernichtenden Wort in ihrer Leibesnot zusammen.
>
> Und nun forderte er herrisch Rechenschaft von ihrer Vergangenheit. Sie gestand, daß sie vor etwa zehn Jahren von einem getauften jüdischen Offizier, der ihr die Heirat versprochen, verführt und von ihm sitzen gelassen worden sei. Um ihre Eltern vor Schande zu bewahren, habe sie schweigen müssen. Unter dem Vorwande, Krankenschwester werden zu wollen, habe sie das Elternhaus verlassen, um das Kind zur Welt zu bringen. Gleich nach der Geburt sei es, wie er ja bereits wisse, gestorben. Warum dieses, Hermanns Kind, auch aussehe wie ihr erstes Kind, sei ihr unmöglich zu begreifen.[45]

Des Rätsels Lösung geht aus einer kruden Theorie hervor, deren Grundzüge Dinter in den wenigen Absätzen zwischen Geburt und Ermordung des kraushaarigen Säuglings zügig entwickelt:

> Es ist ein bedeutungsvolles und in der Tierzucht ganz bekanntes Rassegesetz, daß ein edelrassiges Weibchen zur edeln Nachzucht für immer untauglich wird, wenn es nur ein einziges Mal von einem Männchen minderwertiger Rasse befruchtet wird. Durch eine solche

> aus unedlem männlichen Blute erzeugte Mutterschaft wird der ganze Organismus des edelrassigen weiblichen Geschöpfs vergiftet und nach der unedeln Rasse hin verändert, so daß es nur noch imstande ist, unedle Nachkommen zur Welt zu bringen, selbst im Falle der Befruchtung durch ein edelrassiges Männchen. Je höher entwickelter ein Lebewesen ist, um so eindringlicher tritt dieses Rassegesetz in die Erscheinung und seine höchste und folgenschwerste Wirkung erreicht es natürlich beim Menschen.
>
> Nun ermesse man den Schaden, der jahraus jahrein der deutschen Rasse durch die Judenjünglinge zugefügt wird, die alljährlich *tausende* und abertausende *deutscher* Mädchen verführen![46]

Die These, daß irgendwann einmal von Juden geschwängerte Arierinnen anschließend nichts anderes mehr gebären könnten als »Judenbastarde«, bezeichnete selbst der rassistische Eugeniker Fritz Lenz 1921 als »völlig unhaltbar«,[47] was Dinter in seinem Drang, die Unwahrheit zu verkünden, jedoch nicht bremste; im Gegenteil: Er radikalisierte seine Samenabsorptionstheorie und stellte der Öffentlichkeit die verschärfte Version in einer Rede vor, die er 1927 als Thüringer Gauleiter beim Reichsparteitag der NSDAP in Nürnberg hielt: »Es ist neuerdings durch wissenschaftliche Forschungen festgestellt, daß schon der bloße Verkehr eines Juden mit einem deutschen Mädchen, auch wenn er nicht zu Folgen führt, das Blut des Mädchens verseucht.«[48] Die unheilbare Vergiftung des edelrassigen Weibchens wäre also schon durch den vaginal erfolgten Samenerguß eines Männchens minderwertiger Rasse herbeigeführt und nicht erst durch eine daraus möglicherweise entstehende Mutterschaft: Das nimmt sich wie die naturwissenschaftlich verbrämte Fassung der Eifersucht aus, die einen Fehltritt niemals verzeihen kann, und liege er noch so lange zurück.

Bei einer Exkursion zu den geistesgeschichtlichen Quellen der Epoche lassen sich Zitate finden, die belegen, daß Dinter nicht der erste Dichter und Denker war, den die vermutete Durchschlagskraft des jüdischen Erbguts auf die Barrikaden rief. 1880 urteilte Richard Wagner, der Jude biete

> das erstaunlichste Beispiel von Rassenkonsistenz, welches die Weltgeschichte noch je geliefert hat. Ohne Vaterland, ohne Muttersprache,

> wird er durch aller Völker Länder und Sprachen hindurch vermöge des sicheren Instinktes seiner absoluten und unverwischbaren Eigenartigkeit zum unfehlbaren Sich-immer-wiederfinden hingeführt: selbst die Vermischung schadet ihm nicht; er vermische sich männlich oder weiblich mit den ihm fremdartigsten Rassen, immer kommt ein Jude wieder zutage.[49]

Im Fin de siècle spitzte der bei Antisemiten wegen seiner judenfeindlichen Einlassungen beliebte Jude Otto Weininger den Gedanken zu und behauptete: »Weiße Frauen, die einst von einem Neger ein Kind gehabt haben, gebären später oft einem weißen Manne Nachkommen, die noch unverkennbare Merkmale der Negerrasse an sich tragen.«[50] Die Theorie, daß der empfangene männliche Samen eine Frau für immer präge, wurde im frühen zwanzigsten Jahrhundert auch von Medizinern, Psychologen und Pädagogen vertreten.[51] »Das Weib züchtet die Rasse; aber es züchtet sie, immer im allgemeinen gesprochen – leider – hinab«, klagte 1908 ein Autor der Zeitschrift *Der Volkserzieher* und zog eine bittere Bilanz:

> Das Weib ist vermöge seiner anatomischen Beschaffenheit und durch die Konzentration seines Daseinszwecks auf die Mutterschaft durchschnittlich sinnlicher veranlagt als der Mann, wie von Aerzten und Beichtvätern bestätigt wird. Es zieht deshalb zur Befriedigung seines Geschlechtsbedürfnisses den leidenschaftlichen Zugehörigen einer minderwertigen Rasse dem kühleren, wenn auch innigeren Germanen vor. [...] Schon die Geschlechtsvereinigung mit einem die Merkmale einer niedrigeren Menschenordnung tragenden Volksgenossen setzt das höhere Rassenkennzeichen besitzende Mädchen herab. Es sind vielfach wilde Instinkte, welche dazu drängen. Instinkte sollen jedoch in der geordneten Gesellschaft unter Zucht stehen. Das deutsche Mädchen muß zur Rassenkeuschheit erzogen werden. Wenn der Drang zur Mutterschaft der tiefste im Weibe ist und dem Selbsterhaltungstrieb voran steht, so drückt die Natur damit doch aus, daß die Nachkommenschaft für die Natur mehr Wert besitzt als das elterliche Geschlecht. Es erscheint deshalb als Versündigung wider die Natur und gleichzeitig wider die Kultur, wenn zur Erfüllung seines Daseinsziels ein Mädchen einen Mischling der mediterranen, keltiberi-

> schen, mongolischen oder negroiden Rassen oder Semiten, Slawen, Romanen, Ungarn oder Zigeuner vor einem Germanen bevorzugt. Erschwerend tritt hinzu, daß aus bis jetzt noch unaufgeklärten Ursachen der Vater des ersten Kindes der Geschlechtsfolge eines Weibes seinen Stempel aufdrückt, wenn er auch an der Entstehung der folgenden Kinder gänzlich unbeteiligt ist. Sie fallen in seine Rassenart.[52]

Wenn auch keiner der Volkserzieher einen Beweis für dieses Gerücht zu erbringen vermochte, so schrieb es doch einer vom anderen ab. »Die Männer im Bett einer Frau waren buchstäblich Fleisch von ihrem Fleisch geworden«, schreibt der Sexualhistoriker Bram Dijkstra. »Gleichzeitig wurden die Männer zu ständigen Rivalen ihrer Nachfolger, nicht nur in psychischer, sondern auch in unmittelbarer körperlicher Hinsicht. Die früheren sexuellen Erfahrungen einer Frau und ganz besonders ihre rassische ›Strenggläubigkeit‹ bei der Wahl ihrer Partner wurde zu einer Frage von Bedeutung für die arische Elite.«[53]

Auch Theodor Fritsch, ein Klassiker der Geschichtsklitterung, griff den Gedanken auf, bevor er sich in Dinters Prosa niederschlug: »Ja, man darf schlechtweg sagen: Frauen, die mit Juden in geschlechtlichem Verkehr gestanden haben, sind für die andere Rasse verloren.«[54] 1919 bestätigte eine Expertise aus Dresden den Verdacht, daß »Menschen, die von Müttern geboren sind, die schon vorher mit verschiedenrassigen Männern« verkehrt hätten, »dem phrenologischen Betrachter Absonderlichkeiten« zeigten, »die zu vererben nicht im Sinn der Allgemeinheit liegen«. Jeder Tierzüchter wisse, »daß ein Rasseweibchen, wenn es sich einmal mit einem Bastard gepaart hat, niemals mehr rassereine Nachkommen haben kann«.[55] Im Zuge der Agitation gegen den Einsatz französischer Kolonialsoldaten an Rhein und Ruhr berief sich auch ein Vaterländischer Frauenverein auf die »physiologische Tatsache«, daß »jede Frau, die von einem Schwarzen gemißbraucht worden ist, das schwarze Blut nicht wieder los wird«.[56]

1921 verteilten österreichische Antisemiten eine Flugschrift, die sich gegen die »Verschlechterung der Rasse durch den außerehelichen Verkehr der Juden mit unseren Mädchen« richtete: Es würden »nämlich nur durch einmalige Berührung die Mädchen durch das Sperma vom jüdischen Geist durchtränkt, der auf alle späteren Nachkommen einen unverwischbaren Eindruck erzeugt«.[57] Im Jahr darauf informierte der Mystiker Rudolf Steiner seine Zuhörer darüber, daß für die Erzeugung von Mischlingen nicht einmal fremdrassiges Sperma erforderlich sei:

> Sehen Sie, wenn heute eine schwangere Frau gerade fragen würde, was man ihr zu lesen geben will – es gibt ja nichts! Man kann eigentlich auch schon zu gar nichts raten! Neulich bin ich in Basel in eine Buchhandlung gekommen, da fand ich das neueste Programm dessen, was gedruckt wird: – ein Negerroman, wie überhaupt jetzt die Neger allmählich in die Zivilisation von Europa hereinkommen! Es werden überall Negertänze aufgeführt, Negertänze gehüpft. Aber wir haben nun schon sogar diesen Negerroman. Er ist urlangweilig, greulich langweilig, aber die Leute verschlingen ihn. Ja, ich bin meinerseits davon überzeugt, wenn wir noch eine Anzahl Negerromane kriegen, und wir geben diese Negerromane den schwangeren Frauen zu lesen, in der ersten Zeit der Schwangerschaft namentlich, wo sie heute ja gerade solche Gelüste manchmal entwickeln können – wir geben diese Negerromane den schwangeren Frauen zu lesen, da braucht gar nicht dafür gesorgt zu werden, daß Neger nach Europa kommen, damit Mulatten entstehen; da entsteht durch rein geistiges Lesen von Negerromanen eine ganze Anzahl von Kindern in Europa, die ganz grau sind, Mulattenhaare haben werden, die mulattenähnlich aussehen werden![58]

Noch Dinters wildeste Theorie der rassischen Verseuchung hatte die Ejakulation des niederrassigen Samens in der Scheide des edelrassigen Weibchens vorgesehen. In Rudolf Steiners Traumwelt wirkte sich bei schwangeren Europäerinnen bereits die Lektüre von »Negerromanen« deformierend und entartend auf den Nachwuchs aus. Auch hier scheint die Logik der Eifersucht wirksam geworden zu sein. Wer bösartig an ihr leidet, der sucht und findet in jeder noch so harmlosen Handlungsweise Indizien der Untreue.

Die Nationalsozialisten mühten sich damit ab, der wolkigen Theorie ein wissenschaftliches Fundament zu verschaffen; doch es blieb, naturgemäß, bei unbewiesenen Tatsachenbehauptungen:

> »Artfremdes Eiweiß« ist der Same eines Mannes von anderer Rasse. Der männliche Same wird bei der Begattung ganz oder teilweise von dem weiblichen Mutterboden aufgesaugt und geht so in das Blut über.

> Ein einziger Beischlaf eines Juden bei einer arischen Frau genügt, um deren Blut für immer zu vergiften. Sie hat mit dem ›artfremden Eiweiß‹ auch die fremde Seele in sich aufgenommen. Sie kann nie mehr, auch wenn sie einen arischen Mann heiratet, rein arische Kinder bekommen, sondern nur Bastarde, in deren Brust zwei Seelen wohnen und denen man körperlich die Mischrasse ansieht. Auch deren Kinder werden wieder Mischlinge sein, das heißt, häßliche Menschen von unstetem Charakter und mit Neigung zu körperlichen Leiden [...] Wir wissen nun warum der Jude mit allen Mitteln der Verführungskunst darauf ausgeht, deutsche Mädchen möglichst frühzeitig zu schänden; warum der jüdische Arzt seine Patientinnen in der Narkose vergewaltigt; [...] das deutsche Mädchen, die deutsche Frau soll den artfremden Samen eines Juden in sich aufnehmen, sie soll niemals mehr deutsche Kinder gebären![59]

So ähnlich wurde es auch den Elitesoldaten der SS beigebracht: Der Jude wisse, »daß die Frauen und Mädchen, die er geschändet hat, für immer ihrem Volke verloren sind. Nicht weil ihr Blut selbst dadurch verschlechtert würde. Aber das geschändete Mädchen ist seelisch vernichtet. Sie ist von der Sinnengier des Juden erfaßt und hat das Empfinden für alles Edle und Reine verloren.«[60]

1940, als die systematische Ausrottung der Juden begonnen hatte, versuchte ein Propagandist des Regimes die Bedenken mitleidiger Volksgenossen mit dem Argument zu zerstreuen, daß es sich hier um notwendige Abwehrmaßnahmen gegen das zähe, anders nicht zu bemeisternde »jüdische Keimplasma« handle:

> Alle bedauernden Betrachtungen über die »armen Juden« können an einem Punkte nichts ändern, nämlich an der biologischen Tatsache, daß das jüdische Keimplasma zäher und durchschlagender ist als das der arischen Völker. Wo ein Jude in die Familie dringt, werden mit dem Zwange eines Naturgesetzes die jüdischen Eigenschaften unter den Nachkommen überwiegen, und diese Eigenschaften sind angeboren, blutgebunden und deshalb auch durch die sorgfältigste Erziehung nicht zu beseitigen.[61]

An der Verbreitung dieser Thesen war Artur Dinter nicht unschuldig. In seinem Fantasy-Thriller folgt auf die Belehrung über das Rassengesetz ein blutiger Showdown, ja ein regelrechtes Gemetzel. Hermann Kämpfer, der sich duellieren möchte, nötigt seine Frau dazu, ihm den Namen und das Regiment des jüdischen Offiziers zu nennen, der sie einst verführt hat. Doch der Jude, von Hermann herausgefordert, weigert sich, ihm Genugtuung zu gewähren.

> Hermann wich nicht vom Fleck und erneute seine Forderung. Da drohte der Jude, ihn durch seinen Burschen zur Tür hinauswerfen zu lassen, wenn er sich nicht auf der Stelle entferne.
>
> Seiner Sinne nicht mehr mächtig, zog Hermann seine Selbstladepistole und schoß den Schurken nieder.
>
> Von niemandem behelligt, fuhr er wieder nach Berlin zurück, entschlossen, sich dort der Polizei zu stellen. Als er vorher nochmals seine Wohnung betrat, um letzte Anordnungen zu treffen, fand er sein Weib als Leiche vor. Sie hatte sich samt dem Kinde durch Morphium das Leben genommen. Die Spritze stak noch in der Gegend ihres Herzens.[62]

Auch am Rand des privaten Lebenswegs von Dinters Leser[63] und zeitweiligem Parteichef Adolf Hitler liegen, wie man weiß, mehrere Frauenleichen begraben. Seine geliebte Nichte Geli Raubal hat sich umgebracht, und gemeinsam mit seiner lebensmüden Ehefrau ist er in der knapp bemessenen Zeit zwischen Trauung und Kapitulation in den Tod gegangen,[64] doch mit Hermann Kämpfers mörderischem Frauenverschleiß kann sich nicht einmal der recht beachtliche des Führers messen. Die Historiker Stefan Rohrbacher und Michael Schmidt haben darin einen kaum verhüllten Mutterhaß erkannt:

> Angesichts einer traditionellen psychoanalytischen Theorienbildung, die die faschistischen Männer und deren Autoritätshörigkeit auf ein starkes Vaterimago zurückführt, ist der wenig camouflierte Mutterhaß in Dinters Roman bemerkenswert: Nicht aus einer ohnehin als jüdisch denunzierten Lust heraus unterwirft Kämpfer sich die Frauen, denen er begegnet; vielmehr läßt der Roman ihn dies tun, um diese Frauen ganz rasterhaft-regelmäßig zu Müttern zu machen und sie dann exemplarisch für die Rassentheorie zu töten.[65]

Für seinen Mord muß Hermann Kämpfer sich vorm Schwurgericht verantworten. Der Staatsanwalt, der die Todesstrafe fordert, wird als diabolischer, zum Christentum konvertierter Jude vorgestellt, und die von Juden manipulierte Presse hetzt, wie der Erzähler mitteilt, gegen den Angeklagten, der seinerseits in »vollkommener Ruhe« eine eigene Hetzrede vorträgt:

> »Im übrigen stimme ich den Ausführungen des Herrn Staatsanwalts durchaus zu! Er hat in der Tat Recht! Wenn alle seine Rassegenossen die Sünden, die sie durch Untauglichmachung deutscher Mädchen zur Geburt deutscher Kinder begehen, mit dem Tode büßen müßten, dann gäbe es wohl fast keinen Juden mehr im deutschen Vaterlande! Sehen Sie sich doch einmal die bedauernswerten Geschöpfe an, an denen diese zahllosen jüdischen Laden- und Lebejünglinge, diese Kommis, Handlungsreisenden, verheirateten und nichtverheirateten Ober- und Unterchefs ihre Verführungskünste üben! Gehen Sie doch 'mal nach Ladenschluß die Restaurants und Vergnügungslokale, Kinos und Theater durch! Ahnungslose, der Tragweite ihres Tuns sich gar nicht bewußte deutsche Mädchen sind es, die, den Versuchungen der Großstadt erliegend, sportmäßig von diesen fremdblütigen Männern verführt und um die Fähigkeit gebracht werden, einem deutschen Manne einmal deutsche Kinder zu gebären! Es zuckt einem nur so in den Handgelenken, wenn man ein deutsches Mädel am Arme solch einen Judenbengels sieht! Beide gehören durchgehauen! Haben Sie schon einmal beobachtet, daß ein Jude zur Befriedigung seiner außerehelichen Lüste, sich eine Angehörige seiner eigenen Rasse ins Garn lockt? Diese reizen seine Begierden nicht genügend! Deutsche Mädchen müssen es sein! Möglichst blonde deutsche Mädchen!«[66]

Der Rest ist rasch erzählt. Hermann erhofft sich von seinem Todesurteil eine aufrüttelnde Signalwirkung. Die Geschworenen, ergriffen von Hermanns Plädoyer, werten seinen Mord an dem jüdischen Offizier jedoch als Affekthandlung »ohne Vorsatz und Überlegung« und sprechen den Mörder frei.[67] Es folgt eine Anrufung des Germanentums: »Dem Geiste den Sieg zu bringen über den Stoff und die ganze ringende Menschheit ihrer göttlichen Bestimmung entgegenzuführen, das war das Ziel, das Gott sich setzte, als er *Germanen* schuf!«[68] Germanen wie Hermann Kämpfer, dem Dinter im Finale seines Romans ebenfalls das Leben abverlangt:

Mit beiden eisernen Kreuzen geschmückt, ist er am Weihnachtsabend des ersten Kriegsjahres auf einer kühnen Patrouillenunternehmung gefallen. Die Kugel traf ihn mitten ins Herz, nachdem sie das Bild seines Jungen durchbohrt.

So ward ihm doch noch sein Wunsch erfüllt, fürs heilige Vaterland zu sterben.[69]

Ende. Als getreuester Kamerad des lebenslustfeindlichen Antisemiten Hermann Kämpfer tritt der Tod in Erscheinung, der ihn erlöst und ihn zum Wandelgang durch höhere Ebenen des Daseins ermächtigt.

Der von Dinter überwältigten und dennoch weiterringenden deutschen Nation hat der Schriftsteller Erich Kühn 1921 einen ganz ähnlichen Roman präsentiert, mit einem getauften Juden als Bösewicht, der eine vornehme Arierin, nachdem er sie entjungfert hat, zur Prostitution verleitet und in den Selbstmord treibt und überhaupt »mit der ganzen Bedenkenlosigkeit seiner Rasse seine Lust an arischen Mädchen auszulassen« pflegt.[70] Etwas von der verschwitzten sexualantisemitischen Atmosphäre ist aber auch schon der gediegeneren Literatur des späten Kaiserreichs eigen gewesen. In Heinrich Manns 1900 erschienenem Roman »Im Schlaraffenland« lustwandelt ein Bankier mit dem beredten Namen Türkheimer als notorischer Ehebrecher. Seine Gemahlin Adelheid hat bereits zahlreiche Liebhaber verschlissen, als sie den Romanhelden verführen möchte, Andreas Zumsee, einen jungen Literaten, der sich, verschroben, wie er ist, in eine Mönchskutte hüllt, wenn er dichten will:

»Du bist edel,« wiederholte sie, und damit glitten sie, ein wenig heftig, so daß es fast ein Sturz war, auf das schmale Schülerbett, das die ungewohnte Last nicht ohne beträchtliches Ächzen empfing. Das war alles. Andreas hatte es sich nicht so einfach gedacht.

Als sie einen Augenblick zur Besinnung kamen, wollte er die Kutte abwerfen. Adelheid hielt seinen Arm fest.

»Laß das!« befahl sie, und sie meinte, er müsse ihr die teuflische Lust ansehen, vor der ihr selbst beinahe graute. Denn sie fand ein ungeahntes Vergnügen daran, den Mönch zu lieben. Noch nie war sie von einer solchen verheerenden Leidenschaft erfüllt gewesen. Jetzt begriff sie den Satanismus und die Magie, den Sadismus und noch andere Perversitäten, von denen sie hatte erzählen hören. Keine ihrer Bekann-

> ten, nicht einmal Frau Pimbusch, die doch mit allen möglichen Infamien prahlte, konnte je so etwas erlebt haben. Sie stützte den Kopf in die Hand und betrachtete Andreas mit der entsetzensheißen Begehrlichkeit einer Sphinx.[71]

So unbeholfen versuchte es Heinrich Mann zu Beginn seiner schriftstellerischen Laufbahn mit dem Eros aufzunehmen, einem Monstrum, an dessen literarischer Bewältigung auch Erzähler höheren Rangs gescheitert sind. Der sensationelle Verkaufserfolg des Romans »Die Sünde wider das Blut« zeichnet Artur Dinter nicht als den besseren Schriftsteller aus, aber doch als jemanden, der das Vergnügen seiner Leser an ächzenden Betten und rassenschänderischen Perversitäten geschickter und mit größerer, gleichsam schlafwandlerischer Sicherheit zu befriedigen wußte als alle anderen Autoren seiner Zeit.

»Eine perverse Hurenbrut«

Träume von der Sexualität der Juden

Wie die deutschen Juden am Ende des neunzehnten Jahrhunderts aus dem völkischen Blickwinkel aussahen, haben die Historiker Bernhard Giesen, Kay Junge und Christian Kritschgau geschildert:

> Die Juden standen für alles, was der völkische Code als extern, fremd und bedrohlich definierte: Sie galten als häßlich, intellektuell, dekadent und unehrlich, sie wurden als Vertreter der Städte, der Banken, Börsen und unehrlichen Geldgeschäfte beschrieben; sie waren unstet und hatten keine Verbindung zum Boden und zur Landschaft; kurz: sie verkörperten die moderne Welt, die das reine, einfache Landleben des deutschen Volkes bedrohte.[1]

In einer Untersuchung antisemitischer Kriminalität und Hetze in der Weimarer Republik heißt es, daß in den zwanziger Jahren »ein bis dato nie dagewesener antisemitischer Voyeurismus« in Erscheinung getreten sei, »der vorzugsweise Themen wie sexuelle Verfehlungen, Mädchenhandel und ›Ritualmorde‹ aufgriff«.[2] Doch das Bild vom lüsternen Juden war schon Jahrhunderte zuvor entworfen worden, lange vor der Gründung von Banken und Börsen und dem Siegeszug der kapitalistischen Wirtschaftsweise. Die Juden, schrieb Tacitus, seien ein gänzlich der Sinnlichkeit hingegebenes Volk, das sich nur des Beischlafs mit »fremdbürtigen« Frauen enthalte.[3] Im ersten Jahrhundert unserer Zeitrechnung mokierte sich der Römer Martial über die sexuelle Potenz der Juden: Er bezeichnete die primären Geschlechtsorgane eines jüdischen Sklaven als dessen »judäische Last«, warf einem »beschnittenen Dichter« vor, daß er einen Knaben verführt habe, und schrieb den Juden im allgemeinen eine abnorme Wollust zu.[4] Im zweiten Jahrhundert beschimpfte der Kirchenvater Justin die Juden als »Dirnenkinder«,[5] die »fleißig mit den Töchtern des Auslandes Unzucht getrieben« hätten.[6] Im vierten Jahrhundert bescheinigte der mesopotamische Mönch Aphrahat den Rabbis sexuelle Zügellosigkeit.[7] Der syrische Kirchenvater Ephräm sagte der Synagoge nach, daß Gott sie als liederliche Ehebrecherin und Hure verstoßen habe,[8] und der heilige Ambrosius riet den Christen, sich davor zu hüten, ihre Töchter einem Heiden oder einem Juden zur Braut zu geben oder eine Heidin oder eine Jüdin zur Ehefrau zu nehmen, weil Heiden und Juden außerhalb der Gnade der Keuschheit stünden, die Schamhaftigkeit nicht liebten und ehebrecherische Götzen verehrten.[9] Vom ersten bis zum vierten Jahrhundert beschrieben heidnische Gnostiker den jüdischen Gott als Lüstling, dessen sündhafte Gedanken zu nächtlichen Pollutionen geführt hätten; aus diesen Samenergüssen seien die Juden entstanden.[10] Gering dachte auch der Bischof Zeno von Verona von den Juden und den Freuden, die sie ihrem irdischen Dasein abzugewinnen wüßten: Um ihre »gemeine Lust immer mehr zu steigern, tauchen sie alle Augenblicke zum gemeinsamen Bade unter, allezeit dem Herrn widerwärtig«.[11]

Die Juden, predigte der Kirchenvater Chrysostomus, führten Reigen von Lustknaben zusammen und eine große Schar von Hurenweibern, und sie zögen das ganze Theater samt den Bühnenschauspielern mit in die Synagoge: »Wo aber eine Hure steht, ist auch der Ort ein Hurenhaus. Ja, mehr noch: Nicht ein Hurenhaus und Theater ist die Synagoge, sondern eine *Räuberhöhle* und ein Unterschlupf für wilde Tiere.« Der Prophet Jesaja habe die Juden als Hunde und geile Hengste bezeichnet, »weil sie den Beischlaf wie diese Tiere praktizierten«. »Aber wie ihre Trompeten widergesetzlicher waren als diejenigen, die im Theater ertönen, und ihr Fasten schändlicher als jede Sauferei und Völlerei, so sind auch die Hütten, die jetzt bei ihnen aufgestellt werden, in keinem Punkt besser als die Häuser, welche Huren und Flötenspielerinnen beherbergen.«[12]

Die Lustknaben, die Hurenweiber und die Flötenspielerinnen fesselten die Aufmerksamkeit dieser Judenfeinde, deren Neidgeschrei noch in den modernen Übersetzungen nachhallt. In einer 387/388 entstandenen Schrift erklärte der Kirchenvater Hieronymus, wer, so wie die Juden, nicht an Christus glaube, sei »dumm, irrend, ungläubig und Knecht mannigfältiger Lüste«.[13] Augustinus warf den Juden Völlerei, Unmäßigkeit, niedere Gelüste und Sittenlosigkeit vor,[14] der lateinische Dichter Rutilius sprach im fünften Jahrhundert von »dem unzüchtigen Volke« der Juden, »das schamlos des Geschlechtsteiles Haupt beschneidet«,[15] und Papst Leo I., dessen Pontifikat im Jahre 440 begonnen hatte, verdammte die »fleischlich gesinnten Juden«.[16]

Und so tönt es fort durch die Jahrhunderte. In einem Schreiben an den narbonnensischen Bischof Nibridius verleumdete Agobard, der Erzbischof von Lyon, im Jahre 828 die gläubigen Juden:

> Unwürdig unseres Glaubens ist es, daß auf die Kinder des Lichts durch ihren Umgang mit den Söhnen der Finsternis ein Schatten falle. Ungeziemend ist es auch, daß die Kirche Christi, die ohne Makel und Fehl ihrem himmlischen Gatten zugeführt werden soll, durch die Berührung mit der unreinen, altersschwachen und verworfenen Synagoge verunstaltet werde. Seltsam mutet es an, die unbefleckte, Christus anverlobte Jungfrau mit einer Hure bei gemeinsamem Mahle sitzen zu sehen.[17]

»Bei allem, was die Juden taten, folgten sie nach Meinung der Exegeten fleischlichen Begierden«, stellte der Religionshistoriker Johannes Heil in einer Untersuchung christlicher Bibelkommentare aus dem neunten Jahrhundert fest.[18] Die Juden, darauf beharrte man auch im Hochmittelalter, versündigten sich durch Buhlerei, Hurerei, Ehebruch und sexuelle Laster. Der Mainzer Erzbischof Hrabanus Maurus verstieg sich sogar zu der Behauptung, daß kein Jude sich mit einer einzigen Frau zufriedengebe.[19] Johannes Heil hat auf »die schon penetrant erscheinende Häufigkeit verwiesen, mit der das Motiv vom ›fleischlichen‹ Israel« in solchen Kommentaren wiederkehre: »Nach den häufigen und suggestiven Assoziationen zwischen ›Juden‹ und ›Fleisch‹ kam der Leser kaum umhin, in den Juden und ihrem Lebenswandel zumindest den Gegenpol zum christlichen Lebensideal zu erblicken, aber auch der Konnex von sexueller Ausschweifung und ›Jude‹, wie er dann in unterschiedlichsten Äußerungen und immer wieder um neue Stereotypen bereichert bis in die Neuzeit hinein begegnet, ist in solchen motivischen Passagen angelegt.«[20]

In den Wachträumen der schriftkundigen Christen, die sich aus Glaubensgründen die natürliche Befriedigung ihrer fleischlichen Begierden versagen mußten, vererbten die Juden ihren Hang zu sexuellen Verfehlungen von einer Generation auf die andere. Im frühen zwölften Jahrhundert sagte der französische Theologe Odo von Cambrai den Juden nach, sie sorgten sich nur um die sinnlichen Dinge; die geistigen seien ihnen fremd.[21] Wahrscheinlich hätten weder Hrabanus Maurus noch Odo von Cambrai so recht verstanden, was der Historiker František Graus meinte, als er festhielt, daß es »beachtenswert« sei, »welch geringe Rolle bei der Stilisierung des Judenfeindbildes im Mittelalter sexuelle Motive« gespielt hätten.[22]

Im Hochmittelalter wurde die Tradition begründet, Kirchen innen oder außen mit der Skulptur oder dem Relief einer »Judensau« zu schmücken, die den Kirchgängern die Gefräßigkeit, die Unreinheit und die Sinnenlust der Juden in einer plastischen Symbolgestalt vor Augen führen sollte. »Das früheste Beispiel, aus der Zeit um 1230, findet sich an einem Säulenkapitell im Dom zu Brandenburg und zeigt die ›Judensau‹ als jüdisch-schweinisches Mischwesen«, schreiben Stefan Rohrbacher und Michael Schmidt.[23] Auch im Spätmittelalter spielten sexuelle Motive in der Stilisierung des Feindbilds vom Juden eine gewichtige Rolle. Im fünfzehnten Jahrhundert sagte der französische Poet Arnoul Gréban den Juden in einem Passionsspiel nach, daß sie »geil«, »eine perverse Hurenbrut« und »Teufel der Hölle« seien,[24] und der deutsche Heimatdichter Hans Folz aus Worms dichtete den Juden in einem Fastnachtsspiel ihre Herkunft aus dem sodomitischen Verkehr Evas mit der Schlange an:

Vermischt sich Adam mit den tiern,
Was kan ich mer darauß studiern,
Dann das effin, eslin und schwein
Eur Juden stifmuter sein.
Hat der Adam dann ie gewis
Teufel geporn auß der Lilis,
Auß diser red am tag klar leit,
Das ir der teufel bruder seit.
Darumb so wurd sich nit wol zemen,
Solt ir nit erbteil mit in nemen.

Sol dann die schlang, als ich verstan,
Mit Even sich vermischet han,
So sein all unrein wurm und schlangen,
Trachen und was gift hat umbfangen,
Auch eur stifveter zu recht.
Nu schau selbs wol ein feins geschlecht![25]

Zeitgenossen des Autors griffen das Motiv in obszönen Darstellungen von Juden auf, die sich auf vielfältige Weise an einer noch dazu kotfressenden Sau zu schaffen machen, indem sie auf ihr reiten, an ihren Zitzen saugen oder ihren Urin trinken. »Sauff du die Milch friß du den dreck das ist doch euer bestes geschleck«, heißt es in einer Bildlegende.[26] In diesem Tagtraum von den Gelüsten der Juden zeigt sich unverstellt die schmutzige Phantasie ihrer Denunzianten, und es scheint auch durch, daß sie willens waren, jeden wehrlosen Juden in den Dreck, von dem sie träumten, gewaltsam hinabzustoßen; und so geschah es dann ja auch, in wilden Pogromen und am konsequentesten in den nationalsozialistischen Konzentrationslagern. Im Frankfurter Auschwitz-Prozeß sagte ein Zeuge aus:

> Einmal erlaubte sich ein SS-Mann folgenden Spaß mit uns: Wir mußten alle bei der Latrinengrube antreten. Er befahl uns, in diese hineinzuspringen und sagte: »Wer als Letzter hineinspringt, kriegt von mir eine Kugel.« Wir sprangen alle in den Kot. Als ich einem alten Mann heraushelfen wollte, schlug der SS-Mann mit der Schaufel auf meine Hände. Den alten Mann hat er dann mit dem Schaufelstiel auf den Kopf geschlagen und ihn untergetaucht, bis er erstickt war.[27]

Nicht alle Wege des deutschen Geistes »führen, wie so manche meinen, einfallsloserweise nur immer nach Auschwitz«, hat Joachim C. Fest notiert,[28] aber auf die höhnische Rede von den »unrein wurm und schlangen« in den Versen eines Hans Folz und auf den Geist der »Judensau«-Karikaturisten hätte sich die Schutzstaffel des Ariogermanentums durchaus berufen können.

Den Klatsch über die Unkeuschheit der Juden streute im frühen sechzehnten Jahrhundert der getaufte Jude Johannes Pfefferkorn weiter aus: »Daß der Jude ein gebotenes Mindestmaß an sexueller Gemeinschaft in der Ehe zu erfüllen hatte und der junge Mensch eine möglichst frühe Eheschließung anstreben sollte, um den Sexualtrieb in geordneten Bahnen zu halten, erfuhr bei Pfefferkorn eine Verkehrung ins Gegenteil: der fromme Jude lebe in der sexuellen Zügellosigkeit.«[29] Mit aller Boshaftigkeit eines Renegaten trug im Jahre 1530 auch der vom Judentum abgefallene und zum Christentum bekehrte Eiferer Antonius Margaritha seine Beschuldigungen vor: »Ich habe viel Juden gekannt / die Todtschlåge unter ihnen gethan / auch viel heimliche und őffentliche Ehebrecher und Hurer / der Såuffer und Verråther aber am meisten.«[30]

Niemand weiß, ob die Juden in der frühen Neuzeit häufiger als die Christen Totschlag verübten, die Ehe brachen, mit Prostituierten verkehrten, sich betranken und Verrat begingen, aber daß auch Juden all das getan haben, ist verbürgt. Ihre bittersten Feinde begnügten sich jedoch nicht mit der Aufzählung gerichtsnotorischer Verfehlungen; in die Literatur gingen auch Träumereien über den jüdischen Unterleib ein. 1531 schrieb der katholische Theologe Johannes Eck die Legende fort, daß bei den Juden auch die Männer menstruierten: »Es sagt Augustinus das die juden von dem fluch (auch die man) leiden die kranckheit der frawen (patiuntur menstrua) und haben kein ertzney denn Christen blut wie man sagt. Da her kombt es das sie die unschuldigen Christenkind als offt getödt haben.«[31] Zu diesem Aberglauben, der bereits im frühen vierzehnten Jahrhundert von dem italienischen Astrologen Cecco d'Ascoli verbreitet worden war,[32] gesellte sich die Mär, daß fast alle Juden an Hämorrhoiden litten.[33]

Seine Weisheit hatte Johannes Eck, der nicht als Urologe praktizierte, aus der Bibel und den Schriften der Kirchenväter bezogen. Die Juden, schrieb er 1542, seien mutwillig, hartnäckig, tückisch, untreu, falsch, meineidig, diebisch, schalkhaftig, verbittert und neidisch, und er vergaß in seiner Aufzählung nicht zu erwähnen, daß sie auch »vnzüchtig« seien.[34] 1543 erneuerte Martin Luther die Anklage und zitierte als Zeugen den Propheten Hosea, der dem Volk Israel »Hurerei« vorgeworfen hatte:

> Oder, Wenn in der Welt ein hůbsch Weibsbilde daher trette im Krentzlin und hielte alle weise, recht und geberde der Jungfrewlichen zucht oder standes, Und were darunter ein garstiger, schendlicher

Huren balck, wider die zehen Gebot. Was hůlffe sie hie der schŏne gehorsam, das sie eusserlicher gestalt alle recht und weise des Jungferstandes fůret? Das hůlffe sie es, das man jr sieben mal feinder were, denn einer freien ŏffentlichen Huren. Also hat Gott alle zeit die kinder Israel eine solche bŏse Hure gescholten, durch die Propheten, das sie, unter dem schein und schmuck der eusserlichen Gesetz und Heiligkeit, haben allerley Abgŏtterey und bosheit geůbt, wie Hosea sonderlich klagt, cap ij.[35]

Protestanten und Katholiken waren sich einig im Urteil über die Juden, die sich jede Art der Unzucht unterstellen lassen mußten. 1569 bezichtigte Papst Pius V. die Juden in einer Bulle der Gotteslästerung, der Unzucht, der Zauberei und ähnlich schwerer Sünden,[36] und 1581 wärmte ein Kenner alter Historien die Geschichte von der Menstruation jüdischer Männer wieder auf und mengte noch mancherlei Schlüpfriges über Christenblut, Ritualmorde, die Zeremonie der Beschneidung und einen okkulten jüdischen Liebeszauber in die Fabel hinein. Im Jahre 1494 hätten jüdische Christenmörder »zu Tyrnaw« gestanden:

Zum ersten / daß sie seyen beredt worden / wie ihre Vorfahren der Christen menschen Blut / so es an die Vorhaut der Beschnittenen geschmiert / fůr ein bewehrte Artzney gehalten haben / das Blut damit zu stillen. Die ander / daß es deß frembden Menschen liebe damit zu gewinnen / kråfftig sey / so man es jm in der Speiß nur eingebe. Die dritte / so Manns und Weibs personen unter jnen mit dem Blutgang behafftet / wann sie das Blut trincken / soll es der Kranckheit abzuhelffen bewåhrt seyn / wie sie denn auch solches genugsam erfahren.[37]

Andere Geheimnisse, die orthodoxe Juden selbst unter der Folter für sich behielten, wurden den Christen von jüdischen Konvertiten enthüllt. »Es ist auch zu wissen / daß die Juden den Ehebruch fůr keine Sůnde halten / wann sie nur Geld damit kŏnnen zu wegen bringen«, behauptete 1614 ein zum Christentum bekehrter Jude.[38] In einem Sinngedicht spielte der Barockdichter Friedrich von Logau auf die bekannte Fleischeslust der Juden an: »Juden hatten harte Hertzen, mochten drum viel Weiber nemen; / Was für hartes haben Christen, die viel Huren sich bequemen!«[39] Wenn all das auch nichts über den Verbreitungsgrad der zitierten Werke und ihre Aufnahme beim lesekundigen Publikum aussagt, so zeigt es doch an, daß das Gerücht über die Juden in der Welt war und beständig neue Nahrung erhielt: Ein erstmals 1680 im Druck erschienener Roman versprach bereits im Vorwort, die »verdeckte Hurerey und andere Sünd und Laster« des »verfluchten Jüdischen Volckes« zu enthüllen.[40]

Der Vorwurf, daß sie ihrerseits ein Sündenregister der Christen führten, nahm einen Stammplatz im Sündenregister der Juden ein: »Aller Christen Weiber / und aller Christen Menschliche Geburt / sie seyn hohes oder niedriges Standes / heissen sie in Hebreisch *hakol naff gis teemes masereem*, das ist zu Deutsch / die Christliche Weiber seyn alle unzůchtige Huren ingemein / und alle ihre Kinder Huren=Kinder.«[41] Christenweiber als Judenhuren – aus diesem Alptraum aller Kirchenväter konnten auch die neuzeitlichen Theologen nicht erwachen, ohne im Kampf gegen die menschliche Natur zu kapitulieren. Und fast noch grimmiger als der Judenhaß trat die Verachtung christlicher Huren hervor, die jüdische Freier empfingen. Noch heute ist aus der Polemik eines Würzburger Juristen, der sich 1706 über geile Juden und leichtfertige Dirnen ausließ, das Zähneknirschen herauszuhören: »Oefters finden sich Juden welche geiler und unkeuscher Natur und gleich einem Bock oder Spatzen auf das Weibs-Volck begierig sind. Dahero suchen und bemühen sie sich sehr bey denen christl. leichtfertigen Dirnen ihre schändliche Begierde zu löschen und sparen hierbey kein Geld!«[42]

Verschwenderischer als keusche Christen konnten die Juden mit dem christlichen Weibsvolk umgehen, weil sie auch verschwenderischer mit dem Geld umgingen, denn ohne Bezahlung hätte sich auch die niedrigste christliche Dirne nicht dazu herabgelassen, die Begierde eines Juden zu befriedigen: Auf diesen unsicheren Standpunkt sollten sich noch viele Hagestolze versteifen, um von dort aus ihre Agitation gegen die zwar reichen, aber sexuell unattraktiven Juden zu betreiben. In einer 1712 in Hamburg uraufgeführten Oper wurde »sehr stark der Zug des geilen lüsternen Juden verdeutlicht«,[43] der christliche Mädchen mit Gold und Silber (»Soaf und Keseph«) verführt:

Wenn eine Goafe freundlich ist
Und dann und wann die Mauschel küsst,
So bringt ihrs Soaf und Keseph ein

Wir acheln gerne fremde Speisen,
Die eigner Wehrt und Schönheit preisen,
Denn die Veränderung pflegt immer toff zu seyn.[44]

Die »fremden Speisen« bildeten Christinnen, nach denen sich angeblich alle Juden verzehrten, die auch nach Auskunft eines anderen Zeitzeugen »zur Geilheit sehr geneigt« gewesen seien und »offt selber mit Christinnen Unzucht« getrieben haben sollen: »Sie wissen wohl / was harte Straffe bey denen Mahometisten darauff stehet / so jemand von einer andern Religion bey einer Tűrckin erwischt wird / und doch treibt sie ihre Geilheit zu solchem Laster«.[45] Es gab sie, zweifellos, diese »zur Geilheit« geneigten Juden, und es gab unkeusche Mohammedanerinnen und Christinnen, die mit ihnen schliefen. Das wußte auch der christliche Bußprediger Abraham a Santa Clara. Was er nicht wahrhaben wollte, war die Männlichkeit solcher Juden. Er war nicht befugt, sie zu entmannen, doch er konnte sie als verweiblichte Schwächlinge ansprechen, indem er die Wanderlegende von ihrer Monatsblutung kolportierte: »Drittens / so strafft unser HErr GOtt alle Monath die Manns= und Weibs=Personen mit der abscheulichen Kranckheit des Blut=Gangs / wann sie sodann kein Christen=Blut trincken / so műssen sie an solchen Blut=Fluß sterben.«[46]

Dem Bild des effeminierten, eigentümlich tuckenhaften Juden mischten seine christlichen und arischen Nebenbuhler später immer grellere Farben bei. Er büßte nichts von seiner Schuld, aber doch einiges von seiner Gefährlichkeit ein, wenn er impotent war, bei aller Lüsternheit, die ihn erfüllte und an der sich die Pamphletisten ebensosehr erhitzten wie die Christinnen, denen sie den hohen Grad ihrer Erhitzung verübelten. Joseph Süß Oppenheimer, dem jüdischen Hoffaktor des Herzogs Karl Alexander von Württemberg, rief 1738 ein erzürnter Christ ins Grab nach: »In der Wollust welzete sich dieser Jud tåglich, wie eine Sau im Koth.« Oppenheimer habe »den schrecklichsten Ehebruch getrieben«, eine »leichtfertige Dirne« habe sich »an den geilen Sűß gehenkt«, und man kenne auch »noch andere Schand-Bålge, die sich der unersåttlichen Geilheit dieses Juden« preisgegeben hätten.[47] Das war ein Einzelfall, der noch 202 Jahre nach Oppenheimers Hinrichtung den Stoff für einen nationalsozialistischen Propagandafilm hergeben mußte.

Belege für den Glaubenssatz, daß alle Juden unersättlich geil und sexuell pervers seien, wurden im achtzehnten Jahrhundert systematisch gesucht und gesammelt. Der Aufklärer Hermann Samuel Reimarus (1694–1768) bediente sich im Alten Testament: Aus den erzväterlichen, über Jahrtausende bewahrten Ermahnungen zur Sittenstrenge übernahm er alle Punkte seiner Anklage und hinterließ der Nachwelt die entrüstet vorgetragene Sottise, die Bibel berichte über »die ersten Väter der Juden« von »nichts als Concubinen, Vielweiberey, Huren, Ehebruch, Blutschande, Onans-Sünden und Völlerey«.[48] Die Lehre von der Verderbtheit der Juden gehörte fortan zum Grundstock bürgerlicher Allgemeinbildung. Selbst der sonst vorurteilslose preußische Staatsrat Christian Wilhelm Dohm glaubte 1781 in seiner Abhandlung »Ueber die bůrgerliche Verbesserung der Juden« eingestehen zu müssen, »daß die Juden sittlich verdorbner seyn mŏgen, als andere Nationen«.[49] 1790 klassifizierte der flatterhafte Historiker Christoph Meiners »die Juden als Varietät der ›morgenländischen Völker‹«,[50] denen nicht so recht über den Weg zu trauen sei: »Hang zur Ruhe, und Trieb der sinnlichen Liebe sind die einzigen Leidenschaften der Morgenlånder«.[51] Schärfer ging 1791 ein Anonymus mit den Juden ins Gericht:

> *Die Juden unterminiren die Tugend,* und *befördern* auch die *Sittenlosigkeit,* – denn zu allen schåndlichen Gewerben låßt sich ein Jude gebrauchen, er ist *Kuppler,* und *Verfůhrer der Unschuld.* – Er ŏfnet der Wollust Thůr und Thor, weil er dadurch gewinnt, und von jeder Begehung einer Schandthat sein Profitchen macht. [...] *Unzucht,* und *Hurerei* sind bei ihnen *herrschende Laster;* die jungen Leute unter ihnen zu B** halten sich Maitressen unter den Christinnen, und Theater Nimphen, man findet sie in den Bordellen, und die barmherzigen Schwestern stehen in ihrem Solde. – Ihre *Weiber,* und *Tŏchter* huren dagegen mit Christen, fůr Gold stehen sie jedem Wollůstlinge feil, und ŏfnen ihnen sogar ihre Schlafkammer, wenn es nur der Vater nicht erfåhrt.[52]

Wenn es der Moral aus dieser Geschichte nicht abträglich gewesen wäre, hätte der Verfasser auch die christlichen Mätressen rügen können, die jüdischen Jünglingen den Sinn verwirrten, oder die christlichen Wollüstlinge, die in jüdischen Elternhäusern begierdevoll die Kinderschlafzimmer betraten.

Im frühen neunzehnten Jahrhundert stieg die Nachfrage nach frivolen Theaterstücken mit jüdischen Liebhabern in Haupt- und Nebenrollen. Darin brachte jeder Jude, wie Hans-Joachim Neubauer ausgeführt hat,

> Unheil und Verderben über die Frau und ihre Familie – oder, im Lustspiel, über sich selbst. Seine Sexualität steht für das Dunkle und Böse der Liebe; sie verstrickt, statt zu erlösen. Sie ist das Gegenprinzip des Messianischen, und auch philosemitische und liberale Autoren rühren nicht an diese Norm, als spürten sie das Tabu, das die dramatischen Bilder von Juden bestimmt. Das antisemitische Klischee sieht diese Sexualität nicht einfach als eine Eigenschaft der Ungebildeten und Unzivilisierten, als wäre etwa der Jude eine andere Version des Wilden, der nur darauf warte, »zivilisiert« zu werden, sondern als eine Spielart des Parias, des Unberührbaren. Die Hinweise auf die Sexualität des jüdischen Mannes sind der ästhetische Modus, in dem seine Fremdartigkeit fixiert wird.[53]

Weniger vornehm drückte sich 1819 der Judenhasser Hartwig von Hundt-Radowsky aus, als er auf seine Art den ästhetischen Modus der Hinweise auf die Sexualität des jüdischen Mannes bemühte, um dessen Fremdartigkeit zu fixieren:

> Onan, der Sohn dieses Juda, war Erfinder jenes Leib und Seele zerrüttenden Lasters, welches nach ihm seinen Namen führt, und bei den Juden noch jetzt sehr beliebt ist. Man will versichern, es gebe keinen Juden, der nicht auf Onans Altären geopfert habe. Ich weiß es nicht. Uebrigens sind jedoch die Israeliten auf diese Erfindung weit stolzer, als wir Deutschen auf die der Luftpumpe, denn Onan war der einzige erfinderische Kopf im ganzen alten Testament.

In dieser schillernden Geschichtsquelle frönten die Juden, wenn sie einmal nicht onanierten, »ihrem ungezügelten kaninchenartigen Begattungs- und Fortpflanzungstriebe« und ihrer alten Leidenschaft, die Tugend der Jugend zu unterminieren: »Die Sittlichkeit christlicher Jünglinge und Mädchen wird in den Häusern israelitischer Herrschaften weit mehr gefährdet, als in offenbaren Bordellen. Dem ekelhaften Judengeschlechte sind die unnatürlichsten und schändlichsten Laster und Verbrechen immer die liebsten [...]«[54] Und das sei auch der Grund, weshalb so viele Christen die Juden nicht riechen könnten:

> Freilich haben manche Aerzte und Naturforscher behaupten wollen, der spezifische Geruch von Abrahams Saamen komme von dem häufigen und unmäßigen Genuß der Zwiebeln, des Knoblauchs und ähnlicher Dinge her. Ich glaube aber der heiligen Schrift, und bin also überzeugt, daß er die einzige Folge der bei allen ächten Juden üblichen, widernatürlichen Befriedigungsarten des Geschlechtstriebes, und der daher entspringenden Krankheiten sey.[55]

Unabhängig von der Auflagenhöhe und dem Ansehen einzelner judenfeindlicher Druckschriften verbreitete sich das Gerücht über die sexuelle Perversion der Juden weiter in allen Klassen und Milieus der Gesellschaft. 1831 tadelte der Gymnasiallehrer Eduard Meyer an den Juden »die unter ihnen so häufige Unverschämtheit und Anmaßung, die Unsittlichkeit und Leichtfertigkeit, ihr vorlautes Wesen und ihre oft so gemeine Grundgesinnung«.[56] Selbst liberale Anwälte der Juden machten allenfalls mildernde Umstände geltend:

> Aber wenn man die Juden als solche nicht verachtet, so folgt daraus nicht, daß man sie zu allen bürgerlichen Rechten zulassen soll, die bisher den christlichen Staatsbürgern vorbehalten waren, und von denen sie theils ihr Glaubensbekenntniß, so fern sie demselben nicht untreu werden wollen, theils die freilich nur durch Jahrhunderte der ungerechtesten Unterdrückung zu erklärende, jetzt aber einmal vorhandene und nicht im Augenblicke aufzuhebende sittliche Verwahrlosung der weit überwiegenden Mehrheit ihres Stammes ausschließt.[57]

Von katholischen Staatsbürgern wurden die deutschen Juden im Revolutionsjahr 1848 auch als solche wieder verachtet und angegriffen: »Sie wollen sich mit den entchristeten Christen mischen, um desto sicherer zum Ziele der Zerstörung des verhaßten Christentums zu gelangen.« Und damit nicht genug: »Juden sind die Prediger der Unzucht in der Poesie.«[58]

Dieses Urteil schlug sich auch in der Hochliteratur nieder. 1864 erschien Wilhelm Raabes Roman »Der Hungerpastor«. Darin nimmt der Jude Moses Freudenstein nach seiner Taufe den Namen Theophile Stein an und richtet eine Christin zugrunde:

> Die arme Henriette, verlassen, rat- und hilflos, fand sich ganz in die Hände Theophiles gegeben; sie wurde zu einem verachteten, miß-

> handelten Spielzeug, und der flüchtige, farbige Staub, der ihre leichtsinnigen Schmetterlingsflügel bedeckte, war bald abgewischt und verblasen. Der Doktor Stein hatte jetzt einen Ruf zu bewahren, und wenn er schwach genug war, um die kleine, arme Pariserin nicht von sich stoßen zu können, so war er doch stark genug, sie so tief hinabzudrücken und niederzuhalten, daß sie ihm dienen und gehorchen mußte, aber in keiner Weise imstande war, seinen Plänen und Hoffnungen hinderlich in den Weg zu treten. Durch seine Schuld und Intrige wurde sie gehindert, von ihren kunstfertigen Händen Gebrauch zu machen. Nur wenn sie ganz von ihm abhängig war, konnte er seine Tyrannei ganz ausüben an ihr. Als er ihrer überdrüssig war, hielt er sie auch für gänzlich gebrochen und ganz ungefährlich; er verschloß ihr daher auch ohne Bedenken die Tür und überließ sie ihrem Schicksal. Im Krankenhaus gebar sie ein Kind gegen Mitte des Septembers, und am zweiten Oktober starb dieses Kind.[59]

Die arme Henriette, dieser zartgliedrige Schmetterling, als »Spielzeug« in den Händen eines Tyrannen jüdischer Herkunft mit dem sprechenden Geburtsnamen Moses Freudenstein: Im christlichen Bildungsbürgertum kamen der Plot und die Figurenkonstellation so gut an, daß dem Roman die Aura eines nationalliterarischen Hauptwerks zuwuchs; sehr zum Verdruß des reiferen Wilhelm Raabe, der seinen »Hungerpastor« als »abgestandenen Jugendquark« abtat,[60] während schlichtere Autoren sich nun das anderthalb Jahrtausende ältere Urteil zu eigen machten, das Papst Leo I. im fünften Jahrhundert über die »fleischlich gesinnten Juden« gefällt hatte: »Die in Berlin sich so breit machende Prostitution, die auf hiesigen Theatern blühenden Possenzoten und aus dem Französischen übertragenen Ehebruchsdramen und Demimondestücke werden wesentlich von den Juden begünstigt und gefördert; wie denn auch frivole Bücher, obscöne Bilder ihren Hauptabsatz unter Juden finden«, hieß es 1876 in der *Gartenlaube*.[61] Der Mythos von den triebstarken, sexuell abnormen Juden färbte auch auf ihre Darstellung in seriösen Lehrbüchern der Psychiatrie ab. Nach Auffassung des angesehenen Sexualpathologen Richard von Krafft-Ebing zeichneten sich die Juden durch eine »krankhaft gesteigerte Sinnlichkeit und sexuelle Erregung« aus, »die zu ätiologisch bedeutungsvollen geschlechtlichen Verirrungen führt«.[62]

Er wußte das, wer weiß, woher, aus der *Gartenlaube* oder noch trüberen Quellen: Die »krankhaft gesteigerte Sinnlichkeit« der Juden wurde hier nicht nachgewiesen und analysiert, sondern halluziniert. Und wie mochte wohl, aus Richard von Krafft-Ebings Perspektive, eine »geschlechtliche Verirrung« aussehen?

An der fließenden Grenze zwischen gesunder christlicher und krankhafter jüdischer Sexualität begaben sich nun immer mehr Wachsoldaten auf ihre Streifengänge. »Der Jude kann im allgemeinen nicht auf eine solche Stufe der brutalen Rohheit hinabsinken, wie unter Umständen der Christ«, schrieb 1889 ein Sittenkritiker, fügte jedoch in einer Fußnote hinzu, daß »der geschlechtliche Verkehr, besonders das Verhalten reicher Judenjungen armen Mädchen« gegenüber, eine Ausnahme von der gedachten Regel bilde: »Dieser erreicht eine unglaubliche Stufe der cynischen Rohheit, zu welcher ich christliche junge Leute nie habe hinabsinken sehen. Diese bewahren dem Weibe gegenüber meist doch noch einen letzten Rest von Scham, die unsern Börsenjobbern bis auf das Fünkchen ausgeht.«[63] Tiefer als ein Jude schien auch der verdorbenste Christ nicht sinken zu können. »Wer aber treibt diesen Mammonismus, diese gemeine Genußgier auf die Spitze? Das ist die verhängnisvolle Aufgabe der Juden«, schrieb 1891 der Leitartikler eines westfälischen Lokalblatts,[64] während der Sanitätsrat Gustav Stille in seiner Erörterung der sexuellen Kontakte zwischen Juden und nichtjüdischen deutschen Frauen einen Begriff vorwegnahm, der erst einige Jahrzehnte später Eingang in die Gesetzgebung finden sollte: »Daß wir uns eine solche Rassenschande gefallen lassen, ist unerhört.« Gustav Stille forderte scharfe Strafbestimmungen gegen jeden Juden, »der ein deutsches Mädchen verführt«.[65]

Im selben Jahr dämonisierte der Schriftsteller Karl Türk in seinem Trivialroman »Die Ritter vom Gelde« den Juden schlechthin »als teuflischen Verführer, als gewissenlos-egoistischen, sittlich minderwertigen Lebemann«,[66] der sich unter seinesgleichen geschmäcklerisch über seine Amouren äußere:

> »So ist es«, sagte Robert, »man muß die Weiber nehmen, wie den Wein, ohne sich an ihnen den Magen zu verderben, wie durch den Genuß von versüßtem Kamillenthee oder Honigkuchen. Wir trinken mit vollen

Zügen, und wenn wir satt sind von der einen Sorte, so gehen wir zu einer anderen über. Wenn ich mich gestern am Champagner übernommen habe, trinke ich mich heute am Rheinwein wieder gesund. Man muß Methode beobachten im Lieben, sonst führen uns die Weiber am Narrenbande und lassen uns Zeit und Geld durch bloße Tändeleien mit ihnen verlieren.«

Eine vormals unschuldige Dorfschönheit, verlockt von einem jüdischen Bankier und weitergereicht an einen Börsianer namens Emil Löwysohn, ringt in Türks Roman mit dem Gedanken, sich bei einer Beichte im Petersdom von allen Sünden loszusagen, doch das Fleisch ist schwach: »Ach, sie war noch so jung, jetzt schon hätte sie entsagen sollen, wo sie kaum erst genippt hatte am Becher des Genusses? – Es war nicht möglich, nicht möglich! Und Emil stand ja hinter ihr, ihr Mephisto, der jüdische Genußmensch, der sie hierher geführt, dessen bloße Anwesenheit ihr eine Verspottung und Entweihung des heiligen Ortes schien, die unmöglich ungerächt und unbestraft bleiben könne.«[67] Am Ende ertränkt sich die Geliebte der Juden aus Gram und Scham in der Donau.

Die Verurteilung des jüdischen Genußmenschen: Darauf konnten sich die nichtjüdischen Ärzte, Naturforscher und Hungerpastoren verständigen. 1892 rief der Antisemit Hermann Ahlwardt in Dresden einer Volksversammlung zu:

Sie wissen ferner, wie ekelhaft geil in geschlechtlicher Beziehung der Jude ist (Sehr wahr!) und daß ihm zur Befriedigung seiner allergemeinsten Sinnlichkeit, die sonst unter anderen Menschen in diesem Maße nicht zu finden ist, durchaus nicht eine Stammesgenossin dient, sondern er trägt seine sinnlichen Gelüste in unser Volk hinein unter deutsche Mädchen, die mit Mühe und Sorgfalt von ihrer Mutter erzogen, von ihrem Vater im Schweiße seines Angesichtes ernährt und zu allen guten Dingen angehalten sind. (Pfui!)[68]

Geilheit, Sinnlichkeit, Genüsse und Gelüste hatten eine Presse, die so schlecht war, daß man annehmen könnte, das neue, in Kriegen verwertbare Menschenmaterial sei damals von Störchen nach Deutschland gebracht worden und die Mär vom Geschlechtsverkehr hätten jüdische Genußmenschen aus dem Morgenland eingeschleppt: »Der Jude erstrebt in unersättlicher Gier stets neue Reichtümer als Grundlage der Weltherrschaft und Quelle eines ihre Umgebung entsittlichenden echt orientalischen Genußlebens.«[69] Diesen uralten Verdacht erhärtende Indizien trug der germanophile Brite Houston Stewart Chamberlain aus dem Alten Testament zusammen und zog in seinem antisemitischen Standardwerk »Die Grundlagen des Neunzehnten Jahrhunderts« 1899 die Bilanz, aus der Geschichte der Juden glotze einen »die Fratze des Lasters« an, »in unverhüllter Nacktheit«.[70] Einem anderen Betrachter war die Kehrseite beim Fensterln erschienen: »Wer je das zweifelhafte Vergnügen gehabt hat, in den engen Straßen unserer GroßStädte einer Judenfamilie gegenüber zu wohnen, wird wissen, daß sie es lieben, ihre Toilettengeschäfte am offenen Fenster zu erledigen, möglichst von A bis Z, wenigstens so lange die Jahreszeit es erlaubt. Es muß schon ein ›sittlich hochstehender‹ Jude sein, der dabei die – Unterhosen anzieht.«[71] Das Geheimnis, ob er wirklich jemals eine jüdische Familie bei ihren Toilettengeschäften observiert oder alles nur geträumt hatte, ist von diesem Zeugen mit ins Grab genommen worden.

»Während trotz der Frequenz der Ritualmordvorwürfe diese an Wirksamkeit verloren, trat nun das Stereotyp vom Juden als sexuell Triebhaften seine Nachfolge an«, schreibt der Historiker Klaus Hödl.[72] Tatsächlich ist das Stereotyp von den sexuell triebhaften Juden mehr als eintausend Jahre älter als das älteste überlieferte Ritualmordprozeßdokument. Doch es stimmt, daß der Ritualmordvorwurf gegen die Juden im frühen zwanzigsten Jahrhundert mit geringerem Publikumserfolg erhoben wurde als die Anklage wegen »Genußgier«:

> Gemäß dem Talmud, so führte beispielsweise der bekannte Wiener Antisemit Joseph Deckert an, könne der Jude so viele Frauen haben, wie er zu ernähren vermöge. Angesichts einiger Einschränkungen sei jedoch die Zahl auf vier festgelegt worden. Die Tatsache, daß bei europäischen Juden trotzdem die Einehe die Regel darstellte, beweise weniger deren moralische Lebensführung denn eine auf Opportunität gegründete Existenz, wobei es die Juden auf dem Gebiet der Eheschließung der christlichen Bevölkerung gleichzumachen trachteten, um nicht aufzufallen. Die Polygamie, die noch unter den orientalischen Juden herrsche, könne als ein Beleg für die Ansicht gewertet werden, daß es bei den Juden »ihrem Wesen nach« keine Monogamie gebe.[73]

Der Sexualantisemitismus war allgegenwärtig. Er äußerte sich in schmuddeligen Pamphleten, in naturwissenschaftlichen Studien und in Werken der schönen Literatur,[74] und er durchtränkte, alle Parteigrenzen überfließend, die Presse. Der ehrlichen, von einer Zeitung des konservativen Bundes der Landwirte vertretenen Überzeugung, »daß sich das Judentum von jeher durch eine dem Germanen unverständliche Sinnlichkeit ausgezeichnet hat«,[75] hingen auch jene Sozialdemokraten an, die scherzhaft darauf Bezug nahmen, daß sich die Germanen von jeher durch einen dem Judentum unverständlichen Minnedienst ausgezeichnet hätten: »Der kleine Moritz: Tateleben, was is das, der Minne Gold? Tateleben: Nu, was soll es weiter sein? Es wird sein – de Mitgift.«[76]

Am schroffsten brachte 1903 der vom Judentum zum Protestantismus übergetretene Jüngling Otto Weininger zum Ausdruck, was andere nur dachten: »Der Jude ist stets lüsterner, geiler, wenn auch merkwürdigerweise, vielleicht im Zusammenhange mit seiner nicht eigentlich *anti*moralischen Natur, sexuell weniger potent, und sicherlich aller *großen Lust* weniger fähig als der arische Mann.«[77] Die einzige Form der Liebe, die Weininger gelten ließ, war die platonische: »Denn was sonst noch Liebe genannt wird, gehört in das Reich der Säue.«[78] Dieses Reich blieb Weininger verschlossen. Als bedeutender Denker, für den er sich hielt, strebte er höheren Zielen entgegen, ohne das verhaßte Reich der Säue aus den Augen zu verlieren: »Denn einen wahrhaft bedeutenden Menschen, der im Koitus mehr sähe als einen tierischen, schweinischen, ekelhaften Akt, oder gar in ihm das tiefste, heiligste Mysterium vergötterte, wird es, kann es niemals geben.«[79] Im Alter von dreiundzwanzig Jahren lenkte Weininger das öffentliche Interesse noch einmal auf sein frühvollendetes Genie, indem er sich im Bonner Beethovenhaus entleibte. Bei Weininger habe man es »nicht mit einem geistesgesunden philosophischen Phänomen zu thun«, schrieb 1904 der Psychiater Ferdinand Probst und diagnostizierte »ein richtiges Wahnsystem von durchaus hysterischem Wesen, dessen Grundlage seine Sexualabneigung war«. Probst fällte das strenge, aber nachvollziehbare Urteil, Weiningers Schriften gehörten »in die ärztliche Bibliothek einer Irrenanstalt«.[80]

Die fixen Ideen, die Weininger in den Selbstmord getrieben hatten, wurden in der psychiatrischen Grundlagenliteratur jedoch nicht als Wahnvorstellungen gedeutet, sondern als wissenschaftliche Erkenntnisse kanonisiert. 1904 faßte Auguste Forel in drei Sätzen zusammen, was er über die Juden zu wissen glaubte: »Ihre Charakterzüge zeigen sich auch in ihrem Geschlechtsleben. Sie haben im allgemeinen einen sehr starken Geschlechtstrieb und zeigen andererseits eine große Familienanhänglichkeit. Ihr merkantiles Wesen durchdringt auch ihre Geschlechtsverhältnisse, und wir finden sie eifrig beim Weiberhandel und bei der Prostitution betätigt.«[81] Aber woran wäre ein sehr starker Geschlechtstrieb zu erkennen gewesen, im Unterschied zu einem normalen? Und welche wissenschaftlichen Parameter hatte Forel angelegt, um die Stärke des Geschlechtstriebs der Juden zu bestimmen? Solche Nachfragen hätten ihn verwundert, denn er hatte keine Datensammlung ausgewertet und sich keine Gedanken über die empirische Basis seiner Behauptungen gemacht: Er hatte sie sich erträumt und war mit der gleichen Sorglosigkeit verfahren wie andere Experten. »Ferner darf nicht vergessen werden, daß die Sexualität der semitischen Rasse im allgemeinen eine kräftige, ja eine erheblich gesteigerte ist«, gab 1910 ein deutscher Staatsanwalt zu Protokoll, vermerkte jedoch anerkennend, daß »der Jude sich von Unzuchtdelikten freier hält als der Christ«.[82]

Das war Glaubenssache. 1913 fand sich der »hinterhältige, nie harmlose, ewig lauernde Jude mit seiner angeborenen Ehr- und Schamlosigkeit« am Pranger eines Leitartikels wieder[83] und auch in der Schnulzenromanfigur eines wulstlippigen, Frauen nordischen Geblüts wölfisch jagenden und besamenden Milliardärs namens Samuel Wolfsohn alias S. Woolf:

> Er hatte nur ein Laster, und er verbarg es sorgfältig vor der Welt. Das war seine außerordentliche Sinnlichkeit. Seinen dunkeln, tierisch glänzenden, schwarzbewimperten Augen entging kein schöner Frauenkörper. Das Blut begann in seinen Ohren zu knacken, sobald er ein junges, hübsches Mädchen mit runden Hüften sah. [...] Die Mädchen mußten schön, jung, schwellend und blond sein; besonders Engländerinnen, Deutschen und Skandinavierinnen gab er den Vorzug. S. Woolf rächte auf diese Weise den armen Samuel Wolfsohn, den die Konkurrenz gutgebauter Tennisspieler und großer Monatswechsel vor Jahren

> bei allen schönen Frauen aus dem Felde geschlagen hatte. Er rächte sich an jener hochmütigen blonden Rasse, die ihn früher mit dem Fuß ins Gesicht trat, indem er jetzt ihre Frauen kaufte.[84]

Die Botschaft, Blondinen hätten sich mit diesem Rächer freiwillig nicht eingelassen, kam bei den bessergebauten Lesern ebensogut an wie die Nachricht, daß sie hier sowieso mit keinem rechten Mannsbild konkurrierten: »Seine überreizten Nerven brauchten Orgien, Exzesse, Zigeunermusik und Tänzerinnen zur Betäubung.« Das Monstrum war gefährlich, aber doch auch nur närrischer Fetischist: »Vor einem japanischen Lackschränkchen blieb er stehen und öffnete es. Es war voller Locken, blonder, goldener, roter Mädchenlocken. Jede Locke trug einen Zettel wie eine Arzneiflasche. Ein Datum stand darauf. Und Woolf sah diese Flut von Haaren und lachte voller Verachtung. Denn er verachtete und verabscheute die Frauen, wie alle Männer, die sich viel mit käuflichen Frauen abgegeben hatten.«[85]

Aus dem Ersten Weltkrieg, in dem auch unzählige jüdische Frontkämpfer ihr Leben gelassen hatten, kehrte das Gerücht über ihre Laster unversehrt ins Hinterland der besiegten Mittelmächte zurück. »Das Wesen des modernen Judentums ist Herrschsucht, Sinnlichkeit und Verneinung ohne irgend ein Verständnis für die Begriffe Vaterland, Patriotismus und Idealismus«, bemerkte ein österreichischer Katholik im Mai 1919.[86] »Und so ist denn der sexuelle Laxismus, die vielfache sexuelle Verwilderung, ein Hauptkennzeichen des neueren Judentums«, fügte 1920 ein anderer Kritiker der jüdischen Sinnlichkeit hinzu,[87] dessen Urteil über den Talmud der junge Alfred Rosenberg in seiner Eigenschaft als aufstrebender Chefideologe der NSDAP nur bestätigen konnte: »Es ist nicht eine offene, natürliche Sinnlichkeit, die hervorbricht, äußerst selten hört man die Stimme des Sittenhygienikers, um so mehr aber tritt, bald versteckt, bald offen, eine ekelhafte Lüsternheit zutage. Es sind alte Männer, die da über ›Liebe‹ debattieren und sich nicht schämen, dies Produkt greisenhafter Phantasie als Gesetzesnorm festzulegen. Was da hervortritt, ist geheiligte Geilheit.«[88]

»Die Juden hinwieder suchen eifrig, wie es allenthalben beobachtet wird und sie selbst gestehn, mit Nichtjüdinnen geschlechtlich zu verkehren, insbesondere mit blonden Frauen«, berichtete 1921 der antisemitische Verfasser einer Geschichte des Judentums und hob lobend das sittliche Empfinden der »reiner Nordischen« hervor:

Durchaus fremdartig erscheint diesen *das jüdische Unterhaltunggewerbe*, Kabarett, Kino, Operette und Verwandtes. Hier herrscht vor allem die Spekulation auf die Geilheit, die so überaus kennzeichnend für die Mischrassigen ist: sie selbst kennen keine höheren Genüsse als den Geschlechtsgenuß und glauben damit auch bei den anderen ein gutes Geschäft zu machen. […] *Das erste, was die Juden, als Mischrassige, sich als Herrscher an Vergnügen schaffen werden, wird die geschlechtliche Ausschweifung sein.* Im »Getto« waren sie durch die strengen religiösen Vorschriften zur Zurückdämmung ihrer Begierden verhalten; der Wohlstand, in den sie als Herrscher sofort in großer Masse kommen, wird sie zum Wohlleben führen.[89]

Nach dieser Lehrmeinung waren die reiner Nordischen von Natur aus vor jeder Spekulation auf ihre Geilheit gefeit und strebten, im Unterschied zu den Mischrassigen, höhere Genüsse an als den mit nichtjüdischen und insbesondere mit blonden Frauen geteilten Geschlechtsgenuß, hatten aber den in großen Massen aus dem Ghetto zu Mogulen der Lustbarkeitsindustrie aufgestiegenen Juden als deren beste Kunden zu bedeutendem Wohlstand verholfen. Und wieso berührte das Hauptkennzeichen des neueren Judentums, die sexuelle Verwilderung, das alte Germanentum so fremdartig, daß es seinerseits in großen Massen aus der ihm doch naturgesetzlich vorgeschriebenen Lebensbahn ausscherte und in Nachtlokalen ein gutes Geschäft mit sich machen ließ, anstatt der starken, angestammten, schon von Tacitus gerühmten Neigung zur Keuschheit nachzugeben? Um die Lösung dieser Denksportaufgabe drückten sich die Antisemiten immerfort herum. Lieber als in ihre eigenen Probleme vertieften sie sich in die Sexualität der Juden:

Dazu kommt eine allzu frühe Geschlechtsreife, die, noch ehe das junge Gehirn Zeit hat, sich recht mit anderen, höheren Dingen zu erfüllen, bald das ganze Denken und Sinnen an sich reißt und nun die gesamte geistige Entwicklung, die Bildung einer Welt und Lebensauffassung völlig unter den Gesichtswinkel des Geschlechtlichen stellt, so daß der Jude schließlich für andere als rein egoistische, subjektive Gründe im Leben, geradezu blind ist.[90]

Auch dieser weithin als erwiesen geltende frühe Eintritt der Geschlechtsreife war nur ein Traumgebilde, eine Männerphantasie völkischer Rassenkundler, denen es nicht gelingen wollte, ihr Gehirn mit anderen, höheren Dingen zu erfüllen.

1924 entlarvte Joseph Goebbels den Marxismus als »eine jüdische Mache«, die darauf ausgehe, »die rassebewußten Völker zu entmannen und zu entsittlichen«.[91] Die Entmannung drohte den Ariern als Folge ihrer Entsittlichung durch die Juden, die der Legende nach mit einem kräftigeren Geschlechtstrieb begabt waren als alle anderen Völker und die Absicht hegten, die Arier einerseits zu entmannen und sie andererseits aufzugeilen. Im Wirrwarr völkischer Zwangsvorstellungen schloß das eine das andere nicht aus. Wie aber hatten die Juden ein ihnen körperlich, genetisch, ethisch, kulturell und sexualmoralisch überlegenes, zutiefst keusches Volk zu entsittlichen und zu unterjochen vermocht? Als Antwort darauf mußte der Hinweis genügen, daß die Juden eben an allem schuld seien: »Ihre stärkere Geschlechtlichkeit, weniger bedingt durch ihre farbigen Mischteile als durch die unstimmige Mischung, führt sie zu allen möglichen Perversitäten, deren gesetzliche Freigabe ihre Anwälte darum eifrig verlangen, seit das Judentum eine beherrschende Macht im öffentlichen Leben (noch nicht jedoch für das sittliche Empfinden) geworden ist.«[92]

Das war 1925. Vier Jahre danach wies ein später als Reichsbauernführer in die Geschichte des Dritten Reiches eingegangener Völkerkundler in einer Propagandaschrift der NSDAP darauf hin, daß das Geschlechtsempfinden der Arier nach wie vor sauber sei:

> Das Geschlechtsleben von Mann und Frau ist für die Nordische Rasse ein Teil der natürlichen Lebensäußerung und wird daher so öffentlich behandelt wie Essen und Schlafen. Wenn man die Überlieferungen darüber durchliest, so muten sie, trotz mancher Unbegreiflichkeiten für unsere jetzige Denkweise, doch immer klar, hell und sauber an. Niemals tritt uns jene schmutzig=trübe Phantasie des Orients entgegen, die sich im Breittreten erotischer Gefühle und Gefühlchen, sowie in der Schlammsuhle der Zote offenbar so recht behaglich zu Hause fühlt.[93]

In den Märchenerzählungen ihrer Historiker besannen sich die von der steigenden Flut der Gier bedrängten Nordischen auf ihre schwächere

Geschlechtlichkeit und wandten sich von den mischrassigen Orientalen ab, denen es bei allen Bekundungen der Vaterlandsliebe immer nur um das eine gegangen sei: »Nun, jeder Jude liebt das deutsche Volk. Es zieht ihn an, mit seinem Wesen, seiner Geistesartung, mit der Körperlichkeit seiner Frauen und Söhne. Er will genesen am frischen jungfräulichen Blut. Klingt hier nicht eine Urmythe auf?«[94]

Für ein Exklusivrecht der Arier am Verbrauch frischen jungfräulichen Bluts reinrassiger deutscher Frauen setzte sich auch Theodor Fritsch ein, nachdem er sich mit dem »sittlichen Tiefstand« der Juden vertraut gemacht und ihnen die Menschenwürde aberkannt hatte:

> Ein Volk, welches die Lehren des Rabbinismus in allen ihren ungeheuerlichen Auswirkungen nicht nur nicht ablehnt, sondern sie mit heiligen Kulthandlungen zu einem Sittengesetz erhebt, zeigt einen derart sittlichen Tiefstand, daß man beinahe von geistiger Minderwertigkeit sprechen kann. Darum kennt der Jude auch weder Ehre noch Scham, die beide die Grundfesten des heldischen Menschen sind. Ein Volk aber, das auf Ehre und Scham verzichtet, ist nicht mehr würdig der Bezeichnung Mensch; das ist Untermenschentum.[95]

Und so sei, nach der Einschätzung eines anderen antisemitischen Ideologen, »in den ›sinnlichen‹, also z. B. den semitischen Völkern die Triebhörigkeit des Mannes weit stärker als z. B. in den sexuell nicht so anregbaren germanischen Völkern«.[96] Doch bei allem Stolz auf ihr Schamgefühl wollten sich die Arier auch nicht rundweg nachsagen lassen, daß sie sexuell weniger zu bieten hätten als die Juden. Im antisemitischen Schrifttum der dreißiger Jahre finden sich kühne Versuche der Unterscheidung zwischen schmutzig-trüber jüdischer und sauberer arischer Sexualität:

> Der Jude sieht im Weibe nur das Lustwerkzeug, er ist in dieser Hinsicht ganz Orientale, nur daß er das Schamgefühl des Orientalen nicht hat, der seine Frauen im Harem hält, in der Öffentlichkeit aber nicht von ihnen spricht. Der Jude ist vielmehr in ausgesprochener Weise schamlos; Zeugnis dafür schon seine talmudischen Schriften, Zeugnis seine Unterhaltung und seine ganze Haltung, Zeugnis die von ihm stammende und von ihm gerühmte und verbreitete Literatur. Dabei nichts von fröhlicher, derber Sinnlichkeit, wie sie die älteren holländischen und vlämischen Maler und manche unbekümmerte

> Schwänke der arischen Völker zeigen; auf der jüdischen Sinnlichkeit lastet stets ein tiefer Zwiespalt, und so neigt sie in hohem Maße zu allen möglichen Perversitäten. Auch hier typische Fäulnis, und gerade in dem Punkt, aus dem das neue Leben entspringt.[97]

So sah es 1933 auch ein Schweizer Eidgenosse der Nazis, der sich von der Vorstellung, ein Jude könne mit einer Arierin schlafen, gereizt fühlte:

> Denn die Erotik des Juden ist ungeheuerlich, und er benützt sie, gestützt auf seine nationalen talmudischen Lehren, gleichsam als Kampfwaffe gegen die nicht-jüdischen Völker, indem er sie durch Blutmischung verdirbt. Gilt es, eine Frau zu gewinnen, die ihn reizt, kennt er kein Hindernis, keine Hemmung. Mit Geld und Beziehungen aller Art tritt er an die arische Frau heran, die ihn – den Mischling aus semitischen und orientalischen Rassen – durch ihre Blondheit bis zum Wahnsinn reizt. Liebe aber empfindet der Jude diesen Frauen gegenüber nicht, sondern nur den Wunsch, seine Geilheit zu befriedigen.[98]

Da jedoch die Arierinnen dem Ansinnen der Untermenschen, ihnen als Lustwerkzeug dienlich zu sein, keineswegs allesamt instinktiv widerstanden, blieb den heldischen Menschen nichts anderes übrig, als ihr Heldentum und ihre derbe Sinnlichkeit in Schmähreden zu bekräftigen. Im September 1933 ließ ein schwäbischer Professor der Theologie in einer Predigt seiner Wut auf den »säkularen Juden« freien Lauf:

> Überall, wo es etwas zu zersetzen gibt, zu zerstören gilt, heiße es Ehe und Familie, Vaterlandsliebe oder christliche Kirche, Zucht und Ordnung, Keuschheit und Anstand, überall, wo es etwas zu gewinnen gibt, da ist er dabei, da ist er vorne dran mit geistreich witzelndem Spott, mit klug geschäftiger Begabung, mit zäh wühlender Energie. Ein atheistischer Mensch wirkt immer zerstörend; aber nirgends wirkt sich die verderbliche Kraft dieser Haltung so verheerend aus wie bei einem jüdischen Menschen, der sein reiches alttestamentarisches Erbgut verschleudert hat und unter die Schweine gegangen ist.[99]

Mit zäh wühlender Energie zersetzten unterdessen die Atheisten vom SS-Hauptamt auf ihre Weise das christliche Menschenbild, wobei ihnen unbeabsichtigt ein lebensechtes Selbstporträt glückte:

> So wie die Nacht aufsteht gegen den Tag, wie sich Licht und Schatten ewig feind sind – so ist der größte Feind des erdebeherrschenden

Menschen der Mensch selbst. Der Untermensch – jene biologisch scheinbar völlig gleichgeartete Naturschöpfung mit Händen, Füßen und einer Art von Gehirn, mit Augen und Mund, ist doch eine ganz andere, eine furchtbare Kreatur, ist nur ein Wurf zum Menschen hin, mit menschenähnlichen Gesichtszügen – geistig, seelisch jedoch tiefer stehend als jedes Tier. Im Inneren dieses Menschen ein grausames Chaos wilder, hemmungsloser Leidenschaften: namenloser Zerstörungswille, primitivste Begierde, unverhüllteste Gemeinheit. Untermensch – sonst nichts! […] Nie wahrte der Untermensch Frieden, nie gab er Ruhe. Denn er brauchte das Halbdunkel, das Chaos. Er scheute das Licht des kulturellen Fortschritts. Er brauchte zur Selbsterhaltung den Sumpf, die Hölle, nicht aber die Sonne. – Und diese Unterwelt der Untermenschen fand ihren Führer: – den ewigen Juden![100]

Ihren namenlosen Zerstörungswillen sollte die Herrenrasse, die gleichfalls einen Führer gefunden hatte und weder Frieden wahren noch Ruhe geben mochte, anschaulich unter Beweis stellen. Für die Befriedigung der primitiven Begierde nach Sexualklatsch aus der Unterwelt war im Dritten Reich der wöchentlich von Julius Streicher herausgegebene *Stürmer* da, ein Skandalblatt, das selbst Rudolf Höß, dem ersten Kommandanten des Vernichtungslagers Auschwitz, abstoßend erschien:

Ich habe den *Stürmer*, die antisemitische Wochenschrift Streichers stets abgelehnt, wegen ihrer üblen Aufmachung, mit der Wirkung auf niedrigste Instinkte berechnet. Dann die stete Hervorhebung des Sexuellen in oft pornographisch-wüster Art. Die Zeitung hat viel Unheil angerichtet, sie hat dem ernsthaften Antisemitismus nicht genutzt, sondern im Gegenteil bösen Abbruch getan. Kein Wunder, wenn man nach dem Zusammenbruch erfuhr, daß ein Jude die Zeitung redigierte, die wüstesten Hetzartikel schrieb.[101]

Anders als Höß verfiel Streicher nach seiner Gefangennahme nicht auf den Gedanken, den *Stürmer* als ein jüdisches Machwerk auszugeben und sich damit selbst zu verleugnen. Einem amerikanischen Psychiater fiel es auf, daß Streicher seine Haßreden mit der gleichen Leidenschaft hielt, der seine legendäre Privatsammlung pornographischer Dokumente ihr Dasein verdankte:

> Bei meinen Gesprächen mit Streicher erwies es sich als unmöglich, die Unterhaltung einige Minuten lang zu führen, ohne daß er die »Judenfrage« zu diskutieren begann. Ständig zerbrach er sich den Kopf über die jüdische Verschwörung. Vierundzwanzig Stunden täglich kreiste jeder seiner Gedanken und jede seiner Handlungen um diese Idee. [...] Im Gespräch war er plump, taktlos und ungeschickt. Auch sein Körper war ungeschlacht, aber er war sehr stolz auf seine Stärke und Manneskraft. Er prahlte damit, daß er für seine Hurerei berühmt gewesen sei und behauptete noch jetzt, mit einundsechzig Jahren, daß der einzig richtige Test für seine Gesundheit darin bestehen würde, ihm eine Frau zu verschaffen. [...] Ich fragte ihn über seine berühmte pornographische Sammlung aus, die eine der bekanntesten der Welt geworden ist. Er schämte sich durchaus nicht, als Sammler von Obszönitäten bekannt zu sein, betonte aber immer wieder, daß seine gesamte Bibliothek aus jüdischen Quellen stammte. Er erklärte mir milde: »Ich habe die Sachen nur studiert, um die Art von Büchern kennenzulernen, welche diese Leute lesen.« [102]

Nachdem er sich sein Leben lang in dem Sumpf getummelt hatte, den er mit allen Mitteln trockenlegen wollte, brüstete sich Streicher mit seiner sexuellen Vitalität, in der Manier eines alten Kämpfers, der auch als Todeskandidat noch seinen Mann zu stehen vermöge. Den anderen Angeklagten, die sich für feinere Menschen hielten, war es peinlich, daß dieser ordinäre, sein Herz auf der Zunge tragende Radaubruder die intimsten Geheimnisse der nationalsozialistischen Bewegung verriet. Er wurde, wie ein vom Gericht bestellter Psychologe beobachtet hatte, von den Mitangeklagten gemieden, »als sei er aussätzig, denn allen war die widerliche Pornographie und primitive Dummheit seiner Zitate noch frisch in Erinnerung«. [103]

Auch der ehemalige Gauleiter Hartmann Lauterbacher, dem das Dritte Reich sonst ganz hervorragend gefallen hatte, hielt es für erforderlich, sich in seinen Memoiren von Streicher zu distanzieren: »Sein *Stürmer* war zweifellos das übelste Skandalblatt, das während der nationalsozialistischen Zeit erschien; es war, wie Dr. Goebbels einmal sagte – abgesehen von der antisemitischen Tendenz –, ›reine Pornografie‹.« [104] Etwas mehr Geschmack hatte 1937 der Reichsärzteführer Gerhard Wagner der Sache abgewonnen: »Man rümpft manchmal über den *Stürmer* die Nase. Ich sage Ihnen ganz ehrlich: Mir paßt auch manches am *Stürmer* nicht. Vor allem nicht dieser Unterleibsantisemitismus. Aber im großen und ganzen müssen wir doch sagen, wir wollen Gott danken, daß der *Stürmer* da ist, denn in einem solchen Kampfe kann man nicht mit Filzpantinen auftreten«.[105] Im Gerangel um die höchsten Machtpositionen im Staate war der grobschlächtige Streicher außen vor geblieben, doch er konnte sich darauf verlassen, daß sein Führer den Unterleibsantisemitismus zu schätzen wußte. »Was Streicher im *Stürmer* getan hat: er hat den Juden zeichnerisch idealisiert; der Jude ist viel gemeiner, viel blutgieriger, satanischer, als Streicher ihn dargestellt hat«, erklärte Adolf Hitler im Dezember 1941.[106]

Unangenehmer als Hitler fühlten sich manche mittleren Funktionäre des Regimes von Streichers verräterischer Regsamkeit bei der Anprangerung von Sittlichkeitsdelikten berührt. Neugierig waren aber auch die edler gearteten Herrenmenschen auf die Sexualität der niederen Rassen. Dieses Publikum, das über den *Stürmer* die Nase rümpfte, wurde von Akademikern beliefert: »Die Geschlechtsreife tritt bei den verschiedenen Rassen zu verschiedenen Zeiten ein. Es gibt frühreife Rassen, dazu gehören vor allem die orientalische, die westische und alle Negerrassen«, stellte 1935 ein nationalsozialistischer Naturforscher fest. »Bei den Mischehen germanischer Menschen mit andersrassigen, früher reifen tritt bei den Nachkommen sehr häufig auch sexuelle Frühreife ein«, und diese Frühreife sei »ein Bastardisierungsschaden«.[107] Zu diesen Gewißheiten war der Autor nicht durch Umfragen und Reihenuntersuchungen gelangt, sondern durch eine Vorahnung von Studienergebnissen der rassenbiologischen Forschung des Jahres 1938: »In dem Ablauf des *Wachstums* zeigen sich insofern Verschiedenheiten, als bei den Juden ziemlich allgemein die Geschlechtsreife früher eintritt. Der Beginn der ersten monatlichen Regel liegt bei Jüdinnen etwa 1/2 bis 1 Jahr früher als bei nach klimatischen und sozialen Verhältnissen entsprechenden Vergleichsgruppen.«[108]

Stützen konnten sich die Forscher, wenn auch sonst auf nichts, so doch immerhin auf die unter ihnen selbst allgemein verbreitete Theorie, daß bei den Juden die Geschlechtsreife früher eintrete als bei den Ariern, die selbst im fortgeschrittenen Jugendalter nichts Schöneres kennten als die Beschäftigung mit Rundstricknadeln und Zinnsoldaten, während die gleichaltrigen Juden in ihrem dunklen Drange das Interesse der Gelehrten auf sich ziehen mußten. »Interessant«, verkündete der Reichsärzteführer Wagner 1935 auf dem Reichsparteitag, sei es, »daß man gerade unter Juden verhältnismäßig häufig eine sexuelle Entartungserscheinung findet, die sich in einer Verwischung der leiblichen und seelischen sekundären Geschlechtsmerkmale äußert«.[109]

Zur weiteren Anregung warf die Propagandamaschinerie reizvokabelreiche Parolen aus: »Die Versexualisierung der Wirklichkeit ist ein Ausdruck jüdischen Geistes.«[110] Ein klarer Ausdruck arischen Geistes war hingegen die Manipulation der Kriminalitätsstatistik:

> Bei allen jüdischen Statistikern erscheint es als ein besonderes Ruhmesblatt der Judenheit, daß die Zahl der Sittlichkeitsverbrechen auf jüdischer Seite weit geringer ist als auf arischer. In Wirklichkeit aber war das Judentum ein Sumpf der Unmoral, der seinen Pesthauch über unser ganzes deutsches Land verbreitete. Die eigentliche Gefahr lag nicht in den einzelnen Unzuchtstaten, so sehr diese vom völkischen Standpunkte als entehrend und demütigend empfunden werden mußten, sondern in der Unmoral, die vom Judentume in seiner Gesamtheit ausging, in der wirtschaftlichen wie gesellschaftlichen Unmoral.[111]

Die Historikerin Dagmar Herzog hat stichhaltiges Beweismaterial für ihre These vorgelegt, daß die Nationalsozialisten mit der unermüdlich betriebenen Bloßstellung jüdischer Sexualverbrecher die eigene, konservativen Moralvorstellungen zuwiderlaufende Sexualpolitik vertuschen wollten: »Die andauernde Selbstdarstellung als ›rein‹ und ›sauber‹ lenkte ebenso wie die erbitterten und übertriebenen Vorwürfe gegen Juden, Marxisten und Kulturvertreter der Weimarer Republik, sie hätten außerehelicher Sexualität, Pornographie und Nacktheit das Wort geredet, davon ab, dass die Nationalsozialisten eben dafür eintraten.«[112] Unrein war, aus Sicht der arischen Besatzer, die eroberte Unterwelt: »Dann wieder passieren wir das Ghetto, in dem schmierige Juden mit nicht näher zu bestimmenden Waren handeln, und abstoßend schmutzige Judenweiber sich in den Fenstern rekeln«, schrieb ein regimetreuer Journalist nach einer Reise durch das besetzte Polen.[113] Im Oktober 1942 warnte Hermann Göring das deutsche Volk vor der Rache, die ihm blühe, wenn der Krieg verlorengehe: »Unsere Frauen würden dann eine Beute des wollüstigen haßerfüllten Juden werden. Deutsches Volk, Du mußt wissen: Wird der Krieg verloren, bist Du vernichtet!«[114] Noch deutlicher äußerte sich Göring am 30. Januar 1943 in einer Ansprache vor Wehrmachtsangehörigen: »Man muß nur ein einziges Mal den Juden in seinem alttestamentarischen Haß kennen, dann weiß man, was uns blüht – ah, wenn der Jude an uns Rache nehmen könnte, was glaubt Ihr, was mit Euren Frauen, Euren Töchtern, Euren Bräuten usw. geschehen würde?«[115] Theodor W. Adorno hat in solchen Zitaten die Leuchtfeuer der verdrängten Sexualität erblickt: »Hier glaubt man die Juden unbehindert von Maßstäben puritanischer Moral; je strenger man aber selbst an diesen festhält, desto begieriger läßt man sich über die vermeintlich schmutzigen Sexualgewohnheiten der Juden aus. Wenn das ›üppige Essen‹ der Juden noch unbeanstandet bleibt, in der sexuellen Sphäre wird die angeblich ungehemmte und daher abstoßende Sinnlichkeit nicht toleriert.«[116] Dagmar Herzog vertritt eine andere These: Je laxer die Nationalsozialisten mit den sexuellen Normen umgesprungen seien, desto strenger hätten sie, um von ihrer eigenen Normwidrigkeit abzulenken, über die Juden zu Gericht gesessen.

Für die Juden lief es, so oder so, darauf hinaus, daß man sie als Sexualverbrecher verfemte. Zu Propagandazwecken wurden solche Phantasien auch inszeniert, mit zwangsrekrutierten jüdischen Laienschauspielern. Der jüdische Widerstandskämpfer Bernard Goldstein hat von den Dreharbeiten im Warschauer Ghetto berichtet:

> Ein anderer Filmstreifen sollte zeigen, wie Cherniakov, der Vorsitzende des Judenrates, im Luxus lebte. Elegant aufgemachte Damen, mit den teuersten Kleidern behangen, wurden in seine Wohnung in der Elektrolana-Straße gebracht. An die mit seltenen Weinen und feinsten Speisen überladenen Tische wurden die ausstaffierten Gäste mit Cherniakov in ihrer Mitte gesetzt. Der Film wurde betitelt »Orgie im Hause des Vorsitzenden des Judenrates«.
>
> Die Nazis trieben nackte jüdische Männer und Frauen zu einer Mikvah (jüdisches Ritualbad) und filmten sie, um so die Lüsternheit und Demoralisierung der Ghettojuden darzutun.

> Die Kamera der Nazis wurde mit Sorgfalt gerichtet, sowohl wenn sie wirkliche Szenen aufnahm als auch wenn sie scheußlich gestellte Bilder festhielt. Die in den Straßen umherliegenden Leichen, die ausgehungerten menschlichen Gerippe, die halbnackten, sich selbst überlassenen, bettelnden Kinder – diese Bilder wurden nie von der Kamera erfaßt.[117]

Ein anderer Zeuge schrieb in sein Tagebuch:

> Zunächst fingen sie einige Dutzend junge und schöne Frauen ein und brachten sie in ein bestimmtes jüdisches Ritualbad; dann griffen sie einige starke, stramme Männer auf und brachten sie in das gleiche Bad. Beide Geschlechter wurden durch Drohungen und Peitschenhiebe gezwungen, sich zu entkleiden und in ihrer Nacktheit dazustehen; dann mußten sie zusammen in dasselbe Bassin und wurden zur Ausübung unkeuscher und obszöner Akte gezwungen, die eine Nachahmung des tierischen Sexualverhaltens sein sollten. Die Gefangenen, die sich diesem Verhängnis beugen mußten, schämen sich, die Einzelheiten der scheußlichen Veranstaltung wiederzugeben. Jeder Mensch mit Gefühl würde nicht nur beim Anblick dieser Dinge, sondern beim bloßen Anhören schon Ekel empfinden.
>
> Und all das geschah zu einem bestimmten Zweck.
>
> Während ein Nazi über den Gefangenen die Peitsche knallen ließ, stellte sich ein Partner mit einer Kamera in eine Ecke. Von jetzt an wird die ganze Welt wissen, wie tief die Juden moralisch gesunken sind, daß die Schranken des Anstandes zwischen den Geschlechtern bei ihnen gefallen sind und sie in aller Öffentlichkeit Unzucht treiben.[118]

Die den Juden angelasteten Obszönitäten verübten die Nationalsozialisten selbst, indem sie ihre Opfer mit Peitschenhieben zu Paaren trieben und sie zu Orgien mit Mummenschanz, Völlerei, Perversionen und öffentlichem Vollzug des Geschlechtsverkehrs nötigten, und so bekamen die Regisseure alles zu sehen, wovon ältere Judenfeinde jahrhundertelang nur hatten träumen können. Mit der Fratze des »ewigen Juden« bildeten die Propagandisten des Regimes ihr eigenes Spiegelbild ab. Das ist das Los, wenn nicht sogar der Fluch des ewigen Antisemiten, daß er als Ankläger sein eigenes Gesicht enthüllt.

Nach der Kapitulation waren herabsetzende Bemerkungen über die

Sexualität der Juden tabu. Nur hier und dort wagte sich noch ein Agent des gesunden Volksempfindens hervor. Im Juni 1946 beschwerten sich Vertreter einer österreichischen Gemeinde über einquartierte jüdische Flüchtlinge, die »in letzter Zeit direkt eine Landplage geworden« seien: »Junge Burschen und Mädchen vollführen in Anwesenheit der Dorfkinder an öffentlichen Orten des Gemeindegebietes Geschlechtsakte.«[119] Die Vermutung, daß die ausgeplünderten Flüchtlinge den Verkehr in der Enge der ihnen zugewiesenen Quartiere nicht ausüben wollten und sich auf andere Gebiete der Gemeinde verwiesen sahen, liegt ebenso nahe wie der Verdacht, daß es den Sexualpartnern nicht leichtgefallen sein wird, auf der Suche nach einer Lagerstatt in der freien Natur die neugierigen Dorfkinder abzuschütteln, und daß es den Gemeindevertretern lieber gewesen wäre, die Erschießung der jüdischen Flüchtlinge zu beschweigen als die Geschlechtsakte der Überlebenden zu erdulden.

Wie man nach dem Krieg den Rassenhaß ablehnen und zugleich die »Schamlosigkeit« der Juden anprangern konnte, ohne ein Blatt vor den Mund zu nehmen, demonstrierte 1951 der Rechtsanwalt Wilhelm Prothmann in einer Broschüre über »Judentum und Antisemitismus«. Er zitierte zunächst den Appell einer jüdischen Wochenzeitung an die überlebenden Juden, ihre Stimme auch gegen den kleinsten neuen Angriff zu erheben: »Die Anzahl der Juden ist sehr gering, und es ist eine alte deutsche Tradition, die Stimme der Einzelnen und Geringen, besonders dann, wenn sie sich an das Gewissen wenden, zu überhören.« Dieser Satz, schrieb Prothmann, lasse

> einen Rassenhaß erkennen, wie er heute von einem Deutschen kaum öffentlich gezeigt werden würde. Inhaltlich muß er als Lüge bezeichnet werden. Er ist sogar gegenüber allen denjenigen Deutschen, die den Juden freundlich gesinnt und im partei-politisch parlamentarischen Sinne gute Demokraten sind, eine ganz besondere Schamlosigkeit. Genug der Beschimpfungen des Deutschtums und der Ausbrüche des Rassen- und Völkerhasses, die aus den jüdischen Zeitschriften der Gegenwart ohne Schwierigkeit in großer Zahl vermehrt werden können.[120]

Alles ließen sich die guten, nach dem Genozid an den Juden zu ihren ehrlichen und wohlmeinenden Freunden gereiften Demokraten sagen, aber nicht, daß sie schwerhörig für die Gewissensappelle von Minoritäten seien, denn das war eine Lüge, eine gehässige, rassistische Beschimpfung des Deutschtums, wie sie nur schamlosen Juden einfallen konnte! Als Kabarettfigur von Gerhard Polt hätte der Autor noch hinzufügen können: »Sagt man nicht, sagt man nicht, weiß ich ja, aber man hat doch so seine Gedanken …«

1958 veröffentlichte der Jagdflieger a. D. Gerd Gaiser einen Roman, in dem ein lüsterner Bösewicht namens Rakitsch auftritt. »Zwar bezeichnet Gaiser weder den jungen Rakitsch noch dessen kaum weniger verdächtig-hinterhältige Mutter ausdrücklich als Menschen jüdischer Herkunft«, schreibt die Germanistin Heidy Müller in ihrer Untersuchung der Judendarstellung in der deutschsprachigen Erzählprosa der Nachkriegsjahrzehnte. »Indessen bedient er sich zu beider Beschreibung nazistischer Klischees betreffend Aussehen, Wesen und Verhalten ›der‹ Juden. Einzelne Passagen – so etwa die Szene, wo der gefährliche, bosärtige Fremdling der edelmütigen, blondbezopften Diemut auflauert – erinnern geradezu an einschlägige Abschnitte in Adolf Hitlers Programmbuch ›Mein Kampf‹«.[121] Eine dieser Passagen lautet: »Erst ging er hinter dem Mädchen nur her, dann trat er unversehens um Ecken und sprach zu ihr. Er sprach mit seinem dunklen Akzent, lockend und schwörend; er murmelte neben ihr, und Diemut floh und verstand ihn nicht.« Weiter heißt es über Rakitsch, er sei »sehr höflich, von einer dunkelfarbigen und geschmeidigen Höflichkeit«, und seine Mutter handele mit Pornofilmen.[122] Sie werden schon gewußt haben, was sie taten, die alten Parteigenossen in den zuständigen Gremien, als sie Gaisers anrüchigen Schwulst zur Verwendung im Schulunterricht zuließen.

Doch das Tabu blieb bestehen. Regelrecht komische Verrenkungen stellte 1977 ein alter Nazi an, der zwar das Judentum verteufeln, aber nicht das Risiko eingehen wollte, den Teufel, den er meinte, beim Namen zu nennen. Vage bezeichnet wurden in der Polemik eine »Gruppe von Weltbankiers«, eine »Monokratie aus dem Hintergrunde des Mammutreichtums« und der »Dollarspeck auf den Rücken vieler, die einmal Deutsche waren«.[123] Die deutsche Niederlage im Zweiten Weltkrieg habe »den Charakter eines Molochopfers«, es werde »Greuellügen-Hetze gegen Deutschland« betrieben und eine »Vergiftung der Völkerseelen«

praktiziert.[124] Den »ebenso beklagenswerten wie maßlos übertrieben ausgewerteten Judenvernichtungen« zum Trotz wolle das Weltjudentum, das der Autor nur durch die Blume anzusprechen wagte, die Deutschen »auf der Plattform eines Wochenendballons in 500 m Höhe unter freiem Himmel bei Scheinwerferbeleuchtung über Wolkenkratzern nach den Klängen einer Unterleibsmusik tanzen lassen oder was es an dergleichen Absurditäten und weltstädtischen Mätzchen der internationalen Sexual- und Vergnügungsindustrie sonst geben mag«.[125] Welcher Ballon diesem Polemiker vorschwebte, ist heute nicht mehr einwandfrei zu klären. Er stand jedenfalls auf verlorenem Posten vor einer Sexfront, in deren Angriffswellen das Abendland nach einer 1980 geäußerten Ansicht des *Würzburger katholischen Sonntagsblatts* bereits ein halbes Jahrhundert vorher untergegangen war: »Viele Juden, vor allem in Osteuropa«, seien zu Beginn der zwanziger Jahre »religiös und moralisch entwurzelt« gewesen »und suchten, mit Pornographie, mit üblen Theater- und Kinostücken Geld zu verdienen – nicht anders als unsere heutigen Illustriertenbosse«. Diese Juden »schwammen auf der Oberfläche einer morbiden Gesellschaft und führten ein Leben in Saus und Braus, während das Volk, das deutsche Volk, darbte«.[126]

In anderem Gewand lebte das von den Vätern ererbte Gedankengut wieder auf, als sich feministische Theologinnen mit dem Judentum auseinandersetzten. »Was nun die damalige Umwelt, die Umwelt Jesu anlangt, so handelt es sich um ein jüdisches Patriarchat, in dem das Weibliche nicht nur gering geachtet war, in dem also eine ausgesprochene Animosität allem Weiblichen gegenüber herrschte«, stellte 1975 eine tiefenpsychologisch bewanderte Theologin fest. »Es handelt sich sogar um ein extremes Patriarchat, in dem die Animosität dem weiblichen Element gegenüber geradezu zum Gesetz der Gesellschaft erhoben war.« Die Frau sei für die Juden der Zeitenwende »ein Wesen niederer Art« gewesen, »wie vor allem im sexuellen und religiösen Bereich deutlich« werde: »So berichtet zb Tacitus in schwarzen Farben von der sexuellen Maßlosigkeit des zeitgenössischen Judentums und der damit sich verbindenden Degradierung der Frau.«[127] Und so kehrte die Karikatur des sexuell unersättlichen Juden dreißig Jahre nach Julius Streichers Verhaftung heim ins Reich, auf dem Umweg über den Schreibtisch einer

Feministin, die sich auf Tacitus berief, den bewährten Kronzeugen des keuschen Germanentums.

In aller Unschuld griff 1977 eine deutsche Journalistin dieses Leitmotiv auf: »Der Wert der Jungfräulichkeit ist in der jüdischen Gesellschaft immer noch hoch, und die doppelte Moral funktioniert wie geschmiert. Wochentags absolvieren die jungen Juden ihre sexuellen Lehr- und Übungsstunden mit deutschen Mädchen, aber samstags geht man mit der wunderbar herausgeputzten Rachel oder Sara ins Café zum Händchenhalten.« [128] Die Verfasserin des Artikels hatte es sicherlich nicht böse gemeint, und es wäre verfehlt, ihr die Arglist zu unterstellen, mit der oberflächlich entnazifizierte Jagdflieger in ihrer Nachkriegsprosa zu Werke gegangen waren. Aber es ist doch verblüffend, in welcher Reinheit das alte Feindbild in der linksliberalen Presse und noch urwüchsiger in den Traktaten feministischer Theologinnen wiederauferstand: »Für die Frau im Matriarchat war die Hingabe an den Mann ein sakraler Akt, den sie als solchen ganz bewußt einmal im Leben im Tempel als Ritus beging«, phantasierte, ohne Angabe ihrer Informationsquelle, von der sie ja auch nur geträumt hatte, 1983 die Theologin Christa Mulack und fuhr fort:

> Wie wenig dieser Ritus vom Patriarchatsgott Jahwe und seinen Priestern verstanden wurde, zeigen unzählige Stellen im Alten Testament. Die damit zusammenhängende moralisierende Haltung konnte dieses tiefgreifende weibliche Empfinden in keiner Weise nachvollziehen und es nur noch aufs schärfste verdammen. Solches war Jahwe ein Greuel. Für ihn schien es nur noch die unio zoologica zu geben, die wohl patriarchalischem Empfinden näherkommt. [129]

Christa Mulacks »unio zoologica« war eine Neufassung des Schlagworts »Schlammsuhle« aus dem Arsenal des weiland Reichsbauernführers Richard Walther Darré, der dieser Suhle einst das Bauerntum als Lebensquell der nordischen Rasse gegenübergestellt hatte. Und nun setzte eine feministische Theologin der jüdischen »Schlammsuhle« alias »unio zoologica« jenes »tiefgreifende weibliche Empfinden« entgegen, das »die Frau im Matriarchat« in dem sakralen Akt ihrer Hingabe an den Mann erfüllt habe. Die Juden aber und ihr Patriarchatsgott hätten immer nur an das eine gedacht, und daraus erkläre sich auch die Tempelaustreibung:

»Die ›Vergewaltigung‹ des Gotteshauses, die Jesus hier emotional so stark berührt, ist nur eines der vielen Bilder der Vergewaltigung des Weiblichen in der Patriarchatsgesellschaft.«[130] Kritisiert worden ist diese Sehweise 1994 von Susanne Heine: »Das israelitische Volk habe ›die Sexualität seiner Frauen unterdrückt, kanalisiert und eingeschüchtert‹, so Gerda Weiler; nach Christa Mulack kenne Jahwe kein tieferes Liebesgefühl, sondern nur die ›unio zoologica‹, die ›wohl patriarchalem Empfinden näherkommt‹. Die vorurteilsbesetzte Matrix der Juden als Sündenböcke für alle Übel und als geile Lustböcke bildet die Grundlage solcher Rhetorik.«[131]

Sein Scherflein dazu beigetragen hatte der Theologe Eugen Drewermann, als er 1982 den Erreger sexueller Neurosen im geistesgeschichtlichen Erbe des Judentums lokalisierte: »In beiden großen Triebbereichen, im Umgang mit der menschlichen Aggression ebenso wie mit der menschlichen Sexualität, läßt sich das zeigen, wobei vor allem die Kluft zwischen der rohen Aggressivität des Alten Testaments und den Forderungen der Bergpredigt besonders auffällt und den Zwiespalt des Christentums zwischen Triebunterdrückung und fanatischem Sadismus religionsgeschichtlich verständlich macht.«[132] Es zeige sich »mehr und mehr, daß das Christentum aufgrund seiner spezifisch semitischen, jüdischen Geistesart einen außerordentlich gewalttätigen und rücksichtslosen Charakter an sich trägt«, schrieb Drewermann.[133] Mit dem Unkraut der »jüdischen Geistesart«, das er in den »großen Triebbereichen« wuchern sah, befaßte er sich 1989 abermals:

> Im Grunde führte Israel lediglich den Gedanken der Fruchtbarkeitsreligionen weiter, indem es seine Verheißungen an das Kommen und Gehen der Geschlechter und damit an die generative Kraft der menschlichen Liebe band. Andererseits entkleidete es die menschliche Sexualität aller göttlich-symbolischen Beimischungen, mit der Folge, daß bei dem Versuch, die Widersprüchlichkeit der Fruchtbarkeitsreligionen zu überwinden, die religiöse Einstellung zur menschlichen Fruchtbarkeit selber höchst widersprüchlich werden mußte. […] Nein, wer dem Christentum (zu Recht!) Leibfeindlichkeit und Sexualfeindlichkeit vorwirft, dem wird es ergehen wie jemandem, der Franzosenkraut im Garten ausreißen will: Die Wurzeln des »Unkrauts« reichen sehr viel tiefer, als sich an der

Oberfläche zeigt, und wer nur die sichtbaren Triebe abreißen will, beläßt das Übel im Boden, ja, er vermehrt es womöglich: die reif gewordenen Blüten streuen den Samen bei jeder Berührung.[134]

Das von Drewermann bekämpfte »Franzosenkraut« wurzelte in Israel, im Judentum, jenem Übel, das nach dem Sündenfall die menschliche Sexualität aller göttlich-symbolischen Beimischungen »entkleidet« und seither »bei jeder Berührung« den »Samen« seines Unkrauts über die Erde gestreut habe: Hier erübrigen sich tiefenpsychologische Deutungen. Drewermann hatte alles offen ausgebreitet, von der Entkleidung über die Berührung bis zum Samenerguß.

Ebenso kritisch befaßte sich der Publizist Franz Alt mit der Sexualität des Judentums. Jesus, schrieb er 1989 in seinem Bestseller »Jesus – der erste neue Mann«, habe »nie die leibliche Liebe abgewertet. Er erkannte auch in der Sexualität die Wirkweise Gottes.« Und weiter:

Jesus als Lehrer der Liebe sieht auch in der stadtbekannten ›Sünderin‹ Maria Magdalena die liebende Frau, weil er in ihr Herz sieht. Die gesetzlich orientierten Juden von damals haben es so wenig verstanden wie die moralisch gesinnten Christen von heute: Wann immer ein Mensch *wirklich* liebt, sind ihm seine Sünden vergeben. Wer liebt, handelt wie Jesus. Und im Umkehrschluß heißt Jesu Liebesverständnis, daß die vielen Routine-Ehen, in denen Liebe keine Rolle mehr spielt, nichts anderes sind als staatlich legitimierte Prostitution.[135]

Es war das alte Lied zur Leier von den liebeleeren Juden und ihrem sündhaften Verhalten gegenüber dem weiblichen Geschlecht, für die bundesdeutsche Heimorgel transkribiert von Franz Alt. »Bei Jesus« gebe es »keinen scheelen Blick auf Erotik und Sexualität«,[136] wenngleich auch Jesus einmal einer Frau »zunächst männlich-jüdisch arrogant« gegenübergetreten sei: »Noch ganz in der jüdischen Tradition verhaftet, glaubt Jesus zunächst an den ›Gott der Juden‹. Erst in der Konfrontation mit dieser Frau wird ihm klar, wie eng sein eigenes Gottesbild war. Jesus begreift in diesem Augenblick die Absurdität eines ›jüdischen‹, jedes nationalistischen Gottes.«[137] Und damit habe Jesus sein Judentum überwunden: »Mit dieser neuen ganzheitlichen Spiritualität hatte der Jude Jesus aufgehört, Jude zu sein – er war ›Bürger‹ im Reich Gottes geworden.«[138] Und dort sind Juden bekanntlich unerwünscht.

Anfangs sei Jesus »noch ganz gefangen« gewesen »in Sexismus und Nationalismus«, als Kind seiner Zeit: »Frauen waren mindere Wesen, das jüdische Patriarchat mißachtete sie.«[139] Nach dieser historischen Volte richtete Alt seinen Blick argwöhnisch auf das Sexualverhalten seiner Mitmenschen: »Viele behandeln ihre ständig wechselnden Sexualpartner wie Wegwerfartikel – wie eben alles in einer Wegwerfgesellschaft. Sex als Konsum verschleiert aber einen tiefen Mangel an Intimität, Humanität und seelisch ursprünglichen Erlebnissen.« Ob auch daran die Juden schuld waren? Im Namen Jesu entschleierte Alt den Mangel an Intimität: »Es ist ein Zeichen von Wahrhaftigkeit, wenn immer mehr Menschen – ganz im Sinne Jesu – empfinden, daß nicht der formale Akt der Eheschließung, sondern allein die Liebe sexuelle Erfahrung rechtfertigt.«[140]

Penibel unterschied Alt zwischen sauberem, durch Liebe gerechtfertigtem Sex als Offenbarung der Wirkweise Gottes und jenem grundsätzlich ungerechtfertigten, aus reinem Vergnügen genossenen Sex als Erbteil des jüdischen Patriarchats. Aufbrausen konnte Alt, wenn ihm dabei »die alte ekelhafte, jesusfeindliche und gottesfeindliche Blut-Theologie« und das »jüdische Establishment«[141] in den Sinn kamen. Mit milderen Worten bedachte er seine Ehefrau, die ihm Aufklärung über den Patriarchatsgott Jahwe und die sexuelle Maßlosigkeit des Judentums verschafft hatte: »Daß ich der Tiefenpsychologie von Hanna Wolff und der feministischen Theologie von Christa Mulack viele neue Jesus-Einsichten und damit mehr Selbsterkenntnis verdanke, ist ein niemals hoch genug zu bewertendes Verdienst meiner Frau. Danke, Bigi!«[142]

Und doch war noch immer nicht alles gesagt. Ende der achtziger Jahre rührten der Bundesvorstand, die Bundesarbeitsgemeinschaft Frauen und der nordrhein-westfälische Landesverband der Grünen in einer Broschüre mit dem Titel »Wider Gewalt gegen Frauen und Mädchen« die Trommel: Schon im Talmud, hieß es in der Broschüre, sei dargelegt worden, »daß ein weibliches Kind von ›drei Jahren und einem Tag‹ mit Erlaubnis des Vaters durch Geschlechtsverkehr verlobt werden könne. Geschlechtsverkehr mit einem noch kleineren Mädchen war kein Verbrechen, sondern zählte nicht …«[143] Und in den neunziger Jahren hielt es eine Stiftung namens »Hänsel + Gretel« für geboten, im Kampf gegen den sexuellen Mißbrauch von Kindern eine Zeichnung zu verwenden, die ein minderjähriges Mädchen mit Blumen im Arm und einen vollbärtigen, buckligen und hakennasigen Verführer zeigt.[144]

Es war ein langer Weg von den alten Römern bis zum grünen Spätgermanentum und dessen Protest gegen die geträumte Vergewaltigung kleiner Mädchen durch pädophile Talmudschüler. Deutsche, die ihn heute noch beschreiten, spielen mit ihrem guten Ruf. Dieses Risiko ging der Schriftsteller Martin Walser ein, als er 2002 in seinem Roman »Tod eines Kritikers« einen gewissen André Ehrl-König (alias Marcel Reich-Ranicki) gewaltsam sterben ließ und die Story mit allerlei Pikanterien garnierte. Von Ehrl-König, so berichtet der Erzähler eingangs, sei bekannt, daß er »zu seinen Vorfahren auch Juden zähle, darunter auch Opfer des Holocaust«.[145] Des weiteren wird einiges über seine sexuellen Gewohnheiten ausgebreitet:

> Nehmen Sie Ehrl-König und die Frauen. Es hat sich nie um Frauen gehandelt, immer um Mädels. Oder auch um Mädelchen. Mädel oder Mädelchen, da hat er immer scharf unterschieden. Am liebsten waren ihm natürlich Mädelchen, aber wenn's keine gab, nahm er auch Mädels. Frauen findet er langweilig. Unzumutbar. Besonders deutsche. Weibliches plus Schicksal, zum Davonlaufen! Aber schicksallose, ihres Aufblühens noch nicht ganz sichere Mädels oder Mädelchen, dann wisse er, sagte er, wozu er auf der Welt sei. Herr Pilgrim mußte ihm jede auftauchende Literaturjungfer sofort melden.[146]

Ein Berater des Kritikers rundet dieses Charakterbild im Roman mit der Information ab, daß er aus Gründen der Imagepflege das Gerücht in die Welt gesetzt habe, Ehrl-Königs »sexuelle Delikatesse« seien »Schwangere bis zum dritten Monat«.[147]

Darauf mußte man erst einmal kommen.

»Eine Schwäche des Blutes«

Geheimnisse der Verführungskunst

Es war seit jeher der Kummer des christlichen weißen Mannes, daß seine Artgenossinnen weder ihm selbst noch seiner Art die Treue hielten. Ende des achtzehnten Jahrhunderts mokierten sich Volkserzieher in England über weiße Frauen, die Gefallen an Männern aus den afrikanischen Kolonien gefunden hatten, »for reasons too brutal to mention«.[1] Freimütiger äußerte sich 1909 ein völkischer Beobachter über »die widerliche Erscheinung, daß sich bei den Schaustellungen exotischer Völkerschaften deutsche Mädchen dutzendweise stinkenden und scheusäligen Ashantis, Zulus, Massais, Indianern und Polynesiern in geiler Lust anbieten«.[2] Es muß zum Verzweifeln gewesen sein für die Kolonialherren: Sie stellten ihre Entführungsopfer als lebende Beweisstücke für die Überlegenheit der »weißen Rasse« aus und mußten erleben, daß die körperliche Schönheit der Entführten allen Stolz der weißen Menschenzoobesucherinnen zunichte machte: »Wenn irgendwo eine Negertruppe in einer Ausstellung oder sonst sich sehen läßt, so belagern deutsche Mädchen und Frauen das Dorf und können sich nicht genug tun, die schwarzen Natursöhne zu bewundern, anzustaunen und zu Rendez-vous [zu] bestellen. Diese Frauen und Mädchen fühlen gar nicht, wie tief sie sich erniedrigen, wenn sie sich an einen solchen Schwarzen oder Gelben wegwerfen oder gar eine Ehe mit ihm eingehen.«[3]

Über die Verführungskunst solcher und anverwandter Natursöhne hatte man sich bereits im Mittelalter den Kopf zerbrochen. Unter den Geschichten, die der Dominikaner Rudolf von Schlettstadt im dreizehnten Jahrhundert zusammentrug, findet sich auch die der Verführung einer Jungfrau durch einen jüdischen Ehebrecher:

> In Reinsperg kam eine Maid oder ein Mädchen zu einem Juden, um einen Wertgegenstand zu verpfänden. Als der Jude das Mädchen sah, begehrte er es und sagte zu ihm: Tochter, meine Frau ist krank. Ich bitte dich, daß du ihr Wasser bringst und sie in einer Wanne wäschst, und ich werde dir deine Arbeit bestimmt vergelten. Die Jungfrau kam den Bitten des Juden nach. Nach dem Frühstück sagte der Jude zu dem Mädchen: Ich bitte dich, daß du gegen Abend kommst, um meine Frau noch einmal zu waschen. Und ich werde dir deine Mühen vergelten wie vorher. Und das geschah; der Jude bezahlte es nämlich mit Silbermünzen. Als dies nun recht oft geschehen war und der Jude immer sehr freundlich mit ihm gesprochen hatte und es ihm nicht weniger freundlich antwortete, rief er es eines Tages zu sich und sagte: Wenn du bereit wärst, mit mir zu schlafen, würde ich dir schöne Kleider schenken. Es sagte: Ich komme deinem Wunsch nach, wenn du vorher deine Zusagen wahrmachst. Er sagte: Ich schwöre dir bei meinem Gott, daß ich sie sofort wahrmachen werde. Das Mädchen legte sich hin und zeigte sich einverstanden. Nachher, nachdem es mit ihm geschlafen hatte, erfüllte es ihm freiwillig jeden Wunsch.[4]

Zu den erfüllten Wünschen jenes Juden gehört der nach einer Hostie, die er schänden will. Ein Schultheiß, der ihn gefangennimmt, erweist sich als bestechlich, läßt ihn wieder laufen und wird vom Blitz erschlagen. (Seit 1952 ist für solche Moritaten, in denen die Strafe der Verfehlung auf dem Fuße folgt, die *Bild*-Zeitung zuständig: »Ehefrau stürzte nach Partnertausch in den Tod – Konnte die Krankenschwester das Abenteuer nicht vergessen?«[5])

Die Juden, so warnte um 1580 ein Christ seine Leser, »verführen also die Jungen / vnd nicht allein die Mägdlein / sondern auch die Eheweiber«.[6] 1644 riet ein anderer christlichen Mägden und Knechten grundsätzlich davon ab, Juden zu dienen: »Es werden solche Christen in den Jůden Hâusern gar leicht zur *Vnzucht* verfůhret: In den Satzungen des Rômischen Reichs ist zwar verboten bey Leib= vnd Lebens=Straffe / daß Jůden Christliche Weyber nicht schånden sollen, weil aber solche gedrewete Straffe nicht wird vollzogen / treiben die Jůden solches ohne

Schew.«[7] 1823 führte ein Journalist Klage über »das verderbliche Hausieren der Juden in Mecklenburg«, sagte den jüdischen Hausierern eine »Ueberredungsgabe ohne Gleichen« nach und wies darauf hin, daß sie bisweilen die Bauersfrauen verführten.[8] Aus der Entrüstung über die Verführungskünstler spricht der Neid auf deren Überredungsgabe: So leicht wie Zulus, Juden, Ashantis und andere aufgeilende Scheusale hätten vielleicht gerade die am lautesten lärmenden Wahrer des Anstands auch gern einmal ein Christenweib zur Unzucht verführt, wenn sie nur gewußt hätten, wie. Alles, was ihnen dazu fehlte, hatte sich in Wilhelm Raabes »Hungerpastor« der Jude Moses Freudenstein angeeignet, der 1864 ff. als gewissenloser Herzensbrecher ins Langzeitgedächtnis des deutschen Bildungsbürgertums einging: »Moses Freudenstein entwikkelte in den meisten Dingen des äußern Lebens einen guten Geschmack, zeigte sich den feinen Genüssen des Daseins in keiner Weise abgeneigt, richtete sich in seinem Eckzimmer am Domplatz sehr elegant ein und setzte den guten Hans durch die über Nacht ihm angeflogene Lebenserfahrung nicht wenig in Erstaunen.«[9]

Indem er sie Moses Freudenstein nannte und ihr guten Geschmack, Lebenserfahrung und die Bereitschaft zum Daseinsgenuß attestierte, konnte Wilhelm Raabe damals in Deutschland eine jüdische Romanfigur in Verruf bringen. Es paßt dazu, daß jener gute Hans, der dem Kriegshandwerk weniger abgeneigt war als der eleganten Einrichtung eines Zimmers, auch weniger Erfolg als Moses Freudenstein bei einem »Weibervolk« hatte, das 1870, als im Elsaß französische Kolonialsoldaten aufmarschierten, einen anderen christlichen Landsmann namens Karl in Wut versetzte:

> Natürlich war auch diesmal wieder das leidige Weibervolk vorne dran mit der Nase und gaffte und schnatterte: »Siehst, Bärbel, das sind jetzt Turkos, das sind Wilde! Große Zeit! ... sind aber doch schöne Leute, ... es schauert einen wahrhaftig, wenn man sie anlugt. – Schau, Gretel, dort ist ein kohlschwarzer ... ha! ha! ha! dort ist noch einer ... Meinst, Heinerle, wollen wir so einen mit heim nehmen?« – Man möchte mit Fäusten dreinschlagen. Später freilich soll in Deutschland eine ähnliche Turko=Affenliebe ausgebrochen sein. Das läßt sich eben bei diesem Geschlechte nicht ändern.[10]

Und sie hätten es doch so nett miteinander haben können, der Karl und die Gretel, wenn nur Gretels Affenliebe nicht gewesen wäre, die Karl so unerklärlich war, daß er, for reasons too brutal to mention, mit Fäusten hätte dreinschlagen mögen und nicht auf den Gedanken kam, der von kohlschwarzen Mohren verlockten Gretel feinere Genüsse als Faustschläge in Aussicht zu stellen.

Am 17. Dezember 1880 erregte sich der Berliner Gymnasialprofessor Ernst Henrici in einer Rede über reiche Juden, die arische Mädchen verführten, »statt ins Bordell zu gehen«,[11] wie es sich im Kaiserreich für Honoratioren gehörte, die auf Zucht und Sitte hielten. Den dunklen Drang, der die christlichen Weiber den angeblich stinkenden Fremdlingen zutrieb, führte der Antisemit Hermann Ahlwardt 1890 auf deren Machtfülle zurück:

> So sehr der Jude zu geschlechtlichen Exessen [*sic*] neigt, achtet er die Jüdinnen doch viel zu hoch, um sie der Schande preiszugeben, zur Befriedigung seiner Lüste dienen die deutschen Mädchen. Die bestehende natürliche Abneigung derselben gegen ihn weiß er in dem Maß zu beseitigen, als seine soziale Ueberlegenheit wächst. Was vermag das tugendhafteste deutsche Mädchen, das in sozialer Hinsicht vom Juden abhängig ist, gegen die dauernden Verführungskünste des raffinierten Wollüstlings![12]

Weil es jedoch mit der natürlichen Abneigung deutscher Mädchen gegen den Geschlechtsverkehr mit jüdischen Wollüstlingen nicht so weit her war wie erhofft, nahm Ahlwardt 1892 nach der »sozialen Überlegenheit« die »jüdische Sinnlichkeit« in seinen Waffenschrank auf: »Tausende von deutschen Mädchen fallen der jüdischen Sinnlichkeit alljährlich zum Opfer; und wenn der Jude eines solchen Mädchens satt ist, dann bekommt sie einen Tritt und mag als zweite Garnitur vielleicht einen deutschen Mann noch beglücken! (Pfui! Sauvolk!)«[13]

Nach den hilflosen Pfui- und Buhrufen zog die als Problem erkannte Sinnlichkeit des Juden auch das wissenschaftliche Interesse auf sich. »Er ist mit seiner Erregbarkeit und Stimulanzroutine und dem ewigen Lüstern eine Art Übergangsglied und Zwischenformation – um mich wissenschaftlich auszudrücken – zwischen unsereinem und dem Weibe, darum als tägliches Reizmittel von den Frauen bevorzugt ... ich möchte sagen, es ist der Floh, den sie in ihren Röcken nicht entbehren können ...« So äußert sich, in einem Theaterstück aus dem Fin de siècle, ein Christ über einen Juden, der das Leben einer von ihm verführten und durch diese Entehrung in den Selbstmord getriebenen Christin auf dem Gewissen hat.[14] Wenn der Jude als Übergangsglied die Lust der Frauen stimulierte, war er noch lange kein Mann, auf den Arier eifersüchtig sein mußten, sondern allenfalls ein weibischer Floh: Das war der Erkenntnisstand von 1895, und damit hätte es sein Bewenden haben können, wenn die Ursache des ewigen Lüsterns der christlichen Kammerjäger nach der Austilgung der Flöhe nicht im Neid auf deren Treiben in den Frauenröcken gelegen hätte.

Nachgeschmeckt wurden die feinen Genüsse der Flöhe von allen Tugendhaften, die sich von ihrer angeborenen Schamhaftigkeit um den Schlaf gebracht sahen:

> Wenn man das Sündenregister unserer hebräischen Mitbürger aufzählen wollte so muß die *sittliche Verwüstung*, die der Jude unter unserer *weiblichen Jugend* anrichtet, an hervorragender Stelle genannt werden. Das Judengeld einerseits und die angeborene Schamlosigkeit und Gewissenlosigkeit des Hebräers andererseits spielen in dieser Beziehung ihre Rolle. Wir sprechen hier von Dingen, die ein öffentliches Geheimniß bilden, die aber leider Gottes eben deswegen viel zu wenig besprochen und in ihrer ungeheueren Bedeutung gewürdigt werden.
>
> Das niedrig=sinnliche Naturell der Juden, ihr Mangel an Scham und Gewissen macht sie zu den verwegensten Verführern. Die tägliche Erfahrung, die Jeder machen kann, der auch nur oberflächlich beobachtet, zeigt besonders in der Großstadt die unheimliche Thätigkeit der Juden in dieser Richtung. Mädchen, die in ein dienendes Verhältniß zu Juden treten, verfallen fast ausnahmslos dem sittlichen Verderben. Man wird kaum fehlgehen, wenn man sagt, daß die Mehrzahl der unglücklichen Geschöpfe, welche die großstädtische Prostitution bilden, durch jüdische Verführung gefallen sind.[15]

Aber wie machten sie das, die Hebräer? Karikaturen von Juden als Verführer christlicher Frauen gaben um die Jahrhundertwende populäre Ansichtskartenmotive ab. Dargestellt wurden die Juden stets als ältliche Schwächlinge mit Hängebauch und unvorteilhaften Gesichtszügen,[16] und den Juden, die jenem Bilde ähnelten, sollte es später in den Konzentrationslagern am schlechtesten ergehen: »Die SS-Leute, von denen kaum einer über 21 Jahre alt war, hatten es vor allem auf alte, dicke, jüdisch aussehende und sozial höherstehende Juden z.B. Rabbiner, Lehrer, Anwälte, abgesehen, während sie sportlich aussehende jüngere Juden milder behandelten. So wurde ein früherer höherer juristischer Beamter, der sich mit seinem Titel meldete, besonders scharf angefaßt und mit ihm der Inhaber eines großen Restaurationsbetriebes.«[17]

Von den Ariern, die als tägliches Reizmittel ausschieden, konnte die Attraktivität der Flöhe nur grollend vermerkt, aber nicht erklärt werden, allen wissenschaftlichen Bemühungen zum Trotz. »Überall, wo einmal mehr Juden hinkommen, geht's mit der Sittlichkeit abwärts. Die Juden sind die schlimmsten Verführer«, stellte 1904 der Geistliche Sebastian Rieger im christlichsozialen Tiroler *Volksboten* fest[18] und hatte das Problem damit nicht tiefer durchdrungen als die christliche *Deutsche Handels-Wacht*, die 1906 berichtete: »Tatsache dürfte sein, daß ein gewaltiger Prozentsatz derjenigen weiblichen Wesen, welche jetzt zur Nachtzeit die Straßen der GroßStädte durchstreifen, Töchter anständiger bürgerlicher Eltern sind, aber das Unglück hatten, als junge und unerfahrene Dinger in das Geschäft eines Bornstein oder Bernstein hineinzugeraten.«[19] Wie es die Bornsteins oder Bernsteins anstellten, die Sittlichkeit hinabzubringen und zur Nachtzeit gewaltige Prozentsätze weiblicher Wesen zu verderben, blieb unerklärt als Widerspruch bestehen.

Und nicht als einziger. »Es ist ein seltsamer Widerspruch, wenn bei Vorhandensein katholischer Kaufhäuser unsere Frauen alle ihre hauswirtschaftlichen Bedürfnisse bei Israeliten decken«, schrieb 1908 ein Katholik. »Vom feinsten Modeanzug bis zum letzten Zwirnsfaden kaufen unsere Frauen in jüdischen Warenhäusern.«[20] Und wem wäre damals nicht aufgefallen, daß Arierinnen den letzten Zwirnsfaden vor Israeliten fallen ließen? »Wem wäre – vor allem in den GroßStädten – die Tatsache noch nicht aufgefallen, daß gerade gesunde hübsche Weiber sich mit oft geradezu faunischen Scheusalen von Männern einlassen«, fragte 1909 ein völkischer Autor und gab sich selbst zur Antwort: »Die Ursache dieser bedauerlichen Vorliebe unserer Frauen für pikante, fremdrassige Männer liegt letzten Endes in der Entartung der Instinkte durch Rassenmischung.«[21]

Nachdem sie in der Rassenmischung die Ursache für die Entartung der Instinkte durch Rassenmischung entdeckt hatten, standen die Arier vor der Herausforderung, den Grund für die Ursache der Rassenmischung zu ermitteln und eine Erklärung dafür zu finden, daß es auch rassisch unvermischte Arierinnen danach gelüstete, sich mit faunischen Scheusalen zu vermischen. Über diesem Abgrund zwischen Grund und Ursache vollführte 1910 ein anderer völkischer Denker einen gedanklichen Seiltanz:

> Umgekehrt kann eine Frau heroischer Rasse durch *cohabitatio* mit einem Mann der dunklen Rasse *propter magnitudinem membri* zugrunde gehen oder anderseits daran so sehr Geschmack finden, daß sie mannstoll wird und bewußt oder instinktiv gerade *propter magnitudinem* den niederrassigen Mann bevorzugt und sogar aufsucht, wie dies die Neger-, Mongolen- und Tschandala-Liebschaften selbst der höchststehenden Damen deutlich genug erweisen.[22]

Was aber war es, das eine Frau heroischer Rasse zur *cohabitatio* mit einem Mann der dunklen Rasse verlockte? Darüber befand sich auch ein Vorkämpfer der Nacktkulturbewegung im unklaren, der 1911 nur betrübt feststellen konnte, daß die »germanischen Weiber leider eine *Vorliebe* für dunkeläugige, dunkelhaarige und dunkelhäutige Rassen haben«.[23] Die Schuld daran schrieb der Vorsitzende des Alldeutschen Verbandes den Juden zu: »Die Träger und Lehrer des heute herrschenden Materialismus sind die Juden; seine deutschgeborenen Anhänger sind den angeborenen Instinkten entfremdete Verführte.«[24] So ging es mit der Moral bergab, obwohl die angeborenen Instinkte der Arierinnen diesen Verfall der Sitten gar nicht erlaubt hätten, wenn man den Antisemiten glauben dürfte: »Schon der Dunstkreis des Hebräers (namentlich der foetor judaicus) ist für den sensitiven Reinrassigen unerträglich und erregt, zumal bei fein organisierten und unverdorbenen Frauen, geradezu einen physischen Ekel.«[25] Und dennoch wurden immer wieder Klagen laut über die »krassesten Beispiele von Rassenverschlechterung, oder vielmehr von Rassenschande«, die darin bestünden, »daß deutsche Frauen und Mädchen unserer GroßStädte jedem stinkenden Neger und sonstigen unreinen Exoten nachlaufen«.[26]

Aber warum? Diese Frage trieb 1913 auch Theodor Fritsch um. »Es ist vielmehr die Persönlichkeit des Juden selber, die auf viele Frauen mit geradezu suggestiver Gewalt einwirkt«, schrieb er. »Bestochen durch das äußere glänzende Auftreten der auf beliebigen Wegen zu Reichtum gelangten Hebräer und durch raffinierte Verführungskünste verlockt, fallen Jahr um Jahr zahllose weibliche Wesen, die berufen wären, ihrem Volke tüchtige Mütter zu sein, den Juden anheim und sinken auf die Stufe käuflicher Wesen herab.« Und weiter: »Und in der Tat: von zahllosen Mädchen und Frauen, die jüdischen Verführern ins Garn gegangen sind, bekundet die große Mehrzahl, daß sie gleichsam wie von einer unbewußten dämonischen Macht zu ihnen hingetrieben worden seien.« Und weiter: »Die Lüsternheit und Begierde steht den Hebräern schon auf dem Gesicht geschrieben, und das bleibt auf schwache Personen des anderen Geschlechts nicht ohne Eindruck.« Und weiter: »Wie dem Blick der Schlange die Wirkung zugeschrieben wird, daß er einen Vogel durch Schreck lähmen könne, so scheint auch das Gebahren [*sic*] des Juden bei schwachen Frauennaturen eine völlige Sinneslähmung zu bewirken und sie wie in einen unentrinnbaren Bann zu schlagen.«[27] Die Aufreizung der Sinne durch völlige Sinneslähmung wäre also das raffinierte Verführungskunststück der Rassenverderber gewesen: »In der Tat übt der Jude auf Menschen mit geschwächten Sinnen und Willenskräften oft einen hypnotischen Bann von verblüffender Macht aus. Er besitzt offenbar dämonische Kräfte. In welcher Weise – in Bezug auf Frauen – das sexuelle Moment dabei hineinspielt, muß hier unerörtert bleiben. Es genügt, darauf hinzuweisen, daß ein Geschöpf, welchem jeder Begriff von Scham und Sittlichkeit fehlt, auch seine sinnlichen Begierden in einer Weise äußert, die auf ein schwaches Gemüt bestrickend und verwirrend wirken muß.«[28]

Theodor Fritsch war es nicht beschieden, in der Scham, unter deren Zwang er das sexuelle Moment unerörtert lassen mußte, die Ursache seiner Leiden zu erkennen, und so stand die Antwort auf die Frage, was eine sittlich hochstehende Frauenwelt nun eigentlich zur Rassenschande trieb, weiterhin aus. »Die Polizei läßt ruhig Neger, Mongolen und anderes farbiges Gesindel in der ›ethnologischen Ausstellung‹ straflos mehr als halbnackt vor Frauen, Mädchen und Kindern herumgehen, läßt zu, daß sich dann die armen, weiblichen Geschöpfe, die nie in ihrem Leben einen nackten Mann ihrer Rasse sehen dürfen, bis zu erotischer Extase und Hysterie an diesen Halbaffen begeilen«, klagte 1913 ein Sittenwächter.[29] Seine Diagnose, daß die Germanenfrau bereits beim Anblick halbnackter Halbaffen den Verstand verliere, bestätigte 1914 ein anderer ratloser Mann: »Die Germanenfrau schwärmt und rast, statt zu kreißen; sie taumelt in ihr, in unser Verderben, in die zunehmende kulturelle Besoffenheit.«[30]

In der rasseninternen Debatte über das ungelöste Rätsel der besonderen Zuneigung der Arierinnen zu unreinen Exoten wurde das sexuelle Moment auch im Ersten Weltkrieg erörtert. Ein Oberst erinnerte sich:

> Die allgemeine Moral sank zusehends. Vergnügungs- und Genußsucht blühten, die Mode wurde immer extravaganter, herausfordernder, und wer in jener Zeit abends durch die GroßStädte ging, konnte den Ekel vor dem Volk, besonders den Juden und den Weibern, bekommen. Wußte niemand mehr, daß wir im schwersten Kriege standen, daß stündlich fast 100 Männer ihr Leben für das Vaterland gaben?
>
> Der feldgraue Soldat, der ja nicht zahlen konnte, wurde kaum beachtet, während der junge, gut verdienende Lümmel mit seinem Mädchen sich breit machte.[31]

Als der Krieg verloren war, hatten die feldgrauen Soldaten erst recht nichts zu lachen. Der Schriftsteller Edwin Erich Dwinger hat ihre Sexualnot in einem 1932 erschienenen Roman geschildert. Abgekämpfte Kriegsheimkehrer besuchen eine deutsche Großstadt:

> Überall standen schwatzende Menschen herum, die Ladenglocken klingelten ununterbrochen, die Fenster lagen voll amerikanischen Specks. Wandgroße Kinoplakate stachen in unsere Augen, von hundertkerzigen Birnen verschwenderisch umflammt. Auf ihnen waren neunzig von hundert Männern in fabelhaften Fräcken, neunzig von hundert Frauen in fabelhaften Abendkleidern. Eine schillernde Welt, die wir untergegangen glaubten, schrie uns plötzlich schneidend in die Ohren. Nirgends war vom Kriege noch etwas zu spüren, nirgends unser ungeheuerlicher Absturz zu ahnen. [...]
>
> Durch Glück bekamen wir noch einen Tisch, von dessen Platz aus alles übersehbar war. Im Anfang waren wir beinahe heiter, das

ungewohnte Bier erregte uns vielleicht, bald aber wurden alle Augen finster. An hundert Tänzer drehten sich vor uns, die Männer in Jacketts auf einen Knopf, die ihnen kaum bis übern Hintern reichten, die Mädchen in prallseidenen Strümpfen, die wie Metall auf ihren Waden schillerten.

»Mit solchen Männern tanzen unsere Mädchen also!« sagt Merkel plötzlich.

»Und wie sie tanzen!« Saltins Gesicht höhnt. »Es sieht beinahe aus, als ob sie sich begatteten!«

»Man müßte ihnen in die Fresse schlagen!« knurrt der Baltikumer. [...]

Plötzlich springt Saltin auf, rückt sich die Krawatte. »Ich muß doch einmal«, sagt er leise. »Ob's noch geht ...« Er wiegt davon, der schöne Oberleutnant Saltin, der einst auf tausend Bällen paradierte. Da er aber in einem abgelegten Anzug Wienows steckt, bekommt er nur ein kleines Mauerblümchen, das niemand will. Wenn er an unserm Tisch vorübertanzt, schließt er die Augen wie vor Scham ...

»Das haben wir uns doch anders gedacht, was, Kameraden?« sagt Merkel wieder. »Unseren ersten Ball? Jetzt wissen wir's: wir sind zweite Garnitur geworden, daran läßt sich nicht mehr rütteln! Einst waren wir erste – aber auch anders als diese hier – diese neugebackenen Republikaner! Und die Mädchen waren auch anders – Herrgottnochmal! Das hier hat alles, während Vatern im Felde war, zu wenig auf die Hosenböden gekriegt ...«

»Man sollte sie als Schießscheiben verwenden!« murmelt der Baltikumer. [...]

»Weib ist Weib«, beginnt Merkel wieder. »Aber daß sie nicht zu stolz sind, mit solchen Grasaffen ...« Er ist unerschöpflich, findet immer neue Vergleiche, seine Erbitterung loszuwerden. »Wie sie die Haare zurückgestrichen haben, daß ist anscheinend *dernier cri de Paris*! Aber wenn sie uns auch leider etwas ausgegangen sind, sie sehen deswegen noch lange nicht besser aus, diese aus dem Wasser gezogenen Mäuse!«

»Man sollte eine Bombe hineinschmeißen!« setzt der Landsknecht hinzu, mahlt dabei genießerisch die Zähne. »Dann würden sie ihnen schon aufwärts steigen!«[32]

So verkam der revolutionäre Elan im Milieu der verarmten und tänzerisch unbegabten Frontsoldaten zur Mordlust. Weil die Frackträger, die nie im Schützengraben gelegen hatten, bei den Frauen besser abschnitten als die Kameraden, die ins Feld gezogen waren, um sich in Frankreich straflos mit dem Ruhm von Liebesabenteuern zu bedecken, wollten die Verlierer wenigstens daheim noch an den Meistbegehrten Rache nehmen. Nackter als hier ist der Neid der Zukurzgekommenen auf die bevorzugten Liebhaber der Mädchen in den prallseidenen Strümpfen nur selten hervorgetreten.

Statt sich nun aber auf die eigenen Defizite beim Flirten zu besinnen, ließen es die Antisemiten bei der Verleumdung der ethischen Qualität des Geschlechtstriebs und der virtuosen jüdischen Verführungskunst bewenden. »Ein typisches Beispiel für den jüdischen Kunstgeist sind die Virtuosen, die ganz Europa bereisen«, bemerkte Alfred Rosenberg 1920. »Sänger, Violonisten, Pianisten meistern mit größter Bravour ihr Instrument, Schauspieler spielen mit größter Geblähtheit ihre Rollen, jüdische Theaterdirektoren beherrschen die Bühnentechnik mit kaum zu überbietendem Raffinement. Aber wiederum, alle diese jüdischen Wunderkinder, alle diese Virtuosen, sind sie schöpferische Künstler geworden?«[33] Wie man weiß, reisten die schöpferischen Künstler des Dritten Reichs später ihrerseits durch ganz Europa und meisterten mit größter Bravour die Aufgabe, all diese Virtuosen auszurotten. Zur Einstimmung darauf diente die Propaganda gegen die jüdischen Wunderkinder: »Der Jude spielt den ›Freudenbringer‹, der ›veraltete‹ und ›unberechtigte‹ Beschränkungen der ›Genußrechte‹ beseitigen lehrt, der eine ›neue, höhere Moral‹ an die Stelle der ›christlichen Sklaven- und Heuchlermoral‹ zu setzen weiß – und das Ariervolk erliegt dem Sirenengesang seiner nun entfesselten Triebe und Lüste, verkommt seelisch und leiblich, wird als entkräfteter Sklave seiner ungebändigten Leidenschaften Judas' willfähriger und willenloser, charakterloser Knecht«.[34] Das Weib galt als von Natur aus unsichere Kantonistin: »Man muß hinzunehmen, daß der Jude, wie in noch stärkerem Maße der Neger und – nach Berichten aus Amerika – auch der Gelbe, in vielen Fällen auf die ›weißen‹ Frauen so sehr sinnlich erregend wirkt, daß sie vor ihm fast willenlos sind. Das gibt sie dem Juden, der darauf ausgeht, in die Hand«.[35] Dieses Urteil fällte

1921 ein Antisemit, der sich die Rassenmischung als Folge der Rassenmischung erklärte: Die Juden, schrieb er, beabsichtigten, »durch Anstachelung der Brunst der mischrassigen Weiber, die stets nach dem Tier im Manne verlangt und es im Gelben und Schwarzen sich stärker erhofft als im allzu geistigen Weißen, den letzten Rest von Rassegefühl auszutilgen«.[36]

Das ging gegen die »mischrassigen« Frauen; aber auch die reinrassigen konnten sich nicht in der Sicherheit ihres Rassegefühls wiegen. 1922 erboste sich ein Patriot:

> Von der Schande, die deutsche Frauen und Mädchen ihrem Namen und ihrem Lande machen, will ich in diesem Buche gar nicht reden. Der Mammon der Amerikaner und Engländer hat entsetzliches Unheil angerichtet. Den Franzosen gegenüber wohnt in den Herzen unserer Mädchen und Frauen im allgemeinen nur kühle Verachtung. Wenn wir aber einmal Zahlen lesen werden, dann werden wir einen gräßlichen Fluch nicht unterdrücken können auf die entsetzliche Unsittlichkeit so vieler deutschen Mädchen, deren Vater oder Bruder vielleicht von derselben Hand fiel, die heute mit zynischem Sadismus deutsche Tugend vernichtet.[37]

Die kühle Verachtung deutscher Mädchenherzen gegenüber den Franzosen steht in seltsamem Kontrast zur Erregung dieses Autors über die entsetzliche Unsittlichkeit jener Mädchen. Er lobt ihre Keuschheit und verflucht ihre Unkeuschheit. In diesem Durcheinander aus sittlicher Entrüstung und ungestilltem eigenen Verlangen glüht der Neid, der auch Adolf Hitler quälte:

> Der schwarzhaarige Judenjunge lauert stundenlang, satanische Freude in seinem Gesicht, auf das ahnungslose Mädchen, das er mit seinem Blute schändet und dadurch seinem, des Mädchens Volke raubt. Mit allen Mitteln versucht er die rassischen Grundlagen des zu unterjochenden Volkes zu verderben. So wie er selber planmäßig Frauen und Mädchen verdirbt, so schreckt er auch nicht davor zurück, selbst im größeren Umfange die Blutschranken für andere einzureißen.[38]

Denn selbst die kulturelle und politische Höhe der ihnen zugewiesenen Logenplätze im rassischen Welttheater schützte die nordischen Frauen nicht vor dem Augenkontakt mit den »Halbaffen«, und schon war es, wie ein anderer Beobachter festhielt, wieder einmal geschehen: »Man sehe nur die vollen Theater und gierigen Augen der städtischen Weiblichkeit, wenn *jüdische* Geistesprodukte zur Aufführung kommen.«[39] In einer Betrachtung der »Judenfrage vom Standpunkt der Herrenmoral« wurde dieses Problem deutlich benannt: »Schließlich liegt auch ein großer Teil der Schuld, daß wir heute sittlich entarten, im deutschen Weibe selbst, die jüdische Art der Erotik gefällt der Frau, seien wir aufrichtig!«[40] Unter diesen Umständen mußte sich der Zorn auch gegen die treulosen Frauen richten. In Einzelfällen steigerte er sich zu leidenschaftlichen Ausbrüchen der Weiberfeindschaft: »*Alles weltgeschichtliche Unheil hat das freie Weib angerichtet.* Denn das Weib steht (in seiner großen Masse) immer auf der Seite der Tschandalen, Juden, Revolutionäre, Apachen, Strizzi und Kulturzerstörer!«[41]

Daraus ergab sich die Frage, woher die Rettung kommen sollte, wenn die »jüdische Art der Erotik« so mächtig war. Der NSDAP-Reichstagsabgeordnete Gottfried Feder sah 1930 keinen Ausweg mehr: »Der Jude hat auf der ganzen Linie gesiegt, und die große Masse der deutschen Frauen sind entartet. Sie sind ihren Pflichten untreu geworden und maßen sich Rechte an, die ihnen nie und nimmermehr zustehen und im Grunde nur verderblich sein können. Über die Entseelung und Entwurzelung der Frau geht der Weg ins Chaos. Und niemand gebietet Einhalt, sondern alles treibt zum Ende.«[42] Daß auch die Mitglieder des nationalsozialistischen Studentenbundes der jüdischen Galanterie nichts Gleichwertiges entgegenzusetzen vermochten, hat ein anderer Parteigenosse 1933 bezeugt:

> Es war, als ob wir einfach nicht existierten.
>
> Am allerwenigsten natürlich für die schön ausstaffierten und wohlriechenden jungen Dämchen, die die Veranstaltungen der übrigen Studentenvereinigungen verschönten!
>
> »Diese Nazis können sich nicht benehmen!«
>
> So die Mütter.
>
> »Sie können sich nicht einmal anziehen!«
>
> So die Töchter!
>
> Wir waren in Acht und Bann getan.[43]

Die Theorie, daß all die »wohlriechenden jungen Dämchen« von Juden auf die schiefe Bahn gelockt worden seien, hatte 1931 auch Egon Friedell mit seiner Deutung der Psychoanalyse als »jewish science« vertreten:

> In ihr scheint in der Tat jenes *odium generis humani*, das schon die Alten den Juden nachsagten, wieder einmal zu Wort gekommen zu sein: ihr Ziel ist ganz unverhüllt die Verhäßlichung und Entgötterung der Welt. »Mit den Juden«, sagt Nietzsche, »beginnt der Sklavenaufstand in der Moral.« Mit der Psychoanalyse beginnt der Sklavenaufstand der Amoral. [...] Ihre Konzeption wächst aus dem Herrschwunsch des Neurotikers, der sich die Menschheit zu unterwerfen sucht, indem er sie sich angleicht, aus einer Übertragungsneurose, die ihren eigenen hypertrophischen Libidokomplex als »Welt« objektiviert, aus einem Instinkthaß gegen die religiösen Bewußtseinsinhalte, die der Adept der jewish science aus allen Mitmenschen eliminieren möchte, weil er unterbewußt weiß, daß er als Jude, und das heißt: als typischer homo irreligiosus, auf diesem Gebiet mit den »anderen« nicht konkurrieren kann. Kurz: es ist, abermals mit Nietzsche zu reden, »ein Parasitenattentat, ein Vampyrismus bleicher unterirdischer Blutsauger«; es handelt sich um einen großartigen Infektionsversuch, einen schleichenden Racheakt der Schlechtweggekommenen: die ganze Welt soll neurotisiert, sexualisiert, diabolisiert werden. Die Psychoanalyse verkündet den Anbruch des Satansreichs.[44]

Das hätte auch im *Völkischen Beobachter* stehen können, aber einer Lösung des Problems wären die Nationalsozialisten damit nicht näher gekommen. Die Sache blieb mysteriös. »Wenn man bei den Männern, die ja so oft die erste Bekanntschaft mit dem Weibe im Bordell machen und dadurch in ihrem feineren Instinkt verstört sind, einigermaßen die Verbindung mit einer Jüdin erklären kann, steht man vor einem Rätsel, wenn man geistig zweifellos hochbegabte Frauen sich mit Juden verbinden sieht«, schrieb der völkische Rassenkundler Otto Hauser 1933. »Es mag der starke sexuelle Reiz, den die Juden mit ihrer starken Negerkomponente ausüben, doch wohl selbst bei diesen Frauen mitsprechen.«[45] Woher er aber rührte, wie er sich äußerte und worin er bestand, der starke sexuelle Reiz, das konnte sich auch Otto Hauser nicht erklären. Im völkischen Wissenschaftsbetrieb wurde das Problem nicht begriffen, sondern kopfschüttelnd abgetan, und es blieb bei der Feststellung, daß »den rassischen Instinkten der Frauen« leider »nicht recht zu trauen« sei.[46]

Auch der evangelische Neutestamentler Gerhard Kittel wußte hier nicht so recht weiter. »Während noch zu Beginn des neunzehnten Jahrhunderts eine Heirat zwischen Juden und Deutschen schlechthin unmöglich war, wurden innerhalb weniger Jahrzehnte die echten Instinkte des Volkes so völlig zerrüttet, daß einer fast hemmungslosen Vermischung der Rassen Tür und Tor offenstand«, stellte er fest. Ein Motiv dafür sei die Geldgier der Juden. »Das andere ist die merkwürdige, aber wohl unbestreitbare Tatsache, daß die Fremdartigkeit einen besonderen sexuellen Reiz ausüben kann, dem der leidenschaftliche junge Mensch leicht zum Opfer fällt, wenn nicht gewisse instinktmäßige oder gesetzliche Sicherungen eingebaut sind.«[47] Die von Kittel geforderten gesetzlichen Sicherungen gegen die Rassenvermischung wurden errichtet, doch das Mißtrauen der Arier gegenüber den Arierinnen blieb bestehen:

> Wer das deutsche Volk hätte vom Abgrund zurückreißen können, wäre die deutsche Frau gewesen. Hier war eine Arbeit für sie. Die Geschlechtsmoral eines Volkes richtet sich immer nach der seiner Frauen. Aber unsere Frauen haben versagt [...] Die Frau ließ sich von dem Strom treiben, ja sie trieb mit vollen Segeln in die neue Geschlechtsmoral hinein. Daß man ihr auch ein wissenschaftliches Mäntelchen umhängte, vom Recht und Wert des »erogamen Lebens« sprach und ähnliche Schlagworte aufbrachte, um über das hinwegzutäuschen, was in der Tat hinter der neuen Geschlechtsmoral steckte, die schrankenlose Ichsucht, die nur nach sich und nie nach der Wirkung auf die Allgemeinheit fragt, das versteht sich von selbst. Und ebenso versteht es sich von selbst, daß unter den Verteidigern dieser neuen Auffassung von Sittlichkeit und Recht der Jude eine hervorragende Rolle spielte.[48]

Die Frauen aus Fleisch und Blut hatten versagt und sich mit vollen Segeln in die neue Geschlechtsmoral hineintreiben lassen: Den papierenen Traumfrauen wäre das nicht passiert. 1934 malte sich ein Romane schreibender Nazi den idealen Dialog arischer Eheleute aus:

> »Ja, es war vor dem Krieg ... und was warst du für ein kleines, dummes, aber schlankes Mädelchen, LehrMädchen, weißt, beim alten Juden,

dem Pinkus, im Konfektionsladen. Weißt, wie er dich damals zum Sekt hat einladen wollen ...?«

»Ja, und da hast du gesagt, daß du das auch kannst, mich zum Sekt einladen. Aber bis heute, Karl, hast du das noch niemals getan.«

Er legt den Arm um sie, sieht ihr innig in die Augen: »Nun, ging das nicht alles auch ohne den Sekt ...? War's nicht doch, wenn wir so zurücksehn, ganz schön ...?«

Sie sagt ganz schlicht: »Es war manchmal schwer ... ja, aber es war auch schön, Karl ...«[49]

Das Mädelchen eines Parteigenossen mag auch ohne Sekt fröhlich gewesen sein, aber das dunkle Bewußtsein einer Bringschuld lastete auf dem Gewissen der Herrenrasse. »Es ist ganz klar«, sagte Heinrich Himmler 1936, »daß rassisch nicht so wertvolle Blutsteile unseres Volkes immer früher reif sind als unsere eigentliche Art. Sie sind sexuell immer ansprechender und gefügiger wie unsere Art, und danach wurde dann oft oder in sehr vielen Fällen geheiratet.«[50] Sexuell ansprechendere Männer als Heinrich Himmler ließ der Reichsführer-SS als rassisch minderwertige Blutsteile des Volkes inhaftieren. Gegen die Verführbarkeit frühreifer Volksgenossinnen durch Negerkomponenten hatte 1935 ein Gesetz erlassen werden müssen, und nach einem Jahr der »Blutschutztrechtsprechung« resümierte der damals als Staatssekretär im Reichsjustizministerium tätige Roland Freisler:

> Hier steht zwischen dem Willen der Volksführung und der das Volk tragenden Bewegung und ihrer Erziehungsarbeit und dem gesunden Gefühl des deutschen Volkes auf der einen Seite und der Versuchung rassevergessender Volksgenossen und der die Unberührbarkeit deutschen Blutes nicht anerkennenden Geschlechtsgier des Juden auf der anderen Seite kein unübersteigbarer oder nur schwer zu übersteigender Zaun von Hindernissen. Hier hat also Gier, Schamlosigkeit, Rassevergessenheit an sich ein leichteres Spiel. Um so größer ist also hier die Aufgabe derjenigen Stellen, die in diesem Frontabschnitt den Kampf um die Reinheit deutschen Blutes zu führen haben.[51]

Was den Kampf »in diesem Frontabschnitt« erschwerte, war die anhaltende Bereitschaft deutscher Volksgenossinnen, sich freiwillig mit Juden einzulassen. Es sei »kaum einmal festgestellt worden, daß der jüdische

Zuhälter mit Gewalt eine Frau zur Prostitution zwang, häufiger aber ist es, daß er junge Mädchen verführt und zur Prostitution anleitet«, bemerkte 1937 ein Kriminalist.[52]

Ein kleineres Problem stellte für die Nationalsozialisten der vergleichsweise geringe Reiz dar, den sie selbst auf jüdische Frauen ausübten. Von ihnen hieß es, daß sie mißtrauisch und spröde seien:

> Abgesehen von diesen behütenden Umständen ist das jüdische Mädchen überhaupt weniger der Verführung ausgesetzt als das arische. Und dies aus zwei Gründen: Erstens wegen des viel stärkeren verstandesmäßigen Bewußtseins. Die Jüdin ist nicht vertrauensselig, man macht ihr nicht leicht etwas vor. Das einfache deutsche Mädchen ist ungleich mehr von seinem Empfinden beherrscht, und wenn es einen Mann liebt, dann glaubt es ihm auch und vertraut ihm, so daß es der gewissenlose Verführer nicht schwer hat. Zweitens sind gerade unter den Juden die Abenteurer und jene Leute, die »Verhältnisse« suchen, sehr häufig; der Jude aber wählt als Objekt seiner Verführungskünste oder als Verhältnis selten ein jüdisches Mädchen, sein erklärtes Abenteurer-Objekt ist die *goite*, die Nichtjüdin.[53]

In diesem Frontabschnitt setzten sich die Kampfhandlungen fort, bis das offizielle Mitteilungsblatt der SS im Frühjahr 1944 einen überraschenden Etappensieg verbuchte: »Es besteht allerdings nicht die geringste Gefahr, daß unsere Pimpfe und Jungmädel angesichts eines auf dem Saxophon quiekenden Judenlümmels in sexuelle Rauschzustände verfallen. Man könnte ihnen die Hohepriester des amerikanischen Jitterbug-Rummels getrost vorführen, sie würden sie höchstens auslachen.«[54] Von der Harmlosigkeit der in den Konzentrationslagern gefangengesetzten Juden waren die Wachmannschaften indessen weniger überzeugt als die Redakteure ihrer Freizeitlektüre. Die Mehrzahl der eingelieferten Häftlinge, schreibt Jean Améry, »versuchte allemal ihr Glück mit Tiefstapelei. Der Gymnasial- oder Universitätsprofessor, um seinen Beruf befragt, sagte verschämt ›Lehrer‹, um nicht die berserkerische Wut des SS-Mannes oder Kapos herauszufordern«.[55]

Als der Krieg verloren war, gaben sich, zur Verzweiflung der Verlierer, deutsche Mädchen abermals den Siegern hin. Mißgelaunt vermerkte der deutschnationale Historiker Johannes Haller am 20. April 1945 in Heidelberg: »Das Volk benimmt sich nicht einwandfrei. Zum Einzug der Franzosen lief alles auf die Straße, um zu gaffen, auch habe ich zweimal beobachtet, daß Mädchen mit feindlichen Soldaten, einmal mit einem affenartig häßlichen Marokkaner, kokettierten [...]«[56] Und es blieb nicht beim Kokettieren. In den frühen fünfziger Jahren wurden jüdische Barbesitzer in Kaiserslautern vielfach angefeindet: Sie verführten, so hieß es, deutsche Frauen zum Trunk und zum Geschlechtsverkehr mit schwarzen Besatzungssoldaten, höhlten vorsätzlich die Moral aus und seien die Drahtzieher einer Rings von Zuhältern.[57] Zivilere Umgangsformen bürgerten sich erst ein, als die Bundesdeutschen in den sechziger Jahren mehrheitlich ihrer eigenen Geschlechtsgier nachgaben und dem Slogan folgten: »Juvivallera! Die Sache macht ja Spaß!«[58]

»Es ist Haremsluft, in der sie leben«

Prostitution und Pornographie aus antisemitischer Sicht

»Und so wirkt der Jude weiter«, rief Adolf Hitler 1920 im Münchener Hofbräuhaus aus:

> Für ihn gibt es kein seelisches Empfinden, und wie sein Erzvater Abraham schon sein Weib verkuppelt, so findet er nichts besonderes daran, wenn er auch heute Mädchen verkuppelt, und wir können ihn antreffen überall, in Nordamerika wie in Deutschland, Österreich-Ungarn und im ganzen Orient durch die Jahrhunderte als den Händler der Menschenware, und es kann nicht weggeleugnet werden, das kann der größte Judenverteidiger nicht wegleugnen, daß alle diese Mädchenhändler *nur* Hebräer sind.[1]

Auch mit diesem Vorwurf stellte Hitler sich in eine bewährte Tradition. Schon im frühen siebzehnten Jahrhundert hatte man die Schuld an der Prostitution und generell aller »Hurerey« den Juden aufgebürdet: »Item / Das grausam Vbel / als die Hurerey / die in der Statt geschicht / die geschicht am meisten durch sie«, hieß es 1605 in einem einschlägigen Werk. »Vnd so einer / der etwan ein schöͤnes Kind hat / sonderlich arme Leut / der muß groß Glůck haben / daß sie zwöͤlff Jahr oder dreyzehen Jahr erreicht / daß sie ihms nicht verkuppeln«. Denn überhaupt verführten die Juden »unsere Weiber / Söͤhne und Töͤchter / vnd treiben selbst auch grosse Hurerey mit den Christen«.[2]

1885 bezeichnete ein anonymer deutscher Philanthrop die Bordelle als »Herd aller Laster, Fortpflanzungsstätten der Unzucht« und »Hecknester der Lüderlichkeit«.[3] Erschwerend kam hinzu, daß viele Huren in dem Ruf standen, durch jüdische Hände gegangen zu sein:

> Das Liebesleben des Deutschen ist zart und leidenschaftlich, das des Juden zynisch und wollüstig. Ein Jude, Sittenfeld, schrieb einmal, er habe schon manches an geschlechtlichen Ausschreitungen erlebt, aber so Viehisches wie bei seinen Stammesgenossen nirgend sonst. Es ist Haremsluft, in der sie leben. Der elendeste aller Erwerbszweige, der Mädchenhandel, ist durchweg jüdisch. Hier kann neben allem Anderen die Wollust der Grausamkeit befriedigt werden [...] [4]

Vielfach stellte man die Juden zudem als sexuell unersättliche Freier dar. Ein amerikanischer Antisemit stufte die jüdischen Geschäftsreisenden 1888 als treueste Stammkundschaft der Bordelle ein: Ohne diese Klientel, schrieb er, hätten zwei Drittel aller berüchtigten öffentlichen Häuser ihre Pforten für immer schließen müssen, außer vielleicht in New York und Chicago.[5] Es existieren keine verläßlichen Statistiken über die Anzahl der Christen, die Bordelle aufsuchten, aber es ist anzunehmen, daß die Mädchenhändler ohne die Nachfrage von Christen herbe finanzielle Einbußen erlitten hätten.

Tatsächlich ließen sich die Freier, gleich welcher Religion oder Rasse, im ausgehenden neunzehnten Jahrhundert in Europa und Amerika Prostituierte von Zuhälterringen zuführen, die großenteils in jüdischer Hand waren. »Die Verstrickung von Ostjuden in den Mädchenhandel in Wien war nicht etwa eine Erfindung Hitlers, sondern stellte ein ernsthaftes soziales Problem dar, das das Augenmerk sowohl jüdischer als auch nichtjüdischer Reformer auf sich zog«, hat der Historiker Robert Wistrich festgestellt.[6] 1910, auf einem Kongreß zur Bekämpfung des Mädchenhandels, prangerte die jüdische Frauenrechtlerin Bertha Pappenheim die Beteiligung von Juden an solchen Geschäften an,[7] und die antisemitische Presse nahm auch das als Beweis für die Verworfenheit der Juden im allgemeinen.

Das Motiv vom jüdischen Geschäftemacher, der alles Heilige entweihe und verschachere, findet sich in subtilerer Gestalt auch in der Hochliteratur. 1902 hat Thomas Mann in seiner Erzählung »Gladius Dei« einen Kunsthändler mit dem sprechenden Namen Blüthenzweig versehen und als beflissenen Koberer porträtiert. Einer der Kunden

> wählte unter Bronzen, die Herr Blüthenzweig ihm persönlich herzutrug. Die ziere Gestalt eines nackten kleinen Mädchens, welche, unreif und

zart gegliedert, ihre Händchen in koketter Keuschheit auf der Brust kreuzte, hielt er am Kopfe erfaßt und musterte sie eingehend indem er sie langsam um sich selbst drehte.

Herr Blüthenzweig, ein Mann mit kurzem braunen Vollbart und blanken Augen von ebenderselben Farbe, bewegte sich händereibend um ihn herum, indem er das kleine Mädchen mit allen Vokabeln pries, deren er habhaft werden konnte.

»Hundertfünfzig Mark, Sir«, sagte er auf englisch; »Münchener Kunst, Sir. Sehr lieblich in der Tat. Voller Reiz, wissen Sie. Es ist die Grazie selbst, Sir. Wirklich äußerst hübsch, niedlich und bewunderungswürdig.« Hierauf fiel ihm noch etwas ein und er sagte: »Höchst anziehend und verlockend.«[8]

Die Beredsamkeit und das Händereiben des geschäftstüchtigen Händlers stehen in auffälligem Kontrast zur Unschuld der nackten Mädchenfigur, und Thomas Mann konnte verläßlich erwarten, daß die Leser seine Anspielungen verstanden. Der Zusammenhang, den er hier suggerierte, schlug sich im Kaiserreich als allgemein bekannter Tatbestand in einem »Handwörterbuch der Staatswissenschaften« nieder: »Hauptstapelplatz des Mädchenhandels ist neuerdings *New York*, welches infolge der kolossalen Einwanderung von armen und ungebildeten Juden eine außerordentlich günstige Brutstätte für dieses unsaubere Gewerbe abgibt.«[9]

Auch im zaristischen Rußland betrieben Antisemiten eine heftige Agitation gegen den »Mädchenhandel« als Gewerbe von Juden. 1911 kam noch die Behauptung hinzu, sämtliche pornographischen Schriften würden von Juden verfaßt und publiziert, die das russische Volk damit verderben und dezimieren wollten.[10] Deutsche Kriminalisten, die am Vorabend des Ersten Weltkriegs besorgt nach Osten blickten, setzten Denkschriften auf, in denen Vorurteile alle Fakten überwucherten:

Den Polen und Juden wohnen teilweise gemeinsame Verbrechenstriebe inne. Solche finden wir einmal darin, daß sie beide viel mehr als die deutschen zu geschlechtlichen Ausschweifungen neigen. Diese verführen aber nicht bloß zu Sittlichkeitsdelikten, sondern das außereheliche Geschlechtsleben ist bekannterweise neben dem Alkohol die Brutstätte auch aller sonstigen Straftaten, namentlich kraft seiner Folgeerscheinungen: der Prostitution und des Zuhältertums. Wie beim Vertrieb des Alkohols als Destillateure sind auch bei der Beförderung der Unzucht gerade die Juden als Kuppler, Bordellinhaber, Mädchenhändler geschäftlich intensiv beteiligt. Während sie aber dort für ihren Beruf sich nur als Einnahmequelle interessieren, so hier lebhaft auch aus inneren Gründen.[11]

Die letzten Zweifel am inneren, rassisch bedingten Zusammenhang zwischen Judentum und Zuhälterei nebst Pornographie räumten die Nationalsozialisten gewaltsam aus. Es sei interessant, sagte der Reichsärzteführer Gerhard Wagner 1935 in einer Rede auf dem Nürnberger Reichsparteitag, »daß nach den niederländischen und deutschen statistischen Ziffern die Verbreitung unzüchtiger Bilder und Schriften bezeichnend jüdisch ist und daß nach den amtlichen Unterlagen der Mädchenhandel geradezu jüdische Domäne darstellt«.[12] In Polen, wo viele das ähnlich sahen, plädierte der Antisemit Jerzy Bondrowski 1937 dafür, jüdische und christliche Schüler getrennt zu unterrichten, um so die öffentliche Moral zu befestigen, denn als Söhne von Betrügern, Bar- und Nachtclubbesitzern und »Fleischhändlern« seien jüdische Jugendliche die geborenen Sammler pornographischer Werke.[13] Nachdem die Wehrmacht Polen erobert hatte, suchten dort Experten aus dem Propagandaministerium nach menschlichem Anschauungsmaterial, das an der Heimatfront Befremden, Widerwillen und Furcht erregen sollte. Für die *Wochenschau* wurden die Bilder mit drastischen Kommentaren versehen: »Dieses ostjüdische Untermenschentum hat seit jeher Westeuropa das internationale Verbrechergesindel geliefert. Von hier aus wurden die Demokratien mit Taschendieben, Zuhältern, Rauschgift- und Mädchenhändlern, internationalen Bankschiebern und Hetzjournalisten versorgt.«[14]

Bezeichnenderweise war den Nationalsozialisten damit abermals eine treffende Selbstdarstellung unterlaufen: Sie betrieben den Taschendiebstahl in großindustriellem Maßstab, überzogen die besetzten Gebiete mit einem flächendeckenden Netz von Wehrmachtsbordellen, überließen weibliche Häftlinge in den Konzentrationslagern der sexuellen Gewalt krimineller Kapos, genehmigten sich mit Hermann Göring einen Rauschgiftsüchtigen als Reichsjägermeister, Oberbefehlshaber der Luftwaffe und Stellvertreter des Führers, belieferten Erschießungskommandos mit Schnaps, plünderten die Bankkonten von Juden, verschoben Millionenvermögen kreuz und quer durch Europa, lasen eine Wochenzeitung, die als Inbegriff des Hetzjournalismus in die Mediengeschichte eingegangen ist, und zeigten zugleich anklagend mit dem Finger auf ein »Verbrechergesindel«, dessen angebliche Taten sie allesamt selbst verübten, seit es in ihrer Macht stand. Eines Tages, sangen sie, werde ihnen die ganze Welt gehören. Im Verlangen nach dieser Weltmachtrolle versklavten sie Millionen von Juden und besaßen trotzdem bis zum Schluß die Stirn, den Sklaven Machtbesessenheit und Sklavenhandel vorzuwerfen. »Der eigentliche Mädchenhandel stammt nicht nur aus der hemmungslosen Machtgier der Juden gegenüber den anderen Rassen, aus der jüdischen Sucht nach Geld und aus der maßlosen Sexualgier, sondern hat auch noch eine ältere geschichtliche Grundlage – im Mädchenhandel lebt der alte jüdische Sklavenhandel fort«, schrieb 1944 Johann von Leers, ein Journalist, der im Dritten Reich als Zögling von Joseph Goebbels emporgekommen war.[15]

Um die Führungsrolle auf den Schwarzmärkten des Handels mit Prostituierten haben seither zwischen Hamburg und Tahiti viele Banden organisierter Verbrecher miteinander gerungen. Nach allem, was man als Zeitungsleser und Fernsehzuschauer von solchen Kämpfen weiß, scheinen sich die an den Verdrängungswettbewerben im Rotlichtmilieu beteiligten Kriminellen, bei aller Feindschaft, zu ähneln: Sie stechen oder schießen einander nieder, halten sich auch gegenüber Dritten nicht an Menschenrechtskonventionen und denken nicht daran, den lukrativen Handel mit Zwangsprostituierten den jüdischen Konkurrenten zu überlassen. Von diesem Geschäft haben auch unzählige nichtjüdische Menschenhändler profitiert, ohne den ihnen gebührenden Platz im öffentlichen Gefahrenbewußtsein einzunehmen. Der Öffentlichkeit mögen sich klangvolle Namen von Milieugrößen wie Otto Schwanz oder »Neger-Kalle« einprägen, aber doch niemals so tief wie der Glaube, daß die eigentlichen Hintermänner in diesem Gewerbe allesamt »Hebräer« seien. 1969 kam in Orléans das haltlose und bald darauf landesweit und rasch auch international verbreitete Gerücht auf, jüdische Ladenbesitzer würden systematisch Kundinnen chloroformieren und die wehrlos gemachten Opfer an Zuhälter verkaufen.[16] In Frankreich verliefen die Ermittlungen im Sande, doch in der UdSSR wurden sie wieder aufgenommen: 1977 warf eine sowjetische Zeitschrift »zionistischen Bossen« vor, daß sie die Sexualmoral zersetzten, indem sie den Handel mit Frauenfleisch förderten, und daß sie junge Mädchen nach Israel lockten, um sie dort zur Prostitution zu zwingen.[17]

Die damit einhergehende Ausbreitung der Pornographie hatte 1858 auch ein katholischer Pfarrer aus Frankfurt am Main den »jüdelnden Literaten« aufs Konto geschrieben: »Ohne Scham und Scheu vertreten sie die Literatur des Fleisches und der sittlichen Durchfäulung der Nation und richten mit den Orgien des phrygischen Priapus die deutsche Jugend zu Grunde, um sich an derselben willige Werkzeuge für ihre That, blinde Anhänger für ihre deutsche Zukunft zu erziehen.«[18] In dieser Hinsicht war seit langem alles beim alten geblieben, obwohl die Volksmoral sich doch beständig zu verschlechtern schien. »Mit der Presse noch nicht zufrieden, strecken die Juden schon weit die Hände aus, um auch des Buchhandels sich zu bemächtigen. Überall sieht man sie als Buchhändler, mindestens als Kolporteure und als Verleger, und zwar sehr oft gerade der unsaubersten Literatur«, beschwerte sich 1880 die *Kölnische Volkszeitung*,[19] und zur Jahrhundertwende stellte der Sozialhygieniker Max Gruber fest, daß die »Pest der pornographischen Kunst und Literatur« inzwischen »in solch furchtbarem Masse um sich gegriffen« habe, daß nun »der Versuch, gesetzliche Schranken aufzurichten, unbedingt gemacht werden« müsse.[20]

Am 6. Februar 1900 debattierte der Reichstag über die geplante Verschärfung des entsprechenden Paragraphen im Strafgesetzbuch. Der Abgeordnete Max Hugo Liebermann von Sonnenberg von der Deutschsozialen Partei erklärte, die Proteste gegen die Gesetzesnovelle seien »ein Beweis für die Macht der jüdischen Presse«: »Wer handelt denn mit den Schmutzartikeln, die das Gesetz treffen soll? Ganz besonders die betriebsame Rasse, und von Mitgliedern jener betriebsamen Rasse wird dieser Lärm gemacht, um den Stammesgenossen ihr schmutziges Geschäft zu retten. Ich bedaure, daß ernsthafte Männer und bedeutende Künstler sich so von der Judenschaft an der Nase herumführen lassen.«[21] Gleichgesinnte hätten die deutsch-völkischen Kreise wiederum in Polen finden können, wo die Pornographie 1913 von Katholiken als typisch jüdischer Greuel dargestellt wurde und sich kurz darauf die Anklagepunkte hinzugesellten, daß nicht nur Prostitution, Mädchenhandel und Pornographie zu den charakteristischen jüdischen Lastern zählten, sondern auch Ehescheidung, Polygamie, vorehelicher Sex, Inzucht und Sodomie.[22] Doch in Deutschland hatten die Antisemiten ihre eigenen Sorgen, im Krieg und im Frieden. Die Unterzeichnung des Vertrags von Versailles empfanden viele als Akt der Entmannung:

> So soll der Frieden die *Kirchhofsruhe* für Deutschland bringen. Dazu ist die Vernichtung der deutschen Zeugungskraft nötig. Im Dienste dieser Bestrebungen stehen auch die jüdischen Methoden der Anreizung und Überreizung des Geschlechtstriebs, die Erziehung zur Umkehr des Geschlechtstriebs, die Agitation zur Aufhebung der Strafbestimmungen gegen widernatürliche Unzucht und gegen Abtreibung der Leibesfrucht. Alles dies gehört bekanntlich zur jüdischen »Aufklärung«.[23]

Die Annahme, daß eine »Überreizung des Geschlechtstriebs« zur Impotenz führe, ging auf die alte Mär vom lebensbedrohlichen Rückenmarksschwund als Folge der Selbstbefleckung zurück. Seit dem frühen achtzehnten Jahrhundert hatten Ärzte und Pädagogen wiederholt davor gewarnt und allen masturbierenden Gewohnheitstätern weitere böse Konsequenzen ihres Treibens vor Augen gestellt – Entkräftung, Niedergeschlagenheit, Abzehrung, Fallsucht, Atemnot, Geschwüre, Muskelkrämpfe, Verdauungsbeschwerden, Sehstörungen, Nervenschwäche, Schweißausbrüche, Haarausfall und frühen Tod.[24]

Den Antisemiten, die all das verinnerlicht hatten und sich dennoch leidenschaftlich der Sexualität zuwenden wollten, stand der gefahrlose Ausweg offen, jüdische Pornographen zu attackieren. 1920 beschimpfte der Soziologe Johann Plenge jenen »Teil des jüdischen Literatentums, der auf den Theatern und in den Feuilletons der Zeitungen so viel zur Verschweinerung unseres Geisteslebens beigetragen hat«.[25] In der 1923 in Leipzig uraufgeführten Tragödie »Hinkemann« des jüdischen Pazifisten Ernst Toller trat ein im Krieg durch eine Verwundung entmannter Krüppel als Hauptfigur auf,[26] und die Nazis nutzten diese Gelegenheit, um sich abermals im Dreck zu wälzen und unbotmäßige Frauen als »Dirnen« anzurempeln: »In keinem weniger unglücklichen Lande als Deutschland dürfte eine solche öffentliche Besudelung des eigenen

Namens gewagt werden. In Berlin klatschen und rufen Frauen und Mädchen der Schaustellung hündischster Schamlosigkeit laut Beifall, ohne zu spüren, daß sie sich dadurch öffentlich zu Dirnen machen.«[27] Im Ringen um die Reinheit des Volkskörpers war die Verwendung von Kraftausdrücken nicht nur erlaubt, sondern geboten, und die Nationalsozialisten bewahrten viele davon im aktiven Wortschatz. Und sie standen nicht allein in ihrem Kampf gegen die »Durchfäulung der Nation«. Im Januar 1929 forderten die DNVP, die DVP, das Zentrum und die Wirtschaftspartei den Preußischen Landtag dazu auf, die Jugend vor den neuesten »erotischen Erzeugnissen« zu schützen:

> Durch Auslagen in den Zeitungsständen, Kiosken und Bahnhofsbuchhandlungen, durch Angebote gewisser Straßenhändler und durch Darstellungen an Litfaßsäulen und in Schaufenstern wird unser öffentliches Leben heute mit erotischen Erzeugnissen z.T. widerlichster Art überflutet. Mit diesem ist eine Herabwürdigung von Ehe und Familie aufs engste verquickt. Weite Kreise sehen in dieser Entwicklung eine ungeheure Gefahr für die sittliche Reinhaltung unseres Volkes, vor allem der Jugend.[28]

An dem Bildmaterial, das damals als Blickfang gedient hatte, würden heute wohl nur noch die prüdesten Tugendwächter Anstoß nehmen, und an schärfere Kost gewohnte Voyeure würden sich gelangweilt abwenden. Es gehört zu den Paradoxien der Weimarer Republik, daß gerade die geschworenen Feinde der Libertinage unablässig »in diesem Schlammgrunde«[29] wühlten. 1932 ließ sich ein völkischer Kunstkritiker zu einer Übung dieser Art herab:

> Wohl noch nie ist die Frau so unehrerbietig, so unappetitlich gezeigt worden, wie wir dies in den Deutschen Ausstellungen der letzten zwölf Jahre bis zum Überdruß und bis zum Ekel immer wieder über uns ergehen lassen müssen. Hier ist nicht mehr das leiseste Ahnen von der Heiligkeit des menschlichen Körpers und der Herrlichkeit einer göttlichen Nacktheit, sondern überall spricht gierige Lüsternheit, die überhaupt nur den ausgezogenen Menschen in seiner niedrigsten Prägung kennt.[30]

Doch die Nationalsozialisten führten, wie man weiß, etwas anderes im Schilde, als das Menschentum zu bereichern und der Heiligkeit des menschlichen Körpers ihre Ehrerbietung zu erweisen. Wichtiger erschien ihnen, zunächst, die Arisierung der Vergnügungsindustrie, unter dem Vorwand, ihr die gierige Lüsternheit auszutreiben und die gefährdete Sittenordnung zu restaurieren:

> Die populärwissenschaftlichen Zeitschriften, die Feuilletons der politischen Tagesblätter, die Unterhaltungs- und Romanliteratur, die Frauen- und Mode- und Sportzeitungen: alles ist in Judenhänden. Gesunde Forderungen, wie »mehr Kulturgeschichte«, »mehr staatsbürgerliche Erziehung«, »Volkshochschulen« wurden ins Jüdische umgebogen. – Das *Schlimmste* aber ist die Verjudung unserer sittlichen Begriffe, die Auflösung des germanisch-deutschen Ehe- und Familienlebens, die Verherrlichung des Dirnentums.[31]

1933 befanden sich, nach eigener Aussage, auch manche Würdenträger der katholischen Kirche im Kampf gegen »den geistigen Unrat und die unsittliche Schlammflut, die vorwiegend vom Judentum aus die Welt zu überschwemmen drohen«.[32] Das war noch vor der Zeit, in der die Nationalsozialisten den Kirchenkampf eröffneten und katholische Würdenträger ihrerseits mit sexuellen Denunziationen belästigten.[33]

Nach der »Machtergreifung« meldeten sich Parteigenossen zu Wort, die der Aktmalerei und der Nacktfotografie ein für allemal den Garaus machen wollten. »Gehen wir«, schrieben die Vertreter eines »Kampfbundes für Deutsche Kultur« im Juni 1933, »von der Feststellung aus, daß dem deutschen Volk in Beziehung auf das Geschlechtsleben, seiner nordischen Artung entsprechend, eine gewisse Zurückhaltung natürlich ist, daß alles ›orientalische‹ Schwelgen in geschlechtlichen Vorstellungen und Bildern ihm nicht gemäß ist, so folgt daraus von selbst, daß eine ›erotische‹ Buch- und Bildproduktion nicht geduldet werden kann.«[34] Erdulden mußten die Puritaner unter den Mitläufern des Regimes dann aber doch die Ausstellung von Aktgemälden und Skulpturen nackter Arierinnen sowie den stürmischen, von Joseph Goebbels vehement beförderten Siegeszug der populären Medien.

1944, als die SS schon damit begonnen hatte, einige der gröbsten Spuren des Völkermords zu verwischen, widmete sich Johann von Leers der Aufgabe, die »Verbrechernatur der Juden« wissenschaftlich zu ergründen. Dabei kam er zu dem Ergebnis, »daß das Judentum in den letzten

Jahrzehnten planmäßig das Mittel der geschlechtlichen Aufreizung und erotischen Erhitzung angewandt hat, um die Völker zu zersetzen«. Es sei jedoch »abstoßend, diesen jüdischen Schmutz im einzelnen darzustellen. Gewiß haben auch andere Völker ihre erotische Literatur, eine zum Teil auch gepfefferte, raffinierte, aufreizende Dichtung – was aber das Judentum in dieser Hinsicht hervorgebracht hat, ist gerade durch die Dumpfheit, durch das primitive Wühlen im Schmutz ein Kennzeichen für die alte Verbindung des Judentums mit der Unterwelt.« Das primitive Wühlen im Schmutz kreidete von Leers noch inmitten der Ruinen des Dritten Reichs den Juden an, die von Leuten seines Schlages in die Vernichtungslager getrieben worden waren: »Die ganze Welt als Sexus zu erklären, um sie auf diese Weise wahnsinnig zu machen, in hemmungsloser Gier dahinrasen zu lassen, alle Bande der Ordnung auf diesem Gebiet aufzulösen – das war das jüdische Ziel«, denn der »Aufstand der Unterwelt sollte durch den Aufstand des Sexus vorbereitet werden«.[35]

Im Frühjahr 1945 strebte selbst Heinrich Himmler, als Verräter der Ideologie seines eigenen Ordens, einen Kompromißfriedensschluß mit den Westmächten an und mußte doch einsehen, daß Kapitalverbrechern wie ihm das Todesurteil drohte. Er desertierte und beging, als er gefaßt worden war, Selbstmord, ohne zu ahnen, daß der Wille zum Widerstand gegen die Schmutzliteratur nicht erloschen war und daß sich neue Kräfte bündelten, um die nationale Würde der Deutschen wiederherzustellen: 1949 waren sich die Mitglieder des Zentralkomitees der SED darüber einig, daß »eine Handvoll habgieriger Milliardäre« aus den USA »das Erbe Hitlers« angetreten habe und »zu Nutz und Frommen der Wallstreet« für die »Verbreitung von amerikanischer Schund- und Schmutzliteratur« sorge, »um den Deutschen das nationale Selbstbewußtsein und die nationale Würde zu nehmen und den Widerstandswillen unseres Volkes gegen die nationale Versklavung zu brechen«.[36] Mit diesem Bekenntnis zur nationalen Selbstbehauptung und zur Wahrung der Würde des deutschen Volks wäre Himmler, seiner nordischen Artung entsprechend, vollkommen einverstanden gewesen.

Galante Dinge in eiserner Faust

Die Franzosen als »heimliche Juden«

Das Raffinement der Mode, der Küche und der Diplomatie, das berüchtigte galante Wesen und dazu die hartnäckig verteidigte Großmachtstellung der Franzosen versetzten den Befreiungskriegspoeten Ernst Moritz Arndt 1814 in solche Wut, daß er das französische Volk, in schmähender Absicht, »das Judenvolk« nannte. Die Franzosen, führte er weiter aus, seien »*verfeinerte schlechte Juden*« und wollten die Deutschen korrumpieren und rassisch verschandeln: »In alle Kreise und Bezirke der teutschen Zunge« ergingen laut Arndt »Befehle, Listen einzuschicken über die mannbaren teutschen Jungfrauen, welche durch Vermögen, Schönheit, und Anmuth glänzten. Diese sollten nach Frankreich abgeführt und an Franzosen vergeben werden. Hätte dies ausgeführt werden können, wie bald wäre diesseits des Rheins die edle teutsche Art verbastardet worden!« Deutsche, die ihre Töchter jetzt noch im Französischen unterrichteten, seien zu ächten:

> Aeltern, die ihren Töchtern das Französische lehren, werden geachtet, als wollen sie sie verbuhlt und unzüchtig machen, wie die meisten Französinnen sind; denn in den meisten französischen Büchern ist das feinste und teuflischeste Gift für die Sitten ausgesäet, und in der zischelnden und flüsternden und gurgelnden Schlangensprache selbst liegt schon das Schlüpfrige, Gleisende, Verführische und Sündliche, wodurch teutsche Herzen auch unwillkührlich zur Eitelkeit, Lügenhaftigkeit, und Gleißnerei hingezogen werden. [1]

Über die Verbuhltheit der meisten Französinnen hatte Arndt sich anhand schlangensprachiger Bücher sachkundig gemacht. Es war das Neidgeschrei eines allzu sündenreinen Mannes; ein Zeugnis jenes Grolls, den der freundliche Menschenkenner Robert Gernhardt als Reaktion des verklemmten Habenichts auf den Erfolg der »schlichten Typen« bedichtet hat, »die sich einfach das nehmen, / was du gern hättest«.[2] Doch anstatt sich selbst den »mannbaren teutschen Jungfrauen« zu empfehlen, brachte Arndt den gespenstischen Vorschlag unters Volk, Juden und Franzosen an der Grenze künftig wie Viehzeug zu behandeln und zu verzollen:

> Luxusartikel und auch zuweilen einige Art Vieh pflegt man mit einem großen Einfuhrzoll zu belegen, theils der Ueppigkeit zu wehren, theils der eigenen Viehzucht aufzuhelfen. Ein ähnlicher Artikel, der mehr der Ueppigkeit dient, als der Viehzucht schadet, wird jährlich in Teutschland eingeführt, nemlich Franzosen und Juden. Doch der teutschen Menschenzucht ist er äußerst schädlich, sowohl in Hinsicht der Vergiftung der ächten teutschen Sitten, als der Verschlechterung des edlen teutschen Stammes.[3]

1815 verlieh Arndt seinem Franzosenhaß den letzten Schliff: »Juden habe ich sie oft genannt; so nenne ich sie wieder, nicht bloß wegen ihrer Judenlisten und ihres knickerigen Geitzes, sondern mehr noch wegen ihres judenartigen Zusammenklebens.«[4]

Viele Züge des Klischees vom lüsternen Judentum decken sich mit dem Bild, das deutsche Sittenkritiker über Jahrhunderte in Streitschriften, Predigten und Spottversen, in Reisejournalen, Kriegserinnerungen, Reden, Romanen und Aufrufen vom französischen Erbfeind gezeichnet haben. Der Historiker Franz Bosbach hat den Ursprung dieser Feindschaft im siebzehnten Jahrhundert verortet, im Zeitalter Ludwigs XIV., dem 1661 die Leitung der französischen Staatsgeschäfte übertragen worden war.[5] Aber schon der deutsche Kaiser Maximilian I. hatte 1513 die Franzosen als »erbfeinde wider das heilig reiche und Tewtsche nacion« bezeichnet,[6] und es gibt Quellen, die der Feindschaft zwischen deutscher Ehrbarkeit und französischem Flitter einen noch viel älteren Ursprung zuweisen, so wie es 1875 Leopold von Rankes Schüler Wilhelm von Giesebrecht tat. Als König Heinrich III. im Jahre 1043 Agnes von Poitiers zur Frau genommen hatte, soll der Abt Siegfried von Gorze, laut Giesebrecht, in einem Brief an den Abt Poppo von Stablo der Befürchtung Ausdruck verliehen haben, daß diese Verbindung auf die Sitten in Deutschland einen nachtheiligen Einfluß üben könnte. Wie einst Constanze von Toulouse am Hofe König Roberts dem leichtfertigen Treiben der Südfranzosen Eingang verschafft habe, so werde jetzt Agnes, besorgte man, am deutschen Hofe die freieren Sitten ihres Landes verbreiten. Schon jetzt wollte man bemerken, daß die Ehrbarkeit in Tracht und Haltung, der würdige Schmuck der Rüstung und der Rosse, wie sie zu den Zeiten der Vorderen gewesen, am Hofe französischem Flitter und Tand weichen müsse; man stieß sich an der neuen Art mancher Höflinge, den Bart zu scheeren, an ihren kurzverschnittenen Rücken, an anderen Neuerungen, die zu den Zeiten der Ottonen und der beiden ersten Heinriche Niemand einzuführen gewagt habe; mit Befremden sah man, daß der junge König mit diesen aufgeputzten Schranzen gern verkehrte und ein besonderes Wohlgefallen an diesen neuen Moden zu finden schien; man traute sogar der Ehrbarkeit seiner eigenen Sitten wenig und warf ihm vornehmlich eine Neigung zu vertrauterem Umgange mit schönen Frauen vor. Wie, fragte man sich, würde es dann erst werden, wenn aquitanisches Gesindel den Hof überschwemme und seine eitelen Moden verbreite; würden dann nicht mit den Kleidern auch die alten Sitten sich ändern und in dem Reiche, das sich bis dahin durch Ehrbarkeit, Treue und Gottesfurcht vor den anderen hervorgethan habe, Mord, Raub, Meineid, Verrath und die argen Listen der Franzosen überhand nehmen?[7]

Dem Brief jenes Abts aus dem elften Jahrhundert hatte Giesebrecht Passagen entnommen, die sich im späten neunzehnten Jahrhundert verblüffend gut in sein Weltbild fügten: Von aufgeputzten Schranzen, Modegecken, schönen Frauen und aquitanischem Gesindel wollte sich auch Wilhelm von Giesebrecht nicht überschwemmen lassen. Beigepflichtet hätte ihm vermutlich der Kölner Stiftsherr Alexander von Roes, der im Jahre des Herrn 1281 die Putzsucht und die Formgewandtheit als Nationaleigenschaften der Franzosen tadelte und ihnen die Würde, die Bedächtigkeit und die Stärke als Tugenden der Deutschen entgegenhielt.[8]

Damit waren die Fronten, aus deutscher Sicht, geklärt. Vom Spätmittelalter bis zur Neuzeit kultivierten die Franzosen ihre Putzsucht, während die Deutschen sich ihrer Keuschheit rühmten. Zweifellos hatte die Stadt Paris ihren Einwohnern seit jeher Lasziveres zu bieten als Berlin den Freunden Brandenburgs oder gar als Ernst Moritz Arndts Geburtsort Groß-Schoritz den Rügener Insulanern, aber das wäre noch kein Grund gewesen, die sexuell konnotierte Franzosenschelte starrsinnig durch alle Epochen der neueren Geschichte zu betreiben. Die unverbuhlten Deutschen, im Bewußtsein der eigenen Vorzüglichkeit, hätten den Franzosen ihr Vergnügen ja auch gönnen können. Am vernünftigsten wäre es gewesen, deren einmal erkannte und verworfene Nationaleigenschaften zu belächeln oder zu ignorieren: Wer das Interesse an Flitter und Tand verloren hatte und höheren Idealen entgegenstrebte, der hätte Ruhe geben können und seine Gedanken um etwas anderes kreisen lassen dürfen als um Modetorheiten, Jungfrauen, französische Luxusartikel und die alte Frage, ob die Frivolität der Franzosen ein jüdisches Erbteil sei. Doch Ernst Moritz Arndt, der sich so viel auf seine Sittsamkeit zugute hielt, dachte, wie seine Schriften zeigen, recht oft an das Poussieren deutscher Mädchen mit jüdischen Franzosen. Eine Ahnenprobe weist den Mystiker Johannes Liechtenberger als fruchtbares Zwischenglied in dieser von Arndt fortgeführten Tradition aus. Gegen Ende des fünfzehnten Jahrhunderts sagte Liechtenberger dem »bösen Hahn« der Franzosen nach, daß er »hoffertig, schreyig, unkeusch« und noch manches andere sei: Die Franzosen hätten alle Unkeuschheit und sexuellen Verirrungen erfunden.[9]

1539 widmete sich der rebellische Wiedertäufer Sebastian Franck in einer Polemik »dem grewelichen laster der Trunckenheit / So in diesen letsten zeytten : erst schier mit den Frantzosen auffkommen« sei. Die Juden stellte Franck allerdings geradezu als Vorbild hin: »Was ists dañ wunder dz die Juden vnd Türcken reich sind? Bey den arbeyt man / bey vns frißt vnnd saufft man zů.«[10] Gut einhundert Jahre danach beschuldigte der Satiriker Johann Michael Moscherosch die Franzosen, daß sie die Deutschen verweichlichten und verweiblichten.[11] Und so ging es weiter. Der Rhetorikprofessor und Gymnasiallehrer Christian Weise distanzierte sich 1677 ausdrücklich von der »Viehischen Geilheit« und der »blutdůrstigen Wollust« der Franzosen.[12] 1689 erschien in Berlin eine Kampfschrift mit dem Titel »Der Teutsch-Frantzösische Modengeist«, die ihre entrüstungslüsternen Leser darüber belehrte, »Sittenverrohung und luxuriöses Leben griffen unter dem französischen Einfluß zunehmend um sich«.[13] Im Zeitalter des Absolutismus war dieser Einfluß beträchtlich. Paris und Versailles setzten europaweit respektierte Maßstäbe in allen Fragen der Sitten, des Geschmacks, der Mode und der Etikette und bildeten die vornehmsten Reiseziele der Kavalierstouren aristokratischer Jünglinge, die aus der Ferne etwas vom Prestige und der Pracht französischer Kultur in die Provinz mitbringen sollten.[14] »Die Kavalierstour diente so wesentlich der Entstehung und Rückversicherung des adeligen Selbstbewußtseins, der Bestätigung des konkreten eigenen sozialen Stellenwerts wie auch der allgemeinen Erkundung eines homogenen standesspezifischen Sozialraumes im Rahmen einer übernationalen Adelskultur, an der teilzuhaben nicht nur residenzstädtische, sondern auch regionale Adelseliten sich immer wieder vergewissern mußten.«[15]

Am süßen Leben der Kavaliere in Frankreich mußten bürgerliche, zu Zucht und Sparsamkeit erzogene Patrioten Anstoß nehmen. Es sei »wohl verwunderlich«, schrieb 1734 einer von ihnen, der das Land als Hofmeister eines reiselustigen Barons kennengelernt hatte, »daß grosse Herren / welche in allem ihrem Thun und Lassen Franckreich zuwider seyn wollen / und Abbruch zu thun suchen / dennoch ihre Kinder hinein schicken / und wacker Geld verthun lassen«.[16] In den Augen ihrer Kritiker büßten diese Kavaliere mit dem nach Frankreich getragenen Geld auch ihre Würde ein. Es handelte sich dabei, wie der Historiker Thomas Grosser festgestellt hat, um ein schlagkräftiges Argument im Klassenkampf zwischen Bürgertum und Aristokratie: »Bediente sich die bürgerliche Kritik vornehmlich ökonomischer Argumente, so waren diese letztlich doch auch moralisch unterlegt und zielten auf die weitgehend mit kritischer Distanz betrachtete zeitgenössische Hofkultur.«[17] Und doch pilgerten im Gefolge der Aristokraten immer mehr Angehörige des Bürgerstands, die am wirtschaftlichen, wissenschaftlichen und künstlerischen Austausch interessiert waren, nach Paris.

Nicht alle äußerten sich günstig über ihre dort gesammelten Erfahrungen. Der Sohn einer Frankfurter Patrizierfamilie konnte sich mit den Sitten, die dort anno 1719 herrschten, nicht anfreunden: »Ein Mensch verführet den andern: bőse Exempel, und die Reizungen zur Lust mit der Leichtigkeit sie zu vergnűgen, machen die Laster gleichsam allgemein. Es ist unmőglich so viel herum irrende Ritter, so viel Spieler, so viel leichtfertige Dirnen, so viele müßige junge Leute, die Tag und Nacht herum schwärmen, in den Schranken der Zucht und Ehrbarkeit zu halten«.[18] Den Franzosen eilte der Ruf voraus, das Wohlleben ernster zu nehmen als den Kriegsdienst. Sie wollten, wie es in einem deutschen Soldatenlied von 1742 hieß, »Bei die Weibersleut spielen groß Monsieur, / Die Zeit mit Schlemmen vertreiben«.[19]

Den Zwiespalt in der Seele dessen, der solche »Reizungen zur Lust« für verwerflich hielt und trotzdem klug genug war, die in Paris erlebte persönliche Freiheit zu würdigen, hielt der junge Schweizer Isaak Iselin 1752 in seinem Tagebuch fest: »Paris ist der Siz der Verderbnis, es ist wahr – alleine man kan hier leben wie man will.«[20] Eine ähnliche Beobachtung stellte wenig später der Rostocker Jurist Johann Peter Willebrandt an, doch er fühlte sich abgestoßen: »So viel kann ich euch im Vertrauen entdecken, daß die Beschäftigung derer Leute allhier, welche man von der grossen Welt nennet, also beschaffen sind, daß sie einen jeden jungen Menschen in die Gefahr setzen, ein wollüstiger Weichling zu werden. Hier ist gewiß die Insul der Zauberin Circe. Wein, Weiber und andere Verführungen, und zuletzt die Schwindsucht des Geldbeutels, machen hier aus Menschen Thiere von mancherley Gestalten.«[21] Und nicht allein im angestammten »Siz der Verderbnis«: Von der Gefahrenquelle Paris sahen im achtzehnten Jahrhundert viele Reisende, wie bereits ihre Urgroßväter, einen unheilvollen Einfluß auf die Sitten in Deutschland ausgehen. 1767 alarmierte der deutsche Dichter Friedrich Wilhelm Zachariae seine Landsmänner:

> [...] Wir tragen das Merkmal
> Von dem gallischen Joch auf unsern gezeichneten Stirnen,
> Frankreich krieget mit uns durch seine Waffen und Sitten;
> Seine Waffen weichen noch oft germanischen Fahnen,
> Aber mit seinen Sitten erobert es schneller und sichrer.
> Schaaren verdorbener witziger Köpfe, verhungerter Marquis,
> Kommen und plündern uns aus, gleich ihren verwegenen Heeren,
> Und dies ist nicht genug. Wir senden zur gallischen Hauptstadt
> Unsere Söhne, daß sie dort ihre deutsche Gesundheit
> Im wollüstigen Arm französischer Weiber verlieren [...][22]

Das hier eingeschaltete Kompliment an die verwegenen französischen Heere, deren Soldaten also wohl doch nicht ununterbrochen geschlemmt und gebuhlt hatten, sollte für lange Zeit das letzte eines deutschen Dichters bleiben. Was darauf folgte, hat der Historiker Wolfgang Hardtwig zusammengefaßt:

> Der Göttinger Hainbund, ein Freundschaftskreis von etwa 20 Mitgliedern, eröffnete zwischen 1769 und 1775 die neue Tradition der nationalpolitischen Lyrik. Auch sie verstand sich spezifisch bürgerlich-mittelständisch, radikalisierte die Hof- und zugleich damit die Frankreichkritik und leitete jene Sakralisierung der Nation ein, die ein bestimmendes Merkmal des liberalen Nationalismus bis ins Kaiserreich hinein geblieben ist. Deutsche Tugend steht gegen französische Sittenlosigkeit und verbindet sich mit einem ganzen Katalog bürgerlicher Wertvorstellungen: Der Deutsche ist bieder, edel, gut, hält auf »gute strenge Sitten«, ist »offenherzig«, »bescheiden« und scheut den Prunk.[23]

Wenn die Dichter des Hainbunds den äußeren Prunk auch scheuten, so ließen sie doch ihre Muskeln spielen. In einem 1772 entstandenen Gedicht bezichtigte Ludewig Heinrich Christoph Hölty die »Muse Teutoniens«, sie lächle

der gaukelnden Afterschwester,

Die in den goldnen Sälen Lutetiens
Ihr Liedgen klimpert. Schande dem Sohne Teuts,
Ders lechzend trinket, weil es Lüste
Geußt in die Adern, und Buhlerflammen!

Kein deutscher Jüngling wähle das Mädchen sich,
Das deutsche Lieder haßet, und Wollustsang
Des Galliers in ihrer Laute
Tändelnde Silberaccorde tönet.

Schwing deine Geißel, Sänger der Tugend! schwing
Die Feuergeißel, welche dir Braga gab,
    Die Naternbrut, die unsre deutsche
        Redlichkeit, Keuschheit und Treue tödtet,

Zurückzustäupen![24]

Was die Hainbunddichter mit dem Schwingen ihrer Feuergeißel zu erkennen gegeben haben, ist nach Ansicht des Historikers Hans-Martin Blitz »ein erhebliches Gewaltpotential«.[25] Die »Radikalisierung von vaterländischem Gefühlseifer, Kampfessehnsucht und Todesverklärung« habe hier ihren Anfang genommen: »Ohne die mobilisierenden Gedichte des Göttinger Hains wäre die Lyrik der Befreiungskriege nicht denkbar.«[26]

Paris war verrufen als »Pflanzschule der Frivolitåt«,[27] aber gegen die kulturelle Hegemonie der Franzosen und ihren Wollustsang konnten die Söhne Teuts vorläufig nicht sehr viel ausrichten. Spöttische Bemerkungen über die Frankophilie des deutschen Bürgertums enthält ein 1783 in Berlin und Stettin verlegter Erziehungsreformkatalog: »Franzoͤsin und Tanzmeister duͤrfen ja nicht fehlen: dieser drechselt am Koͤrper, und verdirbt oft den Kopf und das Herz; jene lehrt Franzoͤsisch stammlen und floͤßt oft zugleich ihre gemeine Denkungsart und ihre niedrige Leidenschaften ein.« Das müsse ein Ende haben: »Das Franzoͤsiren unsrer Nation ist uͤberhaupt eine bedenkliche Sache, und paßt sich gar nicht zu unserm Charakter.«[28]

Läßt man einmal die bis hierhin zusammengetragenen Anklagepunkte Revue passieren, wirkt es rätselhaft, wie Frankreich zur Weltmacht aufsteigen konnte, da sich die Franzosen in den zurückliegenden sieben Jahrhunderten doch mehrheitlich als lasterhafte Nachtschwärmer hervorgetan hatten, als eitle, leichtfertige, schamlose, unkeusche, gefräßige und versoffene Faulpelze, Gaukler und Drückeberger, während sich die ganz anders gearteten Deutschen ungeachtet ihrer Manneszucht, Ehrbarkeit, Treue und Redlichkeit zu einem Dasein im Schatten des mächtigen Erbfeinds verurteilt sahen. Die Deutschen täuschten sich nicht, wenn sie in ihren Chroniken verzeichneten, daß die »niedrigen

Leidenschaften« an der Seine in höherer Blüte stünden als am rechtsrheinischen Ufer und an Elbe, Donau, Spree und Main. Unzweifelhaft stand aber auch fest, daß die keuschen Deutschen dem frivolen Volk der Franzosen machtpolitisch unterlegen waren. An dieser Tatsache kamen die Vertreter der Lehre von der natürlichen Herrschaft des tugendfesten Teutonen über den gallischen Wollüstling nicht vorbei, und vielleicht hat gerade der schmerzlich empfundene Abstand zwischen Wunsch und Wirklichkeit die Hainbunddichter und ihre Epigonen zu ihren häßlichsten Wutausbrüchen gereizt.

All dies schien sich im Revolutionsjahr 1789 zu wenden, für alle Zeiten: »Denn mit dem Ausbruch der Revolution verkehrten sich die ständisch ausgerichteten Fronten der traditionellen deutschen Frankophilie und -phobie grundlegend« (Thomas Grosser).[29] In ihrer Revolutionsbegeisterung ließ die bürgerliche Intelligenz in Deutschland viele liebgewonnene Vorurteile fallen. »Mentale Vorbehalte gegenüber der großen Stadt« wurden, wie die Historikerin Ingrid Oesterle dargelegt hat, im gleichen Maße suspendiert »wie nationale Vorbehalte gegenüber den Franzosen«.[30] Als Revolutionäre hatten sie, nach Ansicht des deutschen Reiseschriftstellers Georg Forster, ihre Lasterhaftigkeit überwunden. »Nichts«, schrieb er 1793, »beweiset so sonnenklar und unwiderleglich die Reife der Franken für eine republikanische Verfassung, als der Umstand, daß die Hauptstadt, der Sitz des frechsten Luxus und des ungezähmtesten Sittenverderbnisses, bei diesem Umsturze der Monarchie den Ton angegeben hat.«[31]

Die in Forsters Lobesworten vermummte Kritik am Sitz der Sittenverderbnis trat wieder freier hervor, als die politische Entwicklung den Enthusiasmus erkalten ließ. Schon bald äußerten deutsche Bürger wie der Hamburger Domherr Friedrich Johann Lorenz Meyer abermals ihr Unwohlsein angesichts dieser Stadt »der rauschenden Lust, und des fliehenden Vergnügens«, kurzum: dieses »Kloaks der Unmoralität«.[32] Das war im vierten Jahr der Französischen Republik. Im fünften konstatierte ein anderer Reisender aus Deutschland, der revolutionär gesinnte Publizist Georg Friedrich Rebmann, daß in Paris, was die Sitten betreffe, alles beim alten geblieben sei: »Alles ist hier Theaterkoup, Sentenz, Bonmot oder Vaudeville, im Theater wie im Rath der Alten, und lezter Zwek von allem bleibt Befriedigung der Sinnlichkeit. Man hőfelt dem Kőnig, um ins Boudoir einer Dame zu kommen, und revolutionirt die Welt, um bei einem hűbschen Weibe zu schlafen.« Von Paris war Rebmann zutiefst enttäuscht: »Ich glaubte, ins Heiligthum der Freiheit zu treten, und trat – in ihr Bordell!«[33]

Obwohl das einmal abgehängte und nun doch wieder hervorgeholte Erbfeindbild nicht lange genug im Fundus gestanden hatte, um Staub anzusetzen, wurde es mit deutscher Gründlichkeit restauriert, weit über ein Jahrhundert lang. Den Anfang hatte der Domherr Meyer gemacht. Dann kam Napoleon, mit dessen Aufstieg der Verfall des Ansehens der Franzosen einherging. In Paris, schrieb 1803 Friedrich Schlegel, finde man »wohl alles fűr die Sinnlichkeit, aber nichts fűr die Phantasie«.[34] 1804 zog der pietistische Philosoph Johann Heinrich Jung-Stilling aus seinem Studium der französischen Geschichte das ernüchternde Fazit:

> König Ludewig der Vierzehnte, von Frankreich, nach ihm der Herzog Regent von Orleans, und endlich Ludewig der Funfzehnte, hatten in einer Reihe von hundert Jahren, die französische Nation zu einem beyspiellosen Luxus verleitet; eine Nation die in der Wollust versunken ist, und deren Nerven durch alle Arten der Ueppigkeit geschwächt sind, nimmt die witzigen Spöttereyen eines Voltaire als Philosophie, und die sophistischen Träume eines Rousseau als Religion an; dadurch entsteht dann natürlicher Weise ein Nationalcharacter, der für den sinnlichen Menschen äußerst hinreißend, angenehm, und gefällig ist; und da er zugleich das Blendende eines Systems, und eine äußere Politur hat, so macht er sich auch dem Denker interessant, und erwirbt sich daher den Beyfall aller cultivirten Nationen.
>
> Daher kam es denn auch, daß unser deutscher hoher und niederer Adel, Frankreich für die hohe Schule der feinen Lebensart, des Wohlstandes und – der Sittlichkeit, – hielt.[35]

Auch hier drängt sich wieder die Frage auf, woher die vergnügungssüchtigen, durch alle Arten der Üppigkeit nervlich geschwächten Franzosen ihre Stärke bezogen haben. Es konnte ja nicht mit rechten Dingen zugehen, wenn ein phantasieloses Volk von Kupferstechern und Bordellbesuchern das rechtschaffene deutsche zu unterjochen vermochte. Eine dunkle Schicksalsmacht mußte sich mit den Franzosen gegen Deutschland verschworen haben. Das Antlitz jener Macht enthüllte der in seiner Jugend jakobinisch hochgestimmte, 1802 als Kaiserlicher Rat nach Wien entsandte Staatsmann Friedrich von Gentz am 19. September 1804 einem Brieffreund: »Noch nie hat ein Jude ernsthaft an Gott geglaubt! Noch nie hat eine Jüdin – ich spreche ohne alle Ausnahme – die wahre Liebe gekannt! – alles Unglück in der modernen Welt kömmt, wenn man es bis in seine letzten Gründe verfolgt, offenbar von den Juden her, sie allein haben Bonaparte zum Kaiser gemacht [...]« [36] Nach einer Bemerkung von Hermann L. Gremliza ersetzt der Gebrauch des Worts »offenbar« die Recherche durch Offenbarung. [37] Auf einem anderen Wege als dem der Offenbarung hätte Gentz die Glaubensschwäche aller Juden, von den Erzvätern herauf bis in die moderne Welt, auch gar nicht zur Kenntnis gelangen können; geschweige denn das Liebesleben ausnahmslos aller Jüdinnen. Was ihn dazu bestimmt hatte, dieses trotzige Pauschalurteil zu fällen, läßt sich nicht mehr bis in die letzten Gründe verfolgen. 1804 scheint die Zeit reif gewesen zu sein für Tatsachenbehauptungen wie die, daß alles Unglück von den Juden komme und daß allein sie Napoleon zur Macht verholfen hätten, und es sollte nun auch nicht mehr lange dauern, bis Ernst Moritz Arndt die unsortiert schweifenden Ressentiments gegen Juden und Franzosen bündelte und auf den Begriff vom französischen »Judenvolk« brachte.

Als Napoleons Truppen den Rhein überquerten, erneuerte ein deutscher Patriot den alten Vorwurf, daß die französischen Soldaten verfressen, versoffen, diebisch und wollüstig seien:

> Napoleon führt seine Völker über den Rhein. Ohne Zelt, Mundvorrath und andre Notwendigkeiten, die der Krieg für Mann und Pferd unentbehrlich macht, betretten sie den deutschen Boden. Wer wollte sich seinen Hunderttausenden widersetzen? Baden und Wirtemberg, Frankreichs Nachbarn, erhalten den ersten Besuch. Wie wolgemeint und freundschaftlich dieser ablief, darüber leisten die lauten Klagen jener Länder die Gewähr. Fressen, Saufen, Raub und Weiberschänden, waren Tagesordnung der französischen Armee. [...] Tief unter der Niedrigkeit des Thiers, stand die viehische Wollust der französischen Ausgelassenheit. In mehrern bairischen Städten kamen die gehäßigsten Auftritte zum Vorschein. So erzählt man z. B. von Passau, daß verschie-

> dene Weibspersonen in Pferdställe gelockt, daselbst auf den Tod geschändet, dann auf dem Karren weggeführt und begraben worden. Sollten diese unglückliche Opfer einer mehr als viehischen Wollust, auch ganz Laster gewesen sein, so ists Schauder für die Menschheit, von Gliedern einer Nazion, die sich die Große (doch vermuthlich auch in moralischer Hinsicht?) ausschlußweise nennt, Handlungen bemerken zu müssen, die selbst am rohesten Barbaren den Menschen verkennen lassen.[38]

Erzählt wird vieles, zumal in Kriegszeiten, aber unglaubwürdig klingt es nicht, was dieser Zeuge vom Hörensagen wußte: »Fressen, Saufen, Raub und Weiberschänden« haben zu allen Zeiten auf der Tagesordnung siegreicher Armeen gestanden, ebenso wie das Bestreben, alle Greuel dem Feind anzulasten und die eigene moralische Vortrefflichkeit hervorzuheben. Der Verdacht, daß die französische Soldateska im eroberten rechtsrheinischen Gebiet geschlemmt, geplündert und Frauen vergewaltigt habe, läge auch ohne Zeugenaussagen aus zweiter oder dritter Hand näher als jede Unschuldsvermutung, doch so reinlich, wie die Deutschen sich selbst die Zucht und den Franzosen die Unzucht zuerkannten, konnte die Natur ihre Gaben nicht geschieden haben.

Bei einem Vergleich deutscher und französischer Volkslieder kam der zu seiner Zeit hochberühmte, in Göttingen lehrende Historiker Arnold Heeren 1810 zu dem erwartbaren Ergebnis: »Wenn sich in dem Französischen die Lustigkeit, oft die Frivolität ausspricht, so ist es in dem Deutschen das Gemüth und die Empfindung.«[39] Den dennoch schlecht zu verhehlenden Umstand, daß nicht alle Deutschen Unschuldsengel waren, führten die Anhänger der »edlen teutschen Art« wie schon zu Olims Zeiten auf den vergiftenden Einfluß der Franzosen zurück,[40] und als »Frankreichs Wollüstlinge«[41] besiegt und in den Wohnsitz der Verderbnis zurückgetrieben worden waren, erging es den deutschen Juden schlecht. Sie hatten von der napoleonischen Besatzungspolitik profitiert und sahen sich nun als »Franzosenfreunde« um so größerer Feindseligkeit ausgesetzt.[42] »So begann man nach der Vertreibung der Franzosen hier und dort die bürgerliche Freiheit der Juden, die ihnen jene geschenkt, als etwas Verderbliches zu betrachten«, schrieb Ludwig Börne. »Dazu kam, daß man die Juden für Freunde der französischen Herrschaft hielt, weil sie, wenn auch nicht weniger als die übrigen Deutschen gedrückt, doch allein für die Not einigen Ersatz gefunden.«[43] 1815 rief der Historiker Friedrich Rühs seinen Landsleuten den Brauch in Erinnerung, von Juden und Franzosen gleichermaßen schlecht zu denken:

> Bemerkt zu werden verdient die Gleichstellung der Franzosen und Juden, die, wie man aus dem Machiavellus Gallicus ersieht, den Deutschen sich gleichsam unwillkůhrlich und von selbst aufdrångte: auch im Deutschland verderbenden Greuel werden die Juden und Franzosen mit einander verglichen, und es wird die Frage aufgeworfen, wie sie sich untereinander wegen der Pråcedenz und der Herrschaft ůber alle Kreaturen, worauf sie beide Anspruch machen, vergleichen werden: entschieden ist, daß eine gewisse Aehnlichkeit in dem Hochmuth und den Anmaßungen bei beiden Vőlkern vorkommt, die schon damahls auffiel.[44]

Im folgenden blieb auch nicht unbemerkt, welche deutschen Schriftsteller die französische Julirevolution von 1830 begrüßten und nach Paris aufbrachen. Der »Ewige Jude«, unkte 1832 ein Widersacher des »Jungen Deutschland«, habe nun abermals »seine Wallfahrt nach dem neuen verwirrten Babel angetreten, wo er von der großen Hure des Teufels, welche allen Völkern ihren Taumelkelch darbietet, die Ausgeburt des Antichrists erwartet«.[45] Es wäre dem Verfasser schwergefallen, ein noch gröberes Geschütz aufzufahren. »In der Polemik gegen liberale Schriftsteller wie Börne und Heine verschmilzt das nationalistische mit dem antisemitischen Syndrom« (Ingrid Oesterle).[46]

Im fünften, 1834 entstandenen Buch seines Romans »Die Epigonen« ließ Karl Immermann zwei biedere Kerkergendarmen über die Ursache der Revolte nationalistisch gesinnter Bürgersleute räsonieren:

> »Weißt du«, sagte der eine zum andern, »woher alle die Teufelei rührt? Ich kann's dir sagen. Die Juden stiften den ganzen Spektakel an.«
>
> »Nicht möglich!« rief der andre. »Ich dachte, die Franzosen steckten dahinter.«
>
> »Franzosen hin, Franzosen her!« sagte der erste. »Das ist ja eben die Sache. Die Franzosen sind auch alle heimliche Juden. Dazumal in Ägypten hat der Bonaparte seine ganze Armee dazu herumgekriegt, und die Soldaten haben dann nach ihrer Rückkehr das Judentum

weiter gestiftet, und auch bei uns ausgebreitet, bis der Krieg kam, und davon rühren die Demagogen her.«

»Drum aßen auch die Kerle so viel Knoblauch«, sagte der zweite Gendarm.[47]

Es ist Immermanns Verdienst, im Dialog der Gendarmen festgehalten zu haben, wie rasch ein schwirrendes Gerücht sich zur Verschwörungstheorie verdichten kann. Als Beweismittel genügen den Leichtgläubigen im Zweifelsfall ein paar Knoblauchzehen oder vage Verdachtsmomente, die auf ein sittenwidriges Geschlechtsleben hindeuten. Darauf verstand sich der Sexualdenunziant Wolfgang Menzel. 1835 dichtete er den nach Paris gepilgerten Wortführern des Jungen Deutschland durch Bordellbesuche hervorgerufene Nervenleiden an:

Die Unsitte kam immer von Frankreich herüber, und der deutsche Volksgeist war immer gesund und edel genug, sie wieder von sich abzuschütteln. Kann es eine frechere Anmaßung geben, als, von den Franzosen angesteckt, sich für das junge Deutschland auszugeben?

Vom jungen Deutschland werden doch unsere Frauenzimmer auch etwas wissen wollen. Wohlan, so seht her, da wankt das kranke, entnervte und dennoch junge Deutschland aus dem Bordell herbei, worin es seinen neuen Gottesdienst gefeiert hat. Wie gefällt euch diese junge Generation?

Es sind mehrere edle Jünglinge, die seit einiger Zeit die frechsten Darstellungen der Wollust versuchen.[48]

So ereiferte sich einer, der die Wollust von sich abgeschüttelt hatte und doch aufbrauste, wenn andere ihr frönten. Wie Menzel, der seine Gegner, in Ermangelung eines gescheiteren Einfalls, als kränkelnde Kunden französischer Huren verleumdete, machte auch der Stuttgarter Verleger und Kunsthändler Samuel Gottlieb Liesching in einer 1836 anonym publizierten Streitschrift gegen die »Jeune Allemagne« sittenpolizeiliche Einwände geltend: »*Franzosen* und *Juden* schüren an dem unheiligen Feuer, das unsere besten Säfte aufzehren, das stille Erbtheil unserer inneren Nationalität, ein reines Gemüth vergiften und jenen ätzenden Verstand zum alleinigen Richter unserer Gedanken machen soll, den Gott schon in der Urwelt verworfen als die Schlange, die sich um unser Gewissen ringelt«, schrieb er.[49] »So waren Franzosenthum und Judenthum glücklich verschmolzen in jene Carrikatur, welche man den Deutschen als das *Symbol ihrer Zukunft* bot, auf dem Fußgestell der unbekannten Göttin, die – wenn gleich eine Hure – in den *Salons* und *Soireen* der Apostel des Fleisches hoffähig geworden war [...]«[50] Das Wesen dieser polemischen Tradition hat Karl Kraus in die Formel gefaßt: »Die Unfähigkeit, vor dem Geist zu bestehen, vergreift sich am Geschlecht.«[51]

Im Zeichen des Aufbruchs zur nationalen Sammlung und Einigung nahm der von unterschwelliger Faszination durchschauerte Franzosenhaß groteske Formen an. Im Juli 1848 erinnerte ein Demokrat an die Vorbildlichkeit einer vergangenen Zeit, »wo deutsche Bürger-Tracht nicht verunstaltet war durch wälsche Glätte und wälschen Flitter«.[52] Von diesem Flitter fühlte sich auch Richard Wagner gestört, als er im Frühjahr 1850 unbefriedigt und verschuldet in Paris umherlief: »Nach dem vergehen des allersündhaftesten carneval's, in dem sich jugendliche fräulein nicht enblödeten halb nackt und mit leichtfertigen männlein gepaart, trotz gräulichen unwetter's auf den öden boulevard's der stadt Paris herumzufahren, habe ich meinen leib in einen grauen sackpaletot gesteckt und mein haupt mit der schwarzen asche eines neuen hutes bestreut.«[53] Für welschen Flitter fehlte Wagner das Geld und für die Paarung mit einem halbnackten Fräulein die welsche Glätte. Den Karneval, der ohne ihn stattfand, hatte der mißgelaunte Kapellmeister aber sehr wohl registriert, und noch zwanzig Jahre später gab er giftige Kommentare ab, die Cosima Wagner getreulich in ihr Tagebuch eintrug: »R. sagt, er hoffe, daß Paris, ›diese Femme entretenue der Welt‹, verbrannt würde, er habe Blücher in der Jugend nicht verstanden, der das gewollt, und habe es mißbilligt, jetzt verstünde er ihn, der Brand von Paris würde das Symbol der endlichen Befreiung der Welt von dem Druck alles Schlechten. [...] R. möchte an Bismarck schreiben, um ihn zu bitten, Paris niederzuschießen.«[54] Anders wäre es in diesem Fall vielleicht gekommen, wenn sich 1850 eine Mademoiselle dazu erbarmt hätte, den mittellosen Heißsporn Wagner in die Welt der tollen Lustbarkeiten einzuführen.

In einer Bilanz der Errungenschaften des zweiten französischen Kaiserreichs rümpfte auch der Historiker Heinrich von Treitschke die Nase über die »eigenthümliche Fäulniß der Pariser Sitten« und beklagte, daß Paris abermals »die hohe Schule für das Laster aller Welt« gebildet habe:

> Frankreichs Civilisation […] zeigte sich vornehmlich in der Propaganda der Unsittlichkeit. […] Die Grisette des Quartier Latin, das bei allem Leichtsinn doch naiv liebenswürdige Geschöpf, das einst Beranger besang, war längst ausgestorben. Es folgte die herzlos rechnende Lorette, und weiter in absteigender Linie die Biche, die Cocotte, zuletzt – die Petroleuse! Und mit dem Schlamm dieser Unzucht vermengte sich die literarische Gemeinheit der *petite Bohème*, jener verdorbenen Schriftsteller, die in den *cafés litéraires* ihre wuthschnaubenden Reden hielten gegen jede heilige Ordnung des Menschenlebens.[55]

Nicht jeder nationalliberale deutsche Historiker stand mit der Halbwelt des Quartier Latin und dem dort faulenden, mit verdorbenen Literaten vermengten Unzuchtsschlamm auf so intim vertrautem Fuß wie Treitschke. Bis zur Grisette war er noch mitgegangen; die Lorette, die Biche und die Cocotte vermochten ihn schon nicht mehr recht zu reizen, und das Rencontre mit der Petroleuse überließ er freiwillig den preußischen Infanteristen.

Den Deutsch-Französischen Krieg von 1870/71 verstand man, ganz im Sinne Treitschkes, von Anfang an als Feldzug gegen das »lüsterne Welsch-Babylon«.[56] Spuren einer feineren, dem Sinnengenuß dienenden Zivilisation entdeckten die deutschen Soldaten in jeder eroberten französischen Stellung:

> Mit Erstaunen bemerkten wir, wie bequem der französische Soldat es sich im Felde zu machen pflegt. Während wir unter freiem Himmel auf der kalten Erde zu biwakieren hatten, ein hartes Lager, das aber in den beiden der Schlacht folgenden Nächten mancher General mit seinen Soldaten geteilt hat, fand man in den französischen Zelten nicht nur Betten, Stühle und Sessel, sondern hier und da sogar Teppiche und Vorhänge, wohlriechende Wasser und Oele und so komplizierte Toilettengegenstände, daß sich auch unsere heutigen ›Gigerl‹ darin wohl gefühlt haben würden. In einigen Offizierszelten fand man sogar vollständige Frauen=Garderoben vor, gerade wie einst bei Roßbach, die unseren bärtigen Kriegern Anlaß zu allerlei Kurzweil und Mutwillen gaben.[57]

Die bärtigen Krieger, angetreten, um die heilige Ordnung des Menschenlebens wiederherzustellen, zogen nun also in französischen Offizierszelten erbeutete Damenkleider an und trieben darin »Kurzweil und Mutwillen«, in ausgelassener Vorfreude auf den Einmarsch in Paris. Wie diese Rauhbeine, stolz auf ihre Bärtigkeit und voller Verachtung für wohlriechende Wasser und Öle, mit den komplizierteren Toilettengegenständen umsprangen und sich ferner bei der Invasion gebärdeten, muß man sich nicht ausmalen. Ein Kriegsteilnehmer hat Tagebuch darüber geführt. Am 4. August 1870 mokierte er sich über die Wehleidigkeit der Franzosen:

> Es war ein auffallender Kontrast zwischen den deutschen Verwundeten und den französischen. Beinahe keiner der unseren klagte oder jammerte; höchstens ein Seufzer oder ein schmerzliches Stöhnen entrang sich den Lippen. Die Franzosen dagegen machten ihren Schmerzen mit Schreien, Weinen und lauten Klagen Luft. Selbst im gleichen Stande der Hilflosigkeit und des Elends erweist sich so der Unterschied zwischen der germanischen und der romanischen Rasse.[58]

Zwei Tage nach dieser Würdigung der Duldsamkeit germanischer Kriegskrüppel fiel der Einheit des Tagebuchschreibers das Gepäck französischer Offiziere in die Hände: »Sehr viele rosa Billettchen, Photographien, zum größten Teil sehr obscöner Art, und allerlei galante Dinge wurden so die Beute der *barbares prussiens.*«[59] Das Bekenntnis zum preußischen Barbarentum, das sich für befugt hielt, rosa Billetchen und obszöne Photographien zu requirieren, wiederholte der Soldat vier Wochen später, indem er Gottes Strafe auf Paris herabflehte: »Der Herr hat auf Sodom und Gomorrha Schwefel regnen lassen, er gab Babylon den Zerstörern in die Hände. Das moderne Babel wird er der deutschen Zuchtrute überliefern, und hoffentlich wird sie mit eiserner Faust geschwungen werden.«[60] Und es hätte etwas gefehlt, wenn die Zuchtrute nicht auch zur Rache an mindestens einem französischen Juden geschwungen worden wäre: »In der *Seine*, bei Bougival, fischten unsere Brückenerbauer einen Telegraphendraht auf. Er wurde abgeleitet, und alle Depeschen der Regierung in Paris an die zweite Abteilung der Regierung, die der Jude Crémieux in Tours vorstellt, gehen nunmehr durch unsere Hand.«[61]

Nach dem Sieg von Sedan, der Gefangennahme Napoleons III. und der Ausrufung der Republik am 4. September 1870 hielten preußische

Landsknechte bereits allerlei galante Dinge in eiserner Faust, aber zu wenige, um den evangelischen Hofprediger Adolf Stoecker milde zu stimmen. »Es schmerzt«, erklärte er, »wenn wir in Frankreich unter den zerschmetternden Schlägen des göttlichen Zorns doch nur die Sünde gedeihen sehen: den Übermut und den Haß, die Lüge und die Frivolität.«[62] Stoecker schien der Siege über einen Feind, der in Sünde lebte, nicht froh zu werden. Wenn der Feindstaat morsch und seine Bevölkerung sittlich so verdorben war, daß sie den Frontsoldaten rosa Billettchen sandte, und wenn die kämpfende Truppe sich zu allem Überfluß auch noch mit wohlriechenden Essenzen einölte und die Handhabung komplizierter Toilettengegenstände bemeisterte, dann haftete dem Triumph der germanischen über die romanische Rasse etwas Schales an. Darauf wies im Oktober 1870 ein deutscher Zeitungskommentator hin: »Die vom Kaiser bis zum Bettler herabgehende Korruption und Sittenlosigkeit, die Auflösung der Familie, der Cancan, der französische Roman, die Bühne, die in allen Richtungen zur Herrschaft gelangte Demimonde und endlich die Alles erstarrende Zentralisation haben zum Mindesten ebensoviel zum Sturze Frankreichs [...] beigetragen, wie die Intelligenz, die Kraft und der Muth unserer Soldaten.«[63]

Tatsächlich reichte deren Intelligenz spielend dazu aus, die Hoffnung zu nähren, daß beim Einmarsch in den Hauptsitz der Verweichlichung weitere Galanteriewaren zu erbeuten seien. In Paris, so erinnerte sich ein Veteran, sei »schlüpfrige Lektüre« erhältlich gewesen, und die Einwohner hätten so lange wie irgend möglich »*in dulci jubilo* gelebt und champagnert«.[64] Das verübelten ihnen die Krieger, die auf kalter Erde zu biwakieren pflegten. In einem Brief berichtete Ende Januar 1871 ein vor Paris stationierter Premierlieutenant, daß seine Seele sich »an dem höllischen Feuer, das wir auf Sodom und Gomorra regnen lassen«, erwärme:

> Ich versichere Dir, ich habe Etwas von einem Tiger in mir, wenn ich mir das Blut und die Leichen in Paris vorstelle; ich müßte schnöde lügen, wenn ich auch nur *einen* Gedanken des Mitleids oder *ein* Zucken der Trauer über das Untergehen so vielen schönen Menschenwerkes erheucheln wollte. – *Sie haben es gewollt*, sie haben es hundert mal heraufbeschworen, es giebt kein anderes Mittel, um sie mundtodt zu machen – also nur immer fröhlich hineingearbeitet in die flammende

> Metropole der Civilisation der Cocotten und Turkos, die ungerochene Schmach unserer Väter fängt an vor dem wogenden Flammenmeer zu verbleichen, und die dicken Dampfwolken lassen allmählich den Mordbrennerrauch der verwüsteten deutschen Länder verschwinden.[65]

Zur unbeschwerten Fröhlichkeit der eigenen Mordbrennerei gesellte sich das Hochgefühl, den Franzosen das Champagnertrinken verleidet und ihnen im »höllischen Feuer« des Angriffs bessere Manieren beigebracht zu haben. Diese Erwartung formulierte Ende Februar 1871 ein deutscher Journalist: »Schmerz und Trauer werden der französischen Literatur den verlorenen Adel, ihren Kunstwerken die Keuschheit, ihren Sitten die Scheu vor dem Zuviel aufprägen.«[66]

Doch die erzieherische Wirkung des Blutvergießens blieb aus, und zwar auf beiden Seiten des Rheins. Noch im selben Jahr sah Friedrich Nietzsche sich dazu veranlaßt, die »französisch-jüdische Verflachung und Eleganz« zu rügen,[67] und auch einem sonst ganz anders als Nietzsche gearteten Pastor schwante Unheil: »Das Werk, welches vorher die Franzosen für unser inneres Leben aufgenommen hatten, nämlich unsere Entchristlichung und Entdeutschung herbeizuführen, werden die Juden mit unendlich größerer Energie neu aufnehmen.«[68] Aus gutbürgerlicher Perspektive konnten sich die Juden bei ihrer Wühlarbeit weiterhin auf die Beihilfe der unbelehrbar frechen Franzosen verlassen. Davon kündeten die Auslandsreportagen der Zeitschrift *Daheim*, die der Historiker Peter Gay untersucht hat: »Die Presse, das Theater und die allgemeine Moral des Pariser Bürgertums waren, wie das Blatt mit Befriedigung vermerkte, von äußerster Schamlosigkeit; dem Korrespondenten war es eine besondere Genugtuung, die ›skandalösen Toiletten‹ zu tadeln, die man in den Straßen der Stadt zu Gesicht bekam, und sich an den Zeitungsbildern von Frauen zu stoßen – ›frecher, nackter und schamloser als je zuvor‹.«[69]

Wenn sich durch den Krieg überhaupt etwas geändert hatte, dann nur zum Schlechteren. »Wir haben Frankreich mit den Waffen besiegt, aber Frankreich hat uns geistig besiegt«, stellte 1873 ein Autor der *Allgemeinen Evangelisch-Lutherischen Kirchenzeitung* fest und lamentierte über

> die wachsende Unzucht und Schamlosigkeit auch im öffentlichen Leben, auf den Straßen, auf den Bühnen und nicht blos auf den

> Winkelbühnen, welche gleich Giftquellen das Denken und Leben der geringeren Stände verpesten, in den Zeitungen mit ihren nichtswürdigen schamlosen Ankündigungen, welche in allen Klassen und selbst in der Jugend bereits das Gefühl für Zucht und Sitte abstumpfen, die gemeinen Karikaturen und der ätzend jüdische Witz, der vor nichts Heiligem und Edlem zurückscheut, der die Pietät zerstört und den Geist der Frivolität zur Herrschaft bringt, dies alles und noch hundert anderes, was man nennen könnte: das ist der Einzug, den Frankreich bei uns hält.[70]

Die den Franzosen eingegerbte Lektion in Pietät hatte nicht gefruchtet, und nun war alles wie gehabt, ja schlimmer denn zuvor. Die Historikerin Charlotte Tacke hat den Brief eines Bingener Gymnasialdirektors aufgespürt, der sich 1878 nach einer Reise zum Hermannsdenkmal über die frivolen Motive der dort käuflichen Fotografien erboste und anmahnte, daß »die Stelle, die ein Symbol urdeutscher Kraft und Jugendfrische ist, nicht degradiert werde zu einem Born, daraus unsere liebe Jugend mark zerfressende französische Lüsternheit trinke. Fort mit diesem (u. allem) zweideutigen Kram!«[71]

Die Jugend trat, soweit sie burschenschaftlich organisiert war, in die Stiefelstapfen der alten Herren. Beim Kyffhäuserfest im August 1881 rief ein Redner der Studentenschaft aus: »Judentum, Franzosentum, wohin wir blicken. Es ist die Aufgabe der christlich-germanischen Jugend, das auszurotten, denn uns gehört die Zukunft.«[72] Wie Houston Stewart Chamberlain 1899 darlegte, hatten die Franzosen ihre Zukunft schon zweihundert Jahre zuvor mit der Vertreibung der protestantischen Hugenotten verspielt: »Frankreich hat den Verlust dieses Kernes seiner Bevölkerung seither nie verwunden. Nunmehr war es dem Völkerchaos und (bald darauf) dem Judentum ausgeliefert.«[73] Der Verfall des Franzosentums erzeugte jedoch eine schwüle, auch rechtsrheinisch noch wahrnehmbare »Atmosphäre der Sexualität, die auf den Boulevards vibriert, dieses aufreizende Gemisch, das alle Sinne trifft, das Frou-Frou der seidenen Kleider«,[74] und unter solchen Bedingungen verlor selbst Kaiser Wilhelm II. die rechte Freude am Regieren. Nicholas Murray Butler, dem Präsidenten der Columbia University in New York, schüttete der Kaiser 1905 sein Herz aus: »Wenn Sie einen russischen Juden nehmen und ihn in Berlin die Theorie der Anarchie studieren lassen, und schikken ihn dann nach Paris, um das Laster in der Praxis kennenzulernen, dann erhalten Sie einen Teig, aus dem keine Nation mehr ein verdauliches Brot backen kann.«[75]

Am Vorabend des Ersten Weltkriegs sah das Frankreichbild in der deutschen Publizistik nicht wesentlich anders aus als einhundert Jahre zuvor. Das Schlüpfrige, Gleißende, Verführerische und Sündige von einst hieß nun Frou-Frou und Anarchie, und noch immer sollten an allem die Juden schuld sein. »Dabei beurteilte man«, wie der Historiker Fritz Fischer bemerkt hat, »die moralische Substanz des französischen Volkes vorwiegend nach krassen Boulevarderscheinungen und Eindrükken, die deutsche Touristen aus der Provinz in Pariser Nachtclubs gewannen.«[76] Und man sah allenthalben die gleichen Gefahren heraufziehen wie der Abt Siegfried von Gorze im elften Jahrhundert. Ende Juni 1914 warnte die staatstragende *Neue Preußische Zeitung* eindringlich vor dem nachteiligen Einfluß des leichtfertigen französischen Treibens auf die Sitten in Deutschland: »Wie wir im Laufe der Zeit zweifellos durch dieses Vorbild, dem man bei uns vielfach in der Mode, im Theater, in der schönen Literatur, in der Malerei, in der Postkartenindustrie, im Variété, in der Kinematographie usw. fast sklavisch sich unterwirft, eine Verschlechterung unseres sittlichen Denkens und Fühlens erfahren haben, so ist auch in Zukunft eine Weiterentwicklung in diese Richtung zu befürchten.«[77]

Eine durch Gottes Fügung herbeigeführte Wendung zum Besseren schien der Krieg mit sich zu bringen. Entflammt zogen evangelische Theologen über »die sittliche Zerfressenheit in Frankreich« her,[78] und deutschnationale Gelehrte erteilten der heimischen Frauenwelt Frontalunterricht in Völkerpsychologie: »Die Französin, die in Mode, Kino und Rennen aufgeht, kann Französin bleiben, in Geschmack und Reiz. Die Deutsche, die auf gleiche Weise verflacht, verliert ihr Eigentlichstes; denn das liegt im Gemüt mit seiner Tiefe und Scham. Sie wird ordinär, oder im besten Fall: garnichts.«[79] Was der Handlungsgehilfe Martin Wiegand, einer von Millionen, seinen Eltern 1915 von der Front berichtete, unterschied sich in nichts von den Feldbriefen der barbarischen Vorväter, die mit französischen Toilettenartikeln Mutwillen getrieben hatten: »Charakteristisch für die Eitelkeit der Franzosen und Französinnen ist, daß sich in jedem Raum, und sei er noch so klein, ein Spiegel befindet, gleich in die Mauer eingelassen, wo man sich von oben bis unten betrachten kann. Wir Soldaten benützen diese Spiegel weniger um unsere dreckigen Gestalten zu bewundern, als [um] daran herauszufinden, wieviel Patronen man darauf werfen kann, ehe die Scheiben zerbrechen.«[80]

Doch der Krieg gegen den Erbfeind, den ein österreichischer Feuilletonist 1915 schon bezwungen geglaubt hatte, »niedergeworfen in Ruin und Ohnmacht, vor Gott und Menschen offenbarend seine Fülle von Fäulnis, Unzucht und verborgener Niedertracht«,[81] ging verloren, und der antisemitisch durchwirkte Franzosenhaß steigerte sich ins Hysterische. »Die Verjudung Frankreichs ist nicht erst seit der Dreyfußaffaire und seit dem Panamaskandal offenbar. Auch der Franzose, der mit afrikanischem Blut durchsetzte Gallier, dieser perverse *›keltische Blutsäufer‹* ist ein Mischlingstypus, dessen seelische Kräfte der Aufsaugung durch Juda fast widerstandslos zur Verfügung standen«, hieß es in einer kurz nach Kriegsende mehrfach aufgelegten Kampfschrift. »Die Perversität des französischen Volkscharakters ist etwas, was einer sachlichen Betrachtung außer allem Zweifel steht.«[82] Im April 1920 vertrat Adolf Hitler bei einer Parteiversammlung in München die Meinung, daß die Franzosen »zum Teil deshalb in Frankfurt am Main eingerückt« seien, »um die dortige Schieberrasse zu schützen«,[83] womit wiederum die Juden gemeint waren. Ernst Moritz Arndts Verdacht, daß die Franzosen selbst nur »verfeinerte schlechte Juden« seien, schien sich nun auch mit dem Rüstzeug der modernen Rassenideologie erhärten zu lassen: »Seit der großen Revolution des 18. Jahrhunderts schwanden die Reste des arisch-germanischen Blutes rasch aus dem Volkskörper, und der heutige Franzose ist rassenhaft ein Mischling vom alpinen und mittelländischen Menschen mit keltischen, semitischen und negroiden Bluteinschlägen.«[84]

Nach Jahrhunderten einer unaufhörlich fortschreitenden Sittenverluderung waren die Franzosen, von der arisch-germanischen Warte aus betrachtet, rassisch hoffnungslos degeneriert. Sie hätten sich, als ausgelaugtes, erschlafftes, pervertiertes, in Fäulnis verrottendes Bastardvolk, zum Sklavendienst in der nächstbesten Herrenrassenkolonie empfehlen müssen, als Opfer urdeutscher Kraft und Jugendfrische. Und dennoch rückten sie als Siegermacht in Deutschland ein. Um diesen eklatanten Widerspruch zwischen Verfallsdiagnose und Versailler Diktat schummelten sich die Antisemiten herum, indem sie auf die Juden zeigten, die auch diesen jüngsten Unglücksfall der deutschen Geschichte verursacht hätten. »Es gibt kein zweites Volk, bei dem die Eitelkeit so die Mutter aller Gedanken ist«, schrieb ein völkischer Publizist 1922 über das Seelenleben der Franzosen. »Welche Schamlosigkeit liegt doch in der Art, wie sie ihre Triebe freigeben und gleichwohl im Angesichte der Opfer von Ritterlichkeit, von Menschlichkeit und gar von Freiheit sprechen, die Frankreich den Völkern zu bringen berufen sei!« Zum Schluß rief er den Franzosen noch zu: »Euer Symbol ist die Vernegerung! Ihr tragt Afrika nach Europa. Das gibt eine Mischung, deren ihr nicht froh werden dürftet. Freilich setzt ihr damit nur eure Rassengeschichte fort, die euch vom Mittelmeer her längst die Naturfarbe der Vertiertheit, des Neides, der Rachsucht und aller menschlichen Eitelkeiten gegeben hat.«[85] Die vernegerten und verjudeten Franzosen ließen sich davon nicht beeindrukken. Sie herrschten, und die von ihnen beherrschten Deutschen gaben sich alle Mühe, von oben auf ihre erblich negroid und semitisch belasteten Herrscher herabzusehen.

1920 berunruhigte kaisertreue Christen das Gerücht, die Franzosen wollten Wilhelm II. vor Gericht stellen: »Wie Lot in Sodom, so soll der Kaiser und sollen so viele der Edelsten mit ihm in dem Sodom der Neuzeit, in Paris, gefoltert werden. Uns will der Atem stocken.«[86] Doch der abgedankte Kaiser blieb unbehelligt. Er durfte weiter seine Rente im Exil verzehren und sich in seiner Gedankenwelt Bewegung verschaffen: »Wenn wir den Deutschen erst einmal beigebracht haben, daß Franzosen und Engländer gar keine Weißen, sondern Schwarze – die Franzosen z.B. Hamiten – sind, dann werden sie schon gegen die Bande vorgehen.«[87] Der Bedrohung, die vom keltischen Mischlingstypus ausging, war sich auch Adolf Hitler bewußt:

> Nur in Frankreich besteht heute mehr denn je eine innere *Übereinstimmung* zwischen den *Absichten der Börse, der sie tragenden Juden* und den Wünschen einer *chauvinistisch eingestellten nationalen Staatskunst.* Allein gerade in dieser *Identität* liegt eine immense Gefahr für Deutsch-

land. Gerade aus diesem Grunde ist und bleibt Frankreich der weitaus furchtbarste Feind. *Dieses an sich immer mehr der Vernegerung anheimfallende Volk bedeutet in seiner Bindung an die Ziele der jüdischen Weltbeherrschung eine lauernde Gefahr für den Bestand der weißen Rasse Europas.*[88]

Aber wie hatte sich ein derart degeneriertes Volk gegen das keuschere deutsche durchsetzen können? 1929 sann der Journalist Edgar J. Jung auf eine Lösung dieses weltgeschichtlichen Rätsels: »Stärkste Willensanstrengung allein hält Frankreichs Vormacht, die in Europa auf die Dauer keinen natürlichen Boden mehr hat, aufrecht. Deshalb wurde sie durch einen künstlichen Untergrund unterbaut: durch die Soldaten des afrikanischen Reiches. Frankreichs farbiges Heer gefährdet aber die Vormacht der weißen Völker; dies wird einmal von der Geschichte als erstes Zeichen europäischen Niedergangs gewertet werden.« Und so hätten sich die Franzosen als »die wahren Erben Spätroms« erwiesen.[89]

Damit ließ sich jedoch nur die Schwäche der Franzosen erklären und nicht ihre Stärke, die auch nach dem Abzug der Truppen aus dem Rheinland noch spürbar blieb, zum Verdruß eines Nationalsozialisten, der dort 1930 einen Mängelkatalog zusammenstellte: »Die Franzosen haben das Rheinland geräumt und zum Leidwesen der Bevölkerung vielerlei Ungeziefer zurückgelassen. Die schlimmsten unter diesem Schmarotzerzeug sind aber nicht die vier- oder mehrbeinigen, sondern die von einer gewissen zweibeinigen, sehr zähen Rasse, an einem durchdringenden Geruch und vielen anderen, höchst auffälligen Merkmalen mit Sicherheit zu erkennen. Gemeint sind natürlich die knoblauchkauenden Edelkaufleute aus dem Osten.«[90] Hier war jemand dazu bereit, die Feuergeißel aufzulesen und die Natternbrut zurückzustäupen.

Wegen ihres schon von Ernst Moritz Arndt beanstandeten »judenartigen Zusammenklebens« sollte es im Tausendjährigen Reich sowohl den Juden als auch den Franzosen schlecht ergehen. Auf die Frage, was er vom Nationalsozialismus erwarte, erwiderte Wilhelm Stapel 1932, daß er sich den »Versuch einer praktischen Lösung der Judenfrage« verspreche: »Die Juden in Deutschland haben ihre soziale Existenz an die Geltung der französischen Ideale geknüpft. Sie sind die intellektuellen Soldaten des französischen Imperiums geworden.«[91] Und doch gab es bis

1940 Wortmeldungen parteitreuer Auslandsbeobachter, die das Nachbarvolk noch nicht verloren geben wollten. »Aber Frankreich? Ist es rettungslos mit seiner rassischen Verschlechterung und dem Manichäismus der Verjudung und der Vernigerung verfallen?« fragte sich und die Leser der Zeitschrift *Volk im Werden* der Pädagoge Ernst Krieck und sprach eine ernste Mahnung aus: »Frankreich sollte endlich begreifen, daß der Geist aus dem Blut stammt und daß nordisches Blut auch bei ihm zur Herrschaft berufen ist.«[92]

Unwiderstehlich zog es die Deutschen auch unter nationalsozialistischer Führung zum Sitz der Verderbnis hin. »Die Formenkultur der angeblichen ›Lichtstadt‹ Paris übt einen verführerischen Reiz auf westdeutsche oder westgermanische Einzelgänger und Einzelgängerinnen aus«, räumte 1940 ein deutscher Volksgenosse ein.[93] Beim Vormarsch machten die Soldaten dann die gleichen Erfahrungen wie ihre bärtigen Ahnen. Einem Kriegsberichterstatter, der sich im »Schlafzimmer eines Advokaten« einquartiert hatte, widerfuhr folgendes Abenteuer: »Auf dem Nachttisch unseres unfreiwilligen Gastgebers fand ich – untrügliches Zeichen des gallischen Esprit – mitten in einem lateinischen Katechismus als Lesezeichen erotische Pikanterien ...«[94] Was die neugierigen Westgermanen sonst noch über Frankreich wissen wollten, konnten sie den einschlägigen, vom Propagandaministerium abgesegneten Veröffentlichungen entnehmen: »Auf dem Boden Frankreichs blüht die Prostitution, die käufliche Liebe, in jeder Form. Außer der heimlichen und öffentlichen Straßenprostitution ist das Land von unzählig vielen Bordellen überschwemmt, in denen hemmungslose Genußsucht ihre giftigsten Blüten treibt. Kein Laster, dem hier nicht gefrönt wird, kein Trieb, der hier nicht seine Befriedigung findet.«[95]

Zwei Tage nach dem Beginn des Kriegs gegen die Sowjetunion sah sich ein Assistenzarzt der Wehrmacht bei Brest-Litowsk in einer Kaserne um und atmete auf: »Im Gegensatz zu den Franzosen hier keine Schmutzfinkereien und geil aufgemachte Bilder und Magazine.«[96] Auf Sauberkeit bedacht war auch der Kriegsverbrecher Jürgen Stroop, unter dessen Befehl SS und Wehrmacht 1943 das Warschauer Ghetto liquidierten. In polnischer Gefangenschaft fand er Muße für eine persönliche Einschätzung des französischen Volkscharakters: »Die Franzosen, das sind Faulpelze und Mischlinge. Das ist überhaupt keine Rasse. Alles Mischlinge, Anarchisten und Dreckskerle. Auch die Frauen sind dreckig, obwohl sie ein Bidet benutzen. Überhaupt sind nach meinen Erfahrungen alle Französinnen Dirnen.«[97] Diese praktischen Erfahrungen des dienstlich weit herumgekommenen SS-Generals a. D. stimmen auffallend genau mit der Hypothese des Befreiungskriegers Arndt überein, daß die meisten Französinnen verbuhlt und unzüchtig seien.

In den Exzessen der totalen Mobilmachung hatten die Nationalsozialisten ihre eigenen Waffen ruiniert. In der Nachkriegszeit unterzog sich nur noch selten irgendwer der undankbaren Aufgabe, die alte Feuergeißel zu schwingen, so wie es 1954 die Redaktion eines Modejournals wagte, um die deutschen Hausfrauen zur Ordnung zu rufen:

> Die überbetonten Wölbungen und Kurven der Monroe (die hier nur als ein Beispiel genannt wird) und ihrer italienischen und französischen Kolleginnen entsprechen nicht dem Schönheitssinn des modernen mitteleuropäischen Menschen. Unser Ideal ist viel eher die grazile, graziöse, schlanke oder gar jünglingshafte Frau. Vielleicht auch die sportliche, bewegliche, auf keinen Fall aber die lässig lagernde, die die Lüsternheit erwecken und die Neugierde jugendlicher Gemüter erwecken soll.[98]

Lüsternheit erwecken wollte auch Brigitte Bardot und mußte zur Strafe dafür 1960 eine Moralpredigt der Jugendzeitschrift *BRAVO* über sich ergehen lassen:

> Moral ist bei BB eine Frage des Geschäfts. Jahrelang hat sie sich so nackt gezeigt, daß ein Bikini auf ihrem schlanken Leib wie ein hochgeschlossenes Kostüm gewirkt hätte. Sie hat es mit ihrem Körper geschafft, mit ihrem sogenannten »Sex« ... BB, die umschwärmteste Frau der Welt, die »schönste Hexe des Jahrhunderts« man könnte auch Sexe sagen – die noch nicht Fünfundzwanzigjährige, ist müde wie eine alte Frau. Ein greiser Lebemann könnte nicht blasierter sein als dieses Mädchen von Paris.[99]

So versuchten sie es noch einmal, die Söhne Teuts, die jüngste Inkarnation der gaukelnden Afterschwester zu verunglimpfen, aber ohne Erfolg. Sehr viel besser hatte Bob Dylan die Zeichen der Zeit verstanden, als er in den frühen Sechzigern sang:

Well, my telephone rang it would not stop,
It's President Kennedy callin' me up
He said, »My friend, Bob, what do we need to make the country grow?«
I said, »My friend, John, Brigitte Bardot
Anita Ekberg
Sophia Loren«
(Put 'em all in the same room with Ernest Borgnine!)[100]

Die allgemeine Entkrampfung des Sexuallebens im Zeitalter der Pille bereitete dem seit Jahrhunderten anhaltenden Geschwafel über die Ausschreitungen »in den goldnen Sälen Lutetiens« ein Ende. Den letzten Rülpser aus den Untiefen der Erbfeindschaftsgeschichte brachte der Bestseller-Autor Heinz G. Konsalik hervor, als er 1967 in einem Roman den Gedanken ventilierte, daß die »erotische Verjauchung der Truppen in Frankreich« zur deutschen Niederlage im Zweiten Weltkrieg beigetragen habe,[101] aber damit war die elende Affäre endgültig und ein für allemal überstanden und abgetan.

Einen späten Nachhall hat sie 1984 in Eckhard Henscheids grandioser Erzählung »Im Puff von Paris« gefunden, die einen vom Autor erträumten Betriebsausflug des Zürcher Haffmans Verlags behandelt und den Erzähler beim Masturbieren über seiner Vorlage – »(Unterwäsche aus dem Neckermann-Katalog«) – in Verzückung geraten läßt:

> Ah, wie gut das tat! Oh, wie ward mir wunderbar! Wie schön würde es da erst in Paris werden, auf all den geilen Grisetten und Midinetten und Momptis und Mimis und Musetten – ah, ah, ah! Hoffentlich stand dann aber auch mein Hammer, mein Held, wieder pünktlich!
>
> Hahahahaha! Oooh! Üüüüüüh! Und schon rauschte mein kostbares Sperma in den Bus-Aschenbecher. Aah![102]

Daß dies das letzte Wort in jener Sache war, hätte vielleicht sogar Ernst Moritz Arndt eingesehen.

»Apotheosen des Unterleibs«

Das negroide Element

1954 suchte der amerikanische Psychologe Gordon W. Allport nach einer Erklärung für die relative Spärlichkeit sexualantisemitischer Tiraden in den USA: »In Amerika hört man selten sexuelle Anklagen gegen die Juden. Ist die Ursache ein geringerer Antisemitismus? Oder sind die amerikanischen Juden moralischer als die europäischen? Keine dieser Erklärungen wird richtig sein.« Der Grund, vermutete Allport, liege wahrscheinlich »darin, daß wir in Amerika für unsere sexuellen Komplexe den Neger als bevorzugtes Ziel haben.«[1] Gerüchte über die animalische Sexualität der Schwarzen waren zwar auch in Europa gängige Münze, und besonders die völkischen Rassegermanen mögen darin eine viel unheimlichere Bedrohung erblickt haben als in der berüchtigten Galanterie der Franzosen, aber wo die Zahl der Juden die der Schwarzen weit übersteigt, legt sich der Rassist die Verhältnisse anders zurecht als in den Vereinigten Staaten mit ihren Millionen von Nachfahren afrikanischer Sklaven.

In Mitteleuropa behalf man sich damit, eine rassische Verwandtschaft zwischen Juden und Afrikanern zu konstruieren. »Der Jude ist mit seinem stärkeren afrikanischen Einschlag in seiner Sinnlichkeit ungehemmter als der reiner nordische Mensch«, behauptete 1921 Otto Hauser.[2] »Der Unterschied zwischen dem jüdischen Volke und einem europäischen, das ihm sonst nach dem Hundertsatz von Dunkeln und Lichten gleich wäre, ist der, daß den Juden weit reiner negrische Negroide und weit reiner polarische Polaroide beigemischt sind.«[3] So ließ sich das Klischee vom schwarzen Mann und seiner sexuellen Wildheit auch auf das Feindbild vom jüdischen Triebtäter übertragen.

Die Tradition, Afrikaner und Juden gleichermaßen zu diskriminieren, ist alt. Einen gemeinsamen Platz am Katzentisch wies ihnen 1790 Christoph Meiners zu. Er schrieb, sowenig

> jemals Unterthanen mit ihren Regenten, Kinder mit Erwachsenen, Weiber mit Männern, Bediente mit ihren Herren, unfleissige und unwissende Menschen mit thätigen und Unterrichteten, erklärte Bösewichter mit schuldlosen, oder verdienstvollen Bürgern gleiche Rechte und Freyheiten erhalten werden; so wenig können Juden und Neger, so lange sie Juden und Neger sind, mit den Christen und Weissen, unter welchen sie wohnen, oder denen sie gehorchen, dieselbigen Vorrechte und Freyheiten verlangen.[4]

Kein vernünftiger Mensch würde heute noch etwas Ehrenrühriges in der Gleichsetzung mit einem Afrikaner oder Afroamerikaner erkennen, aber Meiners dürfte durchaus die Absicht verfolgt haben, die Juden herabzusetzen, als er »Juden und Neger« in einem Atemzug nannte und sie alle miteinander zu Befehlsempfängern im Joch christlicher Sklavenhalter degradiert sehen wollte. Nicht unüblich waren in Deutschland damals auch Vergleiche zwischen Juden und Orang-Utans.[5]

Mit der Sklavenbefreiung und der Judenemanzipation ging im neunzehnten Jahrhundert keine allgemeine Besserung der Manieren einher. Im Ton eines Wirtshauskrakeelers beschimpfte Karl Marx 1862 den Sozialdemokraten Ferdinand Lassalle. Dieser »jüdische Nigger«, so nannte ihn Marx, sei unzivilisiert, sexuell pervers und rassisch minderwertig:

> Dabei das wüste Fressen und die geile Brunst dieses »Idealisten«.
>
> Es ist mir jetzt völlig klar, daß er, wie auch seine Kopfbildung und sein Haarwuchs beweist, – von den Negern abstammt, die sich dem Zug des Moses aus Ägypten anschlossen (wenn nicht seine Mutter oder Großmutter von väterlicher Seite sich mit einem nigger kreuzten). Nun, diese Verbindung von Judentum und Germanentum mit der negerhaften Grundsubstanz müssen ein sonderbares Produkt hervorbringen. Die Zudringlichkeit des Burschen ist auch niggerhaft.[6]

Was sich hier wie ein Bewerbungsschreiben an das Institut für Erbbiologie und Rassenhygiene liest, ging der wissenschaftlichen und pseudowissenschaftlichen Erforschung jener »negerhaften Grundsubstanz« des Judentums um Jahrzehnte voraus. Eine Studie aus dem Jahr 1891 hob darauf ab, daß die Juden »eine Mischrasse« seien, »ein aus verschiedenartigen ethnischen Bestandtheilen bunt zusammengewürfeltes Volksthum darstellen, daß dieselben ein Konglomerat bilden, an welchem neben dem präponderirenden semitischen Element das indogermanische und wahrscheinlich auch das mongolische einen nicht unwesentlichen Antheil hat«.[7] Für den Nachweis des negroiden Einschlags blieb jedoch bis auf weiteres der Pöbel zuständig. Nachdem es bei einer Aufführung der »Walküre« an der Wiener Hofoper 1908 zu Krawallen gekommen war, berichtete ein antisemitisches Blatt: »Eine Anzahl krummnasiger Mahlerianer, die netten Dickschädel (Katzenköpfe) gar fein und lieblich mit schwarzer Negerwolle versehen (homo negroides), fand die Gelegenheit günstig, um sich in lärmenden Demonstrationen zu ergehen.«[8]

Bis 1917 hatte sich auch Artur Dinter sachkundig gemacht. »Nach neuesten Forschungen«, teilte er mit, »kommt Ostafrika als Urheimat der Juden in Frage. Der negerähnliche Typus mancher Juden ist unverkennbar.«[9] In dieser Frage herrschte Einigkeit im antisemitischen Schrifttum. »Ihre negroiden Rassenmerkmale: wolliges Haar, Nase, dunkle Haut- und Augenfarbe, Negergeruch, aufgeworfene Negerlippen, frühe Geschlechtsreife, starkes sinnliches Begehren – erinnern an sehr starke Beimischung von Negerblut«, heißt es in einem populären, 1920 erschienenen Machwerk.[10] Theodor Fritsch hatte in jenem »Negergeruch« noch einen anderen gewittert:

> Ich halte die Juden für ein Entartungs-Produkt der Rassenmischung. Unschwer sind unter ihnen die negroiden, die semitischen, hethitischen, phönikischen, chasarischen und andere Grundtypen heute noch zu unterscheiden. Sie bilden gleichsam den rasselosen Bodensatz alter untergegangener Kulturvölker. Daran ändert der Umstand nichts, daß im Laufe der Jahrtausende dieses rasselose Gemisch durch strenge Inzucht sich zu einem eigenen Typus erhärtete, der nun den Charakter einer neuen Rasse erlangte, einer Rasse der Rasselosen. Die Juden sind die typische Entartungs-Rasse, das entmenschte Menschentum.
> Sie sind hinsichtlich der sittlichen Fähigkeiten auf dem Nullpunkt angelangt, wo es ein weiteres Sinken nicht mehr gibt. Darum ist auch der jüdische Typus der einzige, der in dem Verfalls- und Verwesungs-

> Prozeß der Völker keinen Schaden leidet, weil er selbst schon die Verwesung in Permanenz darstellt.[11]

Wie eine Spukgestalt geht hier bereits der Geist Heinrich Himmlers um, der vollstrecken sollte, was Fritsch nur vorgeschwebt hatte. Jenseits der Front, sagte er 1941, stehe »ein Gemisch aus Rassen und Völkern, deren Namen schon unaussprechlich sind und deren Gestalt so ist, daß man sie bloß ohne Gnade und Barmherzigkeit zusammenschießen kann«.[12]

Klaus Theweleit hat die starren, nur im Angriff dynamisch vorstoßenden Menschenpanzerkeile des nationalsozialistischen Staats als Gegenbildungen zur gefürchteten, erregenden, aber auch tödlich gehaßten Entartung der unkontrollierbar durcheinanderwimmelnden Massen beschrieben: »Diese Blöcke (Heer, Polizei, SS, Verwaltungsbürokraten) hatten versucht, das Gegenteil des *Masse-Werdens* zu praktizieren: Abgrenzungen, Selektion, Liquidation.« Die Berührung der Körper von Juden »hatten sie nur gesucht, um diese auszulöschen. Das war die Lösung ihrer *Berührungsfurcht*. Sich mit ›dem Jüdischen‹ in einer Masse *zu einem einzigen Körper* zu verbinden, hätte für den Nazi bedeutet: sich aufzulösen.« Die Auflösung, die Entgrenzung, die Vermischung, das Zerfließen, die orgiastische Lust, die Menschen erleben können, wenn sie im biblischen Sinne ein Fleisch werden, versetzten die Nationalsozialisten, wie Theweleit ausführt, in Panik:

> *Jüdische Massen* waren in der Nazirede für alle großen Auflösungen des Jahrhunderts verantwortlich: für die Auflösung der »natürlichen Ordnungen« (= russische Revolution), für die Auflösung des Geldwerts (durch Inflationen und »Zinswucher«), für die Auflösung des Werts der Arbeit (durch die *Dolce Vita* aus Zinserträgen) und für die Auflösung des eigenen Körpers: durch blutvergiftende Sexualität mit anschließender Zersetzung: massenhafte Fäulnis als sicheres Ergebnis des Umgangs mit jüdischen Körpern, sei es Mann oder Frau.[13]

Nach dem Ersten Weltkrieg mehrten sich die Warnungen vor dem Zerfall des Kernbestands der »germanischen Rasse«. Von überallher strömten ausländische und artfremde Einflüsse herein, die ihn zu zersetzen drohten – aus Rußland, Galizien und Ungarn ebenso wie aus Amerika, Frankreich und Afrika. Ein Kulturkritiker, der 1920 in Österreich das

Abendland für immer untergehen sah, hat die Vorgeschichte der Katastrophe geschildert:

> In den Tingl-Tangl, Animierkneipen und Zuhältervierteln der europäischen und amerikanischen HafenStädte begannen sich Farbige breit zu machen; der Emanzipation der Neger auf amerikanischem Boden mußte Tribut entrichtet werden. So erhielten wir die mit spanischen und portugiesischen Elementen durchsetzten Niggertänze und Chansons mit ihrer außereuropäischen Rhythmik, deren Ursprung aus den laszivsten Quellen, vor allem aus der schmutzigsten Sexualität der westamerikanischen Küste feststeht. Wie die höchste Kunst über den nationalen Typus zum rein Menschlichen herauszuwachsen vermag, ergab sich hier ein neuer weltbürgerlicher Typus, der Gemeinsamkeit der niedrigsten Instinkte, der als schmutziger Kloakenboden, einmal entdeckt, zu einer Verbrüderung führte, die eine erschreckende Illustration zu den Schlagworten »Liberté, Egalité, Fraternité« geworden ist.[14]

Dieses Bekenntnis einer schönen Seele, die sich über den »Kloakenboden« der Völkervermischung erhaben fühlte, hat der Historiker Eckhard John mit dem Kommentar versehen: »Es sind die Ängste vor der Körperlichkeit und den sexuellen Energien des Jazz, die sich im Ausdruck ›Kulturbolschewismus‹ artikulieren und – zugleich dahinter verstecken können.«[15]

Als im gleichen Jahr ein Burschentagsbeschluß die »Heirat mit einem jüdischen oder farbigen Weib« untersagte, entbrannte in einem Verbindungsorgan eine heftige Diskussion über die Frage, ob es statthaft sei, deutsche Jüdinnen farbigen Frauen gleichzustellen. Ein Gegner dieser Auffassung verwies auf einen anderen Schauplatz der Rassenkonflikte: »Es ist wirklich so weit gekommen, daß die Burschenschaft weiße deutsche Frauen – sei es auch nichtdeutscher Abstammung – in einem Atem nennt mit den schwarzen und farbigen Horden, die im besetzten Gebiet unsere Frauen und Mädchen schänden und sich mit Stolz französische Armee nennen.«[16] Gemeint waren Frankreichs Kolonialsoldaten, deren Anwesenheit auf deutschem Boden zu dieser Zeit im Mittelpunkt einer wüsten Kampagne gegen die »Schwarze Schmach« stand.[17] Den machthungrigen, einen Volksaufstand erhoffenden Nationalsozialisten bot sich mit dem Einsatz afrikanischer Soldaten in Frankreichs Diensten die willkommene Gelegenheit, in der Propaganda zugleich franzosenfeindliche, antisemitische und rassistische Affekte aufzureizen. Der Nachweis, daß die Weisen von Zion auch in diesem Fall die Schuld trügen, mußte nicht eigens erbracht werden. Für Adolf Hitler lag alles klar auf der Hand: »Juden waren und sind es, die den Neger an den Rhein bringen, immer mit dem gleichen Hintergedanken und klaren Ziele, durch die zwangsläufig eintretende Bastardierung die ihnen verhaßte weiße Rasse zu zerstören, von ihrer kulturellen und politischen Höhe zu stürzen und selber zu ihren Herren aufzusteigen.«[18] Kulturell und politisch befanden sich die österreichischen und deutschen Repräsentanten der weißen Rasse in jenen Tagen zwar nicht völlig auf der Höhe, aber harte und schwer zu ertragende Fakten spielten in ihrem Geschichtsbild und in ihrem Selbstverständnis nur eine marginale Rolle; nicht anders als in der zeitgenössischen Rassenanthropologie, die selbstherrlich mit historischen Tatsachen umsprang und einen kritischen Leser 1924 zu dem Stoßseufzer veranlaßte: »Was sich Rasseforschung nennt, tritt mit der ganzen Zuchtlosigkeit einer Schundliteratur auf, die sich für Dichtung hält.«[19]

1925 unternahm der Rassenphysiologe Adolf Basler eine neue Grabung nach den Wurzeln des Judentums, mit dem Ergebnis, daß die Hakennase ein Erbstück aus Kleinasien sei:

> Mit der vorderasiatischen Rasse mischten sich die Semiten so reichlich, daß die Nachkommen des so entstandenen Mischvolkes, die Juden, mehr hettitische als semitische Eigenschaften besitzen. Von den Hettitern, die die ältesten geschichtlichen Vertreter der armenoiden Rasse darstellen, stammt die »Judennase«. Aber man bilde sich ja nicht ein, daß die Juden die reinen Nachkommen dieser Kreuzung sind, vielmehr rollt in ihren Adern auch noch das Blut der Amoriter und anderer nordischer Stämme, die gleichzeitig mit den Völkern der orientalischen Rasse, aber von Norden her eindrangen.[20]

Zur strengen Inzucht hatten sich die Juden, Theodor Fritsch zufolge, erst in den Jahrtausenden nach diesen ursprünglichen Kreuzungsvorgängen entschlossen, um sich nun, im zwanzigsten Jahrhundert, endlich massenhaft mit arischen Frauen zu paaren oder sie von Afrikanern vergewaltigen zu lassen. Die Gefahr schien aber auch von innen zu erwachsen, aus den tierischen Tiefen des eigenen Leibs: »Das Tier im Menschen kriecht heran. Afrika dunkelt in Europa herauf. Wir haben die Wächter zu sein an der Schwelle der Werte«, mahnte 1922 der konservative Revolutionär Arthur Moeller van den Bruck.[21] Die gleiche Sorge trieb Houston Stewart Chamberlain um:

> Die Aroinder nannten, als sie von Norden kommend in die Täler des Indus und des Ganges hinabstiegen, die dunkle Bevölkerung, die ihnen den Weg streitig machte, kurzweg *Affen*, nicht Menschen, und ihre Führer warnten vor der Vermischung mit ihnen, als einer verbrecherischen Blutschändung mit einem Tier. Taten sie Unrecht daran? und hat nicht der Verfolg der Geschichte jenen weisen Männern Recht gegeben, indem er gezeigt hat, was aus einem zuhöchst begabten, edelmütigen Menschenschlag wird, wenn die Sinne ihn nun doch betören, das Tierblut in sein Menschenblut einsickern zu lassen? Die Gedankengestalt Mensch, die der hellenischen Kunst eine himmelstürmende Steigerung ins Erhabene verdankt, erleidet eine entsprechende Herabwertung ins Bestialische, sobald wir den Neger ihr einverleiben.[22]

Am düstersten schien Afrika, vorläufig, mit Ernst Kreneks 1927 in Leipzig uraufgeführter Jazz-Oper »Jonny spielt auf« heraufzudunkeln. Sie erzählt eine Geschichte wechselnder Liebschaften in der Boheme. Im Zentrum des Geschehens steht der attraktive schwarze Violinist Jonny, der die Weißen mit seinem Geigenspiel zum Tanzen bringt. Krenek war damit ein Welterfolg geglückt, dem der Applaus völkischer Kreise jedoch versagt blieb.[23] Nach einer Aufführung der Oper in Dresden echauffierte sich Richard Wagners Sohn Siegfried: »Die Dresdner waren wohl selig! Jetzt wissen sie doch endlich, was deutsche Kunst ist! ›Sie werden auf meinem Grabe tanzen!‹ – war einer der letzten Aussprüche meines Vaters! Nein! Noch mehr: sie speien darauf u. verrichten ihre Notdurft! Und Parsifal und Siegfried und Tristan dürfen stolz sein, im selben Raume zu atmen mit Jonny!«[24] 1928 rief die NSDAP zu einer Protestkundgebung auf: Die Wiener Staatsoper sei durch die Aufführung jenes Werks »einer frechen jüdisch-negerischen Besudelung zum Opfer gefallen«.[25] Mit der Kritik an der Ahnentafel des Komponisten und der Hautfarbe seiner Hauptfigur verbanden sich scharfe Einwände gegen die künstlerische Qualität der Oper:

> Es ist einesteils musikalisches Kunstgewerbe, das sich hier in belanglosen Geschicklichkeiten atonaler Situationsuntermalung erschöpft, andererseits zynische Unterwerfung unter den Jazz. Dieser Zynismus der Selbstaufgabe der europäischen Kunst ist bisher ihr stärkstes Lebenselement geblieben, vergleichbar den fremden Giftstoffen, die einen dahinsiechenden schlaffen Körper zeitweilig noch aufreizen.[26]

Die Angst vor der Verseuchung durch unreine Stoffe erstreckte sich nun auch auf akustisch eingetrichtertes Gift. Was für die Judenfeinde im Mittelalter der mit tödlichen Substanzen versetzte Trank jüdischer Giftmischer gewesen war, das beargwöhnte man jetzt als kurzfristig süchtig machenden und langfristig mörderischen »Musikbolschewismus«.

»Das Symbol der neuen Kulturepoche ist der Nigger in Kreneks ›Jonny spielt auf‹, der den Weißen die Melodien zum Tanze fiedelt und auf der Bühne weiße Mädchen küßt«, schrieb 1929 ein Arier, dem sich das Geheimnis der Allianz zwischen Juden und Schwarzen offenbart hatte: »Recht pikant ist es, daß die Juden immer für die Nigger schwärmen. Jedenfalls ist diese Erscheinung in einer beiden Rassen gemeinsamen Abneigung gegen das Ariertum und die deutsche Kultur begründet.«[27] Die Empörung über Kreneks experimentelles Spiel mit musikalischen Figuren und sexuellen Tabus hallte lange nach. Noch am Vorabend des Zweiten Weltkriegs gedachte ein nationalsozialistischer Journalist schaudernd jenes Menetekels aus der überwundenen »Systemzeit«:

> Man täusche sich doch nicht über die Wirkung der Übernahme von Niggersongs und Niggertänzen, über die Wirkung europäischer Rumba-Begeisterung und der Nachäffung kreolischer Gesichtsmalerei und lackierter Zehennägel! Die »Gegenkolonisation« hat in manchen weißen Kreisen offenbar schon *geistige* Wirkungen.
>
> Stand Deutschland während der Systemzeit nicht auch schon unter dem Zeichen dieser »Gegenkolonisation« und damit der Verniggerung? Es sei hier lediglich an eins erinnert: an die begeisterte Aufnahme der kultur- und rasseschänderischen Oper des Tschechen *Krenek* »*Jonny spielt auf*«. In dieser Oper beglückt ein Neger eine weiße Dirne ...[28]

Ein anderer Nazi, der sowohl den »Geburtenschwund« als auch die »sittliche Entartung« bekämpfte, war der gleichen Meinung, vermochte sie aber nur in gebrochenem Deutsch zu formulieren:

> Von den ersten Anfängen des Jazzes (bei dessen Anblick man sich nur an gewisse Formen des induzierten Irreseins erinnert fühlen kann) über Tausende von Schlagerliedern, über zahllose Film= und Revuen (diesen Apotheosen des Unterleibs!), über ungezählte Bücher und Theaterstücke geschäftstüchtiger Juden hinweg bis zum Gipfelpunkt der Dreigroschen=Oper, erkennen wir eine mit erstaunlicher Folgerichtigkeit eingehaltene Linie bewußt angezettelter und fortentwickelter Entartung.[29]

Selbst 1943 produzierte die deutsche Kriegsindustrie noch Papier, das sich mit abfälligen Bemerkungen über Kreneks Oper und ihre Fernwirkung bedrucken ließ:

> In der Schlußszene der Jazzoper »Jonny spielt auf« von Ernst Krenek, dem Schwiegersohn des Juden Gustav Mahler, dreht sich auf der Bühne langsam ein fast den ganzen Bühnenraum ausfüllender Globus. Auf dem Globus steht der Neger Jonny und spielt mit seiner Geige. Unten um den Globus herum, also zu Füßen des Negers, tanzt die weiße Rasse Jazz. Der Schlußgesang heißt: »So spielt Jonny auf zum Tanz. Es kommt die neue Welt übers Meer gefahren mit Glanz und erbt das alte Europa durch den Tanz«.
>
> Diese Voraussage der Juden und Judengenossen hat sich restlos erfüllt.[30]

Die zu Füßen eines Negers tanzende weiße Rasse in der Oper eines Juden und dazu noch das gellende Jauchzen der Bräute: Unter Rassenpflege hatten sich auch schon die Deutschnationalen etwas anderes vorgestellt. 1930 erboste sich einer ihrer Abgeordneten im Preußischen Landtag über »den negroiden Zug unserer Zeit« und »die Niggerkultur, die über uns im Jazz hergefallen ist«. Man werde »über diese Zeit die Überschrift setzen können, die jüdisch-negroide Epoche der preußischen Kunst«.[31]

Nach der Machtergreifung mußten die Nationalsozialisten die »verderbte Negermusik«[32] von Amts wegen unterdrücken, obwohl sie, der reinen Lehre zufolge, »jedem nordischen Menschen physisches Unbehagen« bereitete.[33] Freie Bahn hatten dafür die Forscher, die dazu bereit waren, sich in immer wilderen Spekulationen über die »negerisch jüdische Erbmasse«[34] zu ergehen. 1933 konnte sich der Rassenpädagoge Karl Weinländer »des erschreckenden Gedankens nicht erwehren: Im Judentum lebt als Bestandteil desselben die Neandertalrasse fort«.[35] Angesichts der Blüten ihrer Phantasie faßte die Experten gelegentlich ein Grausen an. »Dieser zäh aneinanderklebende Rassebrei – geschichtliche Forschungen sprechen den Juden die semitische Reinrassigkeit ab – hat trotz seiner Verbreitung über die ganze Erde durch seine materialistische Religion und die gesetzliche Inzucht den engsten Zusammenhalt bewahrt«, konstatierte ein Fachmann,[36] der sich auf die gedankliche Vorarbeit eines anderen Nationalsozialisten stützen konnte: »Es waren vorderasiatische, hamitische, mediterrane und negrische Blutsströme, die sich in Palästina, dem buntscheckigsten geschichtlichen Bastardierungsherde aller Zeiten, einst gekreuzt und zu einem Chaos vermischt haben, dem dann das Judentum als biologische Quintessenz, als unförmiges Tier aus dem Schlamme entstieg.«[37]

Im Gruselkabinett der Rassenkunde zählten der Brei, die Ströme, das Chaos und das »Tier aus dem Schlamme« zu den Hauptattraktionen. Einer aufmerksamen Betrachtung wurde die jüdische »Mischrasse« 1934 auch von katholischer Seite unterzogen:

> Eine Mischrasse von so starker und durchdringender psychischer Einheitlichkeit und Formkraft, daß diese Rassenpsyche auch dem Leib ihren Stempel aufprägte, indem sie all die mannigfaltigen körperlichen Rassenmerkmale, die semitischen, chamitischen und jephetitischen, die aroiden, negriden, vorderasiatischen, tatarischen, mongoloiden Züge in einer ganz bestimmten Richtung, nämlich ins *Zynisch-Leidenschaftliche verzerrte*, so daß das geübte Auge den Juden fast immer schon an seinem äußeren rassischen Typus erkennt, der nicht deutlicher charakterisiert werden kann als durch den Hinweis darauf, daß *Mephistopheles* nicht anders als mit einem jüdischen Gesicht darstellbar ist.[38]

Als Angehöriger der alten Garde um Adolf Hitler nahm auch Gottfried Feder das Recht in Anspruch, etwas über »die negerischen Merkmale« der Juden zu äußern. »Auffällig bei den Juden ist der afrikanische Einschlag, der auf echte Neger und die sogenannte hamitische oder äthiopische Rasse zurückgeht«, teilte er mit und lenkte das Augenmerk seiner Leser auf den Haarschopf der Juden: »Die Negermerkmale bei den Juden betreffen am meisten das krause, wollige Haar, das oft zu einem wahren Pelz verfilzt ist, dabei aber gelegentlich auch blond sein kann, zumal in der Jugend, dann die dicken, aufgeworfenen Lippen.«[39]

Ausländische Debattenbeiträge wurden nur dann übersetzt und publiziert, wenn sie ins Raster der nationalsozialistischen Weltanschauung paßten. Genehm waren die Einlassungen des italienischen Philosophen Julius Evola:

> So ist die Freiheit erreicht, der Dollar und die Maschine triumphieren, der Jude lächelt, die Nivellierung ist allgemein und verfehlt nicht, sich auch auf die Geschlechter zu erstrecken. [...] In den großen Halls der amerikanischen Städte, wo sich Hunderte von Paaren wie epileptische, automatische Puppen zu den Niggersynkopen die Glieder verrenken, herrscht wahrhaft ein »Massenzustand«, erwacht wieder die urtümliche Psyche eines mechanisierten Kollektivwesens. [...] Indessen unterliegt Europa in tausend Formen und leichten Herzens immer mehr dem Einfluß Amerikas und deshalb jener Verkehrung von Werten und Idealen, die der amerikanischen »Kultur« eigentümlich ist; es fährt fort, die Fata Morgana jener mechanisch-produktiven Zivilisation anzustaunen, deren Ideal und zugleich absurde Reduktion Amerika darstellt.[40]

In einer Anmerkung hierzu wies Evola verächtlich darauf hin, »wie bezeichnend, typisch amerikanisch, die Schöpfung von Ketten tanzender Girls ist – ein weibliches Kollektivum mit absolut einförmigen Gebärden und Bewegungen, mit einer Nacktheit, die nichts mehr bedeutet, und einem entseelten, epileptisch-mechanischen Rhythmus«.[41] Absolut einförmige Gebärden und Bewegungen hätte Evola auch bei den Aufmärschen der italienischen Faschisten studieren können, wenn es ihm nicht verlockender erschienen wäre, amerikanischen Nackttänzerinnen den Marsch zu blasen.

Der Durchbruch zur rassenphysiologischen Analyse des Marschierens gelang 1936 Robert Ley: »Der Franzose marschiert anders als der Deutsche, der Italiener marschiert anders, ganz anders der Neger und der Jude. Sie werden sich nie einordnen, weil sie nicht den gleichen Blutsrhytmus haben wie der Deutsche.« Und der Badenweiler Marsch wäre ins Wasser gefallen, wenn die Nationalsozialisten nicht die Macht ergriffen hätten: »Ja, mein Freund, so wäre das Schicksal gewesen: Deutschland eine internationale Provinz der Juden, Knechtschaft und Vernichtung, Verfall, Statistierung, Vernegerung des deutschen Volkes, mit einem Worte Vernichtung all des Herrlichen und Hohen, all dessen, um das zweitausend Jahre Millionen Menschen gekämpft, geopfert und geblutet haben.«[42] In der Travestie eines Gebets ließ Adolf Hitler sich im gleichen Jahr dafür preisen, daß er dieses Schicksal abgewendet habe: »Wir danken dem Führer, / daß er uns von undeutschem Wesen, von Nigger- und Jazzkultur befreite und wieder deutscher Kultur den Weg bahnte.«[43]

Sonderbarerweise mußte ihr dieser Weg gewaltsam gebahnt werden, trotz ihrer natürlichen Überlegenheit über das undeutsche Wesen. »Was unserer Art aber am fernsten liegt«, schrieb ein Gutachter der Beziehung zwischen »Rasse und Humor«, »das ist das animalische Grinsen des Negers oder die schmatzende Lüsternheit des Vorderasiaten, dessen Brünstigkeit gelegentlich in ihr Gegenteil, in die Verzückung der Askese und die Wollust des Schmerzes umschlägt«.[44] Die »zügellose, schmatzende Geilheit«[45] lag den Angehörigen der nordischen Rasse fern und hatte dennoch viele von ihnen entarten lassen. Hans Severus Ziegler, Mitglied des Reichskultursenats und Generalintendant des Deutschen Nationaltheaters Weimar, erklärte diesen inneren Widerspruch der Ideologie 1938 mit Zauberei: »Noch deutlicher wird die Entartung nach dem Einbruch des brutalen Jazz-Rhythmus und Jazz-Klanges in die germanische Musikwelt. Der jüdische Professor Sekles, früher am Frankfurter Konservatorium, der eines Tages behauptete, daß der deutschen Musik eine Transfusion von etwas Negerblut nicht schaden könnte – von amtlicher Stelle aus das ausrief – ist nicht der einzige Herold des afrikanischen und amerikanischen Zaubers dieser Art geblieben.«[46]

Bei ihren Bemühungen, das negroide Element im Judentum zu bestimmen, trat die Rassenforschung unterdessen auf der Stelle. Selbst Kapazitäten wie der Eugeniker und Anthropologe Eugen Fischer hatten noch immer nichts Genaueres herausgefunden als das scheinbar Augenfällige: »Bei der Erörterung der ursprünglichen Rassenelemente des späteren jüdischen Volkes taucht immer auch die Frage nach einem negriden Einschlag auf. An seinem Vorhandensein unter den heutigen Juden ist nicht zu zweifeln; man sieht immer gelegentlich negrides Haar, Lippen, auch abgemildert negride Nasenflügel.«[47] Weniger beschwerlich als die Unterscheidung der einzelnen »Rassenelemente« gestaltete sich die Arbeit an Propagandawerken, die vor der Komplizenschaft von Juden und Schwarzen warnten. In einem Pamphlet mit dem Titel »Juda entdeckt Amerika« erschien 1938 ein Bericht über die Aufwiegelung US-amerikanischer Sklaven durch einen jüdischen Demagogen im neunzehnten Jahrhundert:

> Ein guter Redner, der bei den ihm zuhörenden Negern stürmischen Beifall auszulösen wußte, propagierte er eine »neue Lebensanschauung«, die unter den Schwarzen rasch Anklang fand. Frank Moses wußte, was die Schwarzen wollten, wonach sie lechzten. Die Freiheit der Neger mußte »praktisch umgesetzt« werden. Freiheit bedeutete für den Neger Befreiung von der Arbeit, Befreiung von allen sittlichen und moralischen Begriffen, von der gesellschaftlichen Schranke.
>
> »Möchtet Ihr gern bei Tisch sitzen mit Euren früheren weißen Herren«, fragte Moses die Neger verschmitzt. »Ja«, brüllten sie im Chor. »Möchtet Ihr ins Theater gehen, wie Damen Euch kleiden und neben den weißen Damen sitzen?«, fragte Moses wieder die Negerinnen. Wieder brüllten sie vor Begeisterung. »Und … möchtet Ihr Männer auch endlich einmal eine weiße Frau besitzen?« Wieder ein Sturm des Jubels unter den halb oder ganz betrunkenen Negern war die Antwort.
>
> »Schlagt Eure früheren Herren tot! Nehmt ihnen ihr Land weg! Ihr seid jetzt die Herren. Nehmt ihnen ihre Frauen weg, sie gehören jetzt Euch!«
>
> So und ähnlich hetzten Moses und seine Genossen die »befreiten« Neger auf. Um seine neue »Philosophie« zu bekräftigen, reiste Moses mit einer oder auch mehreren seiner Negermaitressen herum, tanzte öffentlich nur mit Negerinnen und hob, wo er immer nur konnte, die »Vorzüge« und »Richtigkeit« der Rassenvermischung hervor.
>
> »Das Blut der Schwarzen ist viel reiner und besser als das der Weißen«, schrie Moses jenen Negern entgegen, die von einem Beifallstaumel in den anderen fielen.

»Der Weiße kann sich vor der Vernichtung nur dann retten, wenn er sein Blut mit dem edlen, schweren, reinen Blut der Schwarzen vermischt«, predigte der Jude Moses.

Das Ergebnis solcher Reden war natürlich grauenhaft. In Massen wurden weiße Frauen von Negern vergewaltigt.[48]

Bei der Erfindung und Schilderung solcher Massenvergewaltigungen mußten sich die Vorkämpfer einer endgültigen »Weltentscheidung in der Judenfrage« keinen Zwang antun, und sie ergingen sich in sadistischen Sexualphantasien:

> Kaum war der Bürgerkrieg beendet, da stürzte sich unter jüdischer Führung ein Haufe von Agitatoren auf die Südstaaten, um die Negerstimmen zu gewinnen und so die Weißen des Südens völlig bedeutungslos zu machen. Kein Mittel war den Juden schlecht genug, um diesen Verrat an der »weißen Rasse«, der sie sich selbst doch zurechnen wollten, durchzuführen. Ihre Hetze gipfelte in der hemmungslosen Propagierung der Rassenvermischung, der zügellosen Freiheit, der Auflehnung und Mißachtung aller Gesetze. Die Auswirkungen waren fürchterlich. Weiße Frauen wurden massenweise überfallen, verschleppt, von ganzen Negertrupps vergewaltigt und besudelt. Sie wurden zum Freiwild und durften sich nirgends mehr unbeschützt oder unbewaffnet sehen lassen.[49]

Auch nach Adolf Hitlers fester Überzeugung hatte das Judentum in den USA »das Untermenschentum, vor allem die Neger, unter seine Organisationsgewalt« gebracht,[50] um mit Beihilfe dieser Bündnispartner die Geschlechtsmoral zu unterminieren, eben durch jene »Niggerei und jüdische Frivolität«, gegen die ein nationalsozialistischer Kritiker der Unterhaltungsmusik zornig aufbegehrte.[51]

Nach einem neuen Zugang zum Ursprung des Judentums suchte 1939 Gerhard Kittel:

> Es ist eine der größten Merkwürdigkeiten, ja man kann sagen: Paradoxien der in vielem merkwürdigen Geschichte des jüdischen Volkes, daß jenes radikale Mischehenverbot von Esra und Nehemia in Wirklichkeit nicht eine Abschließung, sondern das genaue Gegenteil eingeleitet hat: nämlich eine Rassenmischung nahezu einzigartigen Umfangs; eine Rassenmischung von einer Weite und Breite, wie sie in der altisraeliti-

schen Geschichte an keinem einzigen Punkt auch nur von ferne ihresgleichen hat.[52]

In der Hoffnung, seine Theorie damit zu untermauern, sinnierte Kittel über »eine zweite vorderasiatische Durchblutung in der Zeit der Diaspora«,[53] und er bezeichnete »hamitische Einschläge« im alten Ägypten als »eine eindeutige Einbruchstelle des Negerblutes in den Gesamtkörper des Judentums«.[54] Ins Ermessen der Fachleute stellte Kittel zudem die Erwägung, ins Judentum könnten durch Amoriter, Horiter und Philister »gewisse andersartige rassische Spritzer eingekreuzt« worden sein. Das ganze Ausmaß unzüchtiger Handlungen und eingekreuzter Spritzer konnte Kittel nur erahnen: »Alle diese Möglichkeiten ergeben im Höchstfall kleine Einschläge, die aber nicht jenes spezifische Rassengemisch, jenen Rassen-Mischmasch des heutigen Judentums erklären können, dessen Ursprung wir suchen und an dessen Anfang doch wohl eine andere Art von Promiskuität einer Vielzahl von Völkern und Rassen gestanden haben müßte.«[55]

Aus den Ahnungen der Forscher bildete sich ein Dogma der nationalsozialistischen Rassenideologie heraus: »In einer frühen vorchristlichen Zeit hat negerisches Blut zur Entstehung jenes Rassengemisches wirksam und nachhaltig beigetragen, das wir als Judentum bezeichnen.«[56] Und nun, im zwanzigsten Jahrhundert, ging es ums Ganze, denn Deutschlands Kriegsgegner trugen, wie es hieß, die »Züge der Verjudung und Verniggerung im Antlitz«.[57] 1941 beschrieb Alfred Rosenberg in einem Rundfunkvortrag die Kriegsziele des Deutschen Reichs: »Wir wollen und können es nicht mehr dulden, daß sich die schmierigen Finger der jüdischen Hochfinanz noch einmal in die völkischen Interessen Deutschlands oder anderer Völker Europas hineinmengen. Wir wollen es auch nicht mehr dulden, daß in deutschen Städten und Dörfern – anstatt deutscher Kinder – Juden- und Negerbastarde herumlaufen.«[58] Die Nationalsozialisten verhehlten nicht, mit welchen Methoden sie diese Ziele erreichen wollten. Zur Rechtfertigung ihres Handelns verwiesen sie auf die Beschaffenheit des jüdischen »Rassegemischs«, so wie der Gauleiter Josef Groh, der im September 1941 bei einer öffentlichen Ansprache bestritt, daß dem Juden an und für sich überhaupt ein Lebensrecht zustehe: »Er ist der Abschaum aus verschiedenen Urrassen. In ihm haben sich alle schlechten Eigenschaften jener Rassen vereinigt, mit denen sich seine Urahnen vermischten. Nichts von guten Eigenschaften ist mehr in ihm. Und so hat er denn nur Schlechtes in der Welt angerichtet. Dieses Volk auszurotten, wäre deshalb vor jedermann und zu jeder Zeit der Geschichte vertretbar.«[59]

Zweifel an der Lehre vom jüdischen »Abschaum aus verschiedenen Urrassen« zerstreute das Rassenpolitische Amt der Partei mit dem Hinweis auf erbbiologische Gesetze: »Da die Juden ein Rassengemisch darstellen, man muß schon sagen: ein rassisches Ragout, das asiatische, afrikanische und europäische Rassenmerkmale zu einem großen Mischmasch vereinigt, können in einzelnen Fällen die Gesichtszüge oder sonstige körperliche Merkmale ihrer äußeren Erscheinung nach weitgehend unjüdisch aussehen.«[60] Nach vertrackten Überlegungen dieser Art hatten zwei Spezialisten auch herausgefunden, daß die Arier es im Grunde gar nicht nötig hätten, neben oder unter sich ein »rassisches Ragout« als echte, eigenständige Rasse zu akzeptieren:

> Die Juden stellen ein Rassengemisch dar, das in seiner heutigen Zusammensetzung vielfach als »jüdische Rasse« bezeichnet wird. Rassische Abschließung durch Jahrhunderte hindurch, die zeit- und teilweise an Inzucht grenzte und in starkem Maße religiös bedingt war, hat aus vorderasiatischen und orientalischen Rasseelementen zusammen mit stark negroiden Einschlägen einen Menschentypus mit so ausgeprägten Merkmalen herausgebildet, daß das Judentum den Eindruck einer besonderen Rasse (»sekundären Rasse«) macht.[61]

Niemand konnte von den arischen Primaten verlangen, die Juden als primäre Menschenrasse anzuerkennen. Um so ärgerlicher stimmte Alfred Rosenberg die ungebrochene Beliebtheit der »Negermusik«, und daraus machte er bei einer »Weltanschaulichen Feierstunde« der NSDAP in Prag im Januar 1944 keinen Hehl:

> Wir waren bereit, jedes Volk – das amerikanische, französische oder englische Volk – sein ganzes Leben so leben zu lassen, wie es sich dieses einrichten wollte, aber wir hatten die Pflicht, den ganzen heutigen sich seit 1918 einfressenden *jüdisch-niggerischen Amerikanismus aus dem deutschen Leben auszuscheiden,* wobei wir mit etwas Scham gestehen müssen, daß dieses Ausmerzen noch nicht ganz vollzogen ist, da das

> jahrzehntelange Betrommeln der Deutschen mit dem Gejaule und Gekreisch amerikanischer Niggersongs und Jazzmusik solche Schäden hinterlassen hat, daß so mancher Musik und Jazz noch nicht zu unterscheiden vermag, ja das eine für das andere ausgibt.[62]

Je prekärer sich die militärische Lage gestaltete, desto greller malte die Propaganda das Feindbild vom Judentum aus, das jetzt gemeinsam mit »Niggern« herandräue, unter amerikanischer Flagge, um den Untergang des Abendlandes zu erzwingen. Im November 1944 äußerte sich im deutschen Rundfunk ein Wehrmachtsoffizier, von dem es hieß, daß er aus amerikanischer Kriegsgefangenschaft entflohen sei, über seine Behandlung durch die Amerikaner:

> Der geifernde Jude empfing mich mit drohender Pistole, führte mich später raus auf den Hof, nachdem ich diese Aussage verweigert hatte, wollte mich mit dem Gesicht zur Wand erschießen. Nachdem er von mir auch weiter keine Aussage bekommen hatte, wurde ich herausgeführt auf den Hof, wo bereits der Oberleutnant dabei war, die Kloake zu säubern, mit der Hand, ohne Bürste. Juden und Neger standen da rum, feixten darüber und drohten jeden Augenblick, uns zu erschießen.[63]

Die in Unschuld gewaschene Hand eines deutschen Oberleutnants in einer Toilette, die »Juden und Neger« verdreckt hatten: Das war noch nicht die schlimmste Erniedrigung. Anfang April 1945 rief ein Gauleiter die Bevölkerung zum Widerstand auf: »Wir sind gewillt und entschlossen, alle uns zur Verfügung stehenden Mittel und Möglichkeiten erbarmungslos einzusetzen, um unsere niedersächsische Erde, unsere Frauen und das höchste und wertvollste Gut, unsere Kinder, vor dem Zugriff der Anglo-Amerikaner und der ihnen folgenden Juden, Neger, Zuchthäusler und Gangster zu schützen.« Allen Männern drohe die Kastration und allen Frauen die Vergewaltigung: »Wir wurden schon im Jahre 1918 betrogen. Heute würden wir, gingen wir feige und ehrlos in die Knie, entmannt und vergewaltigt. Die Tatsachen in den unterjochten Westgebieten beweisen das. Alle Männer zwischen 14 und 65 Jahren wurden in Sammellagern zusammengefaßt und stehen unter Bewachung von Juden und Schwarzen. Unsere Frauen wurden in Negerbordelle verschleppt.«[64]

Als alles vorbei war, saß Alfred Rosenberg schmollend im Nürnberger Kriegsverbrechergefängnis und träumte vom Weltuntergang. Noch in den letzten Aufzeichnungen des nationalsozialistischen Chefideologen meldet sich die Furcht vor dem dunklen Kontinent der Sexualität und den apokalyptischen Folgen der Rassenmischung: »Vierzehn Millionen Neger und Mulatten, vier bis fünf Millionen Juden, davon zweieinhalb Millionen in New York, ferner Japaner im Westen usw. kann Amerika nicht ertragen, wenn es das Erbe der Pioniere erhalten will.«[65] Ratschläge in Fragen der Rassenhygiene erteilte er auch einem amerikanischen Psychiater: »Amerika hat ein doppeltes Problem zu meistern, denn es besitzt nicht nur eine intellektuelle jüdische Minderheit, sondern auch eine große Masse menschlicher Kraft in seinen Negern. Wenn diese beiden Minderheiten sich zusammenschließen, wird eine Revolution entstehen, was zur Folge haben kann, daß die nordische Gruppe vollkommen überwältigt wird.«[66]

Die Tatsache, daß sie von arischen Rassegenossen im westlichen Ausland als Feinde und Verbrecher betrachtet wurden, konnten sich die entmachteten Nationalsozialisten nur mit dem übermächtigen Einfluß der Juden erklären. So geschah es auch auf Gut Triangel, wo der alternde Dichter Will Vesper mit dem Schicksal haderte und Gemeinplätze aus dem »Handbuch der Judenfrage« deklamierte:

> Jüdische Frauen, die in ihrer Jugend sehr schön sind, wurden auf die geistige Elite Deutschlands angesetzt. Albert Einstein feierte die totale Rassenmischung, ein weltweites Panama. Schließlich hetzten die Juden Frankreich, England und Amerika, die selbst schon halb verjudet und mit Marokkanern und Negern durchsetzt sind, gegen Deutschland auf, Rußland war ihnen sicher, dort waren sie bereits an der Macht.[67]

Es sagt nichts über die Mehrheitsfähigkeit solcher Ansichten aus, doch es beweist ihr Überdauern in den Tabuzonen des öffentlichen Meinungsaustauschs, daß die rechtsradikale *National-Zeitung* 1977 den SPD-Politiker Egon Bahr in einer Karikatur mit einer klassischen »Judennase« versah und ihn zeigte, wie er einem namibischen Menschenfresser an dessen Kochtopf bei der Zubereitung von Weißen zur Hand ging.[68] Im antisemitischen Weltpanorama ist das Horrorszenario von der »Verjudung« unauflöslich mit dem der »Vernegerung« verbunden. Niemand fühlte sich sonderlich überrascht, als ein Reporter 1992 mitteilte, was er in der Wohnung eines niedersächsischen Rechtsextremisten gesehen habe, nämlich »eine Zeichnung, ›aus Südafrika‹, wie der Hausherr glaubt erläutern zu müssen: Zwei Männer mit Hakennasen im ›Stürmer‹-Stil, auf ihren Gewändern Dollar-Zeichen, Hammer und Sichel, werfen Weiße und Schwarze in einen Topf. Überschrift: ›The melting pot‹.«[69] Es wäre unmöglich, einen eingefleischten Antisemiten von der Annahme abzubringen, daß Juden und Schwarze unter einer Decke steckten und sich zu einem Krieg gegen die arische Rasse verschworen hätten.

Tatsächlich leben Juden und Afroamerikaner selbst im legendären Schmelztiegel New York seit Menschengedenken geradezu in Apartheid und haben sich ihr jeweils eigenes Feindbild voneinander geschaffen.[70] Am Valentinstag 1993 erschien das Magazin *New Yorker* mit einem Cover von Art Spiegelman. Es zeigt, in inniger Umarmung, einen frommen Juden und eine afroamerikanische Frau, die einander küssen, und das löste auf beiden Seiten Proteste aus. Der Jude, so lautete eine Kritik, habe laszive Lippen; eine andere besagte, daß er unangemessen verkniffene Lippen aufweise. Spiegelman hat dazu bemerkt, er könne keine Lippen zeichnen, die gleichzeitig lasziv und verkniffen aussähen; seine Mittel seien begrenzt. Von wieder anderer Seite wurde bemängelt, daß die Zeichnung zur Unterdrückung schwarzer Frauen durch weiße Männer beitrage: Spiegelman hätte besser einen Schwarzen und eine Jüdin zeichnen sollen. Darauf erwiderte Spiegelman, daß ihm dann vorgeworfen worden wäre, er prangere die Schwarzen als Vergewaltiger und Verführer weißer Frauen an.[71]

Ohne Verdächtigungen, Aufgeregtheit und Brusttöne der Entrüstung wird es auf Gebieten wie diesem wohl niemals zugehen. Vorbildlich gelassen hat Max Goldt 2001 in seinem Tagebuch eine flapsige Bemerkung der Fürstin Gloria von Thurn und Taxis kommentiert:

> In einer Talkshow sagte sie vor einigen Monaten, die weite Verbreitung von Aids in Afrika liege daran, daß die Afrikaner so gern schnackselten. Am nächsten Tag war in den Trash-Medien von einer »ungeheuerlichen Entgleisung« die Rede, für die sich die Fürstin entschuldigen müsse. Sie tat es nicht, und das war richtig. Bei wem hätte sie sich denn entschuldigen sollen? Etwa bei den Afrikanern? Mitternächtliche Interviewaussagen deutscher Adeliger sorgen in Afrika traditionell für so wenig Wirbel, daß man nicht falsch liegt, wenn man sagt, sie würden über-

> haupt nicht wahrgenommen. Afrikaexperten, seriöse zumindest, würden dies ohne viel Blättern in Nachschlagewerken bestätigen. Mit Zustimmung sparen würden die Experten hingegen, wenn man behauptet, Afrikaner würden überhaupt nicht gern schnackseln.[72]

Denn damit käme man der Wahrheit auch nicht näher als die Bewohner des rassenanthropologischen Forschungszweigs.

Das Schlußwort zu diesem Kapitel gebührt dem Dichter F. W. Bernstein, der sich in einer »Warnung an alle« ebenso gelassen über das Tier im Menschen geäußert hat, das herankriecht, seit Afrika im Abendland heraufzudunkeln scheint:

In mir erwacht das Tier.
Es ähnelt einem Stier.
Das ist ja gar nicht wahr,
in mir sind Tiere rar.

In mir ist's nicht geheuer,
da schläft ein Zuckerstreuer.
Und wenn *der* mal erwacht,
dann gute Nacht![73]

Die »Schwarze Schmach«

Ein besonderes Kapitel im Buch der deutschen Ehre

In der Vorweihnachtszeit des Jahres 1921 hielt Adolf Hitler eine Rede im Münchner Hofbräuhaus und streifte dabei ein Gebiet, das ihm als Feindesland vertraut erschien: »Der Jude kennt keine *Liebe,* er kennt *nur* den *Leib,* insbesondere auf dem Gebiete des Geschlechtslebens. Er *will* schänden, unsere deutsche Rasse völlig verderben; darum wirft er im Rheinland auch das deutsche Weib dem Neger hin.«[1] Aus Hitlers Sicht konnte kein Zweifel daran bestehen, daß es Juden waren, die den Einsatz farbiger Kolonialsoldaten in den Reihen der französischen Besatzungsmacht erwirkt hatten.[2] Ebensowenig zweifelte Hitler an den umlaufenden, von Sittlichkeitsvereinen ins Ungeheure aufgebauschten Berichten über »Negergreuel am Rhein« und die weiblichen Opfer »zügelloser schwarzer Sinnengier«.[3] Dafür fügte sich einfach alles zu gut in das Gemälde vom letzten Gefecht der kulturschöpferischen Edelrasse gegen ein diabolisches, von niedrigsten Gelüsten erfülltes Untermenschentum. Und es paßte ins Bild, daß die befürchtete »Mulattisierung«[4] der Deutschen im Rheinland zu beginnen schien, dem Hort deutscher Romantik und Innerlichkeit, aber auch einer stolzen, opulent bedichteten, von Schwertgeklirr und Wogenprall umbrausten Wehrhaftigkeit.[5] Das ohnehin brüchige Ehrgefühl deutscher Nationalisten zeigte sich hier am verletzlichsten.

Aus einem älteren, dem Grafen Bismarck gewidmeten und für das Genre der vaterländischen Dichtung typischen Gedicht sprach 1869 die am Rhein auch in Friedenszeiten rege Wachsamkeit: »Es schläft der Feind und wird bald fester schlafen, / Doch nicht die Tücke in den Tuilerien, / Die nach des Rheines stolzer Grenze lüstern.«[6] Die als unerhört empfundene Tatsache, daß Frankreich im bald darauf folgenden Deutsch-Französischen Krieg von 1870/71 Kolonialsoldaten an die Front schickte, rief auf deutscher Seite gereizte Reaktionen hervor.[7] Als Kanzler des Norddeutschen Bundes zieh Otto von Bismarck die französische Regierung des Verrats an der zivilisierten Menschheit: »Die von den Turkos und Arabern an den Verwundeten verübten Grausamkeiten und geschlechtlichen Bestialitäten sind ihnen selbst nach dem Grade ihrer Zivilisation weniger anzurechnen, als einer europäischen Regierung, welche diese afrikanischen Horden mit aller Kenntnis ihrer Gewohnheiten auf einen europäischen Kriegsschauplatz führte.«[8] Zur Kenntnis der bestialischen Gewohnheiten jener »afrikanischen Horden« war Bismarck nicht durch Augenschein, sondern durch Hörensagen gelangt, so wie die meisten Europäer seiner Zeit, die sich unter einem Afrikaner nur eine ungebärdige, viehisch unvernünftige, schamlos geile und nach Blut lechzende Bestie vorzustellen vermochten. Die von den Nationalsozialisten während der Rheinlandbesetzung nach Kräften geschürte Furcht vor uniformierten schwarzen Sexualverbrechern wurzelte in Erfahrungen, die bereits die Veteranen von 70/71 beim Anblick der Kolonialsoldaten gemacht zu haben glaubten. Manchem deutschen Kriegsteilnehmer reichte als Beweis für deren Bestialität eine flüchtige Musterung:

> Mit welchem Gefühle ich den Trupp *Turkos*[9] an mir vorüberziehen sah, den wenige preußische Infanteristen begleiteten, kann ich kaum beschreiben. Ich war nur des Ausrufs mächtig: »*Mein armes Vaterland, was wäre aus dir geworden, wenn diese Bestien in deine gesegneten Gefilde eingebrochen wären!*« Stumpfsinn und freche Gleichgiltigkeit, Angst und lauernde Hinterlist, Wildheit und kochender Ingrimm standen auf den dunklen Gesichtern dieser Söhne Afrikas ausgeprägt, die *das Kaiserreich als Pioniere der Zivilisation gegen uns entsendet.* Jedes Verbrechens und jeder Grausamkeit fähig wiesen sich ihre Physiognomien. Nur durch Mordlust, Raubgier und Plünderungssucht können diese wilden Horden zum Kampfe angestachelt werden. Frankreichs Schicksal und Napoleons Dynastie ist ihnen gleichgiltig, und nur als Räuber kommen sie aus Algiers Wüsten, ihrer Heimat, um in Deutschland Beute zu machen.[10]

Um archaische Ängste wachzurufen und im nationalen Seelenleben tiefe Spuren zu hinterlassen, brauchten die »Söhne Afrikas« nicht viel zu tun. Es genügte, daß sie ihren Kopf hinhielten:

> Ich blicke auf und sehe wenige Schritte entfernt an einen Baum gepreßt einen Turko. [...] Mit Abscheu sehe ich die nackten, dichtbehaarten Beine, an denen die Uniform in Fetzen herabhing, mit Ekel den kahlen, infolge eines Schusses ins Gehirn aufgedunsenen Schädel [...] und Grauen erfüllt mich bei dem Anblick des von wildem Grimm und tückischer Wut verzerrten Gesichts mit dem gemeinen Negertypus.[11]

Man bildete sich ein, allein schon der fremden Physiognomie ablesen zu können, daß die Kolonialsoldaten grimmiger, grausamer, bestialischer und primitiver seien als ihre europäischen Kameraden und Feinde. Nachrichten über die »wilden Horden« eilten von der Front in die Heimat und wurden vom stehenden Heer der Skandaljournalisten, einer damals noch recht jungen Truppengattung, eilfertig weiterverbreitet. Die Sittlichkeit der französischen Kolonialsoldaten, meldete 1871 der *Oldenburgische Volksbote*, sei »fürchterlich, nur die größte exemplarische Strenge kann einigermaßen Halt gebieten. Furchtbare Geschichten der scheußlichsten Verbrechen gegen die Sittlichkeit gehen von Mund zu Mund, welche der arabische Sand verdeckt«.[12]

Jedes Kind weiß, daß Geschichten, die als stille Post von Mund zu Mund gehen, unterwegs ihre Gestalt verändern. Und wenn sich die Sensationspresse in den Kommunikationsfluß einmischt, dann sicherlich nicht im Dienste der Wahrheitsfindung; um so weniger, wenn die Geschichten militärische Interessen berühren. Die Gerüchte über Greueltaten der Turkos kamen den Deutschen höchst gelegen. Hier bot sich die bis dahin einmalige Chance, das gesamte christliche Abendland, mit Ausnahme Frankreichs, von der Schäbigkeit des angestammten Erbfeinds zu überzeugen. Einer der ersten deutschen Historiker jenes Kriegs fällte das Urteil, der französische Kaiser Napoleon III. habe »sich zum Genossen eines Attila und Dschingis-Chan gemacht, indem er diese verwilderten, rohen, zum Theil unmenschlichen Gesellen als Vortruppen gegen das deutsche Volk loszulassen im Sinne führte«.[13] In einem »Heldengedicht« zum Ruhme der deutschen Soldaten beschuldigte der Schriftsteller Friedrich Theodor Vischer die Franzosen, daß sie Barbaren in den Kampf gegen die zivilisierte Welt entsandt hätten:

46. Doch besorglich war die Lage,
Denn von einem Menschenschlage
    Man daselbst bedroht sich sah,
    Welcher kommt aus Afrika,

47. Namens Turko's, braune Strölche
(Theilweis sogar schwarze), welche
    Mahomet ergeben blind,
    Noch ganz ungebildet sind.

48. Bonapart hat selbst geschrieben:
Sind sie überm Rheine drüben,
    Weh dem Mann und selbst dem Weib
    Und dem Kind im Mutterleib!

49. Kann in aufgeklärten Zeiten
Solche Rohheit sich verbreiten?
    So spricht man ja förmlich Hohn
    Der Zivilisation![14]

Vier Jahrzehnte danach, zu Beginn des Ersten Weltkriegs, erging ein Aufruf an die »Kulturwelt«, unterzeichnet von dreiundneunzig namhaften deutschen Professoren, Bibliothekaren, Schriftstellern und Künstlern – unter ihnen Richard Dehmel, Ernst Haeckel, Max Klinger, Max Liebermann, Eduard Meyer, Max Reinhardt und Wilhelm Röntgen –, die verkündeten: »Sich als Verteidiger europäischer Zivilisation zu gebärden, haben die am wenigsten das Recht die sich mit Russen und Serben verbünden und der Welt das schmachvolle Schauspiel bieten, Mongolen und Neger auf die weiße Rasse zu hetzen.«[15]

Einen erkennbaren Fortschritt hatte die Zivilisation der deutschen Kulturwelt in diesen vierzig Jahren nicht gemacht. Rudolf Borchardt schmähte die Kolonialsoldaten als »totes Menschengeschmeiß der Wildnisse«.[16] Thomas Mann ging noch etwas weiter, um keinen Zweifel an der Art seiner Gesittung aufkommen zu lassen: »Ich zeige Ihnen ein Bildchen. Ein Senegalneger, der deutsche Gefangene bewacht, ein Tier mit Lippen so dick wie Kissen, führt seine graue Pfote die Kehle entlang und gurgelt: ›Man sollte sie hinmachen. *Es sind Barbaren.*‹ Nun? Ich hoffe, mein Bildchen gefällt Ihnen?«[17] Auf das gleiche Niveau begab sich Richard Dehmel, als er 1917 einen »Hymnus barbarikus« anstimmte: »Afrikanischer Troß hat monate-, jahrelang / das zivilisierte Europa verunzuchten helfen, / der Nigger frohlockt.«[18]

Im Nahkampf gegen einen Feind, den Thomas Mann als gurgelndes Tier mit grauen Pfoten dargestellt hatte, brauchte sich niemand an das für Menschen geschaffene Kriegsrecht gebunden zu fühlen. In einem Feldpostbrief, der 1916 Eingang in einen propagandistischen Sammelband fand, hat ein Soldat frank und frei gestanden, welche Gesetze in den Schützengräben der Champagne galten:

> In trunkenem Zustande greifen die Schwarzen an, in wilder, übermenschlicher Wut, wie sie Betrunkenen eigen ist, dringen sie schließlich ein Stück in unseren vordersten Schützengraben, der, schwach besetzt, heldenmütig kämpft, aber doch zurück muß. Alles metzeln diese Wilden nieder, sogar Verwundete, Kampfunfähige würgen sie.
>
> Da kommt Ersatz. Mit Hurra geht's mit dem Bajonett vor,
> alles wird runtergesäbelt, »Pardon« diesen Bluthunden nicht gewährt.
> Der Graben ist wieder unser, tot liegen die Schwarzen am Boden,
> mit wilden, stieren Gesichtern haben sie ihr Ende gefunden. Der Tod
> der Unserigen ist gesühnt.[19]

Da sie kein »Pardon« zu erhoffen hatten, nimmt es nicht wunder, daß manche der Kolonialsoldaten sich noch im Sterben zu wehren versuchten. Ein an der Westfront stationierter Leutnant sah darin jedoch nur ein weiteres Zeichen ihrer Bestialität:

> In einem Maisfelde fanden wir mehrere hundert tote und verwundete Turkos. Gräßlich waren sie anzusehen mit ihren verzerrten schwarzen Gesichtern und ihren phantastischen Uniformen. Sie sind wohl alle umgekommen, die Verwundeten im Maisfelde. Unsere Krankenträger und Ärzte wagten sich in die bis drei Meter hohen Maiswälder nicht hinein. Denn selbst noch mit der Todeswunde in der Brust trachten

> die schwarzen Bestien dem Feind nach dem Leben. Mancher unserer Ärzte war schon dem tückischen Dolchstoß eines solchen Niggers zum Opfer gefallen.[20]

In den Haßgesang auf die schwarzen »Bluthunde« hatten sich bis dahin noch keine antisemitischen Töne gemischt. Das geschah erst anderthalb Jahre nach Kriegsende. Als die USPD-Abgeordnete Louise Zietz am 20. Mai 1920 im Namen ihrer Partei eine gegen die Kolonialtruppen gerichtete Interpellation abgelehnt hatte, meldete die konservative *Neue Preußische Zeitung* noch am selben Tag in der Abendausgabe: »Und das Wort von den ›vaterlandslosen Gesellen‹ besteht doch zu recht. Von Vertretern einer deutschen jüdisch angeführten Arbeiterpartei ist folgender Ruf erschallt: ›Lieber Senegalneger als Reichswehr!‹ und von französischen Behörden der Einmarsch fremder Truppen in deutsches Land gefordert worden.«[21] Zwei Tage nach diesem Fingerzeig auf die vaterlandslosen Judengesellen hatte auch die nationalsozialistische Presse den Bogen heraus:

> Frankreich behauptet, die schwarze Schande im besetzten Gebiet sei keine Schande, denn uns seien die »gelben« Truppen rasseverwandt. Die Absicht ist, uns jedes völkische Selbstgefühl auszutreiben. Und hier wieder erkennen wir die Hand derjenigen, die alle Rassen verderben wollen, um selbst über das Weltproletariat, die unterschiedslose Masse der verlumpten und verelendeten Arbeitstiere, zu herrschen.[22]

Der sexualantisemitischen Phantasiebildung eröffnete sich hier ein neues, grenzenloses Betätigungsfeld.

»Hatten während des Krieges sexuelle Übergriffe der Kolonialsoldaten in der deutschen Publizistik konstellationsbedingt nur eine marginale Rolle gespielt, wurden sie nun zu dem beherrschenden Thema, hinter dem die Kopfjagd und ähnliche Topoi fast vollständig verschwanden«, hat der Historiker Christian Koller bemerkt.[23] In Appellen »an die weißen Völker« äußerten sich tief eingewurzelte Überwältigungsängste: »Am Baum der Menschheit ragt ein weiß' Geäste, / Ein schwarz Gewürm wühlt ein sich seinem Saft, / zur Tat, ihr Völker! Wahrt dem Baum das Beste, / Daß nicht der Wurm zerstöre seine Kraft!«[24] Mitunter nahm die Vorstellung, die man sich von der Triebhaftigkeit der kolonialen Hilfstruppen machte, groteske Formen an: »In tiefster Seele peitscht unsern

Widerstand die maßlose geschlechtliche Wildheit dieser Neger auf, die von Vergewaltigung zu Vergewaltigung deutscher Frauen taumeln.«[25] Amtlicherseits bemühte man sich darum, die Erregung noch zu erhöhen, durch Gerüchte, wonach die Kolonialsoldaten mit Syphilis, Hautkrankheiten, Würmern, Schwindsucht, Malaria, Ruhr, Lepra, Typhus, Cholera, Tuberkulose und der Pest infiziert seien.[26] Das bayerische Hauptmünzamt ließ eine Medaille prägen, die auf der einen Seite einen zähnefletschenden schwarzen Soldaten und auf der anderen eine Blondine zeigt, die an einen riesigen, erigierten und behelmten Penis gefesselt ist,[27] und selbst in einer medizinischen Fachzeitschrift fielen Ausdrücke, die in einer kulturell höherstehenden Nation Verwunderung erregt hätten: »Sollen wir schweigend dulden, daß künftig an den Ufern des Rheins statt der hellen Lieder weißer, schöngesichtiger, gutgewachsener, geistig hochstehender, regsamer gesunder Deutscher, die krächzenden Laute grauscheckiger, niederstirniger, breitschnauziger, plumper, halbtierischer, syphilitischer Mulatten ertönen?«[28]

In diesem Stil verteidigte ein geistig hochstehender Deutscher sein Vaterland gegen die »schwarze Schmach«, doch es half nichts; die farbigen Truppen standen am Rhein, und die Deutschen mußten parieren. »Wo bleibt hier die Arbeit des Auswärtigen Amtes?« fragte sich im Januar 1921 ein entgeisterter Zeitungskommentator. »Schläft es? Oder hält es die Aufklärung des Auslandes über die Schwarzen und Braunen, welche nach wie vor unsere Frauen und Mädchen schänden und versuchen, für überflüssig?«[29] Man kann daraus entnehmen, daß die Empörung nicht allein durch erwiesene oder erwartete oder auch frei erfundene Sittlichkeitsdelikte hervorgerufen wurde, sondern bereits durch die Versuchung, die mit jedem Schwarzen an den Rheinufern einherging. Auf die einheimische weibliche Bevölkerung war kein Verlaß. Um die drohenden Gefahren abzuwenden, organisierte die Reichszentrale für Heimatdienst eine Kundgebung, die im Frühjahr 1921 in München stattfand. Eine Gastrednerin aus den Vereinigten Staaten rief die mehr als sechstausend Teilnehmer zur Lynchjustiz auf:

> Alle Frauen der Welt, alle Männer, die des Namens noch wert sind, helft! Weisse Frauen, weisse Mädchen, weisse Knaben sind täglich, stündlich in Gefahr! Und diese Gefahr wird bestehen, so lange ein

> Schwarzer berechtigt ist, Macht über Weisse auszuüben! Ganz besonders ergeht der Ruf an die deutschen Männer im besetzten Gebiet. Waffen hat man Euch zwar entzogen, aber ein Strick, ein Baum ist immer da! Greift nach den natürlichen Waffen, die unsere Männer im Süden benützen: lyncht! Hängt einen jeden Schwarzen auf, der sich an Eurer weissen Rasse vergreift! Dann laßt die Welt entscheiden, ob Ihr oder die Franzosen schuld habt! Und solltet Ihr dennoch als Märtyrer sterben müssen, dann sterbt wie deutsche Helden – Deutschland würdig![30]

Nach Auffassung der *Münchner Neuesten Nachrichten* war die Jagd auf Schwarze ein Gebot der waidmännischen Vernunft: »Die Schwarzen schneiden oder beißen ihrem Opfer nämlich die Schlagader auf und saugen dann das Blut aus. Es sind eben wilde Tiere.«[31]

So sahen es die deutschen Helden, in dem Glauben, vom oberen Ende einer Sprossenleiter der Evolution auf die Afrikaner hinabzuschauen:

> Dieser Neger nun, der in ungezählten Millionen Afrika und Teile der übrigen Welt bewohnt und im Allgemeinen noch auf einer der tieferen Sprossen der Leiter vom Tier zum Menschen steht, wird nach Europa gebracht, wird nicht nur im Lande des Weißen zu seiner Bekämpfung verwandt, sondern wird auch noch systematisch dazu abgerichtet, das zu begehren, was ihm früher unerreichbar war, die weiße Frau! Wird dazu angehalten und angetrieben, diese wehrlosen Frauen und Mädchen mit seinem tuberkulosen und syphilitischen Pesthauch zu begeifern, in seine stinkenden schwarzen Affenarme zu reißen und in der denkbar bestialischsten Weise zu mißbrauchen![32]

Die weiße Frau in der Umklammerung der »stinkenden schwarzen Affenarme« eines niederrassigen, halbtierischen Mannes: Bis zur Weißglut hat sich die eifersüchtige Phantasie der Antisemiten an diesem Bild erhitzt und es zur Steigerung des Wallungswertes mit der Hintergrundfigur des strippenziehenden Juden versehen. »Und wenn nun die ›hohe Politik‹ Frankreich zur Schwarzen Schmach zwingt, so wissen wir, wer letzten Endes seine teuflische Freude daran hat, das deutsche Volk in Schande zu stürzen, durch seine neuen Handlanger vergewaltigen zu lassen«, schrieb Alfred Rosenberg 1921. Das sei »die jüdische Schmach unserer Tage!«.[33]

In der Kampagne gegen die »Schwarze Schmach« ließ sich auch der alte Vorbehalt gegen die französische Frivolität erneuern. »All die Erbärmlichkeiten, die gegen Deutschland ausgesonnen und peinlichst gewissenhaft durchgeführt werden, passen würdig zu dem Weltruf, den Paris hinsichtlich Dirnentums, Geschlechtskrankheit, Prostitution, körperlicher und seelischer Verseuchung geniesst und auf den stolz zu sein Frankreich kaum nötig hat«, schrieb der Autor eines Buchs »der Anklage gegen die Schandherrschaft des französischen Militarismus«.[34] Hans Grimm, ein Rädelsführer der Blut-und-Boden-Literatur, gerierte sich in seiner Kritik an Frankreich gar als Anwalt der Humanität: »Auf seine farbigen Untertanen hielt es nach den französischen offiziellen Berichten Menschenjagden ab, daß es Rekruten gewänne. Abertausende kamen um, viele Tausende stehen heute auf europäischem und deutschem Boden als lebendige Zeugen der Schande und befriedigen bei weißen Frauen in den auf Befehl der französischen Regierung angelegten Hurenhäusern ihre Triebe.«[35] Und es waren keineswegs nur fanatische Nationalisten, die in der Anwesenheit schwarzer Besatzungssoldaten am Rhein und in deren Bordellvisiten etwas Ehrverletzendes erblickten. Feierlich protestierte der sozialdemokratische Reichspräsident Friedrich Ebert am 13. Februar 1923 gegen Frankreichs Hochverrat am Abendland:

> Wir geben auch hier der lebhaften Entrüstung der Bevölkerung über die mit zynischer Rücksichtslosigkeit durchgeführte Einrichtung der französischen Bordelle Ausdruck und können es nicht verstehen, wie die Kulturwelt schweigen kann zu diesem uns aufgezwungenen Schmutz; wie sie schweigen kann zu den vielen Sittlichkeitsverbrechen, der Verseuchung der Bevölkerung durch Geschlechtskrankheiten und anderes mehr. Daß die Verwendung farbiger Truppen niederster Kultur als Aufseher über eine Bevölkerung von der hohen geistigen und wirtschaftlichen Bedeutung der Rheinländer eine herausfordernde Verletzung der Gesetze europäischer Zivilisation ist, sei auch hier erneut anklagend in die Welt hinausgerufen.[36]

Rudolf Steiner wiederum vermutete, daß die »schreckliche Kulturbrutalität der Verpflanzung der schwarzen Menschen nach Europa« schon bald »in noch schlimmerer Weise auf Frankreich selbst« zurückfallen werde: »Auf das Blut, auf die Rasse wirkt das unglaublich stark zurück. Das wird wesentlich die französische Dekadenz fördern.«[37]

Den Anspruch der Rheinländer auf eine hohe geistige Bedeutung bekräftigte 1925 der niederrheinische Lyriker Heinrich Lersch: »Laßt die Wacht am Rhein erschallen, / Unseres Zornes Stoßgebet, / Händefalten wird zum Krallen, / Wenn's um Gurkhagurgeln geht.«[38] Der Einfall, das Erdrosseln eines Menschen als Gebet zu würdigen, zeichnet den Poeten Lersch als jemanden aus, der nicht zu Unrecht unter die Aufsicht bewaffneter Soldaten einer anderen Kulturstufe gestellt worden war. Von einem anderen deutschen Dichter stammen die Verse: »Die schwarzen Teufelstaten alle Welt verhöhnen, / wenn ihrer Tiereslust sie grausam frönen, / und deutsche Frau'n verzweifelt schrei'n und stöhnen!«[39] Der Dramatiker Richard Elsner bot in einem Theaterstück wollüstige, wulstlippige, von welschen Henkern ausgesandte Negerhorden auf, die deutsche Jungfrauen entehrten,[40] und der Schriftsteller Arnolt Bronnen legte einer weiblichen Dramenfigur die Worte in den Mund: »Hier meine Brust, von Marokkanern zerstochen, und so sind tausend Brüste in diesem Land, und tausend Jungfrauen, die beschmutzt werden, und tausend Kinder werden verdorben, das Elend wächst, das Grauen wächst, die Greuel überschwemmen uns«.[41]

Doch nicht alle Rheinländer sahen sich in der günstigen Lage, diesem Grauen theatralische Effekte abzugewinnen und in abgründigen Gedanken an tausend zerstochene Brüste zu schwelgen. Was im Rheinland umging, war tatsächlich die von Hetzrednern geschürte Angst vor dem schwarzen Mann. In ihrer Autobiographie hat die 1918 geborene Melita Maschmann einen Schatten davon festgehalten: »Damals war das Rheinland von den Franzosen besetzt. In einem Eisenbahnzug trafen wir die ersten farbigen Soldaten. Ihr Anblick überfiel mich mit Grauen. Wir flohen in ein leeres Abteil. Ich weiß nicht mehr, was meine Mutter sagte, um uns zu beruhigen, aber es ist mir ein Schauder in der Erinnerung geblieben, als hätte sich alles Elend Deutschlands in diesen schwarzhäutigen Männern verkörpert.«[42] Persönliche Erfahrungen mit ihnen waren nicht erforderlich gewesen, um dieses wohlerzogene deutsche Mädchen angesichts farbiger Soldaten in Panik zu versetzen.

Auf der sicheren Seite, fernab vom Rheinland, residierte der abgedankte Kaiser Wilhelm II. in seinem niederländischen Exil, wo er unermüdlich über die Juden, die Franzosen und den Rest der Menschheit lästerte. Es sei offensichtlich, schrieb er 1925, »daß die *angelsächsischen und europäischen weißen Rassen* mit einer schweren Gefahr bedroht werden, und zwar durch die Moskauer Juden, die über die gelben und schwarzen Rassen gebieten, denen von einem Verräter des eigenen Kontinents Unterstützung gewährt wird, der *negrid-afrikanischen Nation der Franzosen*!«.[43] Am Kampf gegen die »Schwarzenschmach«[44] beteiligte sich auch das Oberhaupt der Hohenzollern, das in diesem Punkt mit dem Führer der nationalsozialistischen Bewegung vollkommen übereinstimmte. Hitler machte, so oft es nur ging, die Juden für alles verantwortlich:

> Denn die Verpestung durch Negerblut am Rhein im Herzen Europas entspricht ebensosehr der sadistisch-perversen Rachsucht dieses chauvinistischen Erbfeindes unseres Volkes wie der eisig kalten Überlegung des Juden, auf diesem Wege die Bastardierung des europäischen Kontinents im Mittelpunkt zu beginnen und der weißen Rasse durch die Infizierung mit niederem Menschentum die Grundlagen zu einer selbstherrlichen Existenz zu entziehen.
>
> *Was Frankreich, angespornt durch eigene Rachsucht, planmäßig geführt durch den Juden, heute in Europa betreibt, ist eine Sünde wider den Bestand der weißen Menschheit und wird auf dieses Volk dereinst alle Rachegeister eines Geschlechts hetzen, das in der Rassenschande die Erbsünde der Menschheit erkannt hat.*[45]

Das alles wirkte lange fort und ging in die Folklore ländlicher und urbaner Legenden aus den Jahren der »Franzosenherrschaft« ein, mit energischer Nachhilfe engagierter Verleger. In einem zornigen Rückblick entsann sich ein Einwohner der Stadt Koblenz 1929, »als ob es gestern gewesen wäre, wie pechschwarze Neger mit widerlich wulstigen Lippen und den teuflisch funkelnden Glutaugen in den krausköpfigen Schädeln durch unsere Straßen watschelten«.[46] Nicht minder grimmig erinnerte man sich in Mainz der Besatzungszeit und des Treibens jener »halbwilden Sklaven der Franzosen«:

> Die Folge der Hausse des Franken war, daß der Übermut der französischen Soldaten und der Kolonialtruppen, hauptsächlich der Marokkaner,

ins Ungemessene stieg. Die Bordelle verzeichneten Hochkonjunktur. Eine wachsende Unsicherheit des Verkehrs, insbesondere bei Nacht, griff um sich. Überall umlauerten die deutschen Männer, insbesondere Frauen und Mädchen, tausend Gefahren, belästigt, angefallen, beraubt, vergewaltigt oder gar ermordet zu werden.[47]

Es wäre unmöglich, den Wahrheitsanteil zu bemessen, der sich in solchen Berichten verbirgt. Die Kernaussagen anderer Zeitzeugnisse zerfallen bei der Lektüre wie von selbst zu nichts und entlarven ihre Verfasser als vorurteilsbeladene Traumtänzer. Einer von ihnen entledigte sich 1930 seiner Erinnerungen an die Gefangenschaft bei den Franzosen:

Unter dem Stahlhelm sah ein häßliches schwarzes Gesicht mich feindselig an. Mich schauderte und ich zerdrückte mit den Fingern die letzte flackernde Flamme meines niedergebrannten Lichtes, daß ich die Fratze nicht mehr sah. Was stand in diesen fremden Augen anderes als der ungehemmte Widerstreit von Haß und Furcht? Was träumte um die wülstigen Lippen anderes als tierisches Begehren? Oder tat ich dem »Menschenbruder« aus Afrika unrecht? Wurde das stolze Frankreich ihm eher gerecht, wenn es ihn ins deutsche Rheinland schicken würde, die Besiegten zu bewachen. Dort würde seine Raubtierbrunst bei Dirnen und Jazzmusik die Klüfte überspringen, die der Schöpfer zwischen seiner Negerliebe und deutscher Liebesweise zog, und die ewig lächelnden Menschheitsphantasten würden ihm auf die Schulter klopfen: »So ist's recht! Du bist doch auch ein Mensch, nicht wahr?«[48]

Wie es damals um die Sitten der Deutschen bestellt war, die sich gegen den Einbruch der Kulturbrutalität zur Wehr setzten, geht aus einem zeitgenössischen Werk des SA-Manns Hans Zöberlein hervor. Er hat darin seiner im Krieg ausgefochtenen Grabenkämpfe gedacht: »Nur kein Mitleid, so grausam das ist! Es ist ja nur Kanonenfutter der Grande Nation, schwarzes Negervieh.« Um dessen Leben sei es nicht schade gewesen: »Und ich knalle mit der Pistole in zuckende Gestalten, und als mein Magazin leer ist, schlage ich einem Schwarzen die Faust mit der Pistole in das bleckende Affengebiß.«[49] Es sollte nicht mehr lange dauern, bis die wahren Repräsentanten der deutschen Kulturwelt mit ihren Widersachern abermals in dieser Weise verfuhren.

1932 erschien Edwin Erich Dwingers Roman »Wir rufen Deutschland«, in dem der Erzähler einen Kreis atemlos staunender Spätheimkehrer von der politischen Entwicklung seit 1918 unterrichtet:

»[...] Die ganze Welt ergoß sich über Deutschland, Amerikaner und Neuseeländer, Australier und Engländer, Portugiesen und Franzosen. Am bittersten war, daß die Franzosen überall Schwarze stationierten, Marokkaner und Senegalneger, Indochinesen und Turkos –«

»Wie?« ruft der Kandidat. »Schwarze ...?« Sein gutes Priestergesicht sieht aus, als begriffe er die Welt nicht mehr.

»Es hatte unter seinen sechs Millionen Soldaten nicht genug Weiße!« sagt Merkel höhnisch.

»Und niemand auf der Welt hat protestiert? Gegen diese Schande am weißen Menschen?« ruft Schulenburg.

»Doch ... Es reisten Professoren herum, es bildeten sich neutrale Kommissionen, aber es nützte keinen Deut! Täglich vergewaltigten diese Halbtiere unsere Frauen – England blieb taub gegen unsere Schreie, das rassenstolze Amerika stumm, Frankreich aber triumphierte! Was konnte man von einem Lande auch erwarten, dessen oberster Minister sich wegen der schwarzen Schmach äußerte: Er verstehe die deutsche Erregung darüber gar nicht, denn der letzte Senegalneger stehe turmhoch über dem Universitätsprofessor aus München oder Berlin!«[50]

Wer die Werke des arisierten akademischen Lehrkörpers gelesen hat, wird dazu geneigt sein, dem Minister beizupflichten. »Wie schmachvoll die Rheinlande auf Antrieb des Hebräischen Bundes 1922/23 absichtlich mit Negerblut und Syphilis durchsetzt wurden, ist bekannt. 15 000 negroide Mischlingskinder sind die Folgen dieses Mordanschlages auf den Fortbestand der deutschen Rasse«, behauptete 1933 Karl Weinländer[51] als alter Freund der Rheinländer, dem diese Freundschaft so teuer war, daß er sie hoch über die Wahrheitsliebe stellte. Die fünfstellige Zahl der Kinder hatte Weinländer furchtlos aus der Luft gegriffen und das Volk der Deutschen zur Rasse ernannt, ohne eine kritische Gegenrede in der zensierten Fachliteratur befürchten zu müssen. Alle vernunftbegabten Skeptiker waren geflohen, verstummt oder in den Heldenkellern der SA zum Schweigen gebracht worden.

Jetzt hatten, auch an den Universitäten, die Nazis das Wort. Sie erschufen eine Diktatur, die – nach einer Bemerkung von Karl Kraus – alles beherrschte »außer der Sprache«.[52] Ein Generalleutnant a.D. ergriff die Gelegenheit, in einer Hochschulvorlesung den unaufhaltsamen rassischen Niedergang Frankreichs zu konstatieren: »Seine Verniggerung ist etwas Endgültiges. Um sich vor dem weißen Nachbar [*sic*] zu retten, rief man den farbigen herbei. Im Kriege, um die Front zu halten. Heute als Stammhalter.«[53] Die Deutschen, so hieß es nun allenthalben, müßten auch ihre jüngste Geschichte »als Rassenschicksal« begreifen:

> Der Weltkrieg, als Vernichtungsfeldzug der weißen Völker gegen das nordrassische Vorvolk unternommen, hat sich als der größte Rassenverrat der Weltgeschichte herausgestellt. Er hat bei den Farbigen den Nimbus des weißen Mannes zerstört, diese gegen ihn bewaffnet, sie mündig gesprochen und ihre »Zivilisation« vollendet. Seit Jahrzehnten arbeiten europäischer Seuchenschutz und europäische Technik an der Hebung ihrer Zahl und ihres Wohlstandes und bieten ihnen europäische Filme und Rundfunkübertragungen dieselbe geistige Kost wie den alten Herrenvölkern und lösen damit alte Ordnungen und wecken Instinkte der Begehrlichkeit und des Hasses und eines verwirrten Selbstbewußtseins.[54]

Von Seuchenschutzmaßnahmen zugunsten farbiger Völkerscharen hielten die neuen Regenten des deutschen Herrenvolks nichts. Für die Sklavenheere, die sie sich in aller Welt gefügig machen wollten, standen auch ohne den Export europäischer Arzneimittel Abermillionen potentieller Zwangsarbeiter bereit, und im Inland sannen die Nationalsozialisten darauf, die körperliche Gesundheit der »Rheinlandbastarde« zu beeinträchtigen. 1934 sprach sich ein Mitarbeiter der Zeitschrift *Volk und Rasse* für die Zwangssterilisierung jener Kinder aus: »Die rassische Zerkreuzung durch das vorderasiatisch-orientalische Judentum ist bereits weit genug gediehen. Es ist nicht notwendig, die rassische Entartung auch noch durch Negerbastarde weiterzutreiben!«[55]

Bei aller vorwärtsdrängenden Dynamik und der abenteuerlichen, nach den Sternen greifenden Zukunftsplanung des Regimes blieb nebenher doch immer noch genügend Zeit für Brauchtumspflege, Ahnenkult und Geschichtsklitterung. Ergebene Historiker und Dichter verklärten die erhebenden Wendepunkte der deutschen Vergangenheit, von der Schlacht im Teutoburger Wald über die Siege in den Befreiungskriegen bis zum Tag von Potsdam, und wiesen die Schuld an jedem nationalen Debakel den Juden zu, vom Zerfall des Heiligen Römischen Reichs Deutscher Nation bis zu den Versailler Verträgen und von dort aus weiter zur Rheinlandbesetzung, die einen prominenten Platz im nationalen Gefühlshaushalt einnahm.

»Auch hier waren französisch-jüdische Generäle die satanischen Haupttriebkräfte für eine Deutschland so erniedrigende und entehrende Besatzungsmethode«, hieß es 1936 in einer Propagandafibel.[56] Im gleichen Jahr verwies ein Stratege der Wehrmacht darauf, »daß im Zeichen dieser Kollektivpakte des Völkerbundes französische Neger-Divisionen in Kriegsstärke und erhöhter Bereitschaft in den Kasematten der neuen Befestigungswerke gegenüber der entmilitarisierten Zone die Wacht am Rhein halten«.[57] Divisionen von Negern, die auf französischer Seite Wacht am Rhein hielten, dem strömenden Lebenssymbol deutscher Ehre, Stärke, Treue, Einkehr und Weinseligkeit: Etwas Zugkräftigeres hätte sich auch Joseph Goebbels nicht ausdenken können, um die Bevölkerung zu mobilisieren. 1940, im Jahr des Frankreichfeldzugs, gemahnte eine Wandzeitung friedliebende oder einfach nur vergeßliche deutsche Passanten an die erlittene Schmach: »Wir erinnern uns ferner, daß im Namen dieser Zivilisation einmal wehrlose deutsche Frauen an Rhein und Ruhr von französischen Negern geschändet und deutsche Arbeiter von ihnen wie Hunde niedergeknallt worden sind …«[58] Zu den aufrüttelnden Fabeln über Vergangenes gesellte sich die Warnung vor künftigem Unheil, das bei nachlassendem Wehrwillen hereinzubrechen drohe. Die *N.S.-Frauenwarte* zitierte einen verwundeten deutschen Flieger 1941 mit den Worten: »In Frankreich sah ich Horden von scheußlichen Negern mit schwulstigen Lippen, voll tierischer Kraft. – Ehe eine dieser Bestien auf ein deutsches Mädchen, sei es auch keines der besten, losgelassen wird, setze ich hundertmal mein Leben ein.«[59]

Abermals ging nun die Angst um. Der Historiker Gustav Paul erschauerte noch nachträglich bei dem Gedanken an die brenzligsten Momente des Ersten Weltkriegs und all das, »was geschehen wäre, wenn den Franzosen der Durchbruch an der Westfront gelungen und diese in ihren tiefsten und rohesten Instinkten aufgewühlten Wilden in Deutschland eingedrungen wären«.[60] Jetzt schien es ihnen zu gelingen. Friedrich Mennecke, ein SS-Hauptsturmführer, der bei Selektionen in Konzentrationslagern und psychiatrischen Anstalten nicht weniger als zweieinhalbtausend Menschen in den Tod schickte, schrieb am 26. Juni 1943 an sein »liebstes Mausimuttili«, als könne er es nicht fassen: »Im 7 h-Nachrichtendienst hat es geheißen, daß die Anglo-Amerikaner *Neger* als Flugzeugbesatzungen einsetzen! Diese feige Dekadenz!! Nicht einmal selbst mit eigenem Bluteinsatz wagen es diese Dreckjuden, unsere Kulturstätten zu zerstören u. unsere Frauen u. Kinder zu Morden!! Es ist ein Graus!!«[61]

Man weiß, welche Kulturstätten die SS erbaut hat. Die Sorge, daß sie von schwarzen Bomberpiloten im Auftrag der Juden zerstört werden könnten, ließ auch den Arbeitsfrontleiter Robert Ley nicht ruhen. Bei diesem Thema kam er rasch in Fahrt, und er gab freimütig zu, daß er sich im Innersten seit vielen Jahren wie ein geprügelter Hund fühle: »Hat es nicht an uns gefressen und uns zutiefst gedemütigt, daß Marrokaner am Rhein standen und englische Offiziere uns in den Städten der Besatzung von den Bürgersteigen herunterprügelten?«[62] Über diese Schmach hatten den Nationalsozialisten alle Fackelumzüge, Lichterdome, Militärparaden, Blitzsiege, Kolossalbauten und imperialen Triumphgesten nicht hinweggeholfen. Dem Schicksal, diesmal nicht nur willkürlich vom Bürgersteig heruntergeprügelt, sondern nach einem ordentlichen Gerichtsverfahren vom Leben zum Tode befördert zu werden, hat Robert Ley sich 1945, wie so manche seiner Volksgenossen, durch Selbstmord entzogen.[63]

»In der Nacht haben die Marokkaner fürchterlich gehaust, hunderte von Vergewaltigungen verübt, bis in Professorenfamilien«, vermerkte der deutschnationale Historiker Johannes Haller in Heidelberg am 20. April 1945 in seinem Tagebuch und fand unwirsche Worte für den rapiden Sittenverfall: »Das Volk benimmt sich nicht einwandfrei. Zum Einzug der Franzosen lief alles auf die Straße, um zu gaffen, auch habe ich zweimal beobachtet, daß Mädchen mit feindlichen Soldaten, einmal mit einem affenartig häßlichen Marokkaner, kokettierten«.[64] Gerüchte über Massenvergewaltigungen erreichten auch das Gut Triangel, zur Bestürzung des Patriarchen Will Vesper: »2000 deutsche Mädel und Frauen wurden in die Tunnel der Stadt Stuttgart getrieben und eine Woche lang den Marokkanern ausgeliefert, die sie vergewaltigten, woraufhin hunderte Selbstmord begingen oder irrsinnig wurden.«[65] Der Historiker Christian Koller ist der Sache auf den Grund gegangen:

> Bei den Beratungen über die »Fair Labour Employment Practices Act« im amerikanischen Parlament behauptete der segregationistische Senator James O. Eastland, bei der Landung in der Normandie und den anschliessenden Operationen hätten sich »a good many Negro soldiers« Vergewaltigungen zuschulden kommen lassen und in Stuttgart, das zunächst von französischen Einheiten besetzt worden war, seien 5000 Frauen und Mädchen in einem U-Bahn-Schacht zusammengetrieben und von westafrikanischen Soldaten vergewaltigt worden. Einen Monat später – von französischer Seite war inzwischen darauf hingewiesen worden, dass in Stuttgart nie Westafrikaner stationiert gewesen waren und es dort auch keine U-Bahn gebe – trat Karl Weber, der Polizeichef der nunmehr von den Amerikanern besetzten Stadt Stuttgart, mit einem Bericht an die Öffentlichkeit, in welchem den weitgehend aus Marokko stammenden französischen Besatzungseinheiten 1198 Vergewaltigungen und vier Morde zur Last gelegt wurden.[66]

Wie aus einer anderen Welt scheint die Stimme eines Pfarrers aus Lörrach-Stetten zu kommen, der seinem Erzbischof im September 1945 in einem Stimmungsbericht Auskunft über das Verhalten der Marokkaner erteilte: »Viele, vielleicht die meisten waren anständig, gutmütig und darum nicht ungern gesehen.«[67]

Das klingt nun wieder gar zu schön, um wahr zu sein, wenn es auch stimmen mag, daß die Besatzungssoldaten nicht von jedermann so ungern gesehen wurden wie von den entmachteten Nationalsozialisten. »Wer vor dem Sieger sich auf die Erde warf, der stand in hohen Ehren; Niggerhuren strahlten die Würde aus, die der Umgang mit siegreichen Soldaten verleiht, und offenkundig bedauerten es einige Politiker, dem Sieger nicht die gleichen Dienste leisten zu können wie solche zur Selbstaufopferung bereiten edelpazifistischen Völkerversöhnerinnen«, höhnte 1952 ein Rechtsextremist,[68] dessen Aufregung selbst Kommunisten verständlich erschien. Am 2. Oktober jenes Jahres legte eine Abgeordnete der KPD im Bundestag Beschwerde ein: »Deutsche Frauen und Mädchen sind leider billige Vergnügungsobjekte für amerikanische Offiziere und Soldaten geworden.«[69] In diesem Fall hat die Theorie des französischen Kulturhistorikers Louis Sébastien Mercier, daß die Extreme einander berührten, eine frappante Bestätigung gefunden.

Pensionierte Wehrmachtsoffiziere, halsstarrige alte Parteigenossen und allerlei Mitläufer, die in der Nachkriegszeit gewundene Plädoyers in eigener Sache verfaßten, waren darauf bedacht, Kriegsverbrechen der Alliierten zu dramatisieren und die eigenen zu vertuschen. Aus einem 1953 veröffentlichten Werk dieser Kategorie erfuhr die Leserschaft, daß die nach Frankreich einmarschierten deutschen Soldaten dem Feind moralisch turmhoch überlegen gewesen seien; das habe sich spätestens bei Kriegsende gezeigt: »Farbige Truppen stürzen sich auf die weiße Frau als ersehnte Beute. In kurzen sechs Wochen werden im kleinen Mittel- und Südbaden mehr Frauen vergewaltigt als in ganz Frankreich während vier Jahren deutscher Besatzung.«[70] Dieser Statistik zufolge wäre also auch den Frauen unter den 75 000 französischen Todesopfern der Shoah[71] bis zur Ermordung kaum ein Leid geschehen, und darauf war der Autor stolz.

1955 berichtete der Journalist Benno Wundshammer unter der Kapitelüberschrift »Die goldene Pest« von einem Jazz-Konzert schwarzer Musiker, das im Vorjahr stattgefunden und eine »schwül-sinnliche Atmosphäre« im Saale begünstigt habe: »Da gab es Neger, die sahen aus, als wären ihre Anzüge in eine glänzende Schokoladenmasse getaucht worden; andere bevorzugten ein kremfarbenes Bananengelb oder ein intensives Veilchenviolett. Allen gemeinsam aber war der katzenartige Gang, mit dem sie zwischen den Tischen behende hin und her schlenderten, wenn sie auf der Jagd nach weißen Frauen unruhig das Lokal durchstreiften.« Und zwar nicht ohne Erfolg: »Die Frauen waren ihre Beute, eine allzu leichte Beute.« Wundshammer fragte sich: »Ist dies eine Szene aus Afrika oder aus den Südstaaten der USA? Ein Bericht aus dem Wilden Westen oder aus der Hauptstadt einer Negerrepublik? Nein. Die Bar, die Neger und die Mädchen befinden sich auf deutschem Boden. Genauer beschrieben: in der Pfalz. Ganz genau gesagt: in Kaiserslautern.«[72] Und dann wandte sich Wundshammer dem »Heer jener Existenzen« zu, die sich in der Pfalz »ein leichtes Leben auf Kosten anderer versprachen: die leichten Mädchen, die Schwarzhändler, die Agenten und Konjunkturritter« beziehungsweise, anders ausgedrückt, die »spekulierenden Vergnügungsmanager« – mit einem Wort, das Wundshammer sich verkneifen mußte: die Juden,[73] die sich wieder angesiedelt hätten, um die Sitten zu verderben und von der Rassenmischung zu profitieren:

> Über die einst so stillen und bescheidenen Dörfer und Städtchen der Pfalz ging ein wahrer Goldregen herunter. Die Männer, die hier zehn, zwölf, ja auch vierzehn Stunden am Tag arbeiteten, suchten Entspannung, Zerstreuung und Amüsements. Sie überschwemmten die Gastwirtschaften, die sich im Nu in Kasinos und Bars verwandelten. Sie belagerten die Kinos, die binnen weniger Wochen zu Filmpalästen mit Varieté-Betrieb ausgebaut wurden. Nicht nur die Arbeiter wollten sich amüsieren, auch die weißen und schwarzen Soldaten [...] Die Folgen des Gold-Fiebers zeigten sich bald. [...] Pirmasens, das fleißige Schuhmacher-Städtchen hatte 1954 den höchsten Prozentsatz an unehelichen Geburten im Bundesgebiet. Von 25 unehelichen Kindern, die im April 1954 in Pirmasens zur Welt kamen, hatten 20 einen amerikanischen Vater verschiedener Couleur. [...] Und ähnlich war es in anderen Orten der Pfalz. Die Moral sank, die Kriminalität stieg.[74]

Den Tiefstand der Moral hatte Wundshammer zwanzig Jahre nach der Verabschiedung der Nürnberger »Blutschutzgesetze« der Anzahl unehelicher Kinder von Eltern unterschiedlicher Hautfarbe abgelesen.

Weiteren Stoff zur Entrüstung bescherte 1955 ein österreichischer Schriftsteller seinen Lesern: Hans Habe, ein Sohn des jüdischen Zeitungsverlegers Imre Békessy, ließ in einem »Roman der Besatzung Deutschlands« in dem Kapitel »Ein Neger nimmt Inge mit« eine Prostituierte über ihr Gewerbe plaudern – »ehe wir besetzt waren, war es ein ganz ordentlicher Beruf«, erzählt sie der Anfängerin Inge und verschafft ihr Aufklärung über die perversen Gelüste amerikanischer Freier: Diese verlangten »Dinge von dir, von denen du noch keine Ahnung hast, Kleine, und es kommt dir dabei hoch«.[75] In Illustriertenromanen und in vielerlei privat betriebenen Gerüchteküchen war den Berichten über sexuelle Exzeßtaten farbiger Soldaten und ihrer Helfershelfer noch ein langes

Nachleben beschieden.[76] 1982 bilanzierte ein Lokalhistoriker, was nach der Kapitulation in der württembergischen Gemeinde Gärtringen vorgefallen sei:

> Der Kampf war längst sinnlos geworden, als die deutsche Widerstandskraft im April 1945 zusammenbrach und nun die französische Armee den südwestdeutschen Raum überflutete. [...] Die Franzosen oder, genauer gesagt, die Marokkaner plünderten und nahmen alles, was ihnen unter die Hände kam ... acht Tage lang. Die Schubladen wurden erbrochen, Geld und Uhren geraubt. Sogar die Schreibmaschinen des Rathauses verschwanden. Waffen, Ferngläser und Kleidungsstücke mußten abgeliefert werden. Aber noch Ärgeres kam ... an die Frauen und Mädchen des Dorfes ... Vergewaltigung und Schändung.[77]

War es so? »Zu den vielfältigen realen Übergriffen und Verbrechen, die das Kriegsende mit sich brachte, werden erfundene Geschichten weitererzählt, die den Charakter des Feindes dokumentieren helfen«, hat der mythenkundige Forscher Utz Jeggle mit Blick auf dieses Zitat aus der Studie eines beflissenen Heimatforschers angemerkt. »Eine Erzählform, die wir Volkskundler ›Sagen‹ nennen, lebt in solchen Zeiten plötzlich wieder auf, und zwar in einer sehr archaischen Form.«[78]

In den No-go-Areas der neuen Bundesländer können sich Menschen mit normwidriger Hautfarbe oder Augenlidform bis heute nicht unbefangen auf Brautschau begeben. Aber die Tatsache, daß im einundzwanzigsten Jahrhundert der eingebürgerte Schwarzafrikaner Gerald Asamoah in der DFB-Auswahl gespielt hat, berechtigt das deutsche Volk vielleicht doch zu der Hoffnung, eines Tages von der Völkergemeinschaft rehabilitiert zu werden.

»Estherpolitik«

Die schöne Jüdin und ihre Lustmörder

»La belle juive«, »die schöne Jüdin« – was in diesen Worten mitschwingt, hat Jean-Paul Sartre in seinen »Betrachtungen zur Judenfrage« auf den Begriff gebracht:

> In den Worten »eine schöne Jüdin« liegt eine ganz besondere sexuelle Bedeutung, ganz anders als in den Worten »schöne Rumänin«, »schöne Griechin«, »schöne Amerikanerin«. Es geht von ihnen ein Hauch von Massaker und Vergewaltigung aus. Die schöne Jüdin ist die, welche die Kosaken an den Haaren durch ihr brennendes Dorf schleifen. Die Literatur, die sich in Schilderungen von Auspeitschungen spezialisiert, räumt der Jüdin einen Ehrenplatz ein. Aber man muß nicht die pornographische Literatur durchstöbern; von der Rebekka aus »Ivanhoe« bis zur Jüdin von »Gilles« [...] haben die Jüdinnen in den ernstesten Romanen eine sehr eindeutige Funktion. Häufig vergewaltigt und grausam geschlagen, gelingt es ihnen manchmal, durch den Tod mit knapper Not der Schande zu entgehen, und jene, die ihre Tugend behalten, sind die fügsamen Mägde oder die gedemütigten Liebenden gleichgültiger Christen, die Arierinnen heiraten.[1]

Doch ein Judenfeind, der eine schöne Jüdin begehrt, hat ein Problem. Wenn er es nicht auf dem Wege eines Sexualverbrechens aus der Welt schaffen kann, müssen ihm lustmörderische Phantasien genügen. Das Anstandsgebot, sie nur im stillen auszukosten, einsam und verschämt, verträgt sich wiederum schlecht mit ihrem aggressiven Inhalt und dem Mitteilungsbedürfnis einer haßerfüllten Seele. Davon legt die Pamphletistik eines endlosen Pilgerzugs judenfeindlicher Autoren Zeugnis ab:

Sie tragen ihr Herz auf der Zunge und den Dolch nicht im Gewande, sondern offen in der Hand. Welche Blößen sie sich geben, wenn sie reden, ist ihnen gleichgültig oder unbewußt. Und nicht einmal der Geist der Biedermeierzeit hat ihnen beim öffentlichen Phantasieren etwas Strengeres als gewisse Reimzwänge auferlegt. 1846 bereicherte ein deutscher Poet eine »Chronik der gebildeten Welt« um die Moritat vom Mord an einer Jüdin, deren Schönheit nacheinander ein verliebter König, die betrogene Königin, ein entrüsteter Bischof und ein eifersüchtiger Page beseufzen. Die Königin dingt den Pagen als Meuchelmörder, und er schreitet, mit Segen und Absolution des Bischofs, zur Tat:

> Und Morgens schleicht er in das Zimmer.
> Sie schlief von Kuß und Liebe müd',
> doch in des Morgens Sonnenschimmer,
> gleich einer Rose, neu erblüht:
> Wie war die Jüdin schön zu sehn!
> Er küßt sie auf die nackten Brüste,
> sie lächelt träumend, wie zu Scherz,
> dann stößt er schnell, wo er sie küßte,
> das scharfe Messer in ihr Herz –
> Da war die Jüdin schön zu sehn![2]

Die laszive Erotik der schönen Jüdin, ihre angedeutete Nymphomanie, die Wollust des heimlichen Verehrers und sein aus Habgier und Eifersucht verübter Auftragsmord hätten die Elemente einer Tragödie bilden können, aber was der Verfasser daraus fabriziert hatte, war ein in Verse gesetzter Hintertreppenroman, zum Amüsement einer gebildeten Leserschaft, die sich sowohl an den nackten Brüsten jener Jüdin als auch an ihrer fälligen Ermordung ergötzen wollte. Im höhnischen letzten Vers klingt an, daß sich die Schönheit der Jüdin erst im Tod erfüllt habe: Von einer Jüdin, die noch schön, aber schon tot ist, gehen keine erotischen und politischen Gefahren mehr aus; jetzt kann ihre eben noch so beängstigend zaubermächtige Schönheit dem Gespött preisgegeben werden. Eine ähnliche Geschichte hat der spanische Dichter Lope de Vega 1616 in seiner dramatischen Legendenbearbeitung »Die Jüdin von Toledo« erzählt. Darin unterwirft sich der König von Kastilien, seiner Sinne beraubt, einer schönen Jüdin:

> Du meine Herrin, meine Königin,
> Du meine Göttin, durch dich lebe ich,
> Du bist mein alles, du erfüllst mich ganz,
> Mehr bist du als ich selber, denn ich herrsche
> Nur in Kastilien und du in mir.[3]

Am Ende wird sie im Interesse der Staatsraison umgebracht und bekennt sich sterbend zum christlichen Glauben, während der König reumütig zu seiner Gemahlin und seinen sieben Jahre lang vernachlässigten Amtsgeschäften zurückkehrt.

Die dem Leib der Jüdin von Toledo entflohenen Dämonen sollten in der westeuropäischen Literatur der Neuzeit immer wieder weibliche Gestalt annehmen. So geht beispielsweise in Grimmelshausens Roman »Das wunderbarliche Vogelnest« von 1672 eine den Erzähler hypnotisierende Jüdin um. Ihre schwarzbraunen Augen, schwärmt er,

> strahleten dermassen mit Liebreitzenden Blicken / daß sie genugsam gewesen wåren / die gantze Welt mit Liebes=Flammen zu entzůnden [...] Ich stund gantz entzuckt / oder in Warheit besser zu sagen / gantz vernarrt da / und konte mich an dieser ůbermåssigen Schônheit weder satt sehen / noch mich genugsam darůber verwundern! nichts Jůdisches konte ich an ihr abnehmen / als etwas gar wenigs an ihrer wolformirten Nase / welches ihr aber in meinen Augen mehr vor eine treffliche Zierd taugte / als daß es vor die *Signatur* einer Jůdischen *Physiognomie* gehalten hätte werden sollen [...]

Der Erzähler befürchtet, daß die Jüdin über sein Lebensglück hinaus auch sein Seelenheil gefährde und er selbst »gantz unvermerckt im abscheulichsten Schlamm der aller=grausamsten Laster in der Hôllen Abgrund versincken« werde, wenn er der Liebe zu ihr nicht gewaltsam entsage.[4] Im Eros der schönen Jüdin sind Liebesfeuer und Höllenschwefel miteinander verschwistert. Die überirdisch anmutende Schönheit erscheint als Blendwerk des Teufels, und wer der Verlockung erliegt, dem gebührt die Strafe ewiger Verdammnis: So lautete die immer wiederkehrende Moral von der Geschichte der schönen Jüdin, die einen willenlosen Christen zum Werkzeug ihrer Lust und ihrer Herrschsucht bestimmt. Dennoch geht aus Grimmelshausens Nacherzählung dieser Fabel seine Judenfeindschaft nicht eindeutig hervor. Der Verweis auf die höllische Lasterhaftigkeit der Jüdin könnte auch eine Konzession an die christliche Sexualmoral gewesen sein, der Preis für das unerhörte Wagnis, als Christ den betörenden Liebreiz einer Jüdin zu rühmen und zugleich das Tabu anzutasten, das über der jüdisch-christlichen Geschlechtsgemeinschaft lag.

Spätere Variationen des Motivs erwecken gelegentlich den Verdacht, daß die schöne, aber infernalisch durchtriebene Jüdin nur eingeführt worden sei, um die Romanhandlung mit erotischen und spukhaften Effekten zu garnieren, wie es der Erwartung eines sensationsbedürftigen Lesepublikums entsprochen haben mag. 1819 feierte Walter Scott in seinem Roman »Ivanhoe« die Schönheit der Jüdin Rebecca in der erhabenen Tonlage des Hohenliedes: »Der Glanz ihrer Augen, der schöne Bogen ihrer Brauen, ihre wohlgebildete Adlernase, ihre Zähne, so weiß wie Perlen, ihre üppigen schwarzen Locken, die spiralförmig auf ihren lieblichen Hals und Busen niederfielen«, bildeten »ein so liebenswürdiges Ganzes, welches der größten Schönheit der sie umgebenden Mädchen nichts nachgab«. Im weiteren Handlungsverlauf sieht Rebecca sich jedoch dem Verdacht ausgesetzt, daß sie keine wahre Tochter Israels, sondern in allem, Schönheit und Jugend ausgenommen, eine wahre Hexe von Endor sei, in deren Busen eine Legion böser Geister hause, und ein Christ, der sie bedrängt, sagt ihr ins Gesicht, daß er für ihre Vergewaltigung beim nächsten Präceptorium seines Ordens umstandslos absolviert werde.[5]

Walter Scotts deutscher Bewunderer Wilhelm Hauff blieb ernsthafter beim Thema; er mühte sich redlich, die alte Furcht vor den Schlingen und Schlichen der schönen Jüdin zu evozieren. In seiner Novelle »Jud Süß« (1827) ringt ein heillos verliebter Christ mit seinen wechselnden Gefühlen:

> Es gab Augenblicke, wo er seine Thorheit, mit der schönen Jüdin auch nur ein Wort gewechselt zu haben, verwünschte, wo er entschlossen war, den Garten zu verlassen, sie nie wieder zu sehen, seinem Vater Alles zu sagen, ehe es zu spät wäre; aber wenn er sich dann das schöne

Oval ihres Hauptes, die reinen, unschuldigen und doch so interessanten Züge und jenes Auge dachte, das so gerne und mit so unnennbarem Ausdruck auf seinen eigenen Zügen ruhte, da war es, ich weiß nicht ob Eitelkeit, Thorheit, Liebe oder gar der Einfluß jenes wunderbaren Zaubers, der sich, aus Rahels Tagen, unter den Töchtern Israels erhalten haben soll – es zog ihn ein unwiderstehliches Etwas nach jener Seite hin, wo ihn, seit die Dämmerung des ersten Märzabends finsterer geworden war, die schöne Lea erwartete.[6]

Nachdem sie Könige ins Straucheln gebracht hatten, übten die Töchter Israels ihren Liebeszauber nunmehr auch des öfteren auf brave Bürgersleute aus. In der schöngeistigen Literatur des neunzehnten Jahrhunderts erschien die schöne Jüdin, wie der Literaturwissenschaftler Florian Krobb es ausgedrückt hat, »als Verlockung, als nicht greifbare, irrlichternde, verheißende Gegenfigur zu dem in bürgerlicher Beschränktheit verhafteten Mann«.[7] 1835 ließ der radikalliberale Schriftsteller Karl Ferdinand Gutzkow seine christliche Romanheldin »Wally, die Zweiflerin«, in ihr Tagebuch die Gedanken eintragen, die er sich selbst über den sinnlichen Liebesschmelz der Jüdin gemacht hatte:

Für christliche Männer, welche widerspänstig gegen den Katechismus sind, muß die Liebe einer Jüdin von besonderm Reize sein. Sie nehmen hier weder Bigottismus, noch eine Zerrissenheit, wie die meinige, in den Kauf, sondern weiden sich an der reinen, ungetrübten, natürlichen Weiblichkeit, an einem sinnlichen Schmelz der Liebe, welcher die der Christinnen bei Weitem übertreffen soll. Bei einer Jüdin reduzirt sich Alles einseitig auf ihre Liebe, Rücksichten tauchen nirgends auf: ihre Liebe ist ganz pflanzenartiger Natur, orientalisch, wie eingeschlossen in das Treibhaus eines Harems, der Alles erlaubt, jedes Spiel, jede weibliche (aber wollüstig-ergreifende) Gedankenlosigkeit, Alles, Alles: darum schwillt Delphine von Liebe.[8]

Dieses rare Lob der »reinen, ungetrübten, natürlichen Weiblichkeit« jüdischer Frauen steht quer zur Tradition ihrer Verteufelung. Ungewöhnlicherweise wird hier sogar die verpönte Wollust freundlich in das Bild der liebenden Jüdin integriert, ohne jeden Anflug hämischer Entlarvung einer Todsünde. Es ist kaum verwunderlich, daß weite Kreise den Roman als skandalös empfanden. Er sei »von Frechheit und Immoralität schwarz aufgeschwollen« und »voll kränklicher, raffinirter, ausgedüftelter Wollust«, entrüstete sich der als »Franzosenfresser« in die Literaturgeschichte eingegangene Kritiker Wolfgang Menzel. »Schlimm genug, wenn ein Schmutzroman, wie diese Wally, nur in die Hände weniger Mädchen kommt.«[9] Aber auch in Gutzkows freizügigem erotischem Wachtraum bleibt die schöne Jüdin ins Klischee der triebverfallenen orientalischen Tempeltänzerin gebannt, das schon Generationen von Christen erhitzt haben dürfte.

Ungezählte Dramatiker rangen in den folgenden Jahrzehnten mit dem schlüpfrigen Stoff. Der österreichische Dichter Franz Grillparzer versuchte es mit einer neuen, hexenkünstlerisch naturbegabten »Jüdin von Toledo«, die den König von Kastilien erobert und Verderben über sein gesamtes Reich zu bringen droht. Als er sich schließlich von ihr lossagt und sie verstoßen will, widerstrebt ihm jedoch die Vorstellung, die Geliebte den Juden zu überlassen. »Die Weiber dieses Stamms«, sagt sich der König,

> Sind leidlich, gut sogar. – Allein die Männer
> Mit schmutz'ger Hand und engem Wuchersinn,
> Ein solcher soll das Mädchen nicht berühren.
> Am Ende hat sie Bessern angehört. –

Erst als sie einem von der Königin angestifteten Mord zum Opfer gefallen ist, erlischt die Zaubergewalt, und der König erkennt das wahre Gesicht der Jüdin: »Ein böser Zug um Wange, Kinn und Mund, / Ein lauernd Etwas in dem Feuerblick / Vergiftete, entstellte ihre Schönheit.«[10]

Finstere Mächte mußten solchen Jüdinnen ihre Schönheit verliehen haben, mitsamt dem Makel der höllischen Herkunft. Als allerfinsterste der Mächte, die sich schöner Jüdinnen bedienten, identifizierte der zu seinen Lebzeiten hochberühmte deutsche Abenteuerschriftsteller Herrmann Goedsche das Judentum selbst. Im ersten der acht Bände des Riesenromans »Biarritz«, die Goedsche von 1868 bis 1876 unter dem Pseudonym Sir John Retcliffe veröffentlichte, erwägen jüdische Frondeure um Mitternacht auf einem Friedhof den Plan, die Christenheit auch auf dem Umweg über ihre Schlafzimmer zu unterjochen:

»Wir müssen verlangen freie Ehe zwischen Juden und Christen. Israel kann dabei nur profitieren, wenn es auch verunreinigt sein Blut. Unsere Söhne und Töchter mögen heiraten in die vornehmen und mächtigen Familien der Christen. Wir geben das Geld und erhalten dafür den Einfluß. [...] Das andere ist, daß wir ehren das jüdische Weib und üben verbotenes Gelüst lieber an den Weibern unserer Feinde.«[11]

Hier erweist sich die schöne, Christen umgarnende Jüdin nicht länger als Ausgeburt der Hölle, sondern als Agentin einer jüdischen Weltverschwörung, in deren Auftrag auch die Söhne Israels Mischehen anstreben. Antisemiten leuchtete das unmittelbar ein, und sie machten sich daran, jeder nach seiner Art, Goedsches nächtliche Gruselszene fortzuspinnen und propagandistisch auszuwerten. Aus Fälscherwerkstätten der russischen Geheimpolizei ging ein Produkt dieser Arbeit unter dem Titel »Die Protokolle der Weisen von Zion« hervor und trat einen bis heute anhaltenden, die globalisierte Welt umfassenden Triumphzug an.[12]

Den historischen Nachweis eines jahrhundertealten jüdischen Komplotts zur Überwindung der Indoeuropäer durch Blutmischung versuchte auch Houston Stewart Chamberlain zu erbringen:

Man sehe doch, mit welcher Meisterschaft sie das *Gesetz des Blutes* zur Ausbreitung ihrer Herrschaft benutzen: der Hauptstock bleibt fleckenlos, kein Tropfen fremden Blutes dringt hinein [...]; inzwischen werden aber Tausende von Seitenzweiglein abgeschnitten und zur Infizierung der Indoeuropäer mit jüdischem Blute benutzt! Ginge das ein paar Jahrhunderte so fort, es gäbe dann in Europa nur noch ein einziges rassenreines Volk, das der Juden, alles Übrige wäre eine Herde pseudohebräischer Mestizen, und zwar ein unzweifelhaft physisch, geistig und moralisch degeneriertes Volk.[13]

Der Ränkeschmied in Goedsches Roman hatte immerhin noch bedacht, daß die Vermischung des Blutes auch das jüdische »verunreinigt«. Chamberlain hingegen beklagt die »Infizierung der Indoeuropäer mit jüdischem Blut«, ohne sich zu vergegenwärtigen, daß ein orthodoxer Jude hierin ebensogut eine Infizierung der Juden mit indoeuropäischem Blut hätte erblicken können. Ob sie sich abschotteten oder assimilierten, ob sie orthodox blieben oder konvertierten, ob sie ihr Blut rein erhielten oder mischten – weder so noch so konnten es die Juden den Antisemiten recht machen. Heirateten die Juden unter sich, dann zählten sie zum fleckenlosen, nach der Weltherrschaft greifenden Hauptstock; gingen sie Mischehen ein, so schwächten sie die Nachkommenschaft ihrer Feinde, um noch geschmeidiger nach der Weltherrschaft greifen zu können. Und hinter allem steckte ein meisterlich konstruierter Geheimplan, in biblischer Zeit von machthungrigen Erzvätern ausgeheckt und seither bis ins kleinste befolgt von Millionen Juden in der Diaspora, von Mesopotamien über Kyritz an der Knatter bis Manhattan. Der Einwand, daß es schlechterdings unmöglich sei, so viele Komplizen über einen so langen Zeitraum in ein Komplott einzubinden, geht fehl: Damit der große Plan sich erfülle, mußten die Juden keine einzige Verhaltensmaßregel einhalten. Es stand ihnen gänzlich frei, Rabbiner oder Hollywoodmogul zu werden, Bolschewist oder Bankier, Gigolo oder Ölmagnat oder auch nur Scherenschleifer und Lumpensammler: In jeder dieser Rollen trugen sie, bewußt oder unbewußt, gewollt oder ungewollt, ihr Scherflein zum Gelingen der Verschwörung bei. So raffiniert war der Plan, daß er die Möglichkeit, ihm entgegenzuwirken, ausschloß, denn die Juden mußten ihn nicht einmal kennen, um sich nach ihm zu richten; ja, sie mußten sich nicht einmal nach ihm richten, um sich nach ihm zu richten, denn es war ihnen gar nicht möglich, etwas zu tun, das ihm nicht entsprach, zumal in der Frage, ob es ratsam sei, eine Mischehe einzugehen. Den Mischehen entsprossen, wie es der Plan verlangte, die von Chamberlain beargwöhnten »pseudohebräischen Mestizen«, während die Kinder aus innerjüdischen Ehen plangemäß den fleckenlosen »Hauptstock« verjüngten. Es bedurfte fürwahr einer stupenden politischen Meisterschaft, eine Welteroberungsstrategie zu entwickeln, die unfehlbar aufgehen mußte, auch wenn sich niemand daran hielt und sie allein den Antisemiten bekannt war.

Im Konzept der Verschwörer fungierte, nach Chamberlain, die schöne, assimilierte Jüdin als Ahnfrau degenerierter Mischlingssippen. Das war poetisch zweifellos weniger stimulierend als ehedem die Vision von Rosenhaut, Sinnentaumel und dämonischem Feuerblick. Andererseits ließ die Wirksamkeit dieser Genußgifte aus den Hexenkesseln der Schauerromantik allmählich nach; sei es infolge von Überdosierungen oder sei es, weil der Teufelsglaube allgemein außer Kurs geraten war und mithin die

Bereitschaft des Publikums, sich von den gespenstischen Nachtaktivitäten mannstoller jüdischer Kokotten einschüchtern und faszinieren zu lassen. Und so verebbte auch die alte Leidenschaft der Dichter, in fahlen Mondscheinkulissen mit der schönen Jüdin zu tändeln, ihr irgendwie ungesund blühendes Leben zu fordern und zuletzt, sentimental oder zynisch, ihren Tod zu besingen. Das war nicht mehr *en vogue* und auch in den unteren Kulturbetriebsetagen für Verleger reißerischer Leseware nicht so lukrativ wie die neueren, ungestüm auflebenden Genres des Kriminalromans und der Science-fiction.

Eine andere Erklärung für das Verschwinden der »Schönen Jüdin« aus dem gängigen literarischen Figurenkabinett hat die Historikerin Christina von Braun gefunden:

> Im Typus der Salome, der Judith oder der Dalilah spiegelt sich das stereotype Frauenbild der »Schönen Jüdin« wider, das im 19. Jahrhundert eine wichtige Rolle spielt, nach 1900 aber fast völlig verschwindet. Ich vermute, es verschwand aus verschiedenen Gründen: 1. weil im antisemitischen Zusammenhang »der Jude« an sich schon zunehmend »feminisiert«, mit Weiblichkeit gleichgesetzt wurde, eine Zuschreibung, die mit dem Bild der »Schönen Jüdin« in Konflikt geraten mußte; 2. weil das Bild der Carmen oder der »Schönen Jüdin« um etwa 1900 bestimmend werden sollte für die Vorstellung »echter Weiblichkeit«. Diese Idealisierung der Jüdin mußte wiederum in Konflikt mit den zeitgenössischen Vorurteilen gegen den Juden geraten. [14]

Unter »echter Weiblichkeit« stellten sich die Antisemiten jeder Couleur allerdings auch nach 1900 etwas grundsätzlich anderes als den Typus einer idealisierten Jüdin vor. In Edward Stilgebauers populärem, bereits im Erscheinungsjahr 1908 fünfundzwanzigtausendfach aufgelegten Trivialroman »Das Liebesnest« ehelicht Ewald, ein kleiner deutscher Angestellter, die Tochter eines begüterten jüdischen Unternehmers und begreift zu spät,

> daß er in der Tat eine willenlose Marionette in ihren Händen geworden, deren Fäden durch die Finger des schönen, jungen, reichen Weibes liefen.
>
> »Fühlst du denn nicht, begreifst du denn nicht, daß du der Vampir bist, der mein Blut saugt?«

> Er hatte diese Worte auf den Lippen, aber er wagte es nicht, sie auszusprechen [...]

Ferner widerfährt Ewald die Unbill, daß seine Gemahlin »nun wie eine Mänade das goldgestickte Tuch von ihrem Busen riß und ihm ihre weiße, starre Brust im Glanze des Vollmonds enthüllte«. Hier wird noch einmal alles Abgesunkene aus dem zähen, alten Lasterschlamm heraufbeschworen, inklusive Vollmondlicht, kränklicher Wollust und Vampirismus. Ewald aber, weit entfernt davon, seine jüdische Frau zu idealisieren und ihre sexuellen Offerten erfreut zu begrüßen, kriegt es mit der Angst zu tun. Er will sich scheiden lassen. Im Streit schlägt er seine Frau nieder und bekommt es von ihr doppelt und dreifach heimgezahlt: »Und das würde ihre Rache an Ewald sein, daß sie das Schloß wirklich zum Liebesneste machte, daß sie sich an den Hals warf einem jeden, der sie begehrte, daß sie Befriedigung in dem Austoben ihrer Lüste fand, daß sie den Namen dessen besudelte und in den Kot zerrte, der sie zu Boden geworfen und mit Füßen auf ihr herumgetreten hatte!«[15] Zur Strafe dafür schneidet Ewald seiner Frau im bluttriefenden Finale des Erfolgsromans den Kopf ab.

In der deutschen Literatur trugen sich solche Spektakel zwar nun seltener zu, doch sie kamen durchaus noch vor. 1921 führte der steiermärkische Offizier und Romancier Rudolf Hans Bartsch einen anderen verträumten Arier in Versuchung: »Und die ganze Nacht dachte er an die großen, an die entsetzten, blauen Augen des sonst so endgültig klugen und kühlgeklärten, aber heute plötzlich kindgewordenen Judenmädels. Etwas wie ritterliches Mitleid für etwas Verwaistes, vielleicht auch romantische Bekehrsucht war mit dabei. Aber zu tiefst lockte doch das erotische Flimmern des Weibes, das am reizendsten ist, wenn es gänzlich hilflos wird.« Wie nicht anders zu erwarten war, verläuft die Ehe, die der Arier Christoph mit der Jüdin schließt, unglücklich, und er muß sich Vorwürfe von ihr anhören, wie sie in der Phantasie eines Antisemiten nur einer Jüdin einfallen können:

> »Nicht einmal die kleinste Perversität hast du begangen oder von mir verlangt, wie sie eine Leidenschaft so reizvoll verzieren könnte! Ich kenne dergleichen nur aus den Witzen meiner Kaste, in die du mich zurückgetrieben hast, in der es aber sehr viel amüsanter zugeht, als bei dir.«

Christoph, körperlich, charakterlich und rassisch unfähig, die Jüdin zu befriedigen, zieht schmollend in den Krieg hinaus und kehrt eines Tages grollend und geschlagen heim.

> Und dann kam das Schwerste. Christophs Kameraden, die, überallhin zerstreut, verbittert und rachebrütend, ihre karge Nahrung suchten, trugen es ihm (rücksichtslos, wie sie im Daseinskampfe geworden waren) drei= und fünfmal zu: »Deine Frau treibt es mit einem italienischen Offizier! Mit einem nobeln Conte! Sporen hat der Kerl über den Fersen wie ein Gockel, und er geht auch so! Der begleitet dein Weib auf Schritt und Tritt. Sie lacht holdselig dazu.«
>
> Das war furchtbar zu hören.[16]

Hier verdichtet sich alles, was die Sexualantisemiten in der Nachkriegszeit umtrieb: Edel waren sie, hilfreich und gut; im Daseinskampf hatten sie sich bewährt, fernab von jedem erotischen Flimmern, und dennoch wollte kaum jemand es ihnen danken und am wenigsten das Weibervolk, und gar das jüdische, das sich mit neureichen Gockeln abgab, statt den Frontsoldaten Kränze zu winden, so wie es das klassische deutsche Mädchen 1770 in Friedrich Gottlieb Klopstocks »Vaterlandslied« getan hatte:

Ich bin ein deutsches Mädchen!
Mein gutes, edles, stolzes Herz
Schlägt laut empor
Beim süßen Namen: Vaterland!

So schlägt mir's einst beim Namen
Des Jünglings nur, der stolz wie ich
Aufs Vaterland,
Gut, edel ist, ein Deutscher ist![17]

Die Kriegsheimkehrer, die Klopstocks Ode an die patriotischen Gefühle deutscher Mädchen vielleicht noch im Ohr hatten und jetzt verbittert und rachebrütend karge Mahlzeiten vertilgten, während mondäne Jüdinnen ihre Leidenschaft mit Perversitäten verzierten und Arierinnen dem Lockruf jüdischer Herzensbrecher folgten, fanden in der Heimat ein reichhaltiges Angebot antisemitischer Welterklärungsmodelle vor. »Die

Esther=Politik, d.h. die Kunst, durch verführerische Jüdinnen sich Machthaber und einflußreiche Personen willfährig zu machen, übt die Judenheit von jeher«, teilte Theodor Fritsch 1919 der Schar seiner Getreuen mit.[18] »Als ein raffiniertes Mittel der Beeinflussung dienen dem Judentum die Buhlkünste jüdischer Weiber«, fügte er 1920 hinzu. »Da die Keuschheit der Frauen bei den Juden nichts zu bedeuten hat, bedienen sie sich dieses Mittels mit unbeschränkter Freiheit.«[19]

Deutlich geringer schätzte der Volkstribun Ludwig Thoma die besagten Buhlkünste ein. Im *Miesbacher Anzeiger* gab er, nachdem er sich 1920 im Reichstag umgesehen hatte, Entwarnung: »Drüben links hocken unter polnischen Juden ein paar dicke Weibsbilder, wie man sie früher in den Kellerkneipen der VorStädte sah; aufgeschwemmte freche Gesichter; hie und da schreit eines von diesen, in schmierigen Wollblusen steckenden Frauenzimmern dem Redner dazwischen; Eine gestikuliert heftig, die Andere bohrt in der Nase; Alle sehen sie aus wie jene Weiblichkeiten, die in Kaschemmen hinter der Buddel hocken oder vor Jahrmarktsbuden an der Kasse sitzen.«[20] Damit sollten sich die bajuwarischen Leser von Thomas Kolumne trösten: Sie verpaßten in der Heimat nicht viel, wenn sich das erotische Flimmern der Berliner Jüdinnen im öffentlichen Krakeelen und Nasebohren erschöpfte.

Andere Antisemiten, die ahnten, daß doch etwas mehr hinter der Sache stecken müsse, vertieften sich, um die Ursache des Problems zu ergründen, das sie mit den schönen Jüdinnen hatten, ins Studium des Alten Testaments und stellten historische Kurzschlüsse zwischen Weimarer Republik und Babylonien her. »Abraham«, hieß es in einem Traktat aus dem Jahre 1924, »gab seine Sarai an Pharao und Abimelech, um Einfluß zu erhalten, Esther hatte den Perserkönig im Garn, daß er ihrem blutgierigen Onkel Mordechai 75000 Perser zum Hinschlachten überließ. Heute müssen's die Judentöchter als ›ehrbare‹ Ehefrauen deutscher Männer machen. Es ist nichts anderes als ein *›Erkaufen‹* der Söhne deutschen Volkes mit Judengeld, um den Juden die Herrschaft in die Hände zu spielen.«[21] Dieser Theorie zufolge war nicht die Schönheit, sondern die Mitgift der jüdischen Bräute der Köder, und sie hatten es mit diesem Trick, wie der völkische Anthropologe Arno Schickedanz 1927 vermerkte, weit gebracht: »Die Zersetzung der sozial=höherstehenden Schichten im deutschen Volk, insbesondere des Adels durch Heirat mit Jüdinnen, deren ›erraffte Beutemitgift‹ eine verlockende Aussicht bot und bietet, ist noch lange nicht genügend gewürdigt worden.«[22]

Dieses Versäumnis machte im Dritten Reich ein Historiker wett, der den Nachlaß jüdischer Salondamen untersuchte:

> Wie wenig »gedrückt« die Lage der Berliner Juden am Ende des 18. Jahrhunderts war, zeigt ihre gesellschaftliche Stellung. Die reichgewordenen Juden traten als *Beschützer von Kunst und Wissenschaft* auf; in ihren Salons verkehrte, was gesellschaftlich und geistig im damaligen Berlin hervorragte. Da erschienen sogar bedeutende Männer, wie Schleiermacher und die Humboldts, 1786 auch der französische Graf Mirabeau. Dabei übten aber die größte Anziehungskraft *schöne Jüdinnen* aus, wie Dorothea Veit (später Schlegel), die Tochter Mendelssohns, und Henriette Herz. Wie das Licht die Motten, so lockten sie die Männer in ihren Bann. Und es blieb in ihren Salons nicht bloß bei der Geistreichelei und bei dem Austausch von Gedichten, wissenschaftlichen und künstlerischen Arbeiten; vielmehr haben wir Zeugnisse dafür, daß auch die intimsten Beziehungen angeknüpft wurden. Man spricht von »schöngeistigen Buhlerinnen«, »schöngeistigem Bordell«, »Kommunismus des Genusses«. Daß sich Wüstlinge wie Gentz und Mirabeau in solchen Kreisen wohlfühlten, ist selbstverständlich. Bedenklich war, daß auch StaatsMänner und Prinzen in diesen Salons verkehrten. Deshalb hat man nicht mit Unrecht von einer *Estherpolitik* gesprochen, welche mit Hilfe »schöner, kluger Weiber« dem Judenvolk Vorteil bringen sollte.[23]

In dem Schlagwort von der »Estherpolitik« flackerte kein Widerschein der alten Liebesflammen auf. Der Jüdin, so schön sie auch sein mochte, wurden keine Zauberkräfte mehr zuerkannt: Hier galt sie nur noch als kalt berechnende Agentin eines politisch taktierenden Judentums. Die Nationalsozialisten haben den Begriff unermüdlich wiederholt, aus Prinzip und aus Ranküne und vielleicht auch in der Hoffnung, sich damit vom Alpdruck einer weiblichen Großmacht zu befreien.[24] Am gründlichsten legte Gerhard Kittel 1943 den geschlechtsmoralischen Morast trocken:

> Am Buch Esther wird sehr anschaulich, daß es sich bei diesen Bewegungen in vielen Fällen um mehr handelt als nur um das sinnliche Ausleben

der Triebe, das die Fesseln der Gebote sprengt, Esthers Verhalten ist nicht als Beispiel sittlicher Laxheit berichtet, sondern unter einem völlig anderen Gesichtspunkt: daß die Jüdin Königin wird, bedeutet *Macht*, Macht nicht in erster Linie für ihre, der Königin, Person, sondern Macht für ihr Volk! Der heidnische König muß ihr und damit der Judenschaft zu Diensten sein; steht unter ihr und ihrem Herrschaftsanspruch, – ist allein dazu da, Werkzeug für das »erwählte Volk« und seine Repräsentanten zu sein. Dieser Machtgedanke aber ist für das Judentum so wesenhaft und konstitutiv, daß an ihm sogar die Problematik der Mischehe mit dem Heiden und der an ihr erfolgenden Verunreinigung verschwinden kann.[25]

Im alttestamentarischen Buch Esther nimmt der persische König Xerxes die Jüdin Esther zur Gemahlin. Sie setzt, um ein drohendes Judenpogrom zu vereiteln, ihr Leben aufs Spiel und erwirkt des Königs Einwilligung in einen Rachefeldzug der Juden: Das war die »Estherpolitik«, deren Bekämpfung Gerhard Kittel sich vom Reichsführer-SS erhoffen durfte. Ein persönliches Bild vom Stand des Kampfs verschaffte sich Heinrich Himmler im Februar 1943 bei einem Besuch in einem seiner Vernichtungslager: »Zu dieser Gelegenheit waren 300 junge jüdische Frauen und Mädchen, die hübschesten die man unter den Tausenden jüdischen Häftlingen in Majdanek hatte finden können, nach Sobibor gebracht worden, und Himmler begaffte die nackten Jüdinnen, wie sie von Gomerski vergast wurden.«[26]

So endete alles. Danach hätte niemand mehr eine Chronik der gebildeten Welt herausgeben müssen. Heinrich Himmler aber machte sich auch über das Ende hinaus noch Gedanken zum Thema und schärfte sie im Juni 1944 seinen Gefolgsleuten ein:

Ich habe leider viele Beispiele verfolgen können – ich möchte hier einmal von meinen eigenen Leuten, von der SS und Polizei sprechen – wo Männer, die Ghettos zu bewachen hatten, eben früher oder später, wenn sie nicht ganz charakterfest waren, sich bestechen ließen, sich Gold geben ließen, mit selbstverständlich verführerischen und anreißerischen jüdischen Weibern sich einließen und dann erpreßt wurden. Ich habe in jedem Falle, weil alle Männer vorher gewarnt wurden, ein gnadenloses Gericht halten lassen.[27]

Tiefer, als man sich wünschte, läßt es blicken, daß Himmler hier den »jüdischen Weibern« mit der größten Selbstverständlichkeit noch einmal zugestand, daß sie verführerisch seien. Dem gnadenlosen Gericht, das er über die Verräter seiner Rasse halten ließ, wich er selbst auf seine alten Tage, wie man weiß, weiträumig und verblüffend flexibel aus. Einen Restbestand der ruinierten Ideologie retteten Mitläufer wie Will Vesper aus den Trümmern und überlieferten ihn als geistiges Erbe den Söhnen: »Sowohl Thomas Mann als auch Hermann Hesse, die in ihrer Jugend Bedeutendes geleistet hatten, wurden durch ihre jüdischen Frauen zu Deutschenhassern gemacht. Überhaupt verstanden es die jüdischen Frauen, die in ihrer Jugend sehr hübsch waren, die geistige Elite Deutschlands zu unterwandern.« [28]

Auf ihre Weise setzten in den sechziger Jahren US-amerikanische Black-Power-Aktivisten diese Tradition fort:

> Jew Land, On a summer afternoon
> Really, couldn't kill the Jews too soon
> Now dig, the Jews have stolen all our bread
> Their filthy women tricked our men into bed [...] [29]

Von dem Wunsch, Juden zu massakrieren, bis zum Haßgesang auf die Buhlkünste schmutziger Jüdinnen war hier abermals alles beisammen, unter anderen historischen Bedingungen und Vorzeichen, aber sonst durchaus im uralten Originalmaßstab. Und die sexuell aktive Jüdin gespensterte weiter durch die Weltgeschichte und die antisemitischen Traktate diesseits und jenseits des Eisernen Vorhangs. 1978 erschien in der Sowjetunion ein Roman des regimetreuen Schriftstellers Iwan Schewzow. Darin wird ein israelisches Institut beschrieben, das schöne Jüdinnen systematisch auf ihre Mission vorbereitet, aufstrebende Politiker in Afrika, Lateinamerika und Asien zu becircen und zu heiraten und sie so den Einflüsterungen der zionistischen Weltverschwörer zugänglich zu machen.[30]

Die jüngste Fortsetzung dieses Kapitels ist in der antizionistischen Propaganda der Islamisten erfolgt, von der noch zu reden sein wird.

»Ein leuchtend Brandmal auf die Stirne«

Kirchliche und staatliche Verkehrskontrollen

Als der nationalsozialistische Ideologe Johann von Leers 1936 bei einem »Gang durch die Völkergeschichte« über »Blut und Rasse in der Gesetzgebung« sinnierte, kam er zu einem paradoxen Befund:

> Es gibt wohl kaum einen zweiten Fall in der Geschichte, wo so zielbewußt aus einer Mischbevölkerung eine sekundäre Rasse mit betont kriminellen Anlagen und Weltherrschaftsansprüchen gezüchtet worden ist, wie hier das Judentum. Seine ungeheure Gefahr liegt nicht nur in der durch Inzucht bis ins Letztmögliche gesteigerten Entwicklung seiner für jedes Volk verderblichen Eigenschaften, sondern vor allem auch in der Zerstörung des Rassekörpers fremder Völker durch das Eindringen seines bösen Blutes auf dem Wege der Einheirat jüdischer Töchter in nichtjüdische Familien und auf dem Wege des außerehelichen Geschlechtsverkehrs der männlichen Juden, die in der nichtjüdischen Frau Freiwild zu sehen erzogen sind.[1]

Danach beruhte die Gefährlichkeit der Juden auf ihrer kompromißlosen Absonderung von den Nichtjuden und zugleich auf der planmäßigen Infiltration des Rassekörpers fremder Völker; also einerseits auf der Reinerhaltung des jüdischen Blutes und anderseits auf dessen Vermischung mit dem nichtjüdischen. Um ein günstigeres Urteil zu erwirken, hätten die Juden sowohl ihre Politik der Absonderung als auch ihre Politik der Assimilation beenden müssen. Wer als Jude einen Ausweg aus diesem Dilemma finden wollte, mußte Hand an sich legen: Nur auf diese Weise hätten sich die einander ausschließenden Forderungen der arischen Rassenkundler zufriedenstellend erfüllen lassen.

Nach Inkrafttreten der nationalsozialistischen »Blutschutzgesetze«, die den Geschlechtsverkehr zwischen Juden und Nichtjuden unter Strafe stellten, ordnete der Sicherheitspolizeichef Reinhard Heydrich am 12. Juni 1937 an, wegen »Rassenschande« Verurteilte nach dem Verbüßen der Haftstrafe im Konzentrationslager zu überstellen. Diese Praxis sei einem Todesurteil für »Rassenschänder« gleichgekommen, schreiben die Historiker Michael Burleigh und Wolfgang Wippermann. Solche Methoden seien zuletzt im Mittelalter üblich gewesen.[2] Tatsächlich war in zahlreichen europäischen Staaten die Todesstrafe für Juden, die sexuell mit Christinnen verkehrt hatten, dem Buchstaben des Gesetzes nach bis ins neunzehnte Jahrhundert gültig geblieben, und noch im frühen zwanzigsten Jahrhundert war die christlich-jüdische Ehe ohne Religionsübertritt des einen oder des anderen Ehepartners in Österreich, Spanien und Portugal verboten; desgleichen in Rußland »und fast allen Ländern der griechisch-katholischen Kirche«.[3]

Der Ursprung des Verbots der Heirat von Christen und Nichtchristen ist im zweiten Brief des Paulus an die Korinther vermutet worden: »Ziehet nicht am fremden Joch mit den Ungläubigen. Denn was hat die Gerechtigkeit zu schaffen mit der Ungerechtigkeit? Was hat das Licht für Gemeinschaft mit der Finsternis?«[4] Ausdrücklich untersagt wurden die Ehe und der Geschlechtsverkehr zwischen Christen und Juden jedoch erst um das Jahr 306 auf der Synode von Elvira in Granada.[5] 339 legte der römische Kaiser Konstantin II. für Juden, die von christlichen Frauen »in die Gemeinschaft ihrer Schändlichkeit« entführt worden seien, also sexuell mit ihnen verkehrt hätten, gesetzlich die Todesstrafe fest.[6] 388 verkündete Kaiser Theodosius I. »ein Dekret, das es allgemein für jeden Christen, Mann oder Frau, zum Verbrechen des Ehebruchs machte, einen Juden oder eine Jüdin zu heiraten«.[7] Und auf Ehebruch stand die Todesstrafe.[8] Auch im Codex Theodosianus, der zwischen 429 und 438 unter Kaiser Theodosius II. entstand, waren jüdisch-christliche Mischehen als Ehebruch mit der Todesstrafe bewehrt.[9] 451 wiederholte das Konzil von Chalcedon das Verbot der Ehe zwischen Juden und Christen.[10] Zu Beginn des sechsten Jahrhunderts wurde das Verbot von den Burgundern und den Westgoten übernommen.[11]

Aber weder mit Gewalt noch durch gutes Zureden war die zum Straftatbestand erklärte eheliche oder uneheliche Gemeinschaft zwischen Christen und Juden aus der Welt zu schaffen gewesen: Zweihundert Jahre christlicher Gesetzgebung und Rechtsprechung hatten das vielgestaltige menschliche Triebleben nicht zu bändigen vermocht. Die schiere Verzweiflung darüber spricht aus den Konzilsbeschlüssen des sechsten Jahrhunderts, die das Verbot der Mischehe ein ums andere Mal bekräftigen sollten. Kein Christ dürfe eine Jüdin und kein Jude eine Christin zur Frau nehmen, entschied im Jahre 533 das zweite Konzil von Orléans.[12] Zwei Jahre später beschloß das Konzil von Clermont:

> Wenn jemand (als Christ) mit einer Frau jüdischer Schlechtigkeit ehelich verbunden ist oder wenn eine Jüdin mit einem Christen oder eine christliche Frau mit einem Juden in Geschlechtsgemeinschaft lebt, oder von dem bekannt ist, dass er solches Unrecht zugelassen hat, der soll aus der Gemeinschaft der Christen, vom Gemeinschaftsmahl und der kirchlichen Gemeinschaft ausgeschlossen werden, deren Feinden er sich zugesellt hat.[13]

Am Ende des siebten Jahrhunderts sprach sich Theodor von Tarsus, der Erzbischof von Canterbury, dafür aus, Christinnen, die aus freien Stükken Unzucht mit Juden getrieben hätten, für ein Jahr aus der Kirchengemeinde auszuschließen und ihnen neun Jahre der Buße aufzuerlegen.[14] Das gleiche Maß sah Mitte des neunten Jahrhunderts eine französische Bußordnung vor, die strafverschärfende und strafmildernde Aspekte der unzüchtigen Handlung berücksichtigte: Hatte der Jude die Christin geschwängert, erhöhte sich ihre Bußzeit auf zwölf Jahre; war die Christin von einem Juden vergewaltigt worden, mußte sie gnädigerweise nur fünf Jahre Buße tun.[15] Ob die überführten Frauen darauf vertrauen konnten, im Ausschluß aus der Gemeinde und in fünf bis zwölf Jahren der Buße etwas Besseres als den Tod zu finden, läßt sich nicht mehr ermitteln. Und doch gehört nur wenig Einbildungskraft dazu, sich die stigmatisierende und sozial isolierende Gewalt auszumalen, mit der solche Strafen das Leben einer freiwillig oder unfreiwillig vom Pfad der Tugend abgewichenen Frau im Käfig ihrer mittelalterlichen Gemeinde ruiniert haben mögen.

Der Klausel, die selbst noch den vergewaltigten Frauen eine Strafe zumaß, lag der perverse Gedanke zugrunde, daß auch vergewaltigte Frauen Schuld auf sich geladen hätten. Eine Christin, die von einem

Juden vergewaltigt worden war, stand aus erzbischöflicher Sicht im Verdacht, an der erzwungenen sexuellen Verbindung Gefallen gefunden zu haben. Den weiblichen Schoß, seine Unreinheit und seine Regungen umschwirrten die Phantasien der Theologen wie Motten das Licht. Seit dem Sündenfall, der Evas Treulosigkeit erwiesen hatte, war die Zahl der Schlangennester nicht kleiner geworden. Besorgt äußerte sich im neunten Jahrhundert der Erzbischof Agobard von Lyon über die sittlichen Gefahren, die christlichen, im Dienste von Juden stehenden Mägden und Arbeiterinnen drohten: Verdorben seien nur einige von ihnen, doch ausnahmslos alle setzten sich der Schande aus, die Launen und die Lüste der Juden zu befriedigen.[16] Dieser Verdacht war natürlich nicht unberechtigt. Das enge Zusammenleben von Juden und Christen im Mittelalter habe sie immer wieder dazu ermutigt, auch geschlechtlich miteinander zu verkehren, schrieb der Historiker Salo Wittmayer Baron 1972. Sowohl christliche als auch jüdische Gesetzgeber hätten mit allen ihnen zur Verfügung stehenden Mitteln versucht, solche intimen Beziehungen zu verhindern oder zu ahnden. Aber weder die vielfach im Stadtrecht vorgesehene und ohnehin im Kirchenrecht kanonisierte Todesstrafe noch die vom jüdischen Gesetz zumindest theoretisch erlaubte Strafe des Lynchens hätten Christen und Juden davon abgehalten, Mischehen zu schließen und, mehr noch, illegitime Beziehungen miteinander anzuknüpfen, und zwar sehr viel öfter, als die Quellen vermuten ließen. Baron schloß das aus der Vielzahl der Verbote.[17]

Im zwölften Jahrhundert verfügte der italienische Kirchenrechtler Gratianus, daß Juden, die in Gemeinschaft mit Christinnen lebten, von dem Bischof der jeweiligen Stadt dazu angehalten werden sollten, sich taufen zu lassen; wenn sie das ablehnten, sei die bestehende Gemeinschaft aufzulösen.[18] Doch Gratians neuzeitlich anmutende Taktik, die Bekehrung zum christlichen Glauben mit der Legalisierung einer sonst verbotenen Liebesbeziehung zu belohnen, setzte sich nicht durch. Im Stadtrecht von Teruel in Aragonien wurde 1176 der Feuertod als Strafe für den geschlechtlichen Verkehr zwischen einer Christin und einem Juden oder einem Mauren festgeschrieben.[19] Mit öffentlichen Hinrichtungen ließ sich der Durst nach Rache und Blut rascher und leichter löschen als mit Taufzeremonien.

Ein ständiges Ärgernis bildete die Ausflucht von Christinnen, daß sie sich über die Religionszugehörigkeit ihres Geschlechtspartners getäuscht hätten. Um diesem Übelstand abzuhelfen und die »Ausschweifungen« des »verbotenen Verkehrs« zwischen Christen und Juden sowie zwischen Christen und Sarazenen zu unterbinden, erließ das vierte Laterankonzil, geleitet von Papst Innozenz III., im Jahr 1215 die Bestimmung, daß Juden und Sarazenen beiderlei Geschlechts durch die Besonderheit ihrer Kleidung in jeder christlichen Provinz und zu allen Zeiten in den Augen der Öffentlichkeit kenntlich zu machen seien.[20] Doch es half alles nichts; der Sexualtrieb, der seit jeher stärker war als der Respekt vor Gesetzen und Konzilsbeschlüssen, erneuerte und verjüngte sich ebenso regelmäßig und unerschütterlich, wie die weltlichen und geistlichen Machthaber ihre Absicht bekundeten, ihn aufs grausamste zu unterjochen: »Wenn ein Jude beim Ehebruch mit einer Christin ertappt und durch zwei Männer überführt wird, sollen beide lebendig begraben werden. Dasselbe soll geschehen, wenn ein Christ beim Ehebruch mit einer Jüdin ertappt und von einem Christen und zwei Juden überführt wird [...]« So verlangte es 1249 das Stadtrecht von Iglau in Mähren.[21] Der Religionshistoriker Heinz Schreckenberg hat festgestellt, daß hier das weltliche Recht sogar noch strenger verfahre als das kanonische.[22]

1253 verlieh der englische König Heinrich III. dem Verbot sexueller Beziehungen zwischen Juden und Christinnen sowie zwischen Christen und Jüdinnen Gesetzeskraft.[23] Um 1265 wurde in Spanien unter König Alfons X. von Kastilien und León, genannt der Weise, die Todesstrafe für Juden angeordnet, die mit einer Christin lebten oder sexuell mit ihr verkehrt hatten. Für die Frauen, gleich ob sie ledig, verheiratet, verwitwet oder Prostituierte waren, sah das Gesetz als Strafe den Verlust ihres Eigentums, die Geißelung oder den Tod vor.[24] 1267 verständigten sich die Vertreter der polnischen Geistlichkeit der Diözese Gnesen bei einer Synode in Breslau auf ein anderes Strafmaß: »Wenn ein Jude mit einer Christin Unzucht treibt, so soll er in strenger Haft gehalten werden, bis er wenigstens 10 Mark Strafe erlegt hat; die Christin aber soll durch die Stadt gepeitscht und ohne Hoffnung auf Rückkehr aus der Stadt vertrieben werden.«[25] Im Mai 1267 wurde der Gnesener Synodalbeschluß von einem in Wien tagenden Provinzialkonzil übernommen,[26] und fortan bildeten die Geldbußen eine beständig sprudelnde Einnahmequelle für Erpresser, Denunzianten und Obrigkeit.[27]

Doch nicht überall konnten Juden sich freikaufen. Wer viel besaß, lief mancherorts Gefahr, von Anklägern, die auf sein Geld und Gut erpicht waren, als Beischläfer einer Christin verleumdet zu werden. Nach dem harschen Prager Stadtrecht von 1269 sollte es einen Juden, den man bei einer ledigen Christin ertappt hatte, »Haut und Haar« kosten, und die Christin sollte einem geistlichen Gericht überantwortet werden. Als Strafe für den Geschlechtsverkehr eines Juden mit einer verheirateten Christin wurde die Pfählung des Juden festgesetzt; sein Nachlaß sollte dem Richter zufallen.[28]

Unaufhörlich folgten, im Fortgang der Jahrzehnte und Jahrhunderte, auf Taten Strafen und auf Strafen Taten, deren ewige Wiederkehr den Strafverfolgern viel Verdruß bereitete: Die Juden, klagte Papst Honorius IV. 1286, »lassen auch Christinnen bei sich wohnen zur Aufzucht ihrer Kleinkinder und Knaben. Und so wohnen und leben ebenso Christen wie Christinnen mit Juden zusammen; und während so die Gelegenheit in Versuchung führt und die Gunst der Stunde zu Sünden einlädt, kommt es oft zu unseligem Geschlechtsverkehr von jüdischen Frauen mit Christen und von Juden mit christlichen Frauen.«[29]

1287 erneuerte die Synode von Exeter die Vorschrift, daß Juden beiderlei Geschlechts eine besondere Tracht anzulegen hätten: »Dies hat den Zweck, daß sie so durch unterschiedliche Tracht (*diversitas habitus*) von den Katholiken unterschieden werden und daß die Sünden des verbrecherischen Geschlechtsverkehrs zwischen diesen und jenen vermieden werden können.«[30]

Wie unzulänglich solche Beschlüsse ihren Zweck erfüllten, wird schon aus der Tatsache ersichtlich, daß sie fortlaufend erneuert werden mußten, ebenso wie die Androhung der Todesstrafe, die nun auch Christen vom Geschlechtsverkehr mit Jüdinnen abhalten sollte. Davon kündete 1328 das Rechtsbuch des Ruprecht von Freising: »Und ist das ein christen man pei einer judinne leit oder ein jud pei einem christen weib, di sint des uberhuors [Ehebruchs] paideu schuldich, und sol man si paide uber ein ander legen und sol si prennen; wan der christen man hât des christen gelaubens verlaugent.«[31] 1346, auf der Synode zu Prag, wurde aufs neue eine besondere Judentracht vorgeschrieben, »damit also nicht die Sünde in Gestalt eines so verbrecherischen Geschlechtsverkehrs unter dem Deckmantel eines derartigen – bisweilen nur vorgetäuschten – Irrtums weiterhin entschuldigt werden kann«.[32]

War die Tat jedoch geschehen und der Jude gefaßt, konnte er sich, wenn er Glück hatte, sein Leben erkaufen. Ein Jude, der mit einer verheirateten Christin geschlafen hatte, mußte 1349 in Zürich 600 Gulden entrichten und wurde der Stadt und des Landes verwiesen. Über die Christin verhängten die Richter ein Urteil, das vor allem auf die Entehrung der Frau durch das öffentliche Ausblasen ihrer Schande abgestellt war:

> Man soll sie setzen auf einen Karren, und durch die Stadt führen an alle Ort da man die Ruff thut, auch ein Juden Hůetlein von Papier ihro auf das Haupt setzen, und vor ihro durch die Stadt, mit zwey Schaarwacht=Hörneren blasen, darnach soll sie ewiglich zwey Meilen von der Stadt schweeren, begreift man sie innert dem Zihl, soll man sie blenden.[33]

1393 bestätigte König Johann I. von Aragon die Todesstrafe für alle sexuellen Beziehungen zwischen Juden und Christen.[34] Das an der Wende vom vierzehnten zum fünfzehnten Jahrhundert entstandene schlesische Rechtsbuch »Ad Decus« verlangte den Tod durch das Schwert für die Partner jüdisch-christlicher Mischehen[35] und die Hinrichtung von Juden, die mit einer verheirateten Christin die Ehe gebrochen hatten.[36] Im Jahre 1403 wurde in Frankfurt am Main auch einmal die Belohnung der Denunzianten in den Akten verzeichnet: »1 gulden, als man Crauweln und Heinr. Heren schenckte, als sie daby waren uff dem torn, als man den Juden begriffen hatte by einer kristynnen, der an den buwe gab 150 gulden; item 1/2 gulden den knechten geschenckt, als sie den Juden begriffen [...]«.[37] Die Tarife waren regional höchst unterschiedlich gestaffelt: Im selben Jahr erließ Bischof Ulrich I. für Juden, die sich in Brixen in Tirol ansiedeln wollten, eine Ordnung, die zehn Gulden Strafe für den Geschlechtsverkehr mit einer Christin vorsah.[38] 1405 wurde in Nürnberg ein Jude auf ewig der Stadt verwiesen, weil er ins gemeine Frauenhaus gegangen war.[39] Im vierzehnten und im fünfzehnten Jahrhundert wurden in Nürnberg aber auch glimpfliche Bußgeldstrafen gegen Juden verhängt, die mit Christinnen geschlafen hatten.[40] Ein Göttinger Jude, der

Verhältnisse mit Christinnen eingegangen war, konnte 1410 seine Schuld mit einhundert Fuder Steinen tilgen, die der Stadtbefestigung dienen sollten.[41]

Nach Ansicht der Historikerin Rotraud Ries belegen solche Beispiele, »daß man die Einzelfälle in der Regel pragmatisch zu lösen suchte«.[42] Andere Beispiele belegen die Ausnahmen von der Regel: 1416 wurden zwei Juden in Frankfurt am Main wegen des bewußten Vergehens »durch die backen brant und zur stad mit ruden« hinausgeprügelt.[43] 1420 wurden ein Kölner Jude und eine Christin, die einander heimlich geheiratet hatten, lebendig verbrannt,[44] und nach dem Mainzer Recht von 1422 sollte man einem Juden, der mit einer Christin »Unkůschhit« getrieben hatte, »syn Ding abesniden«, ein Auge ausstechen und ihn mit Ruten züchtigen; ersatzweise war eine Geldstrafe vorgesehen.[45] Damit kam 1427 auch ein Jude in Konstanz davon, der »mit dryen cristenlichen frowen und besunder mit zwen swöstern liplich zu schaffen gehebt hat«. Die Frauen aber wurden dazu verurteilt, vor ihrer Verbannung aus der Stadt auf einem Karren herumgefahren zu werden, begleitet von dem Ausruf: »Daz sint die frowen, die mit den Juden ze schaffen hand.«[46]

1431 entrichtete in Innsbruck ein Jude, der »mit einer Christin begriffen« worden war, 50 Berner Pfund als Bußgeld,[47] und 1441 betrachtete man in Frankfurt am Main 600 bis 1000 Gulden als angemessen.[48] Mittellose Delinquenten mußten jedoch mit dem Leben bezahlen: Im italienischen Perugia blieb Juden im fünfzehnten Jahrhundert eine Frist von zwanzig Tagen, in der sie die Geldstrafe für den Geschlechtsverkehr mit einer Christin zu erlegen hatten; gelang ihnen das nicht, wurden sie verbrannt.[49] Daß sich neben Bargeld auch persönliche Beziehungen als hilfreich erweisen konnten, zeigt der Fall eines Juden, der 1460 in Regensburg gefangengenommen worden war und nach obrigkeitlicher Auffassung »große strafe an seinem Leib wol verdienet het«, weil er sich »zu ainer Cristnyn vermischt und die werck der unlautrikait mit ir mengermals begangen« habe. Für diesen Mann setzte sich über Monate hinweg der dem Vater des Häftlings freundschaftlich verbundene Erzbischof von Mainz ein und erwirkte schließlich die Freilassung.[50]

Mißtrauen erweckten in der Republik Venedig Juden, deren Reichtum es ihnen ermöglichte, sich außerhalb des Ghettos anzusiedeln:

> Zwar bewohnten die Juden hier im XVI. Jahrhundert, wie schon früher, ein besonderes Viertel, doch konnten sich die wohlhabenderen unter ihnen den Luxus leisten, auch in der vornehmsten Stadtgegend, mitten unter Christen ihren Wohnsitz zu nehmen. Der Stadtrat (consiglio) regte freilich immer wieder die Verweisung dieser Bevorzugten hinter die Mauern des Judenviertels an und begründete seine diesbezüglichen Anträge an den venezianischen Senat damit, daß das enge Zusammenleben von Juden und Christen zu »sündhafter Liebelei« verleiten könnte [...] [51]

Ähnliche Sorgen erfüllten auch die Autoren der spanischen, von 1414 bis ins sechzehnte Jahrhundert zusehends strenger gefaßten »Blutreinheitsgesetze«, die auf einen Ausschluß aller Juden von der Gemeinschaft mit Christen abzielten.[52] Albert Memmi zufolge »enthielt diese kollektive Zwangsvorstellung von der Reinheit auch ein sexuelles Element«:

> In der Zeit der Besetzung durch die Araber haben die Spanier in großem Umfang etwas erfahren, das man verschämt als Fraternisierung bezeichnet und das eigentlich eine *Sororisierung* darstellt, da sich dabei einheimische Frauen mit den fremden Eroberern mischen. Die Proklamation der untilgbaren Reinheit des spanischen »Blutes« ist die Leugnung des Makels, der unerträglichen Schande so vieler befleckter Frauen – eine weitere Form des Nutzens.[53]

Wo die Juden nicht vertrieben, ermordet oder zwangsgetauft wurden, blieb das Problem bestehen, daß man ihr Liebesleben nicht lückenlos überwachen konnte; um so weniger, wenn es sich hinter verschlossenen Türen abspielte, zwischen vermögenden Juden und ihrem christlichen Dienstpersonal.[54] Die Gefahren, die jede jüdisch-christliche Liaison für Leib und Leben der Beteiligten mit sich brachte,[55] kamen manchen Rechtsgelehrten nicht bedrohlich genug vor. In Mantua erging 1577 ein Verbot des Geschlechtsverkehrs zwischen Juden und Christen, und den Richtern wurde freigestellt, in solchen Fällen nach Art der Inquisition zu verfahren.[56] Blut wollte auch der Paduaner Jurist Tiberius Decianus sehen, als er sich im fortgeschrittenen sechzehnten Jahrhundert darum bemühte, unterhalb der Gürtellinie Rechtssicherheit herzustellen: »Ein Jude, der sich mit einer Christin fleischlich vereinigt, und weiß, daß sie eine Christin ist, begeht einen Rechtsbruch, auch wenn die Christin eine

Dirne ist.«[57] Lasse sich der überführte Jude taufen, könne er straffrei ausgehen; weigere er sich, habe er die Entmannung verdient. Ein Christ hingegen, »der sich mit einer Jüdin geschlechtlich vereinigt, ist – auch wenn er mit ihr in der Art einer Ehe zu leben beabsichtigt – mit der Strafe des Ehebruchs, das heißt mit der Todesstrafe zu bestrafen«.[58]

1614 sprach sich auch der leidlich tolerante, als Wegbereiter der Aufklärung geltende niederländische Jurist Hugo Grotius strikt gegen jeden sexuellen Kontakt zwischen Christen und Juden aus.[59] Es keimte noch immer nicht die geringste Vorform des modernen Gedankens auf, daß sich weder Staat noch Kirche regulierend und strafend in sexuelle Handlungen einzumischen hätten, die Erwachsene, gleichgültig welcher Religion, welcher Rasse oder Nationalität und welchen Geschlechts, untereinander einvernehmlich im verborgenen ausüben; aber wie zu allen Zeiten gab es auch im siebzehnten Jahrhundert Menschen, die sich das Recht der sexuellen Selbstbestimmung unbefugt herausnahmen, so daß die mißachtete oder scheinbar in Vergessenheit geratene Gesetzesvorschrift dem Volk stets von neuem eingeschärft werden mußte.[60]

Der Umstand, daß die Todesstrafe ihre abschreckende Wirkung zu verfehlen schien, ließ die Gelehrten auf andere Mittel sinnen. 1635 erklärte der einflußreiche sächsisch-lutherische Jurist Benedikt Carpzov, es sei längst als allgemeine Lehre anerkannt, den Geschlechtsverkehr zwischen einem Juden und einer Christin oder zwischen einem Christen und einer Jüdin nicht mit der Todesstrafe, sondern nach dem Ermessen des Richters mit einer geringeren Strafe zu ahnden.[61] Um 1650 lenkte Johan Müller, Pastor in Hamburg und Senior des Hamburgischen Ministeriums, die Aufmerksamkeit des Rats der Stadt auf die Methode, für schuldig befundene Juden kastrieren zu lassen. Der Pastor schrieb, es sei

> ernstlich zu verbieten und gebůhrlicher Weise zu strafen, wenn die Juden Christen Weiber, insonderheit ihre Mågde, schånden und beschlafen, welches in dieser Stadt vielfåltig und ohne Scheu geschicht. Es haben Ihro Fůrstl. Gnaden, Landgraf Jůrge zu Hessen, in ihrer Judenordnung Lebensstrafe auf solche That gesetzet. *Covarruvias* erzåhlet, daß etliche Juristen statuieren, daß solche That, wenn ein Jude christliche Weiber schåndet, *amputatione membrum virilis* zu strafen sey.[62]

Davon ist in der Hamburgischen Judenordnung von 1650 zwar nicht die Rede, doch die Auffassung, daß die meisten Urteile über die Juden zu milde ausfielen, tritt klar genug hervor:

> Mit den christlichen Weibsbildern sollen sie sich nicht verehelichen, noch auch mit denselben Ehebruch oder Hurerey treiben, oder woferne sie betreten, sollen sie beyderseits, die Portugiesen jůdischer Religion, so wol auch die Weibsbilder der Christen, mit Gefångniß, Verweisung und anderer exemplarischen und zwar schårfern Strafen, als sonsten gemeiniglich, nach Gelegenheit des Verbrechens unnachlåßig beleget werden.[63]

Wo sich die Sitten ungebührlich zu lockern schienen, verschärfte sich sogleich der Ton. In dem Rechtsstreit zwischen einem Notar und dem Rat der Stadt Minden war der Geschlechtsverkehr eines Juden mit einer Christin 1645 gar als »sodomitische Vermischung« gewertet worden.[64] Die Frage, ob es sich hierbei um Sodomie handele, also um »widernatürliche Unzucht«, wurde in der juristischen Literatur der Epoche gelegentlich diskutiert und gewöhnlich verneint,[65] aber noch 1733 urteilte die Helmstedter Juristenfakultät in einem Gutachten, daß der Beischlaf eines Juden mit einer Christin »eine Gattung einer Sodomie« sei.[66]

In diesem schillernden Begriff, der das Schreckbild vom Untergang Sodoms wachrief und eine, zumindest auf deutsch, unaussprechlich abstoßende sexuelle Verirrung bezeichnen sollte, klingt ein Hauptmotiv der modernen, rassenbiologisch begründeten Judenfeindschaft an: daß man sich, als Christenmensch, durch den Geschlechtsverkehr mit Juden an der Natur versündige. In solchen und ähnlichen Einlassungen haben die Nationalsozialisten frühe Spurenelemente ihrer Weltanschauung zu erkennen geglaubt, und sie hatten nicht vollkommen unrecht, wenn sie in den neuzeitlichen Spekulationen über den widernatürlichen Charakter des Geschlechtsverkehrs zwischen Juden und christlichen Frauen etwas witterten, das dem Ungeist der Nürnberger Gesetze die Bahn bereitet hatte. »Und gleichwie von denen, die sich mit dem Teufel vermischen, schon oben gesagt ist, so sollen auch diejenigen, so sich mit einem Juden oder der, so sich mit einer Jüdin vermischt, dem großen Aergerniß halber, wenigstens mit Ruthen ausgestrichen und auf ewig des Landes verwiesen werden«, heißt es in der peinlichen Halsgerichtsordnung für Böhmen,

Mähren und Schlesien, erlassen von Kaiser Joseph I., der von 1705 bis zu seinem Tod im Jahre 1711 regierte.[67] Auf der Suche nach weiteren Quellen, die den ewigen Kampf der Arier um Reinheit ihrer Rasse dokumentieren sollten, wurde ein nationalsozialistischer Rechtshistoriker im Landrecht des Königreichs Preußen von 1721 fündig, das christlich-jüdische Sexualpartner »mit dem Staup=Besen Unserer Landen auf ewig verwiesen« sehen wollte.[68]

Wenn auch der Begriff der »Rassenschande« noch nicht erfunden worden war, so geisterte doch schon von altersher der Gedanke durch die judenfeindliche Literatur, daß eine Christin, die sich einem Juden hingebe, ebensogut mit dem Teufel oder einem Vertreter des Tierreichs koitieren könne. In einer Phantasie über den zum Tode verurteilten »Hofjuden« und württembergischen »Schatullenverwalter« Joseph Süß Oppenheimer, dem Liebeshändel mit Christinnen angekreidet wurden, schrieb ein anonymer Autor 1738 einem Staatsminister die höhnische, jenem »Jud Süß« ins Gesicht gesagte Bemerkung zu:

> Was aber geile Weibes=Personen, und solche liederliche Vetteln betrifft, die sich weder um ihre Ehre noch ums Gewissen bekůmmern, so ist es kein Wunder, wann sie auch einen Juden *admittiren*. Sie solten ihre Gunst wol einem *Pavian accordiren*; wann er dieselben so herrlich beschenckte, wie du gethan, und sie versichert wåren, daß er sie nicht kratzete und bisse.[69]

Und bereits im achtzehnten Jahrhundert gelangten die delikatesten Einzelheiten einer verbotenen sexuellen Begegnung vor Gericht zur Sprache: Ein Jude, der im Ehebett einer Christin angetroffen worden war, entging 1750 im Amtsflecken Hausberge im Fürstentum Minden nur deshalb der Todesstrafe, weil keiner der siebzehn gerichtlich geladenen Zeugen die »inmissio seminis« beobachtet hatte, also die vaginale Aufnahme des Samens.[70] Mit einer ähnlich starken Detailverliebtheit haben später, in den nationalsozialistischen Prozessen gegen jüdische »Rassenschänder«, gerade die sittenstrengsten Staatsanwälte und Richter ihres Amtes gewaltet.

In Ungarn und Böhmen galt ab 1769 Königin Maria Theresias peinliche Gerichtsordnung, die für die fleischliche Vermischung von Christen oder Christinnen mit »Ungläubigen« nach der angenommenen Schwere der Schuld abgestufte Strafen vorschrieb – Enthauptung, Auspeitschung, Geldbuße oder Verbannung.[71] Wo auch immer in Europa sich ein Jude die »verunkeüschung mit einem Christenweibsbild«[72] erlaubte, verletzte er Gesetze, über deren Weisheit und Berechtigung in der zweiten Hälfte des achtzehnten Jahrhunderts eine Debatte entbrannte. Das Wort ergriffen Erzkonservative wie der evangelische Jurist David Georg Strube, der dafür plädierte, »daß der Ehebruch und die Hurerei, welche Christen mit Juden begehen, außerordentlich scharf zu ahnden sind, und wohl gar nach Beschaffenheit der Umstände solcherwegen die Todesstrafe Platz finde«,[73] aber auch Reformer wie der Leipziger Aufklärer Carl Ferdinand von Hommel, der seinen Spott über das bestehende Strafrecht ausgoß: »Wer denkt beim Beischlaf schon an Religionsfragen? Oder wird dadurch die Religionsausübung befleckt? Oder ist etwa ein Jude nicht ebenso ein Mensch wie der Christ?«[74] Das waren Töne von unerhörter Kühnheit. Die Opposition gegen Hommels Reformbestrebungen ging allerdings von Gegnern aus, die beim Beischlaf nicht unbedingt an Religionsfragen dachten, bei Religionsfragen aber sehr wohl an den Beischlaf.

1794 bestimmte das Allgemeine Landrecht für die Preußischen Staaten: »Ein Christ kann mit solchen Personen keine Heirath schließen, welche nach den Grundsätzen ihrer Religion, sich den christlichen Ehegesetzen zu unterwerfen gehindert werden.«[75] Zuvor hatte eines der fünf Mitglieder der zuständigen Gesetzeskommission, der geheime Obertribunalsrat Joachim Friedrich von Lamprecht, in einem Gutachten erklärt: »Dünkt sich der Christ mit einer Türkin oder Jüdin glücklich, so sehe ich nicht ab, was gerade darunter der Staat leide.«[76] In diesem abweichenden Votum kommt, wie schon in Hommels rhetorischen Fragen, die revolutionäre Idee zum Vorschein, daß der Staat das Recht seiner Bürger auf sexuelle Selbstbestimmung und freie Ehepartnerwahl zu respektieren habe. Doch die Vorstellung, es dürfe sich nun jedermann unkontrolliert fleischlich vermischen und fortpflanzen, rief Sorgen wach. »So viel ist wohl mit Wahrscheinlichkeit zu urtheilen: daß die Vermischung der Stämme (bei größeren Eroberungen), welche nach und nach die Charaktere auslöscht, dem Menschengeschlecht alles vorgeblichen Philanthropismus ungeachtet nicht zuträglich sei«, schrieb Immanuel

Kant 1798,[77] und der junge Ernst Moritz Arndt zitierte angewidert einen französischen Journalisten, der die Prostitution verteidigt habe: »Er schloß mit der witzigen Bemerkung: ›Vor 50 Jahren wåre jede Hure noch roth geworden, sich einem Juden Preis gegeben zu haben; seitdem unsere Weiber auch bei den Juden liegen, ist die Nation grőßer und menschlicher geworden.‹ Glůck zu dieser Menschlichkeit und Grőße! die wird euch keiner beneiden.«[78] Die Liberalisierung des Strafrechts im Namen der Humanität, die ungehemmte Vermischung der Stämme und die legale Bedienung jüdischer Freier durch christliche Huren als Kriterium nationaler Größe und Menschlichkeit: von alledem konnten weder pietistisch erzogene Ethiker noch bramarbasierende Judenfeinde angetan sein. Flammen der Eifersucht züngeln aus einem Pamphlet hervor, das im frühen neunzehnten Jahrhundert in Berlin kursierte:

> Die Humanitåt ist gewiß eine sehr liebenswůrdige, blauåugige junge Griechin, die mit dem feinsten edelsten Anstande, geschmackvoll gekleidet, durch die Grazie ihres Benehmens, jeden verståndigen Mann fůr sich einnimmt. Darf sich aber ein putenschnåblicher, schwarzkőpfiger, schmutziger, kurzer, dicker Jude wohl unterstehen, sie ins Konzert zu fůhren, oder ihr im abscheulichsten Dialekte vermischte Abhandlungen vorzulesen, die er ůber Gegenstånde geschrieben hat, von denen er schlechterdings nichts versteht? Wird nicht die Schőnheit des jungen Mådchens durch einen Klex verunglimpft werden, wenn man sie am Arme eines Juden lustwandeln sieht?[79]

In den linksrheinischen Gebieten Deutschlands waren jüdisch-christliche Mischehen von 1798 bis 1814 nach französischem Recht erlaubt; eine Reform, die nach der Überwindung der Franzosenherrschaft administrativ sogleich wieder rückgängig gemacht wurde.[80] Im Großherzogtum Mecklenburg-Schwerin setzten die Befürworter einer Emanzipation der Juden 1813 eine Verfügung durch, die besagte, daß Ehen zwischen Christen und Juden »hinfüro unverboten seyn« sollten: »Jedoch müssen die Trauungen solcher Ehepaare von christlichen Predigern geschehen; auch die, aus solchen Ehen erzeugten Kinder allemal getauft, und nur in der christlichen Religion erzogen werden.«[81] Doch schon vier Jahre später wurde diese »Verordnung im Betreff der bürgerlichen Rechte der Juden« widerrufen.[82] Die einschränkende Nebenbestimmung, daß Kinder aus Mischehen zu taufen und christlich zu erziehen seien, konnte radikale Widersacher der Judenemanzipation nicht versöhnlich stimmen, da sie ja bereits in der Zeugung von »Mischlingen« die Ursache einer schweren, Volk und Vaterland bedrohenden Gefahr erblickten.

Die Zuwanderung von Juden sei »ein Unheil und eine Pest unseres Volkes«, schrieb Ernst Moritz Arndt 1814. »Erstlich ist jede zu häufige Mischung der Völker mit fremden Stoffen durchaus ein Verderben, das widerstreitende Triebe und Anlagen hervorbringt und die Eigenthümlichkeit und Kraft des Karakters eines Volkes zerstört. Auch aus dieser Ursache ist das Geschlecht der Mischlinge auf den Gränzscheiden der Völker gewöhnlich ein leichtfertiges, zuchtloses und treuloses Geschlecht.«[83] Arndts patriotische Phantasiestücke über Unheil, Pest, Zuchtlosigkeit und Verderben als Folgen einer massenhaften Schwängerung deutscher Christinnen durch zugewanderte Juden wiesen weit voraus auf die Traumgesichte erbhygienisch orientierter Grundlagenforscher, die den Volkskörper von fremden Elementen säubern wollten. Bis ins Weltkriegsjahr 1945 hallte ein Schlagwort nach, das Arndt seinen »lieben Deutschen« 1815 ins Stammbuch geschrieben hatte:

> Wir können in der Geschichte die ungebührliche und verderbliche Vermischung der Völker mit einander, die Zusammenmischung zu vieler fremdartigen Bestandtheile, kurz das, was wir mit Einem ausdrucksvollen Worte die *Verbastardung der Völker* nennen, nicht immer nachweisen; aber nach allgemeinen Gesetzen der Natur und nach den einzelnen Winken und Zeichen, die uns denn doch die Geschichte giebt, haben wir mehr als Wahrscheinlichkeit, daß da, wo in glücklichen und der Entwickelung der menschlichen Fähigkeiten angemessenen Klimaten die Kräfte eines Volkes im Unmaaß oder im Widerstreit unter einander liegen, eine Verbastardung oder doch etwas einer Verbastardung Ähnliches vorgefallen sey.[84]

Ein anderer Patriot drang 1816 zur Erkenntnis der Prinzipien völkischer Reinheit vor und rühmte den Germanen nach, daß sie der Vermischung mit anderen Völkern abhold gewesen seien: »Die Germanen selbst wůrde ich für ein Urvolk halten, das auf keine Weise durch Ankunft und Wanderung fremder Vǒlker Zumischung erhalten.«[85] Und selbst der altersweise, nationalistischer und religiöser Borniertheit unverdächtige

Weltbürger Goethe soll, im Jahre 1823, »seinen leidenschaftlichen Zorn über unser neues Judengesetz, welches die Heirat zwischen beiden Glaubensverwandten gestattet«, kundgetan haben: »Er ahnte die schlimmsten und grellsten Folgen davon, behauptete, wenn der Generalsuperintendent Charakter habe, müsse er lieber seine Stelle niederlegen als eine Jüdin in der Kirche im Namen der heiligen Dreifaltigkeit trauen. Alle sittlichen Gefühle in den Familien, die doch durchaus auf den religiösen ruhten, würden durch ein solch skandalöses Gesetz untergraben [...]«[86]

Doch die wiederholten Warnungen vor einer Verbastardung des germanischen Urvolks und der Zerstörung aller sittlichen Gefühle durch die Legalisierung von Mischehen verhallten, ohne den aufklärerischen Grundgedanken, daß auch Juden Menschen seien, glaubwürdig widerlegen und seiner stetig wachsenden Überzeugungskraft berauben zu können. Im frühen neunzehnten Jahrhundert erinnerte der Rechtsgelehrte Carl August Tittmann daran, daß die Wittenberger Juristenfakultät noch 1777 dem christlichen Geliebten einer jüdischen Frau drei Jahre Zuchthaus und der geschwängerten Jüdin drei Wochen Gefängnis zuerkannt habe.[87] Diese Zeiten, schrieb Tittmann, seien vorbei: »Heute zu Tage wird der Beischlaf mit einer zur jůdischen Religion gehŏrenden Person nur wie andere Unzucht geahndet.«[88] Das bestätigte 1830 der Rechtsprofessor Carl Ernst Jarcke: Die »neueste Praxis« erkenne den Schärfungsgrund der unterschiedlichen Religionszugehörigkeit nicht mehr an.[89] Damit war ein bedeutender Fortschritt markiert.

Gegen die zusehends liberalere Auslegung des Strafrechts und den allgemeinen Wandel der Sitten regte sich der Widerstand religiöser Fundamentalisten. 1843 redete ein evangelischer Publizist der Christenheit ins Gewissen:

> Du kannst der christlichen Liebe nach allen Seiten genügen, ohne daß du dem Heimathlosen (selbst dem Ungetauften, wie die Leute hie und da wahnsinniger Weise jetzt verlangen) deine Tochter zur Frau gibst. Auch haben Israeliten, die das wohl bedacht haben, selbst wenn sie Christen geworden sind, gemeint, es sey besser, ihren welthistorisch großen Stamm, den Stamm Abraham's, David's, Christi, rein auf ihre Enkel zu bringen, als ihn mit deinem Blute zu mischen, dem in der

Geschichte nun einmal andere Ehren beschieden waren und sind als dem ihren. [...] Nur die Flüchtlinge aus den Zelten ihres Stammes, die Lüstlinge, die nicht genug haben an dem, was ihnen die Natur und Geschichte angewiesen, sie möchten alle Schranken niederwerfen, und dich vergessen machen, daß du Wächter heiliger Stammgüter bist, damit sie dich darum brächten.[90]

Daß die Spermien eines Juden bei ihrer Reise zur Eizelle einer Christin eine natürliche, den Zustrom jüdischer Spermien erschwerende Zollschranke niederwerfen müßten, glaubte der Autor selbst nicht, denn sonst hätte ihn ja die Natur in ihrer Weisheit der größten Sorge enthoben. Er wußte nur zu gut, daß aus Mischehen auf natürlichem Wege gezeugte Nachkommen hervorgehen konnten, und er tröstete sich mit dem Zweifel an deren körperlicher, geistiger und seelischer Gesundheit. Bestärkt wurde dieser Zweifel von Historikern, Anthropologen und Humanbiologen, die sich mehr oder weniger redlich darum bemühten, dem Hirngespinst der Blutsreinheit ein solides wissenschaftliches Fundament zu verschaffen. Dankbar griffen Kanzelprediger jedes Indiz aus den Laboratorien der Schädelvermesser auf, das den Abwehrkampf gegen die Verschmelzung jüdischer Samenfäden und christlicher Eizellen in den Rang einer erbgesundheitspolitischen Notwendigkeit zu erheben schien. Die Herkunft der urchristlichen Gemeindemitglieder aus Abrahams Schoß kam dabei seltener in Betracht als das paulinische, den Korinthern erteilte Verbot, am fremden Joch mit den Ungläubigen zu ziehen. Daran erinnerte 1847 ein Pfarrer aus Nürnberg die evangelischen Judenmissionare:

Dahin mӧchte man es bringen, daß den Juden alle *Rechte* und *Pflichten* eines Staatsbůrgers gegeben wůrden, wie den Christen; dahin, daß selbst die *Ehe zwischen den Juden und Christen* gestattet wůrde, so, meint man, wůrde eher eine Verschmelzung Statt finden. Eine Verschmelzung wohl, aber von welcher Art? Was hat die Gerechtigkeit fůr Genieß mit der Ungerechtigkeit? Was hat das Licht fůr Gemeinschaft mit der Finsterniß?[91]

Nun stammte zwar auch der Apostel Paulus aus einer jüdischen Familie, und er hätte, unter dem Aspekt der Blutsreinheit, als Missionsreisender in Ephesus, Korinth und Syrakus nur Bastarde zeugen können, aber bis zu dieser logischen, verwickelte Glaubensfragen berührenden Folgerung ist die Rassenkunde von den christlichen Demagogen nicht vorangetrieben und gedanklich durchdrungen worden. Im Grunde dachten sie immer nur an das eine: daß kein fremdrassiger Lüstling jemals rechtens mit einer Christin ins Bett gehen könne, ohne wider die Natur zu handeln. Der geschlechtlichen Verbindung zwischen Weißen und »Niggern«, mutmaßte der schottische Historiker und Philosoph Thomas Carlyle 1849, könnten nur Ungeheuer, finstere große Mondkälber, unnennbare Fehlbildungen und Monstrositäten entspringen.[92]

1851 wurde in Hamburg, Braunschweig und Hessen-Kassel das Verbot der Ehe zwischen Christen und Juden aufgehoben.[93] Parlamentarier, die dem Beispiel folgen wollten, machten sich verdächtig, der »Rassenverschlechterung« das Wort zu reden. In der württembergischen Abgeordnetenkammer warnte 1863 ein Antisemit vor den zerstörerischen, erbgutschädigenden Konsequenzen der fortschreitenden Judenemanzipation: »Wie kann der Staat mit gutem Gewissen eine solche Ehe gestatten? Dadurch würde eine ganze neue Race von Menschen erzeugt. Ich sage noch einmal, eine ›Race‹, die man in Württemberg bisher gar nicht gekannt hat, ein Bastardengeschlecht, welches in die Welt zu setzen, einem christlichen Volke nicht angesonnen werden darf.«[94] So sah es auch Heinrich von Treitschke. In seiner Wortmeldung im Streit über die Legalisierung jüdisch-christlicher Mischehen führte er einen Musterfall aus dem Gebiet der Pferdezucht an: »Wenn aber die Natur die Differenzirung einmal vollzogen hat, so will sie bekanntlich nicht, daß eine Rückbildung erfolgt. Sie rächt sich, indem sie die Vermischung verschiedener Arten bestraft damit daß die höhere herabgedrückt wird durch die niedere. Wie aus der Vermischung von Pferd und Esel ein Geschöpf hervorgeht, das die Eigenschaften der niederen Art an sich trägt, so bei den Menschen.«[95] Aus Treitschkes Sicht war er selbst von höherer Art als, beispielsweise, Jesus Christus. Wenn der Heiland eine friesische oder langobardische Hafenhure geheiratet hätte, wäre die höhere Art der Hure, Treitschkes Hypothese zufolge, durch die niedere des jüdischen Ehemanns herabgedrückt worden, und die jüdisch versippten Kinder hätten alle eselhaften Eigenschaften der niederen Art ihres rassisch minderwertigen Vaters an sich getragen. Von Rechts wegen hätte ein Treitschkes Lehrsatz gehorchender Staat auch zum christlichen Glauben übergetretenen Jüdinnen und Juden verbieten müssen, Christenmenschen zu heiraten und Kinder mit ihnen zu zeugen.

Ein »Blutschutzgesetz« im radikalen Geiste Treitschkes trat in Deutschland erst 1935 in Kraft. Im späten neunzehnten Jahrhundert triumphierte der Geist der Aufklärung: Nach der Einführung der Zivilehe durch das Reichsgesetz vom 6. Februar 1875 konnten überall im Deutschen Reich jüdisch-christliche Mischehen geschlossen werden, ohne daß einer der beiden Eheleute zum Glauben des anderen übertreten mußte.[96] Damit war eine Rechtssicherheit hergestellt, die sechzig Jahre lang zahllosen Angriffen standhielt. Eine der wütendsten Attacken ritt 1880 der Philosoph und Nationalökonom Eugen Dühring:

> Bei der Einmischung des Judenbluts kann aber unter allen Umständen nur Verschlechterung herauskommen. Am schlimmsten gestaltet sich diese Verderbung, wenn weibliche Angehörige besserer Völker dem Schicksal anheimfallen, dem Judenstamm und Judencharakter als Fortpflanzungsstätten zu dienen. Angesichts solcher Gestaltung sollte auch schon aus Rücksichten von Ehre und Schande den bessern Völkern das Blut eher die Zornesadern sprengen, als dass sie eine solche Erniedrigung ihrer Nationalitäten und eine solche Verjudung ihres Bluts auch nur in geringerem Umfange dulden.[97]

Damit hatte Dühring ein Jahrzehnt vor Adolf Hitlers Geburt den Kernbestand der nationalsozialistischen Weltanschauung umrissen; bis zu Hitlers Todestag kam nichts wesentlich Neues mehr hinzu. Hier war alles schon vorhanden, vom reizbaren Ehrgefühl des rassestolzen Volksvertreters bis zum Ausbruch seines Zorns über die »Verjudung des Blutes«. Auch andere Sexualantisemiten ließen damals ihre Gedanken mit wohligem Unbehagen bei der »widernatürlichen Unzucht« der Blutsvermischung verweilen:

> Sollen die Juden sich mit den Deutschen verschmelzen, so könnte dies nur durch eine Aenderung in der Organisation der Juden in das Werk gesetzt werden und man müßte es über das Herz bringen, den Gedanken einer Blutsvermischung zu fassen, dessen Verwirklichung aber auch nicht so leicht sein dürfte. Auf deutscher Seite steht ihr der Ekel entgegen und auf jüdischer der Umstand, daß der Jude, wie Alles in der

Welt, so auch seine Verheirathung aus dem Gesichtspunkte des Geldgeschäftes betrachtet. Einem deutschen Mädchen wird – abgesehen von Fällen seltener krankhafter Verirrung – die Ehe mit einem Juden immer als widernatürliche Unzucht erscheinen und wo Armuth die Stimme des natürlichen Gewissens unterdrückt, wird es den Juden nicht reizen.[98]

Wenn es nur in »Fällen seltener krankhafter Verirrung« zur Blutsvermischung gekommen wäre, hätte die Welt, wie die Antisemiten sie sahen, in schönster Ordnung sein müssen, denn einige solcher Ausnahmefälle hätte ein sonst vor Gesundheit strotzender Volkskörper verkraften können, ohne zu degenerieren. Doch die »Stimme des natürlichen Gewissens« meldete sich seltener zu Wort als ihre völkischen Lobredner, und sie sahen sich dazu herausgefordert, deutsche Frauen und deutsche Treue zu verteidigen und dabei mit Friedrich Schillers »Lied von der Glocke« ein Nationalheiligtum zu verhunzen: »So ist sie, Levi, liebes Jüdchen, / Der kosch'ren Liebe gold'ne Zeit, / Und willst du kühlen dir dein Mütchen, / So schlägt man dir die Nase breit. / O! daß sie judenrein stets bliebe, / Die schöne Zeit der deutschen Liebe!«[99]

Sie war dahin. »Alles verjüdelt oder verchristlicht oder verpöbelt sich zusehends«, stellte 1887 Friedrich Nietzsche fest und diagnostizierte eine »Blutvergiftung«, die daher rühre, daß willkürlich »die Rassen durch einander gemengt« worden seien.[100] 1891 berief sich der deutsch-soziale Reichstagsabgeordnete Max Liebermann von Sonnenberg auf zoologische Erkenntnisse, als er behauptete, »daß die Natur es nicht wünscht, daß es naturwidrig ist, wenn Juden und Deutsche mit einander Ehen schließen«.[101]

Doch es fand sich keine Mehrheit für die Verabschiedung dieses Naturgesetzes. Ebensowenig erwünscht wie die Mischehe war, seitens der Völkischen, der außereheliche Geschlechtsverkehr zwischen Juden und Christinnen, dessen oft beklagte Häufigkeit in merkwürdigem Kontrast zu seiner Naturwidrigkeit stand. Entrüstet notierte 1892 ein antisemitischer Autor: »Es gibt kaum mehr einen Judenjüngling in Wien und namentlich in Ungarn, welcher sich nicht *rühmt, vor* der Verehelichung mit einer Jüdin, in unerlaubten Verhältnissen zu Christenmädchen gestanden zu sein. Der Chef der Wiener Geheimpolizei sagte dem Schreiber dieser Zeilen vor einem Jahrzehnt schon, daß diese Verhältnisse unglaubliche Ausdehnung angenommen haben.«[102] Es wäre leichtfertig, daraus Rückschlüsse auf die unglaubliche Ausdehnung der geheimpolizeilichen Sexualspionage zu ziehen oder gar auf die Frequenz unerlaubter Verhältnisse in der Donaumonarchie. Bettgeschichten sind trübe Geschichtsquellen, die sich auch in Geheimpolizeiprotokollen nicht aufhellen. Und was so mancher prahlsüchtige »Judenjüngling« über seine sexuellen Eroberungen erzählt haben soll, sagt ebenfalls nicht viel über die wahren Verhältnisse aus. Der Antisemit hält alle Juden für notorische Lügner, aber wenn ihm zugetragen wird, dieser oder jener rühme sich seiner Erfolge als Weiberheld, so glaubt er ihm aufs Wort.

1893 appellierte ein Vorkämpfer des »reinen Deutschtums« an den Gesetzgeber, die »nationale Weltanschauung« zur Staatsdoktrin zu erklären, denn »*wenn reichsgesetzlich jede eheliche Vermischung mit nichtarischem Blute durch öffentliche Bekanntmachung geächtet würde,* dann müßte auch dem Geringsten unserer Rasse durch solche öffentliche Aufmerksamkeit der Ehrgeiz wach werden, um der Rasse willen auf sich und sein Geschlecht etwas zu halten«.[103] Deutschnationale Naturforscher spürten unterdessen dem verderblichen Einfluß des nichtarischen Blutes auf das arische nach und schönten die magere Forschungsbilanz mit dubiosen Quellenangaben, unbegründeten Tatsachenbehauptungen, logischen Kurzschlüssen und markigen Worten: »Ob die Ehen zwischen Germanen und Juden relativ unfruchtbar sind, bleibe dahingestellt; auf jeden Fall befindet sich die jüdische Rasse auch den Beobachtungen und Geständnissen selbst jüdischer Aerzte in einem *physischen Verfall,* so daß aus diesen Gründen allein schon eine Rassenkreuzung für die germanischen Elemente nicht zu empfehlen ist«, teilte 1903 ein Anthropologe mit.[104] Statt aber nun über die Kunde vom Verkümmern der jüdischen Rasse zu frohlocken und weitere Abwehrkampfhandlungen der Natur zu überlassen, setzten die Antisemiten ihre Öffentlichkeitsarbeit mit unverminderter Schärfe fort: Sie betrachteten die jüdisch-arische »Rassenkreuzung« als letzten Versuch des Judentums, in den Untergang, der ihm bevorstehe, auch die Arier mit hineinzureißen. Im Verlauf dieser Auseinandersetzung fanden die griffigsten Formeln aus den gelehrten Abhandlungen über erbbiologische Probleme, nationale Überlebensfragen und die »Descendenztheorie« ihren Weg in die Zeitungen und in reißerisch aufgemachte Traktate. Von Kathedern und Kanzeln, in Parlamentsreden, Leitartikeln, Flugschriften, Groschenheften und der »Rassenpflege« dienenden Lehrbüchern erging der Mahnruf an das deutsche Volk, sich auf seinen biologischen Hochadel zu besinnen.

Kurz vor dem Ersten Weltkrieg war die Furcht vor einem nationalen Niedergang durch Rassenmischung tief genug im öffentlichen Bewußtsein verankert, um auch seriöse Naturwissenschaftler zu Fehldeutungen ihrer eigenen Forschungsergebnisse zu verleiten. In seinen später vielzitierten »Studien am Rehobother Bastardvolk in Deutsch-Südwest-Afrika« erörterte der Anthropologe Eugen Fischer 1913 »das Bastardisierungsproblem beim Menschen« und gelangte, ohne irgendeinen Beweis dafür erbracht zu haben, zu dem Resultat, daß Rassenmischungen bekanntermaßen schädlich seien: »Noch wissen wir nicht sehr viel über die Wirkungen der Rassenmischung. Aber das wissen wir ganz sicher: Ausnahmslos jedes europäische Volk (einschließlich der Tochtervölker Europas), das Blut minderwertiger Rassen aufgenommen hat – und daß Neger, Hottentotten und viele andere minderwertig sind, können nur Schwärmer leugnen – hat diese Aufnahme minderwertiger Elemente durch geistigen, kulturellen Niedergang gebüßt.«[105] Damit hatte sich Fischer zum Stichwortlieferanten der völkischen Bewegung gemacht, die nun an allen Fronten ums Ganze kämpfte.

»Die deutsche Kunst, das Mädchen mit den tiefen Märchenaugen, wurde von jüdischen Händen betastet«, seufzte 1914 ein arischer Kunstliebhaber. »Wenn wir gewinnen, dann verliert jüdische Kunstmache, und deutsches Wesen wird sich endlich wieder unbefleckt zeigen können.«[106] Der Glaube an die unantastbare Keuschheit des deutschen Wesens und den unbefleckten Ursprung der Arier war der allerheiligste im Märchenreich der antisemitischen Dogmatik. »An der Schwelle zum Menschentum«, bemerkte 1915 ein Autor, der die »Ostjudenfrage« lösen wollte, hätten »reine Rassen« gestanden: »Auf den weiten, schrankenlosen Ebenen der Festländer dagegen sammelte sich und floß ineinander wie der Verwitterungsschutt und Schlamm der Gebirge das Rassengemisch. Hier mehrten und mengten sich die Tschandalas jeglicher Abkunft.«[107] Die, wie zu ergänzen wäre, unmittelbar vor der Machtübernahme zu stehen schienen, als der Weltkrieg verloren war und die Pioniere der Rassenhygiene sämtliche Dämme bersten und das Land in Schutt und Schlamm versinken sahen. 1919 regte eine norddeutsche Heimatzeitschrift Volkshochschulkurse zur Festigung des Rassebewußtseins an, um »die immer wiederkehrenden Fälle von Rassenschande, die nicht nur beim Auftreten von Negern oder asiatischen Völkerschaften peinliches Aufsehen erregen, künftig unmöglich zu machen«.[108] Tatendurstigere Treuhänder des deutschen Wesens schlugen rabiatere Maßnahmen vor. Der gemütvolle, vom glänzenden Satiriker und beseelten Schilderer bäuerlicher Welten auf seine alten Tage zum geifernden Judenhasser verkommene Ludwig Thoma rief 1921 zu Mord und Totschlag auf: »Gerade so einen Kerl, wie den Landauer, der den Sträflingen und Zuhältern seiner Partei schon die schönen Bürgertöchter Münchens versprochen hat, muß man tottreten, wie Giftnattern. Daß er ein Berliner Ostjud war, das ist ja ein seltsamer Zufall …«[109] Die gleiche unverhüllte Mordlust trat zutage, wenn Adolf Hitler auf ein Leitmotiv seines politischen Denkens zu sprechen kam: auf den Juden als Verführer blonder Mädchen. Die Mitschrift einer im Februar 1922 im Münchener Zirkus Krone gehaltenen Rede Hitlers überliefert auch einen Zwischenruf, der die dort brodelnde Pogromstimmung auf den Begriff gebracht hat: »Unsere jungen Mädchen«, sagte Hitler, »werden von den Juden verführt und dadurch das Volk verseucht. Jeden Juden, der mit einem blonden Mädchen erwischt wird, sollte man … (aufhängen!) … ich will nicht sagen aufhängen; aber ein Gericht sollte bestehen, das diese Juden zum Tode verurteilt (Beifall).«[110] Aufhängen, sagte die Stimme des Volkes, und Hitler versprach ihm die Legalisierung der Lynchjustiz.

Bis er sein Versprechen einlösen konnte, sollten noch mehrere Jahre verstreichen. Daß es den Juden auch 1926 noch immer nicht gesetzlich verboten worden war, mit blonden Mädchen zu flirten, kam Alfred Rosenberg unbegreiflich vor:

> Gebären die Frauen einer Nation Neger- oder Judenbastarde, geht eine Schlammflut von Nigger-Begeisterung und Nigger»kunst« weiter so ungehindert über Europa hinweg wie heute; darf die jüdische Bordellliteratur weiterhin noch ins Haus gelangen wie jetzt; wird der Syrier vom Kurfürstendamm noch weiter als Volksgenosse und ehemöglicher

Mann betrachtet, dann wird einmal der Zustand eintreten, daß Deutschland (und Europa) in seinen geistigen Zentren nur von Bastarden bevölkert sein wird. Mit der Lehre von der »erotischen Wiedergeburt« greift der Jude heute – und zwar auch mit Hilfe der Lehren der Frauenemanzipation – an die Wurzel unseres ganzen Seins überhaupt. *Wenn irgendwo, so läge heute in der Predigt von der Reinerhaltung der Rasse die heiligste und größte Aufgabe der Frau.*[111]

Gehalten wurden die Predigten aber meistens von Männern; zumal von solchen, deren Besitzanspruch sich auf den gesamten »Volkskörper« erstreckte. »Die Zersetzung einer jeden Gesittung durch das Judentum geht Hand in Hand mit der leiblichen Infiltration der Volkskörper mit seinem Blute, die schließlich auch nichts, wie Zersetzung ist«, schrieb 1927 ein verdrossener Volksgenosse.[112] Im Reichstag warb der NSDAP-Abgeordnete Wilhelm Frick für ein Verbot von Mischehen: »Die Rassenvermanschung hat in den letzten Jahrzehnten ganz ungeheuerliche Fortschritte gemacht, und es wäre höchste Zeit, daß dieser Vermanschung der Rasse auch mit strafrechtlichen Mitteln entgegengetreten würde. Es müßten Rassenmischehen verboten werden, vor allem Ehen von Ariern mit Juden.«[113] Weitergehende Forderungen stellte 1928 der Verfasser einer Kampfschrift über »Staat und Rasse«:

Ausgeschlossen ist die Heiratsgemeinschaft mit den Franzosen von heute. Die Erinnerung an den Anteil der Neger in den Besatzungstruppen ist dabei noch nicht das schlimmste, ja, fast muß man sagen, daß eine solche Beschimpfung für die Erweckung des allzu trägen Nationalgefühls nicht wertlos ist, – nein das schlimmste ist, daß die Franzosen mit klarem Bewußtsein, ja ohne jede Beschönigung die Neger in ihre Nation aufnehmen. […] Das ist das Gegenbild, das unserer National-Idee genau entgegengesetzt ist, die Blutschmach, die Europas Verderben bedeutet, wenn sie weiter ansteckend wirkt. Mit dieser Nation mögen politische und wirtschaftliche Zweckbündnisse opportun sein oder nicht – eine Heiratsgemeinschaft wäre frevelhaft.[114]

Man kann nicht behaupten, daß der Ton in der Polemik gegen die »Rassenvermanschung« sich von Jahr zu Jahr verschärft hätte, denn an Schärfe wären schon Ernst Moritz Arndts Brandreden wider die Verbastardung schwerlich zu überbieten gewesen. Aber der Standard wurde gehalten. 1929 konstatierte der Schriftsteller und Pädagoge Hjalmar Kutzleb, nicht anders als Arndt einhundertfünfzehn Jahre zuvor, den Untergang des Abendlandes durch den Beischlaf mit Ostjuden und anderen Rassefremden: »Der Tod der Deutschen spielt sich demnach so ab, daß die rassisch minderwertige Schicht immer noch wächst, die hochwertige immer rasender dahinschwindet, daß dann minderwertige Völkerschwemmsel, Russen, Polen, Ostjuden, Zigeuner, Farbige und Mischlinge von außen nachsickern und in die rassische Bodenschicht einfiltern, ein Vorgang, der bekanntlich schon in bestem Zug ist.«[115] Und der *Völkische Beobachter* mahnte: »Es müßte ein Gesetz erscheinen, daß die Ehen zwischen Christen und Juden wieder verboten werden, es müßte der Jude mit Zuchthaus bestraft werden, der ein deutsches Mädchen besudelt.«[116]

Zu diesem Zweck legte die NSDAP-Fraktion dem Reichstag am 12. März 1930 den Entwurf eines Gesetzes »zum Schutz der deutschen Nation« vor: Jeder reinrassige Deutsche, der »durch Vermischung mit Angehörigen der jüdischen Blutsgemeinschaft oder farbigen Rassen zur rassischen Verschlechterung und Zersetzung des deutschen Volkes beiträgt oder beizutragen droht«, sei »wegen Rassenverrats mit Zuchthaus« zu bestrafen.[117] Im parlamentarischen Alltag ging die Gesetzesinitiative unter, doch sie fand einen beredten Advokaten in dem österreichischen Strafrechtslehrer Wenzeslaus Graf von Gleispach, der sie im September 1932 bei einer Tagung von Kriminalisten in Frankfurt rühmend hervorhob:

> Zu den idealen Rechtsgütern, die mit Strafschutz umgeben werden sollen, werden auch Ehre und Würde des deutschen Volkes und seiner Helden, die Fruchtbarkeit der deutschen Rasse und das deutsche Volkstum schlechthin gezählt. Die hier bestehenden Bestrebungen sind in dem Entwurf eines Gesetzes zum Schutze der Nation zusammengefaßt, der dem Deutschen Reichstag überreicht worden ist (Drucksache 1741 Reichstag IV 1928). Es ist leicht, ihn juristisch zu kritisieren oder lächerlich zu machen; er ist wohl mehr als eine Kundgebung gedacht denn als ein Vorschlag, der unmittelbar mit Gesetzeskraft auszustatten wäre. Worauf es ankommt, ist der gedankliche Inhalt, der der wissenschaftlichen Untersuchung und Gestaltung wert ist.[118]

Bei diesen Bestrebungen leisteten antisemitische Naturwissenschaftler, Juristen, Politiker und Journalisten einander Amtshilfe. Dem berüchtigten Sozialanthropologen Hans Friedrich Karl Günther, für den »eine gewisse Schädlichkeit der Rassenkreuzung« außer Frage stand,[119] verhalf Wilhelm Frick 1930 als thüringischer Innenminister zu einem Lehrstuhl für Rassenkunde an der Universität Jena,[120] und der *Völkische Beobachter* stützte seine Propaganda auf die Studien parteikonformer Forscher, die als erweislich wahr ermittelten, was der Führer nur geahnt hatte. So stand es dann im »Kampfblatt der nationalsozialistischen Bewegung Großdeutschlands«: »Es ist durchaus erwiesen, daß eine Blutsvermischung zwischen Deutschen und Hebräern oder zwischen Deutschen und Negern für unsere Rasse die *größte Gefahr* ist. Umgekehrt leitet den Juden sein angeborener Verbastardisierungstrieb, wenn er sein begehrliches Auge auf blonde deutsche Mädchen wirft. Vielleicht zugleich auch der Trieb, seine eigene Rasse durch nordisches Blut zu verbessern.«[121]

Katholischen und evangelischen Mitläufern der erstarkenden Bewegung wurde bedeutet, daß sie sündigten und frevelten, wenn sie an ihrem christlichen Menschenbild festhielten. Eine grobe Zurechtweisung kirchentreuer Parteigänger hat Theodor Fritsch 1931 seinem später vielfach neuaufgelegten »Handbuch der Judenfrage« vorangestellt:

> So gab der Schöpfer jedem Lebewesen, seiner Art entsprechend, ein besonderes Blut und damit eine besondere Seele. Er legte in sie die Fähigkeit der Erhaltung und Fortpflanzung besonderer Kräfte und wies jedem Wesen damit den Weg zur Vervollkommnung der eigenen Art. Wer dieses Blut verdirbt und durch Vermischung verunreinigt, der ertötet die Seele im Blut und nimmt ihr die besonderen Kräfte. Wenn also die Kirche lehrte, daß es nur eine Art Mensch gäbe, daß der Neger, der Eskimo, der Indianer, der Chinese und der Germane die gleiche Seele besäßen und vor Gott gleich seien, so frevelte sie gegen Gottes Gebote und bot die Hand zur geistigen und sittlichen Zerstörung der Menschheit. Wir brauchen uns über den allgemeinen Sittenverfall also nicht zu wundern.[122]

Am gelehrigsten stellten sich die »Deutschen Christen« an, die Ende Mai 1932 in ihren Richtlinien die Judenmission als »Eingangstor fremden Blutes in unseren Volkskörper« mißbilligten und härtere Gesetze forderten:

»Insbesondere ist die Eheschließung zwischen Deutschen und Juden zu verbieten.«[123] Zur gleichen Zeit verteilten nationalsozialistische Agitatoren ein Flugblatt mit der Überschrift »Dem deutschen Mädchen ins Stammbuch«:

> Der Teufel soll das Mädchen holen,
> Das mit dem Jud' intim verkehrt.
> Man sollte ihm den Steiß versohlen,
> Wenn es nicht deutsche Sitte ehrt.
> Ein leuchtend Brandmal auf die Stirne
> und einen Stempel: Judendirne![124]

Als sich 1933, nach den ersten systematischen Überfällen auf Geschäfte von Juden, Widerstand regte, wurde die Drohung wiederholt. Frauen, die mit der deutschen Sitte des Steißversohlens noch nicht vertraut waren, konnten dem Krefelder *Generalanzeiger* entnehmen, was ihnen blühe, wenn sie nicht parierten:

> An die gesinnungslosen Damen Krefelds! Da uns nicht unbekannte Frauen und Mädchen Krefelds den SA-Boykott gegen die jüdische Greuelpropaganda mit einem Boykott des christlich-gewerblichen Mittelstandes beantworten, warnen wir diese. Sie sollen sich schließlich nicht wundern, wenn die SA sie demnächst genauso behandelt, wie einst die ehrlosen Weiber behandelt wurden, die mit den belgischen Soldaten und den belgischen Offizieren in der Besatzungszeit verkehrten. Wir haben die Augen offen.[125]

Ordnungsliebende Fachmänner drängten die neuen Machthaber, den Straßenterror auf dem Wege der Gesetzgebung in gesicherte Bahnen zu lenken. »Es kann dem Belieben einzelner nicht dauernd überlassen bleiben, sich mit irgendwelchen andersrassigen Menschen ehelich zu verbinden und damit schließlich das deutsche Volk zu bastardieren«, schrieb ein Jurist,[126] und ein Rassenpädagoge sekundierte: »Sicher ist, daß die fortgesetzte planmäßige Infiltration deutscher Mädchen und Frauen mit jüdischem Sudra- und Neandertalmenschenblut in absehbarer Zeit eine völlige Zerstörung der arischen Rassenbestandteile unseres Volkes notwendig mit sich bringen muß, wenn hier nicht mit den schärfsten Mitteln

Wandel geschaffen wird.«[127] Zu diesem Wandel trug eine 1933 herausgegebene Denkschrift des Preußischen Justizministers bei, in der es hieß: »Als *Rasseverrat* ist unter Strafe zu stellen jede geschlechtliche Vermischung zwischen einem Deutschen und einem Fremdrassigen, und zwar strafbar an beiden Teilen. Der tatsächlichen geschlechtlichen Vermischung wird ein Beischlaf unter Anwendung von Mitteln, die die Empfängnis verhüten sollen, gleichzustellen sein.« Denn hier ging es ja nicht allein um das Rechtsgut der Rassenreinheit, sondern mehr noch um den Schutz einer zerbrechlichen Ehre: »Auch die Verletzung der Rassenehre muß unter Strafe gestellt werden. Es spricht dem Volksempfinden Hohn, wenn z.B. deutsche Frauen sich in schamloser Weise mit Negern abgeben.«[128]

Wieviel Unsicherheit, Lebensangst und Gespensterfurcht der pompös zur Schau getragene Stolz der Nationalsozialisten auf ihre Manneszucht, Disziplin, Robustheit, Souveränität und granitene Härte verbergen mußte, zeigt sich kaum irgendwo deutlicher als in der mimosenhaften Empfindlichkeit ihres Ehrgefühls. Sie liebten die Stürme, die brausenden Wogen, und sie nannten sich »Männer aus Stahl und Eisen«,[129] aber schon der Anblick einer blonden Deutschen, die mit einem »Fremdrassigen« schäkerte, konnte die Stahlgestalten in hysterisch keifende Nervenbündel verwandeln:

> Also, alles durcheinanderbastardiert: Hottentotten – Deutsche – Tungusen – Spanier – Finnen – Zulukaffern – Polacken – Griechen – Somalineger – Kirgisen – usw., alles, was von Wladiwostok bis Hamburg, von Kapstadt bis Petersburg an Völkern wohnt, alles durcheinandergemanscht, und der Haufen – man verarge mir den Ausdruck nicht – der Haufen Dreck, der dabei herauskommt, das ist dann »Vielfalt der Persönlichkeit«! Pfui Teufel! Die stolze blonde Frau als Dirne eines triefäugigen Hottentotten oder syphilitischen Levantiners, und die Kinder aus dieser »Ehe« gepaart mit irgendwelchen Kreuzungsprodukten aus Tungusen und Marokkanern, Zulus und Ukrainern – Schluß! Schluß! Der Gedanke an solche Viecherei jagt jedem, der noch *eine* Assonanz rassischer Töne im Blute fühlt, den würgenden Ekel in die Kehle![130]

Was mit dem hier angesprochenen »Haufen Dreck« zu geschehen habe, bedurfte prinzipiell keiner weiteren Erörterung. Umstritten war dagegen die Behandlung der rassenehrvergessenen deutschen Frauen. 1934 machte sich der SS-Untersturmführer Walter Bohm Gedanken über »gesetzgeberische Maßnahmen zur Reinerhaltung des arischen Blutes in Deutschland« und empfahl dem Stabsführer des Rasse- und Siedlungshauptamts schriftlich, »gegen das Weib, das sich leichtsinnig oder böswillig zur Bastardisierung« hingebe, nach dem »deutschen Stammesrecht« zu verfahren, wonach »ein solches Weib immer als Hure angesehen« worden und »immer der Todesstrafe verfallen« gewesen sei. Andererseits müsse »aus praktischen Gründen zunächst immer angenommen werden«, daß »das deutsche Weib verführt worden ist, und daß dementsprechend mildernde Umstände zu seinen Gunsten anzuführen sind«. Den Vorschlag, »in jedem Fall außer dem Verführer auch die Verführte mit Freiheitsstrafen zu belegen«, bezeichnete der Untersturmführer, nachdem er in seinem kurzen Rachetraum von Entehrung und Tötung geschwelgt hatte, abschließend als »gänzlich abwegig«.[131] Dabei wollten es andere Rassenhygieniker nicht bewenden lassen. Im Dezember des Jahres sandten die Teilnehmer einer Ärztetagung zum Thema »Rassenhygiene und Erbbiologische Tagesfragen« in Nürnberg ein Telegramm an den mittlerweile zum Reichsinnenminister ernannten Wilhelm Frick und verlangten eine gesetzliche Grundlage dafür,

> daß jede versuchte körperliche Gemeinschaft zwischen deutscher Frau und Judenstämmling genau so wie die vollzogene mit schwerster Strafe geahndet wird, bei der deutschen Frau mit Aberkennung der deutschen Staatszugehörigkeit, Verbringung in ein Arbeitslager und bei vollzogener körperlicher Gemeinschaft mit einem Judenstämmling mit Unfruchtbarmachung; beim Judenstämmling mit ebenfalls sofortiger Aberkennung der deutschen Staatszugehörigkeit, mit Beschlagnahme seines gesamten Vermögens, mit mindestens fünf Jahren Zuchthaus und nachheriger sofortiger Ausweisung aus Deutschland als unerwünschter Fremdkörper [...][132]

Die Forderung nach »Unfruchtbarmachung« hatten diese Mediziner aus dem Aberglauben abgeleitet, daß die Spermien eines »Judenstämmlings« den Geburtskanal einer nichtjüdischen deutschen Frau verunreinigten und ihre Erbanlagen ramponierten.

1935, als die entsprechenden Gesetze ausgearbeitet wurden, trieb der Rassenhygieniker Lothar Gottlieb Tirala die Regierung zur Eile an:

> Es geht nicht an, daß ein germanisches Mädchen einen jüdischen Mann zum Freund oder Ehemann hat und auf diese Weise die Bastardisierung in unserem Volke gefördert wird. Wir können kein Haberfeldtreiben mehr veranstalten, aber wenn ich mich erinnere, wie man allenthalben die schönsten germanischen Frauen an dem Arm der vorderasiatischen Männer in Europa ziehen sah, oder ausgesprochen germanische Männer mit »rassigen« Jüdinnen, so muß man dieser Unsitte mit Strafandrohung und unter Umständen mit Gewalt begegnen. *Wir fordern als Rassenhygieniker Strafandrohung für jeden Deutschen, der mit einer fremdrassigen Frau, und für jede Deutsche, die mit einem fremdrassigen Mann ein Verhältnis hat oder dieses Verhältnis durch die Ehe legitimiert.* [133]

Bereits vor der Verabschiedung der Nürnberger Gesetze wurden Juden wegen »Rassenschande« denunziert und polizeilich verfolgt, [134] und einzelne Standesbeamte verweigerten, entgegen geltendem Recht, die Trauung von Juden und nichtjüdischen Frauen. [135] »Für ehrlose Frauenzimmer, die in aller Öffentlichkeit mit Juden Verhältnisse unterhalten«, war nach einem Erlaß der Karlsruher Gestapo vom 13. August 1935 »Schutzhaft zu beantragen. Es empfiehlt sich, mit den zuständigen Kreisleitern der NSDAP zwecks Erfassung bzw. Beobachtung dieses rassenschänderischen Treibens in Fühlung zu treten«. [136] All das geschah in vorauseilendem Gehorsam gegenüber dem »Blutschutzgesetz«, das am 15. September 1935 in Kraft trat, von der gleichgeschalteten Presse propagandistisch vorbereitet durch eine Serie von Hetzartikeln gegen jüdische »Rassenschänder«. [137]

Nach den Nürnberger Gesetzen waren Eheschließungen und »außerehelicher Verkehr« zwischen Juden »und Staatsangehörigen deutschen oder artverwandten Blutes« verboten und mit Zuchthausstrafen bewehrt. Der Paragraph 5 (2) des Gesetzes sah eine Gefängnis- oder Zuchthausstrafe für den außerehelichen Geschlechtsverkehr jedoch nur für Männer vor. [138] Daß die Härte des Gesetzes vor allem jüdische Männer traf, versuchte Roland Freisler, damals Staatssekretär im Reichsjustizministerium, später Vorsitzender des Volksgerichtshofs, 1936 in einem Rückblick auf »Ein Jahr Blutschutzrechtsprechung« zu begründen:

> Ich bitte, mich nicht mißzuverstehen: Der rassevergessene deutsche Mann, der geschlechtlich mit einer Jüdin verkehrt, begeht gewiß ein schweres Verbrechen; und dieses Verbrechen ist um so schwerer, als es dem Rassestolz und der Rasseehre des deutschen Volkes ins Gesicht schlägt und als zudem der Täter Verrat an seiner Treuepflicht gegenüber dem in ihm pulsenden Blute begeht. Es muß daher auch mit aller Schärfe geahndet werden.
>
> Das ändert aber nichts daran, daß dann, wenn man die Frau in erster Linie als Gefäß, als Gral der Blutsreinheit ansieht, der schwerere Angriff auf die Reinheit des deutschen Blutes in dem rasseschänderischen Angriff auf die deutsche Frau liegt. Und diesen einen Straftatbestand, den Angriff auf die Hüterin der Reinheit des deutschen Blutes, die Frau, kann eben nur der *jüdische* Mann verwirklichen. *Hier* stehen wir also vor dem weit gefährlicheren Angriff auf die Blutsreinheit. Hier ist das Schutzbedürfnis des deutschen Blutes ein besonders großes.[139]

Nach dieser verqueren Logik veruntreute ein reinrassiger Deutscher durch den Beischlaf mit einer Jüdin sein Blut und fügte dem Rassestolz eine Kränkung, aber dem deutschen Volkskörper keinen bleibenden Schaden zu, während ein Jude durch den Beischlaf mit einer Arierin deren Blut infizierte und ihre Eignung zum geweihten Gefäß für den heiligen arischen Samen zunichte machte.

Die Prozesse gegen solche »Rassenschänder«, schreibt die Historikerin Gabriele Kohlbauer-Fritz, »waren Ausdruck männlichen Potenzneides, der aber letztendlich derselben Quelle entspringt wie die männliche Angst vor sexuell attraktiven und aktiven Frauen. Gestraft wurden in solchen Fällen nicht nur die Männer, sondern auch die nichtjüdischen Frauen, die man öffentlich demütigte, indem man ihnen zum Beispiel die Haare schor und sie der gaffenden Menge vorführte.«[140] Für solche Exzesse benötigte niemand einen Führerbefehl. In seiner Geringschätzung der weiblichen Verstandeskräfte billigte Hitler den »arischen« Frauen, die sich mit Juden eingelassen hatten, keine Schuldfähigkeit zu, und in einem gut dokumentierten Fall von »Rassenschande« griff er sogar persönlich ein, um das Urteil über die involvierte Frau aufzuheben.[141] Allgemein gebräuchlich war es jedoch, die nichtjüdischen Frauen bei der polizeilichen Vernehmung und im Zeugenstand durch schamlose Fragen zu demütigen: »Haben Sie nur einmal in der Nacht zusammen verkehrt oder hat F. in der Nacht oder am Morgen öfters sein Geschlechtsteil bei Ihnen eingeführt?« Und: »Hat F. beim Samenerguß sein Geschlechtsteil herausgezogen?« Und: »Hat F. lange mit Ihnen verkehrt bis er fertig war, das heißt, wie lange hatte es gedauert, bis er fertig wurde?« Und: »Sind Sie bei dem Verkehr befriedigt worden?« Und: »Sind Sie normal veranlagt und haben Sie schon Verkehr gehabt, wo Sie befriedigt worden sind?« Und: »Da Sie nun nicht befriedigt wurden, liegt die Vermutung nahe, daß Sie noch mehrmals mit F. verkehrten, wie ist das?«[142]

Hans-Christian Lassen, der diese Zitate in einem kriminalpolizeilichen Vernehmungsprotokoll gefunden hat, merkt dazu an: »Auffallend ist die Detailverliebtheit der Kripobeamten bei der Dokumentation der sexuellen Vorgänge. Die Akribie war derart extrem, daß sich der heutige Leser fragen muß, ob bei dieser Breite der Darstellung nicht unmittelbar relevanter Fragen auch eine quasi voyeuristische Komponente durchscheint.«[143] Das ist sehr vorsichtig und fast zu vornehm ausgedrückt. Was hier herrschte, war das dramaturgische Gesetz der Volkstheaterszene, die ein gehörnter Ehemann seiner Frau macht, wenn er nach der Feststellung des Tatbestands Genaueres wissen will. Die Raserei des Hahnreis konnte sich hier in ordentlichen Ermittlungs- und Prozeßverfahren austoben. Das trifft auch auf die Befragung von Frauen zu, die sich des Geschlechtsverkehrs mit ausländischen Zwangsarbeitern verdächtig gemacht hatten: Es wurden in alle Einzelheiten gehende Geständnisse erzwungen, und am härtesten wurden jene Frauen bestraft, die als Motiv für ihre Tat Verliebtheit angegeben hatten.[144] In einem Prozeß wegen »Rassenschande« rechtfertigte ein Staatsanwalt seine Neugier mit den Worten: »Es kommt zur Überführung der Beschuldigten darauf an, auch die kleinsten Einzelheiten des Geschlechtsverkehrs zu erörtern und damit festzustellen.«[145] Das entsprach der allgemeinen Rechtsauffassung.

Und so fragten Polizeibeamte, Staatsanwälte und Richter ältere Frauen, Ehefrauen, Prostituierte und kaum dem Backfischalter entwachsene

> Mädchen, was sie oder der Angeklagte in dieser oder jener Situation empfunden hatten. »Hatten Sie den Eindruck«, so lautete eine immer wiederkehrende Frage, »daß der Angeklagte sexuell erregt war?« Mehrfach wurde darauf geantwortet: »Das weiß ich doch nicht, ich war ja unerfahren.« Die Fragen wurden dann detaillierter: wo denn sein Bein war, ob denn die Zeugin durch die Kleidung hindurch vielleicht sein Glied gefühlt hatte, ob der Kuß besonders sinnlich gewesen sei. Auf alles das mußten die Zeuginnen antworten.[146]

Und die Richter machten immer größere Eroberungen auf sexuellem Gebiet. »Geschlechtsverkehr«, befand das Landgericht in Frankfurt am Main im Februar 1936, »erfordert nicht die Vereinigung beider Geschlechtsteile, es genügt die wechselseitige Berührung der Geschlechtsteile; auch wenn es nicht zu einer völligen Vereinigung der beiden Partner kommt, ist bereits eine erhebliche Gefährdung der deutschen Rasse gegeben, und das völkische Empfinden auf das Schwerste verletzt.«[147] Auch ein Landgerichtsrat im Reichsjustizministerium versteifte sich 1936 darauf, daß der Begriff »Geschlechtsverkehr« im »Blutschutzgesetz« nicht allein den Beischlaf bezeichne, sondern »vielmehr wesentlich weiter aufzufassen« sei: »Die größte Gefahr der Blutvermischung« bringe »naturgemäß der natürliche Geschlechtsverkehr« mit sich; es bestehe aber »auch bei einzelnen Arten des perversen Geschlechtsverkehrs die entfernte Möglichkeit einer Befruchtung. Schon wegen dieser entfernten Möglichkeit muß auch der unnatürliche Verkehr verfolgt werden.« Der Autor, der hier wohl vornehmlich Analverkehr, Fellatio und gegenseitige Masturbation vor Augen gehabt hatte, ging noch einen Schritt weiter: »Bringt die körperliche Hingabe die Gefahr des Eindringens jüdischen Blutes mit sich, so erzeugt die seelische Hingabe durch die Beeinflussung der Denkungsart und des Gefühlslebens die Gefahr des Eindringens jüdischer Art. Auch diese Einbruchsstelle muß verlegt werden [...]«[148] In einer Entscheidung vom 9. Dezember 1936 kam das Reichsgericht dieser Aufforderung nach und dehnte den Begriff »Geschlechtsverkehr« auf »alle geschlechtlichen Betätigungen mit einem Angehörigen des anderen Geschlechts« aus, »die nach der Art ihrer Vornahme bestimmt sind, an Stelle des Beischlafs der Befriedigung des Geschlechtstriebes mindestens des einen Teils zu dienen«. Denn es handele sich um eine Ehrensache:

> Eine weitere Auslegung ist aber auch deshalb geboten, weil die Vorschriften des Gesetzes nicht nur dem Schutze des deutschen Blutes, sondern auch dem Schutze der deutschen Ehre dienen. Diese erfordern, daß ebenso wie der Beischlaf auch solche geschlechtlichen Betätigungen – Handlungen und Duldungen – zwischen Juden und Staatsangehörigen deutschen oder artverwandten Blutes unterbleiben, durch die der eine Teil seinen Geschlechtstrieb auf einem anderen Wege als durch Vollziehung des Beischlafs befriedigen will.[149]

Als strafwürdigen Geschlechtsverkehr kreidete das Landgericht in Frankfurt am Main 1938 einem Juden an, daß die Kleidung und der Körper einer nichtjüdischen deutschen Frau in seinem Blickfeld gelegen hätten: »Im übrigen war der Körper der Zeugin bei der Befriedigung des Geschlechtstriebes des Angeklagten auch insofern maßgeblich beteiligt, weil sowohl der Anblick der roten Stiefel, als auch der Unterwäsche der Zeugin, überhaupt die ganze Lage des Körpers der Zeugin die Geschlechtslust des Angeklagten auslöste und ihn zu Handlungen trieb, die der Befriedigung dieser Geschlechtslust dienten.«[150] 1939 stellte auch das Reichsgericht fest, daß die »Rassenschande« des Geschlechtsverkehrs ohne körperliche Berührung begangen werden könne.[151] Das widersprach zwar kraß dem Wortlaut des Gesetzes, doch es deckte sich mit dem Plan des Führers und Reichskanzlers, noch den subtilsten erotischen Augenkontakt zwischen Juden und Arierinnen zu vereiteln oder zu ahnden: Kein Jude sollte es mehr wagen dürfen, eine nichtjüdische Dame zu fixieren, geschweige denn ihre Unterwäsche. Dieser knäbische Wunschtraum aller Antisemiten ging im Dritten Reich in Erfüllung, und es mangelte nicht an karrierebewußten Juristen, die selbst die fernsten Einbruchsstellen jüdischen Blutes und jüdischer Art verlegten. Um ein möglichst strenges Urteil über einen Juden fällen zu können, der die »Rassenschande« vielleicht nur im Sinn gehabt hatte, zog ein Landgericht 1939 kurzerhand einen anderen Paragraphen heran, der die Ehre schützen sollte:

> Einem Deutschen Mädchen zu erkennen zu geben, daß man als Jude beabsichtige, mit ihm in nähere – sei es auch nicht geschlechtliche – Beziehungen zu treten, bedeutet, daß der Angeklagte annahm, dieses Mädchen sei von den rassemäßigen Erkenntnissen des Dritten Reiches

> noch nicht so durchdrungen, so daß es vielleicht doch in einen Verkehr mit einem Juden einwilligen würde. Diese durch positive Handlungen geoffenbarte Einstellung gegenüber dem Rasseempfinden eines Deutschen Mädchens stellt eine grobe Nicht- und Mißachtung von dessen Ehrbewußtsein dar und ist als Beleidigung gemäß § 185 StGB strafbar.[152]

Nach einem Urteil des Landgerichts Hamburg war das »Blutschutzgesetz« auf dem gesamten Planeten gültig; auch jenseits der Reichsgrenzen vollzogene Sexualakte zwischen Juden und »Arierinnen« dürften nicht straflos bleiben: »Würden aufgrund des Territorialitätsprinzips des § 3 RStGB solche Fälle der Rassenschande ausgeschlossen sein, so würde das Ziel des Blutschutzgesetzes, nämlich durch die Reinerhaltung des deutschen Blutes und die Rassentrennung den Fortbestand des deutschen Volkes zu sichern, auf das Ernsteste gefährdet sein.«[153]

Es kam zu mehr als zweitausend Verurteilungen wegen »Rassenschande«, und das Strafmaß wurde kontinuierlich erhöht.[154] »Das Volk«, urteilte 1937 ein Schöffengericht, »ist sich wieder der von überstaatlichen Mächten und Judenknechten lange verdrängten und verfälschten Ehrbegriffe bewußt geworden und empfindet es als unerträgliche Beleidigung der Volksgesamtheit, wenn ein Angehöriger der allen anderen Völkern verderblichen und überheblichen, frechen jüdischen Bastardrasse eine deutsche Frau berührt.«[155]

Mit der Einweisung in ein Konzentrationslager hatten die verurteilten Juden den Tod vor Augen. »Homosexuelle und sogenannte Rassenschänder wurden besonders unmenschlich behandelt«, sagte der Zeuge Gustav Buscher 1958 in Bonn beim Prozeß gegen Gustav Sorge und Karl Schubert aus, die als SS-Männer im KZ Sachsenhausen gewütet hatten. Der Zeuge Victor Wojczak bestätigte das: »Nach der Ankunft, im Bad, wurden wir befragt, aus welchem Grunde wir hier waren. Mein Nebenmann, ein Jude, über 50, sagte, er habe ›Verkehr mit einer Arierin‹ gehabt, worauf Sorge ihn zu Boden schlug und trat, bis ihm das Blut aus dem Munde quoll. Der Mißhandelte kam ins Revier, und ich hörte, daß er dort gestorben sei.« Ähnliche Erfahrungen hatte der Zeuge Erich Boehm gemacht: »Rassenschänder und Abhörer ausländischer Sender waren Todeskandidaten.«[156]

Noch kürzeren Prozeß machten Richter, die in Verfahren wegen »Rassenschande« die gesetzlich gar nicht vorgesehene Todesstrafe verhängten. So stellte sich der Richter Oswald Rothaug über das Gesetz und verurteilte 1942 in Nürnberg den Juden Leo Katzenberger zum Tode, weil eine »Arierin« einmal auf dem Schoß des Angeklagten Platz genommen hatte. Auf den Einwand eines medizinischen Sachverständigen, daß Katzenberger ein alter Mann und der Vorwurf der »Rassenschande« fragwürdig sei, hatte Rothaug erwidert: »Für mich reicht es aus, daß dieses Schwein gesagt hat, ein deutsches Mädchen hätte ihm auf dem Schoß gesessen.«[157]

Dem 1943 »wegen Rassenschande in vier Fällen« vom Sondergericht beim Oberlandesgericht Kassel zum Tode verurteilten ungarischen Juden Werner Holländer wurden der »Grad seiner inneren Verkommenheit, seine charakterliche Niedrigkeit und die Gefährlichkeit seines hemmungslosen Trieblebens« vorgehalten, während die Richter in ihrer Urteilsbegründung eine höhere Gerechtigkeit walten ließen als die des Gesetzes: »Es ist nach deutschem Rechtsempfinden ein Gebot gerechter Sühne, daß der Angeklagte, der während eines Krieges Deutschlands mit den Anhängern des Weltjudentums die deutsche Rassenehre in den Schmutz zu treten wagte, vernichtet wird.«[158] Als der Fall in der frühen Nachkriegszeit wieder aufgerollt wurde, stellte sich heraus, daß der Angeklagte auch mit der verheirateten Tochter eines Landgerichtspräsidenten geschlafen hatte; ein Umstand, der den Richtern bekannt war, ohne daß er Eingang in die Gerichtsakten gefunden hätte. Die Historiker Ernst Noam und Wolf-Arno Kropat vermuteten, »daß für das Todesurteil gegen Holländer neben der zunehmenden Härte der Strafjustiz im Kriege auch die Entrüstung über ein der Familie eines hohen Standeskollegen vermeintlich zugefügtes Unrecht maßgebend war«.[159] 1950 sprach das Schwurgericht Kassel die verantwortlichen Richter Fritz Hassencamp und Edmund Kessler frei, mit der bizarren Begründung, daß sie den Justizmord an Werner Holländer als fanatische Nazis begangen hätten:

> Die Angeklagten waren beide Parteimitglieder seit 1933. Sie waren überzeugte, ja sogar fanatische Nationalsozialisten. Sie waren verblendet, ließen sich leiten und sind bedingungslos der Propaganda, die von der Partei ausgestreut wurde, gefolgt. [...] Bei dem Angeklagten Kessler

> mag auch eine ausschlaggebende Rolle gespielt haben, daß er, wie die Beweisaufnahme eindeutig ergeben hat, allgemein in sittlichen Dingen eine überscharfe Auffassung hatte, deshalb ist für ihn der Verkehr Holländer/Wd. von besonderem Eindruck gewesen.[160]

1951 hob das Oberlandesgericht Frankfurt am Main das Urteil auf und verwies die Sache zurück an das Schwurgericht Kassel, das die Angeklagten 1952 abermals freisprach. Zuvor hatte der ehemalige Kammergerichtsrat Edmund Kessler über Werner Holländers »Hang« zu einer verbrecherischen Lebensführung ausgesagt:

> Ich hielt den Angeklagten Holländer für einen Gewohnheitsverbrecher, weil er sein Judentum verschwieg, im Falle Wd. die Heirat versprach, ohne dieses Versprechen halten zu können, und sie schwängerte, obwohl er wußte, welch schwerwiegende Folgen dies für das junge Mädchen haben könnte, und außerdem noch mit ihr verkehrte, während er geschlechtskrank war. Der »Hang« ergab sich aus der großen Zahl der Fälle und aus dem Verschweigen und aus dem Eheversprechen und aus dem Geschlechtsverkehr trotz der Geschlechtskrankheit.

Der Vorsitzende des Gerichts fragte nach: »Sie wollen also sagen, daß, wenn ein Jude verschweigt, daß er Jude ist, mit einer christlichen Frau verkehrt, sie schwängert und trotz Geschlechtskrankheit mit ihr verkehrt, dieser Jude todeswürdig ist?« Und Kessler antwortete:

> In der damaligen Zeit: Ja, mit Rücksicht auf die Kriegsumstände. Wir standen immer wieder auf dem Standpunkt, daß eine Tat, die im Kriege begangen wurde, besonders schwer zu werten ist. Während unsere deutschen Männer an der Front standen und während wir in der Heimat uns konzentrieren mußten auf den Schutz der Heimat, geschah diese schwere Tat. Wie das Gesetz zum Schutz der deutschen Ehre ausführt, ist nicht entscheidend, wie der einzelne war, sondern es kam darauf an, wieweit die deutsche Selbstachtung getroffen wurde. Wenn der Angeklagte Holländer in dieser Art und Weise die deutsche Frauenehre und die deutsche Ehre schlechthin in den Schmutz trat und damit die Selbstachtung des deutschen Volkes aufs schwerste verletzte, so hat er damit die deutsche Selbstachtung schwer getroffen.[161]

Der Angeklagte war, wie diese Worte zeigen, nicht nur zum Zeitpunkt seiner Rechtsbeugung ein fanatischer Nationalsozialist gewesen; er legte auch auf der Anklagebank Zeugnis von seiner anhaltenden Gemeingefährlichkeit ab, und er bekannte sich nicht schuldbewußt zu seiner Tat, sondern stolz. Als Rechtsstaat, der einem Mörder den Stolz auf seine Tat strafverschärfend zur Last legte, hat sich die junge Bundesrepublik Deutschland in diesem Skandalfall nicht bewährt, im Gegenteil; nach Auffassung des Schwurgerichts hatte der Justizmörder Kessler geradezu seine Unschuld bewiesen, indem er das Mordopfer schmähte und dessen Ermordung als ehrenhafte, von der Selbstachtung gebotene Tat charakterisierte. Und so durfte dieser Mörder heimkehren zu seiner Scholle, erhobenen Hauptes, als freier Mann.

Die Wiedergutmachungskammer Stuttgart hingegen wies 1950 die Klage eines im Dritten Reich wegen »Rassenschande« Inhaftierten mit der Begründung ab, daß er bei seiner Tat allein die »Befriedigung der Geschlechtslust« angestrebt habe.[162] Aus dieser Sicht war es nur recht und billig gewesen, Juden als »Rassenschänder« verfolgen, einsperren und gegebenenfalls auch hinrichten zu lassen. Die Meinung, daß es an der nationalsozialistischen Rechtspflege zum Schutz der deutschen Ehre nichts auszusetzen gebe, vertrat noch ein halbes Jahrhundert später der Historiker Ernst Nolte, als er schrieb, »die Empörung über die Nürnberger Gesetze« sei »ins Leere« gegangen, denn es habe sich bei ihnen »nur um eine Replik uralter Gesetze und Gewohnheiten der Juden selbst« gehandelt.[163] Die Juden hätten sich also nicht zu beklagen brauchen. Als Trost für die Verurteilten kam diese rechtshistorische Belehrung leider zu spät.

Nach der »Endlösung der Judenfrage« faßten die Anhänger des rassischen Reinheitsideals andere Minoritäten ins Auge – farbige Besatzungssoldaten vor allem; später auch türkische Immigranten und asylsuchende Flüchtlinge. Die rassisch gemischte Ehe, gab ein evangelischer Pastor 1952 in einer pfälzischen Regionalzeitung zu bedenken, stelle eine Gefahr dar, denn die Rassentrennung sei gottgewollt.[164] Doch im Laufe der Jahrzehnte driftete dieses Gedankengut allmählich in die subkulturellen Milieus marodierender Straßenbanden und der CSU-Parteizentrale ab. 1979 erläuterten Jugendliche, die einer rechtsextremen Sekte angehörten, einem Interviewer ihr Weltbild, und einer von ihnen sagte:

> Ich kann mit einem Türken gut Freund sein. Aber wenn es ums Sich-Vermischen geht, dann wird das nach meiner Ansicht schon kriminell und man muß dem vorbeugen, weil das einfach nicht geht. [...] Vor allem muß man das mit der Rassenvermischung so sehen: Eine normale, natürliche Rassenvermischung ist natürlich immer drin. Aber in der Art und Weise, wie das mit den Gastarbeitern geschieht, das ist eigentlich pervers. Die Vermischung, die dadurch eingetreten ist, das ist eine gesteuerte, keine natürliche. Dem muß man vorbeugen.[165]

Der CSU-Politiker Edmund Stoiber teilte der Welt 1988 mit, er könne sich »auf deutschem Boden« keine Gesellschaft vorstellen, die »durchmischt und durchrasst« sei,[166] wobei freilich unklar blieb, ob Stoiber diese Bemerkung aus Naivität oder in der gezielten Absicht fallengelassen hatte, NPD-Anhänger zu betören. Seiner politischen Karriere hatte er mit seiner Äußerung jedenfalls nicht geschadet, und wahrscheinlich wäre sie längst in Vergessenheit geraten, wenn er »überfremdet« gesagt hätte statt »durchrasst«. Was er damit gemeint hatte, wurde auf der Tiefebene der politischen Basis drastischer formuliert: »Sie ist 'ne Ausländerhure, ohne Moral begeht sie Volksverrat. / Sie ist 'ne Ausländerhure, Rassenvermischung tötet unseren Staat, / Unsern Staat, den deutschen Staat.« Diesen Refrain stieß 1992 eine bei rechten Skinheads beliebte Band mit dem sprechenden Namen Kraftschlag hervor.[167]

Die »Ausländerhure«, die »auf deutschem Boden« unzüchtige Dinge trieb, hatte die seit 1945 vakante Rolle der »Judendirne« übernommen. Eine gegen dieses Treiben gerichtete Gesetzesinitiative ist die CSU ihren Wählern zwar schuldig geblieben, aber immerhin hat sie beim Sammeln von Unterschriften für einen Protest gegen die doppelte Staatsbürgerschaft neue Freunde gewonnen:

> Am 6. Februar 1999 bauen CSU und Grüne fünf Meter nebeneinander ihre Stände in der Fußgängerzone des oberpfälzischen Amberg auf. Bald drängen sich etwa 50 Leute um die Tische. Die Demonstranten wollen mit den Unterschriftswilligen diskutieren, gehen hinüber. Am CSU-Stand wird die Tochter eines SPD-Stadtrats, Lena Löw, als »Judenhure« beschimpft. Dem Juso-Vorsitzenden Roland Pirner wird gesagt, er gehöre vergast. Ein Herr in blauem Anorak ruft: »Wir brauchen wieder einen Führer«, dann stößt er den Grünen-Kreis-

verbandssprecher Bernd Volkert über den CSU-Tisch zu Boden. So beschreiben die Demonstranten unabhängig voneinander die Ereignisse.[168]

Die Geschichte geht weiter.

»Die Art von Scherzen, die sie liebten«

Juden in der Gewalt ihrer Feinde

Mit einer Jugenderinnerung des römischen Herrscherbiographen Sueton beginnt eines der schmerzlichsten Kapitel der überlieferten Geschichte des Judentums und seiner Feinde. »Vorzüglich hart«, schrieb Sueton, sei unter Kaiser Domitian, der das Römische Reich von 81 bis 96 n. Chr. regiert hatte, »die Beitreibung der Judensteuer gehandhabt« worden: »Ich erinnere mich, als ganz junger Mensch zugegen gewesen zu sein, als vor dem Prokurator und einem zahlreich versammelten Kollegium ein neunzigjähriger Greis sich besichtigen lassen mußte, ob er beschnitten sei!«[1]

Die demütigende Entblößung von Fremden, sozial Deklassierten, Kriegsgegnern, Kolonisierten, Gesetzesbrechern, Gefangenen und Geächteten ist zu allen geschichtlichen Zeiten in allen Erdteilen zelebriert worden.[2] Als Machtmittel haben es auch die Judenfeinde seit jeher geschätzt. In der Raserei mittelalterlicher Pogrome riß der Pöbel den Juden die Kleider vom Leib und schichtete, wie 1096 in Worms, auf den Straßen hohe Haufen nackter Leichen auf oder unterzog, wie es 1349 in Straßburg vorfiel, die entblößten Jüdinnen einer Musterung, um die schönsten von ihnen – »plures mulieres pulcre« – für die Zwangstaufe abzusondern und die übrigen gemeinsam mit den todgeweihten jüdischen Männern auf dem Judenfriedhof zu verbrennen.[3]

Um 1491 empfahl der Nürnberger Meistersinger Hans Folz dem Volk in einem Fastnachtsspiel, nebst einigen anderen Methoden der Folterung von Juden, das folgende Verfahren:

Ich urtail, das man sie alle jar
Ganz ploß und nacket ziehe auß,
Setz ieden unter ein scheißhaus
Und ließ ein tag auf sie schmaliern
Und darnach gar rein uberfriren.[4]

Ob Hans Folz damit den Geschmack seines Publikums getroffen hat, ist ungewiß, aber in einer Geschichte der Gewaltanwendung gegen Juden dürfen diese obszönen Zeilen nicht fehlen.

Als Strafritual und Exzeßtat hat sich die Entwürdigung von Juden durch ihre Entkleidung über alle Epochenschwellen erhalten. Ohne weiteres wäre Walter Scott sonst vielleicht gar nicht erst auf die Idee gekommen, eine seiner jüdischen Romanfiguren 1819 von den Bütteln eines Ritters ausziehen zu lassen: »›Ergreift ihn denn, Sclaven, zieht ihn aus!‹ rief der Ritter, ›und laßt ihm seine Väter beistehen, wenn sie's vermögen.‹«[5]

Die Nationalsozialisten, die im zwanzigsten Jahrhundert ihre Bataillone in die Welt ausschickten, um ihr bessere Manieren beizubringen, perfektionierten das beschämende Entblößungsritual. In Pogromen unter der Regie der Wehrmacht wurden Jüdinnen in Galizien ihrer Kleidung beraubt.[6] Zur Erschwerung von Fluchtversuchen pferchte man Juden, die deportiert werden sollten, mitunter nackt in die Güterwaggons hinein.[7] Wer nach der Fahrt noch lebend auf dem Zielbahnhof eintraf, sah sich der nächsten Erniedrigung ausgesetzt. »Ins Lager trat man nackt ein: genauer gesagt, nackter als nackt, nicht nur ohne Kleidung und Schuhe (die eingezogen wurden), sondern auch ohne Kopfhaar und ohne jede andere Behaarung.«[8] Das war Primo Levi im Gedächtnis geblieben, einem italienischen Juden und überlebenden KZ-Häftling, dessen Memoiren der Weltliteratur angehören. Er hat geschildert, wie die Juden aussehen sollten, die sich die SS in den Konzentrationslagern erschuf:

> Im Lageralltag wurde man beständig mit unzähligen Entkleidungsaktionen schikaniert: für die Läusekontrolle, für die Kleiderdurchsuchung, für die Krätze-Untersuchung, für das allmorgendliche Waschen und schließlich für die periodisch wiederkehrenden Selektionen, bei denen eine »Kommission« darüber entschied, wer

> noch arbeitsfähig und wer statt dessen für die Beseitigung bestimmt war. Nun fühlt sich ein nackter, barfüßiger Mensch, als ob seine Nerven- und Sehnenstränge durchgeschnitten wären: er ist eine wehrlose Beute. Kleidungsstücke, selbst wenn sie so schmutzig sind, wie die, die an uns ausgegeben wurden, und ausgetretene Latschen mit hölzerner Sohle sind ein schwacher, aber unverzichtbarer Schutz. Wer sie nicht besitzt, empfindet sich nicht mehr als Mensch, sondern als Wurm: nackt, langsam, erbärmlich, mit dem Bauch über die Erde kriechend. Er weiß, daß er jeden Augenblick zertreten werden kann.[9]

Spürbar wird hier die Absicht, den Häftlingen mit ihrer Kleidung und ihren Haaren die letzten Insignien individueller Menschenwürde zu nehmen. Der Sinto Ewald Hanstein hat sich noch im hohen Alter an die Schamlosigkeit der Deutschen erinnert, die ihn im KZ umzingelt hatten: »Wir waren splitternackt. Doch die Kälte an diesem Tag war mir egal. Viel schlimmer war, daß ich an Frauen und Kindern vorbei mußte. Eine größere Demütigung war kaum vorstellbar. Ich versuchte mich mit den Händen zu schützen und rannte so schnell wie möglich. Es half nichts, ich schämte mich zu Tode.«[10] So sollte es allen KZ-Häftlingen ergehen, doch manche traf es noch härter. »Perla Ovitz erinnert sich vor allem an dieses alles überwältigende Gefühl der Scham und der Demütigung, als sie im SS-Lazarett von Auschwitz splitternackt vor dem Auditorium stand, das der KZ-Arzt zusammengerufen hatte. Wie ein Zoodirektor eine seltene Tierart präsentierte Mengele die kleinwüchsige jüdische Artistenfamilie aus Rumänien als kuriose ›Zwerge‹.«[11] Josef Mengele, der Chefarzt des Vernichtungslagers Auschwitz, entsprach in vielem dem Zerrbild, das der *Stürmer* von jüdischen Ärzten zeichnete. Wer Mengele in die Hände fiel, so wie die Familie von Perla Ovitz, war so gut wie verloren. »Ihre verheirateten Schwestern mussten sogar gynäkologische Versuche erdulden, ›mit den Beinen auf einer Pritsche festgeschnallt‹.«[12] Das ist eines von zahllosen Beispielen dafür, daß gerade die rabiatesten Nazis bei jeder sich bietenden Gelegenheit exakt das taten, was sie den Juden zum Vorwurf machten; in diesem Fall die Entführung von Frauen und deren Mißhandlung durch einen schamlosen, sadistischen, die Intimsphäre mit roher Gewalt verletzenden Arzt, der sich aufführte wie die antisemitische Karikatur eines jüdischen Triebtäters.

Eine Überlebende hat berichtet, wie sich die SS-Männer in Auschwitz benahmen, wenn sie nackte Jüdinnen erblickten:

> Zähneklappernd gingen wir ins Freie. Vor der Baracke stand ein weiblicher Häftling, der in der Sauna arbeitete, und tauchte ein Tuch in einen Kessel mit einer Desinfektionslösung ein. Wir traten in einer Reihe hintereinander an. Jede von uns wurde unter den Achselhöhlen und zwischen den Beinen eingerieben, was bei den in der Nähe versammelten SS-Männern ein wahres Freudengelächter auslöste. Sie standen in Gruppen herum, und man sah, daß sie von unseren ungelenken und beschämten Bewegungen begeistert waren. Wollte eine Frau der Desinfektion entwischen, fingen sie sie ein und zerrten sie unter ordinären Beschimpfungen mit Gewalt dorthin. Die größte Begeisterung lösten bei ihnen die älteren Frauen aus, für die diese Nacktveranstaltung im Freien ein großer Schock war. [13]

Verwehrt blieb den SS-Männern jedoch in aller Regel – von der es auch Ausnahmen gab – die Vergewaltigung jüdischer Frauen; sie wäre als Delikt der »Rassenschande« geahndet worden. Im KZ Stutthof schlug die SS einen Mittelweg ein:

> In der Krankenbaracke veranstalteten die Nazi-Offiziere eine kleine, private »Selektion« zu ihrer Belustigung. Sie zwangen die kranken Frauen, sich zu entkleiden und wie Modelle auf einer Modenschau vor ihnen auf und ab zu paradieren. Sie begutachteten sie eingehend, tauschten obszöne Witzeleien aus und entschieden, welche der Frauen fürs Arbeiten und welche für sexuellen Mißbrauch geeigneter waren. Sie weideten sich an der Scham ihrer Opfer, und wenn eines für ihren Geschmack zu mager oder zu schwach war, sprachen sie mit Behagen die gefürchteten Worte aus: »Ab ins Krematorium!«

Einen Teil der selektierten Frauen lieferte die SS der sexuellen Willkür der Kapos aus, ranghöheren Häftlingen mit Aufseherfunktion, die zwar ebenfalls als sozial oder rassisch minderwertig galten, in ihrem Bereich aber straflos jedes Verbrechen an den Gefangenen begehen durften. [14]

Josef Sackar, der in Auschwitz als Rekrut eines »Sonderkommandos« in den Gaskammern und Krematorien arbeiten mußte, hat von der Beschämung erzählt, die die entkleideten, zum Tode verurteilten Jüdinnen unmittelbar vor ihrer Vergasung peinigte: »Viele Frauen schämten sich.

Sie kauerten sich so zusammen, damit man sie nicht sehen konnte. Vergessen Sie nicht, daß viele dieser Frauen aus religiösen Häusern kamen und sich niemals vor Fremden, ja noch nicht einmal vor ihren Ehemännern ausgezogen hatten. Viele fühlten sich daher besonders erniedrigt.«[15] In dieser Hölle waren die Sexualantisemiten in ihrem Element, und sie konnten ungeniert ihr wahres Gesicht enthüllen, ohne irgendeine Strafe befürchten zu müssen, mit der einzigen Einschränkung, daß sich der nationalsozialistische Staat auch in der sonst vollkommen rechtsfrei gestellten Zone der Vernichtungslager die peinlich genaue Einhaltung der Nürnberger Gesetze wünschte. Alle anderen hatte der Führer suspendiert und seinem Elitekorps freie Hand gewährt. Was sich zutrug, als es diese fast absolute Handlungsfreiheit genoß, hat der 1942 ins KZ Treblinka deportierte Jude Abraham Goldfarb gesehen: »Auf dem Weg zu den Gaskammern standen an beiden Seiten des Zaunes Deutsche mit Hunden. Die Hunde waren darauf abgerichtet, Menschen anzufallen; sie bissen die Männer in die Genitalien und die Frauen in die Brüste und rissen Fleischstücke heraus.«[16]

Die Einbildungskraft sträubt sich dagegen, und doch ist das alles geschehen, und es hat sich nicht als Blitzschlag aus einem heiteren Himmel der abendländischen Zivilisationsgeschichte ereignet. Die Idee, Juden zu kastrieren, fiel nicht erst den Nationalsozialisten ein. Menschheitsgeschichtlich neu war ihre Methode der Kastration durch bissige, auf das Zerfleischen von Geschlechtsteilen dressierte Hunde.

»Um nun die dem Staate so verderbliche Vermehrung der Juden zu verhindern, bleibt in der That kein anderes Mittel übrig, als alle Judenjungen, die nach dem Erstgeborenen gebohren [*sic*] werden, zu kastrieren«, befand der anonyme Autor eines 1803 in Berlin verlegten Elaborats. »Es kommt ja hier nur auf ein paar Schnitte mehr an. Aber diese Paar Schnitte mehr, welche wohlthätige Folge für den Staat würden sie haben?«[17] Die Historiker Rainer Erb und Werner Bergmann, die dieses frühantisemitische Zitat aus der »Nachtseite der Judenemanzipation« geborgen haben, sind auch hellhörig gewesen für den giftigen Unterton des Verfassers bei seiner Anspielung auf die Beschneidung: Von ihr, haben sie festgestellt, gehe »eine faszinierende Wirkung auf Nicht-Juden aus, und sie ist das Mysterium für jede antijüdische Pornographie, die etliche Male Beschneidung mit Kastration kombinierte«.[18] Diese Tradition geht bis auf die spätantike Kaiserbiographiensammlung »Historia Augusta« zurück, die in einer hämischen Auslegung des Beschneidungsrituals verzeichnet, daß die Juden einen Krieg angefangen hätten, als ihnen verboten worden sei, ihre Genitalien zu verstümmeln.[19]

Um das Jahr 1100 fabulierte der flandrische Kanonikus Lambertus von Sint-Omaars davon, daß die Römer bei der Eroberung Jerusalems 900 000 Juden kastriert hätten.[20] Das mag der Wunschtraum eines versponnenen Einzelgängers gewesen sein, aber auch in der hochmittelalterlichen Wirklichkeit wurden die schwersten Verbrechen verübt: In einem Brief an den Erzbischof von Wien führte Papst Innozenz IV. am 28. Mai 1247 eine Klage der Wiener Judengemeinde an, wonach der Kreuzigung eines Christenmädchens beschuldigte Juden ohne Gerichtsurteil beraubt, gefangengesetzt, teils zerstückelt, teils verbrannt und teils kastriert worden seien; jüdischen Frauen seien die Brüste abgeschnitten worden.[21] In anderen Fällen fand die Entmannung auf richterliche Anordnung statt. Im frühen vierzehnten Jahrhundert soll ein Jude in Avignon wegen des Geschlechtsverkehrs mit einer unverheirateten Christin öffentlich kastriert worden sein.[22] Einer der furchtbarsten Gewaltakte dieser Art soll sich 1530 in Prag zugetragen haben. Nähere Einzelheiten zitierte der Strafrechtsgelehrte Jacob Döpler Ende des siebzehnten Jahrhunderts aus einem Werk seines Vorläufers Andreas Hondorff. »Sonsten hat man vor Alters denen Juden / wenn sie mit einer Christin Ehebruch getrieben / zur Strafe die *Virilia* abgeschnitten«, schrieb Döpler. Andreas Hondorff führe an,

> daß ein Jůde zu Prage in Bőhmen Anno 1530. gewesen / so mit einer Christin gebuhlet / und drűber ertappet worden / welcher sein månnlich Glied zu einen Spund eines gepichten brennenden Fasses hinein stecken műssen / und wurde ihm darzu aufs Faß ein schartig stumpf Messer geleget. Als ihm nun die Hitze so grimmig weh getan hat er ihm mit dem Messer sein Glied vor Schmertzen abgeschnitten. Und da er nun also blutig davon hat lauffen wollen / hat man bőse Hunde an ihm gehetzet / die ihn zerrissen.[23]

Der Erfindungsreichtum der hierfür verantwortlichen Richter und Henker kam dem der SS schon recht nahe.

Doch die Zeiten änderten sich, wenn auch nur langsam und schwerfällig. Im Fortgang der Jahrhunderte fielen die Urteile über Angeklagte, die man der Unzucht beschuldigte, zusehends milder aus, zum äußersten Mißbehagen von Sittenpredigern, die in strenger Keuschheit lebten und auch keinem anderen Menschen ein Vergnügen gönnten, dem sie entsagt hatten. 1810, noch vor der Turnvaterschaft, die seinen Namen unsterblich machen sollte, ließ Friedrich Ludwig Jahn auf ein Lob des Maßhaltens einen Verriß der Wollust folgen, der in einem Aufruf zur Kastration aller Andersdenkenden gipfelte: »*Mäßigkeit* bleibt die Würze der Sinnenfreuden, die Arznei des Genusses, die Seele des Lebens. Jeder Mann tauscht die Menschheit mit der Viehheit, der Mannheit und Mannlichkeit [*sic*] durch die Kraft der Zuchttiere und Beschäler zu beweisen wollüstelt. Er ist schon geistig und sittlich entmannt und verdient solchen Greuel auch leiblich unter dem Hämmlingsmesser zu büßen.«[24] Auch aus diesem Straftraumgebilde eines sexuell abstinenten oder nur mäßig aktiven Rhetorikers sprach der Neid auf alle Männer, die es besser hatten und es endlich einmal noch viel schlechter haben sollten als der maßvolle Turnvater in spe. Wenn er mit seinem knappen Maß an Sinnenfreuden so glücklich und zufrieden gewesen wäre, wie er behauptete, dann hätte er keinen Grund dazu gehabt, das reichere, von anderen Männern genossene Maß zu benörgeln und ihnen gedanklich mit einem Kastrationsmesser näherzutreten, um sie für sexuelle Genüsse büßen zu lassen, die ihn selbst angeblich nur höchst mäßig interessierten.

»Damit die Juden sich ferner nicht fortpflanzten, kŏnnte man auch Alles, was von ihnen an die Wand p-k-lt«, kurzerhand »verschneiden lassen«, schlug 1819 der Judenhasser Hartwig von Hundt-Radowsky vor.[25] Humanisten und Aufklärer hatten die Kastration unter größten Mühen aus den Strafkatalogen der meisten Gesetzesbücher verbannt, aber der Gedanke daran lag noch in der Luft, als Arthur Schopenhauer sich eine bessere Welt ausmalte: »Könnte man alle Schurken kastriren und alle dummen Gänse ins Kloster stecken, den Leuten von edelem Charakter ein ganzes Harem beigeben, und allen Mädchen von Geist und Verstand Männer, und zwar ganze Männer, verschaffen; so würde bald eine Generation erstehen, die ein mehr als Perikleisches Zeitalter darstellte.«[26] Einen Charakterkopf, dem von Rechts wegen »ein ganzes Harem« beizugeben gewesen wäre, hatte Schopenhauer in sich selbst erkannt. Doch es existierte noch keine Behörde, die geistvollen Edelmännern wie ihm die private Anbahnung von Sexualkontakten abnahm und ihm geeignete Haremsweiber zuteilte, und so blieb er allein mit seinem Pudel und suchte Trost im Racheтraum von der Kastration aller »Schurken«, den auch andere weiße Männer träumten.[27]

»Uns droht eine Sintflut der Minderwertigen«, warnte 1928 ein Mitarbeiter des Wiener Jugendhilfewerks. »Wo Schwerverbrecher, Sexualverbrecher, Idioten, schwere Epileptiker die menschliche Gesellschaft mit den Produkten ihres Leibes zu gefährden beginnen, dort ist kein Raum, dort sind Taten erforderlich. Sterilisation, unter Umständen Kastration werden Gebot der Notwehr.«[28] Die Nationalsozialisten gingen noch etwas weiter, als sie verlangten, daß auch jüdische »Rasseschänder« künftig »durch Entmannung unschädlich gemacht werden« sollten.[29] Hans Puvogel, ein Jurist, der später in der Bundesrepublik Deutschland das Amt des niedersächsischen Justizministers bekleidete und erst 1978 ins Gerede geriet und zurücktreten mußte, setzte sich 1937 in seiner Dissertation mit den »leitenden Grundgedanken bei der Entmannung gefährlicher Sittlichkeitsverbrecher« auseinander und kam zu dem Schluß, daß die Kastration minderwertiger »Elemente« zwingend geboten sei: »Bedenkt man ferner, daß der Gesetzgeber sich die Förderung einer gesunden Rasse durch Ausmerzung minderwertiger und verbrecherischer Elemente im hohen Maße angelegen sein läßt, so glauben wir mit vollem Recht, die Behauptung aufstellen zu dürfen, daß die Entmannung als weiteres Mittel neben der Sterilisation im Kampf um die rassischen Belange unseres Volkes eingesetzt werden soll.«[30]

Mit den Nürnberger Gesetzen und den Rassenschandeprozessen erzielten die Nationalsozialisten den gewünschten Erfolg, und es wird ihnen nicht unlieb gewesen sein, daß die in Deutschland verbliebenen Juden sich gegenseitig mit wild umlaufenden Gerüchten über die Kastrationsstrafe einschüchterten.

> Wir hörten bald Geschichten oder Gerüchte über die scharfen Strafen, die über Leute verhängt worden waren, die sich gegen diese Gesetze vergangen hatten. Ich erinnere mich an einen Fall: Ein jüdischer Mann hatte eine *»arische«* Freundin, hütete sich sorgsam davor, sie auch nur

anzurühren, wurde aber beschuldigt, in ihrer Gegenwart und während sie sich auszog, onaniert zu haben. Er wurde zu Zuchthausstrafe und Kastration verurteilt. Ob wahr oder unwahr, solche Geschichten machten einen tiefen Eindruck auf mich, in Folge dessen ich es dann in den Jahren meines eigenen sexuellen Erwachens kaum wagte, weibliche Wesen auch nur anzugucken.[31]

Mit diesem Husarenstück wären die Nationalsozialisten in ihrem Kampf gegen das Judentum bereits am Ziel gewesen, wenn sie nicht noch etwas Größeres vorgehabt hätten; etwas, das beispielsweise dem Häftling Friedrich Baß bei der Einlieferung ins KZ Kemna widerfuhr: »Als ich dann nackt dastand, begann man mich mittels eines Schlauches abzuspritzen. Wohl 10 Minuten lang war ich dem kalten Wasserstrahl ausgesetzt, wobei man mir recht häufig den Strahl in's Gesicht und gegen die Geschlechtsteile richtete, was heftige Schmerzen verursachte.«[32] Einer ähnlichen Tortur sah sich der Häftling Willi Ising ausgesetzt: »Mit Bleikabeln schlug man auf sein entblößtes Geschlechtsteil.«[33]

So handelten die Sexualantisemiten, als sie tun durften, was sie wollten. In den Konzentrationslagern wurden Juden Stiefeltritte in den Unterleib verpaßt[34] und bei Strafmaßnahmen wegen des Delikts der »Rassenschande« Gummiknüppelschläge auf die Genitalien, auf offener Straße.[35] Bernard Goldstein, der den im Warschauer Ghetto erschossenen Märtyrer Moische Sklar zu Grabe trug, hat geschrieben: »An seinem Körper sahen wir die Merkmale der Folterung, er war über und über mit dunklen Flecken und Wunden bedeckt. Seine Finger und sein Geschlechtsorgan waren zerquetscht; in seine Fußsohlen waren Löcher gebrannt.«[36] Im Juli 1941 wurden Juden in Lettland kastriert,[37] und im Frankfurter Auschwitz-Prozeß sagte ein Zeuge aus: »Ich kann mich genau an einen Juden erinnern, der lag im Sterben. Er war so getreten, daß die Genitalien derart geschwollen waren und so voll Eiter, daß man es nicht beschreiben kann.«[38] Ein anderer Zeuge informierte das Gericht über die Foltermethoden des Angeklagten Friedrich Wilhelm Boger:

Nach mir wurde Walter Windmüller hineingerufen, auch ein Jude. Ich schätze, daß er etwa zwei bis drei Stunden drin gewesen ist. Er kam dann wankend heraus, war blutig geschlagen, und das Blut floß ihm aus den Hosenbeinen. Man hat in Auschwitz gelernt, mit unbewegtem

> Mund zu sprechen. Windmüller hat mir gesagt, daß ihm dort drin die Hoden zerschlagen worden sind. Paar Tage später haben wir seine Todesmeldung bekommen.[39]

Der Soziologe Wolfgang Sofsky hat davor gewarnt, aus solchen Handlungen voreilige Rückschlüsse auf die Sexualpathologie der Täter zu ziehen: »Die Fingerglieder mit Hammerschlägen zu zertrümmern, die Hirnschale mit eisernen Klemmschrauben zu zermalmen und sich an den Geschlechtsteilen zu schaffen zu machen, diese Formen menschlicher Bestialität legen den Verdacht einer sexualpathologischen Täterpersönlichkeit nahe. Dies ist im Einzelfall nicht völlig auszuschließen. Es sollte indes nicht übersehen werden, daß derlei Praktiken dem herkömmlichen Berufswissen von Folterknechten entstammen.«[40]

Das trifft, so einleuchtend es auch sein mag, zumindest nicht auf die Zwangssterilisation zu, der sich gesundheitlich, ethisch oder rassisch vorgeblich Minderwertige ausgeliefert sahen.[41] Diese Methode war neu, und sie warf technische Probleme auf, die in der NS-Bürokratie den Gegenstand reiflicher Erwägungen und eingehender Erörterungen bildeten. 1942 schrieb der SS-Oberführer Viktor Brack an Heinrich Himmler, daß unter den ungefähr zehn Millionen europäischer Juden mindestens zwei bis drei Millionen »sehr gut arbeitsfähige Männer und Frauen enthalten« und »auf jeden Fall herauszuziehen und zu erhalten« seien:

> Allerdings geht das nur, wenn man sie gleichzeitig fortpflanzungsunfähig macht. Ich habe Ihnen vor ca. einem Jahr bereits berichtet, daß Beauftragte von mir die notwendigen Versuche für diesen Zweck abschließend bearbeitet haben. Ich möchte diese Tatsachen nochmals in Erinnerung bringen. Eine Sterilisation, wie sie normalerweise bei Erbkranken durchgeführt wird, kommt in diesem Fall nicht in Frage, da sie zu zeitraubend und kostspielig ist.
>
> Eine Röntgenkastration jedoch ist nicht nur relativ billig, sondern läßt sich bei vielen Tausenden in kürzester Zeit durchführen.
>
> Ich glaube, daß es auch im Augenblick schon unerheblich geworden ist, ob die Betroffenen dann nach einigen Wochen, bzw. Monaten an den Auswirkungen merken, daß sie kastriert sind.[42]

Für die Opfer waren die Folgen fatal. Darauf verwies eine Passage der Anklageschrift im ersten Auschwitz-Prozeß: »Die Personen, die diesen

Röntgenstrahlversuchen unterzogen wurden, erlitten zum Teil schwere und mit erheblichen Schmerzen verbundene Verbrennungen. Viele sind an deren Folgen verstorben oder anschließend vergast worden, u.a. 40 jüdische Männer, die tiefe Röntgenverbrennungen in der Genitalgegend hatten.«[43]

Im Herbst 1942 hatte der Arzt Horst Schumann in Auschwitz an Juden Sterilisationsexperimente mit Röntgenstrahlen vorgenommen.

> Schumann sucht sich seine Versuchspersonen selbst aus. Es sind immer junge, gesunde, gutaussehende jüdische Männer, Frauen und Mädchen, die hinterher wie Greise aussehen. Die bestrahlten Körperpartien sind verbrannt, eitern. Häufig sind auch die Gedärme getroffen. Viele sterben. Zu Schumanns Kontrollversuchen, ob die Bestrahlung gewirkt hat, gehört die sogenannte Samenprobe: Ein mit einem Gummischlauch bespannter Knüppel wird in den Mastdarm des Opfers gesteckt und die Drüsen so lange gereizt, bis es zum Samenerguß kommt, um das Ejakulat auf Sperma untersuchen zu können.
>
> Schumann läßt den bestrahlten Männern zur »Erfolgskontrolle« die Hoden und den Frauen die Eierstöcke herausschneiden. Die Operationen werden als Fließbandarbeit vorgenommen, in Anwesenheit des nächsten Opfers. Wer Schumanns Röntgenkastration überlebt, überlebt als verstümmelter, für sein Leben ruinierter Mensch.[44]

Taten wie diese gingen weit über alles hinaus, was das herkömmliche Berufswissen von Folterknechten mit sich gebracht haben mochte. Kein Sexualpathologe dürfte achtlos am Fall eines Massenmörders vorübergehen, der seine Opfer in der Genitalregion mit Röntgenstrahlen verbrannt und wehrlosen Gefangenen gewaltsam einen Knüppel in den Mastdarm gesteckt hat, um ihr Ejakulat untersuchen zu können. Erschwerend kommen in Schumanns Fall das Herausschneiden von Hoden und Eierstöcken hinzu, die Mitgliedschaft in einer kriminellen Bande sowie die Beihilfe zum Völkermord. Wenn ein Serienmörder wie Horst Schumann kein Fall für die sexualpathologische Fachabteilung der forensischen Psychiatrie wäre, wer dann? Das gleiche gilt für seine Tatgehilfen vor Ort und mehr noch für seine Auftraggeber, die das Abendland einem Purgatorium unterziehen wollten und auf dem Amtswege Millionen Juden das Leben genommen haben.

Erkrankungen kamen in Auschwitz einem Todesurteil gleich. Vor Gericht hat ein Zeuge darüber ausgesagt, was auf die Juden wartete, deren Gesundheit und Arbeitskraft durch die Röntgenbestrahlung gelitten hatten:

> Wir mußten uns ausziehen und die Geschlechtsteile wurden unter einen Apparat gebracht und für 15 Minuten unter dem Apparat gehalten. Der Apparat hat die Geschlechtsteile und Umgebung stark gewärmt und nachher haben sich diese Teile schwärzlich gefärbt. Nach dieser Aktion mußten wir sofort wieder arbeiten. Im Verlaufe von einigen Tagen haben die Geschlechtsteile bei den meisten Kameraden geeitert und sie hatten sehr große Schwierigkeiten beim Gehen. Sie mußten aber trotzdem arbeiten, bis sie umfielen. Die Umgefallenen kamen zur Vergasung.
>
> Ich selbst habe nur eine Nässe gehabt, aber keine Eiterung. Nach 2 Wochen, ungefähr im Oktober 1943 hat man 7 Mann unserer Gruppe nach Auschwitz I geführt. Diese Strecke mußte zu Fuß zurückgelegt werden. Sie hatten sehr große Schwierigkeiten beim Gehen, weil die Geschlechtsteile schmerzten. Wir kamen nach Auschwitz I in den Krankenbau, Block 20. Dort hat man uns operiert. Wir bekamen eine Spritze in den Rücken, worauf die untere Körperhälfte gefühllos wurde, während der obere Teil des Körpers vollkommen normal blieb. Beide Hoden wurden entfernt. Es erfolgte keine vorherige Untersuchung über Samenflüssigkeit. Ich habe den Vorgang im Spiegelglas einer chirurgischen Lampe beobachten können. Es wurde auch keine Einwilligung zur Operation eingeholt. Man hat nur gesagt »Du gehst«. Daraufhin wurde man wortlos auf den Operationstisch gelegt.[45]

Einige Jahre zuvor hatte Adolf Hitler noch eifersüchtig zu allen Juden aufgeblickt, die, wie er glaubte, »satanische Freude« erfüllte, wenn sie auf der Lauer lagen, um Arierinnen zu verführen, mit einem Geschick, das einem stieseligen, abgerissenen und uncharmanten Männerheimbewohner wie ihm nicht gegeben war.[46] Aus diesem Elend fand er erst heraus, als er seine Rednergabe entdeckte, und er nutzte sie, um mit seinem gewaltigen und suggestiven Neidgeschrei eine Machtposition zu erobern, die es ihm erlaubte, unzählige Juden von dressierten Hunden und deutschen Fachärzten kastrieren zu lassen: Auch so könnte man Hitlers

Leben nacherzählen, ohne von der historischen Wahrheit abzuweichen. Zur Errichtung und zum Betrieb der Vernichtungslager hatte es noch vieler anderer Motive, politischer Faktoren und wirtschaftlicher Interessen bedurft, nicht zuletzt der seelischen Grabeskälte des leitenden Personals aller Unternehmen, die vom Holocaust profitierten, aber der irrlichternde sexuelle Neid und die darin gärende Gewaltbereitschaft haben, wie die Quellen zeigen, bei diesen Vorgängen eine Rolle gespielt.

In den Konzentrationslagern erging es den zwangssterilisierten Frauen nicht besser als den Männern. Eine Frau, die im KZ Ravensbrück zum Dienst als Ärztin eingeteilt worden war, sagte nach Kriegsende aus:

> Ich habe gefangene Zigeunerfrauen gesehen, wie sie ins Röntgenzimmer gingen und wie sie wieder herauskamen, wo sie nach einer Methode sterilisiert wurden, die meines Wissens in Osviecim [Auschwitz] ausprobiert worden war. Diese Methode beruhte darauf, daß eine entzündende Flüssigkeit in den Uterus gespritzt wurde, höchstwahrscheinlich Silbernitrat zusammen mit einer kontrastierenden Flüssigkeit, um eine Röntgenkontrolle der durchgeführten Operation zu ermöglichen. Alle sterilisierten Frauen wurden sofort nach der Sterilisation geröntgt. Ich habe diese Bilder mit der Ärztin Dr. Mlada Taufrova untersucht und bin daher in der Lage zu bezeugen, daß bei den meisten der oben erwähnten Fälle die Füllung bis in das Ende der Eileiter eingedrungen war; in mehreren Fällen sogar bis in die Bauchhöhle. Nur ungefähr den letzten zehn wurde durch das Eingreifen der SS-Schwester Gerda eine Narkose gegeben. Ich habe die Kinder die ganze Nacht nach der Operation gepflegt. All diese Mädchen bluteten aus den Geschlechtsteilen und hatten solche Schmerzen, daß ich ihnen heimlich Beruhigungsmittel geben mußte.[47]

Die Nationalsozialisten, die als skrupellose Sexualverbrecher imstande waren, Juden die Hoden und Jüdinnen die Eierstöcke herauszuschneiden und kleine Mädchen durch Gewaltanwendung aus den Geschlechtsteilen bluten zu lassen, verstanden sich zugleich als Sittenpolizisten. Dennoch konnten sie nicht jeden unerwünschten Sexualkontakt in ihrem Machtbereich unterbinden. Dafür nahmen sie, wo immer es möglich war, tödliche Rache. Die Zeitzeugin Franzi Löw aus Wien hat einen solchen Fall geschildert:

> Es wurde eine jüdische Frau, Frau Munk, während ihres Aufenthaltes im Gefangenenhaus von Brünn schwanger. Das hat man nicht gewußt, sondern man hat gedacht, sie habe einen Tumor. Sie ist zur Untersuchung nach Prag geschickt worden. Von Prag ist sie nach Wien gekommen, in Wien hat sich herausgestellt, die Frau hat keinen Tumor, die Frau ist schwanger. Daraufhin hat man nachgerechnet und ist draufgekommen, daß die Frau während ihrer Gefangenschaft geschwängert worden sein muß. Man hat durch Mithäftlinge herausgefunden, wer der Vater des Kindes ist, und hat den Vater hingerichtet.[48]

Als Gefangene hatten alle Juden das Recht verwirkt, sich sexuell zu betätigen, aber selbst in Auschwitz kam es vor, daß weibliche Häftlinge ein Kind empfingen. Sobald die SS dahinterkam, wurden Mutter und Kind ermordet, und auch der Vater, wenn man ihn ermitteln konnte:

> Ab und zu passierte es auch, dass eine der Frauen schwanger wurde und man zwang sie dann, den Vater anzugeben. Da weder Auschwitz, noch Birkenau über eine Entbindungsanstalt verfügten, blieb nichts anderes übrig, als die werdende Mutter in den Kamin zu stecken! Der »glückliche« Vater kam in den Bunker, im Block 11, und wurde damit der liebenden Sorgfalt des »dicken Jakob« anvertraut. Nie wieder hörte man etwas von ihm.[49]

Das gleiche Gesetz galt in anderen Konzentrationslagern. »Mit Frauen zu sprechen, war in Majdanek für einen Häftling das größte Vergehen.«[50]

Die meisten Häftlinge wären überhaupt nicht auf den Gedanken gekommen, denn die ausgeklügelten Methoden der Terrorherrschaft führten dazu, daß in den Konzentrationslagern eine unter normalen Umständen irreale Wunschvorstellung der Sexualantisemiten Wirklichkeit wurde: Die inhaftierten Juden büßten ihren Geschlechtstrieb ein. Die Forschung spricht von »sexuellen Deprivationen (Amenorrhöe, Suspension der mit dem Geschlechtstrieb zusammenhängenden Funktionen, auch bei Pubertierenden)«.[51] Bei Frauen setzte die Regelblutung aus; bei Männern die Erektionsfähigkeit – in Treblinka zur Erheiterung der ukrainischen Wachleute, wie der ehemalige Häftling Richard Glazar berichtet hat: »Ich erinnere mich an einmal, lange vor diesem Tag, da brachte einer von ihnen eine Nutte mit in den Wald und befahl Kuba, mit ihr … na ja … Sie wissen schon. Kuba – es gab drei Kubas in Treblinka, und dieser war ein riesiger Kerl – der konnte nicht, und sie lachten sich kaputt. Das war die Art von Scherzen, die sie liebten. Viele von uns jungen Männern hatten längst keine sexuellen Gefühle mehr.«[52]

Andere Überlebende machten die gleiche Erfahrung. »Hier wurde jede sexuelle Regung sofort in die untersten Regionen des Bewußtseins verbannt, die Anstrengungen zur Erhaltung des nackten Lebens erstickten alles andere.«[53] Als stärkster Trieb behauptete sich der grundlegende, Nahrung und Flüssigkeit aufzunehmen: Im Körper eines Verhungernden und Verdurstenden gehen auch der Wollust die Ressourcen aus, und es verbleiben nur Hunger und Durst. In dieser physiologischen Zwangsläufigkeit hat der Psychologe Viktor E. Frankl nach seiner Haftzeit eine Erklärung für die Verkümmerung des Sexualtriebs der KZ-Häftlinge gefunden:

> Führt die Unterernährung dazu, daß die primitive Triebhaftigkeit, die den Lagerhäftling im zweiten Stadium seiner inneren Anpassung an das Lagerleben ergreift, den Nahrungstrieb in den Bewußtseinsvordergrund rückt, so erklärt wahrscheinlich hauptsächlich diese Unterernährung auch die Tatsache, daß der Sexualtrieb im allgemeinen schweigt. Abgesehen von der anfänglichen Schockwirkung ist es wohl nur so zu verstehen, was dem Psychologen in diesen Massenquartieren von Männern auffällt: daß, im Gegensatz zum Massenleben in anderen Ubikationen (Kasernen und dergleichen), hier nicht »geschweinigelt« wird.[54]

Allein durch ausreichende Ernährung und körperliche Genesung fanden allerdings bei weitem nicht alle befreiten Häftlinge zu ihrer einstigen Konstitution zurück. »Seine sexuelle Potenz ist oft nihil, libidinöse Wünsche – wie gewöhnlich bei solchen chronischen Depressionszuständen – kaum vorhanden«, schrieb der Psychoanalytiker William G. Niederland in einem Gutachten über den Gesundheitszustand eines Juden, der die Gefangenschaft in Auschwitz überstanden hatte.[55] Mutmaßungen über die Anzahl der Juden, die nach der Befreiung das gleiche Schicksal ereilt hat, können sich nur in der Grauzone vielstelliger Dunkelziffern verlieren. Auch ohne die wissenschaftlich gesicherte Grundlage statistischer Erhebungen aus nachgelassenen Notizen der Analytiker und Therapeuten verfolgter Juden gibt es allen Grund zu der Annahme, daß die Nationalsozialisten mit der geistigen oder körperlichen Gesundheit vieler ihrer überlebenden Opfer auch deren Sexualleben aufs grausamste beschädigt hatten, auf Jahre und Jahrzehnte hinaus. Dessen durfte sich Adolf Hitler sicher sein, als er im Führerbunker Selbstmord beging.

In den besetzten Ländern waren viele Männer zur polizeilichen Untersuchung ihrer Eichel gezwungen worden.[56] Der Historiker Emanuel Ringelblum, der in einem Kellerversteck in Warschau Aufzeichnungen über die Besatzungszeit verfaßte, bis er im März 1944 entdeckt und erschossen wurde, hatte von einer Möglichkeit gehört, wie beschnittene Juden ihrer Enttarnung entgehen könnten:

> Die Agenten und die Polizei machten große Fortschritte beim Ausfindigmachen von Juden. Sofern es sich um Männer handelte, bereitete diese Sache keine Schwierigkeiten: Hosen herunter und der Beweis ist da. Und es wird bei jeder Gelegenheit befohlen, die Hosen ohne Umstände und Zimperlichkeit herunterzulassen, oft werden auch Arier auf diese Weise kontrolliert, die der jüdischen Abstammung verdächtigt werden. Man suchte auch da nach einem Ausweg. Es wird die Ansicht vertreten, daß man das Geschlechtsorgan von Juden durch einen ärztlichen Eingriff einem unbeschnittenen ähnlich machen könne. Wegen der sexuellen Störungen, die mit einer solchen sehr kostspieligen Operation verbunden ist, wurde meist darauf verzichtet.[57]

Auch Polen machten Jagd auf Juden, um sie auszurauben und zu erpressen oder sie den Deutschen auszuliefern. Wie Bernard Goldstein berichtet hat, nannten die verfolgten Juden diese polnischen Kopfjäger »Schmaltzovniks«.[58]

> Im Falle eines männlichen Verdächtigen hatten die Schmaltzovniks einen einfachen und sicheren Weg zur Feststellung seiner Identität. Sie schleppten den Mann in einen Torweg oder Hauseingang und rissen ihm die Hose herunter. Es gab in Warschau wenigstens einen Arzt, der gegen ungeheure Bezahlung plastische Operationen ausführte, um eine Andeutung einer Vorhaut herzustellen. Die Operation war außerordentlich schmerzhaft und gefährlich, aber es gab Leute, die verzweifelt genug waren, auch das zu versuchen.[59]

Dem namenlosen Leid, das zu solchen Entschlüssen führte, trat Adolf Hitler offiziell mit statuarischen Gesten der Härte entgegen, ebenso kaltherzig, wie er in seinen Tischgesprächen und Bunkerschwafeleien jeden Hinweis auf die Qualen der Frontsoldaten und die Leiden der deutschen Zivilbevölkerung mit läppischen Kommentaren abtat. Der Aufmerksamkeit der Historiker ist jedoch nicht entgangen, daß ihn noch im Inferno des Untergangs »komplizierte Erfüllungsgefühle«[60] bewegten und euphorisierten. Als junger Habenichts und dilettierender Kunstmaler war er abgewiesen worden, von einer Gesellschaft, die es vorgezogen hatte, »die langsame Verpestung unseres Volkskörpers durch die blutmäßige Vergiftung«[61] zu tolerieren. Als hinfälliger, von Rachegelüsten ausgelaugter und zerfressener Feldherr konnte er es nun durchaus als Endsieg auffassen, daß die Alte Welt über Millionen von Quadratkilometern dem Schauplatz eines titanischen Amoklaufs glich, nach der totalen Mobilmachung und Entladung einer destruktiven Energie von historisch beispielloser Brutalität. In diesem verlorenen Weltkrieg hatte Hitler unendlich viel mehr erreicht, als es sich selbst die radikalsten Sexualantisemiten je zuvor zu erträumen gewagt hätten. Mit der Gewalt seiner Diktatur hatte er die Juden Europas in solche Furcht versetzt, daß sich manche von ihnen die Genitalien operativ deformieren ließen, vorbeugend, für den nicht unwahrscheinlichen Fall, an der nächsten Hausecke von Straßenbanditen die Hosen heruntergezogen zu bekommen. Dem Führerbefehl unterstanden Experten, die dazu befugt waren, junge Mädchen in Gefangenschaft zu halten und ihnen Silbernitrat in den Uterus zu spritzen. Unter Hitlers Oberhoheit mußten kranke, halbverhungerte Jüdinnen vor johlenden SS-Schergen Striptease tanzen und sich anstrengen, dabei irgendwie verführerisch oder wenigstens arbeitstauglich zu wirken, wenn sie ihr Leben retten wollten. Einer aus dieser Eliteformation, der SS-Mann Egon Zill, hatte es sich zur Gewohnheit gemacht, seine Hunde auf die Genitalien von Gefangenen zu hetzen, die an einen Baum gefesselt waren.[62] Und es gab noch andere Befehlshaber, die sich in den Walpurgisnächten des Dritten Reichs in dieser oder jener perversen, vom Führer ermöglichten Weise die Zeit vertrieben. Einer Jüdin, die in einer polnischen Kleinstadt einem Marschbefehl zu spät gehorcht hatte, »befahlen die Deutschen, sich nackt auszuziehen und in der Synagoge vor der Menge zu tanzen«.[63]

Das war Hitlers Werk, und er konnte zufrieden sein. Es soll genügen, aus der endlosen Liste seiner Siege über das Judentum hier noch einige der triumphalsten zu erwähnen. »So wurde zum Beispiel an einem frostigen Tag ein Mädchen dazu gezwungen, mit der eigenen Unterhose den Boden zu putzen und dann die schmutzige, nasse Wäsche auf den bloßen Körper anzuziehen und so auf die Straße zu gehen.«[64] SA-Männer trichterten »Häftlingen Rizinusöl ein, damit sie, wie man ihnen zynisch erklärte, ›den Marxismus ausscheißen‹«.[65] Im KZ Buchenwald wurden Juden als »Scheißhaufen« tituliert[66] und im KZ Dachau mit den Worten begrüßt: »Ihr seid ehrlos! Ihr seid wehrlos! Ihr seid ein Stück Scheiße und werdet auch danach behandelt!«[67] Eine gebräuchliche Strafe im KZ Mauthausen war »Wälzen im Schmutz, Kot, Schnee«.[68] Besonders schwer hatten Gefolterte zu leiden, deren Schließmuskulatur versagte. Dieses Unglück passierte einem Häftling im KZ Kemna: »Als er während der Mißhandlung einmal Kot verloren hatte, rührte man diesen in einem Gefäß mit Wasser an und zwang Ising, ihn zu sich zu nehmen. Als er sich weigerte, wurde er mit einem Gummiknüppel verprügelt.«[69]

Am 25. April 1938 stießen uniformierte Nationalsozialisten den jüdischen Historiker Walter Grab in Wien in den Vorraum des jüdischen Turnheims hinein.

> Der große Turnsaal und auch dieser Vorraum waren – mit Verlaub – vollkommen angeschissen. Der Boden und auch die Wände waren völlig bedeckt mit Kot. Es hat bestialisch gestunken. Dort muß meiner Schätzung nach ein ganzes Regiment SA oder SS oder irgendwelche anderen Nazis ihre Notdurft verrichtet haben, und zwar ganz kurz bevor man die Juden zusammenzufangen begann; der Kot war noch ganz frisch und feucht. Außer den Juden standen auch 15 oder 20 Nazis in den Umkleideräumen. Hinter mir wurden noch weitere Juden die Kellertreppe hinabgestoßen, so daß wir schließlich 35 oder 40 waren – nur Männer. Für die Nazis war das ein Riesenspaß, sie haben sich ungeheuer amüsiert, weil sie jetzt ihr Mütchen kühlen konnten an diesen hilflosen und ratlosen Juden, die sie in das mit Kot besudelte Turnheim hineingejagt hatten. Sie lachten und gröhlten 10 oder 15 Minuten und

verspotteten uns, weil wir uns ängstigten. Schließlich trat einer vor und sagte: »So verdreckt habt ihr Juden uns euer Turnheim überlassen. So schmutzig sehen jüdische Turnheime aus. Da sieht man wieder, wie dreckig die Juden sind. Und jetzt müßt ihr das auflecken.«[70]

Weitere Beweise für die Überlegenheit der Kultur des nordischen Menschen hätten die Nationalsozialisten nicht mehr erbringen müssen, doch sie ließen sich nicht lumpen und demonstrierten auch in den besetzten Territorien ihre Macht:

In Lodz wurden einige jüdische Mädchen zur Zwangsarbeit eingezogen. Frauen brauchen nicht schwer zu arbeiten, sondern verrichten statt dessen verschiedene Dienste, meistens in Wohnungen. Diese Mädchen wurden gezwungen, eine Latrine zu reinigen – das heißt, sie hatten die Exkremente fortzuschaffen. Aber sie erhielten keine Geräte. Auf ihre Frage »Womit?« erwiderten die Nazis: »Mit euren Blusen.« Die Mädchen zogen ihre Blusen aus und beseitigten darin den Abfall. Als sie fertig waren, erhielten sie ihre Belohnung: die Nazis rieben ihnen die Gesichter mit den besudelten Blusen ab und lachten sich tot.[71]

Mit Peitschenhieben nötigten andere SS-Männer in der polnischen Stadt Turck die zusammengetriebenen Juden dazu, singend zwischen den Bankreihen ihrer Synagoge umherzukriechen. »Sie wurden dann gezwungen, die Hosen herunterzulassen, um auf das nackte Gesäß geschlagen zu werden. Ein Jude, der sich vor Angst in die Hosen gemacht hatte, wurde gezwungen, den Kot den anderen Juden ins Gesicht zu schmieren.«[72]

In diesem Krieg gegen das Untermenschentum bewarb sich der junge Armin Mohler vergeblich um die Aufnahme in die Waffen-SS. In den Nachkriegsjahren diente er Ernst Jünger als Sekretär und machte sich einen Namen als konservativer Publizist. Im November 1995 stellte ihm die Zürcher *Wochenzeitung* die Interviewfrage: »Bewundern Sie heute Hitler immer noch wie in Ihren Jugendzeiten?« Und Mohler erwiderte: »Was heißt bewundern? Er hat immerhin eine richtige Führung geschaffen. Die Kader, die er heranzog, hatten Stil.«[73]

Von Fäkalzylindern und phallischen Müttern

Tiefenpsychologische Deutungsversuche

Der Verdacht, daß aus den wütendsten Beschimpfungen der Juden das Bedürfnis der Verfasser spreche, selbst all das zu tun, was sie den Juden ankreideten, ist altehrwürdig, wohlbegründet und heute noch unmittelbar einleuchtend. 1936 schrieb Max Horkheimer:

> Getrieben von heimlicher Neugierde und unauslöschlichem Haß, suchen die Menschen das Verbotene hinter dem, was ihnen fremd ist, hinter jeder Tür, in die sie nicht hineinspazieren können, in harmlosen Vereinen und Sekten, Klostermauern und Palästen. Der Begriff des Fremden wird dem des Verbotenen, Gefährlichen, Verworfenen synonym, und die Feindschaft ist um so tödlicher, als ihre Träger fühlen, daß dies Verbotene kraft ihres eigenen erstarrten Charakters für sie selbst unwiederbringlich verloren ist. Kleinbürgerliches Ressentiment gegen den Adel und Judenhaß haben ähnliche seelische Funktionen. Hinter dem Haß gegen die Kurtisane, der Verachtung gegen die aristokratische Existenz, der Wut über jüdische Unmoral, über Epikuräismus und Materialismus, steckt ein tiefes erotisches Ressentiment, das den Tod ihrer Repräsentanten verlangt. Sie sind, möglichst unter Qualen, auszulöschen; denn der Sinn der eigenen Existenz wird jeden Augenblick durch die ihrige in Frage gestellt.[1]

Zu dem Schluß, »daß der Antisemitismus weit mehr als auf den wirklichen Eigenschaften der Juden auf subjektiven Faktoren und der allgemeinen Situation des Antisemiten basiert, und daß die Determinanten antisemitischer Einstellungen zum einen bei den Personen zu suchen sind, die sie äußern«, gelangte auch Theodor W. Adorno bei seinen »Studien zum autoritären Charakter«.[2] Die Antisemiten würden, wie Adorno in einem anderen Aufsatz ausführte, »in besonderem Maß von Verfolgungsphantasien gegen das nach ihrer Ansicht sexuell Abwegige, überhaupt von wilden sexuellen Vorstellungen« gepeinigt, »die sie von sich selbst abweisen und auf Außengruppen projizieren. Die deutschen Sexualtabus fallen in jenes ideologische und psychologische Syndrom des Vorurteils, das dem Nationalsozialismus die Massenbasis zu verschaffen half und das in einer dem manifesten Inhalt nach entpolitisierten Form fortlebt.«[3] Wirksam war hier, in Adornos Worten, »der Kleinbürgerhaß auf eine Luxusschicht, von der man sich ausgeschlossen fühlt und auf die man das Verbotene und insgeheim Ersehnte projiziert«.[4]

In seiner erstmals 1933 erschienenen, später revidierten und erweiterten Untersuchung der »Massenpsychologie des Faschismus« erörterte auch Wilhelm Reich »das sexuelle Schuldgefühl und die sexuelle Angst des reaktionären Menschen« und stellte mit Aplomb fest: »Hier liegt die psychologische Wurzel des Antisemitismus der Nationalsozialisten.«[5] Reichs Beweisführung wirkt oft plakativ und schematisch, doch seine Thesen waren nicht aus der Luft gegriffen. Er hat sie aus den antisemitischen Quellen abzuleiten versucht:

> So wurde Roosevelt von den Faschisten als »Jude« und »Roter« bezeichnet. Der irrationale Gehalt dieser Schlagworte betrifft regelmäßig das Sexuell-Lebendige, auch wenn der so Bezeichnete weit von jeglicher Bejahung der kindlichen und jugendlichen Sexualität entfernt ist. Die russischen Kommunisten waren von der Bejahung des Sexuallebens weiter entfernt als irgendein amerikanischer Mittelständler. Man wird es lernen müssen, den Irrationalismus der Schlagworte zu begreifen, wenn man den Mystizismus, den Urgrund aller politischen Reaktion, bekämpfen will. Wo immer im Folgenden »Bolschewismus« gesagt ist, ist »Orgasmusangst« mitzudenken.[6]

Dagegen wäre einzuwenden, daß Joseph Goebbels, allen Antibolschewisten voran, zwar körperlich, geistig und seelisch in vielerlei Weise gehandicapt war; doch der Nachweis, daß der sexuell überaus umtriebige Propagandaminister unter »Orgasmusangst« gelitten habe, ist noch keinem seiner Biographen geglückt. »Der Reaktionär jeder Prägung«, schrieb Reich, »verurteilt die sexuelle Lust (nicht ohne ihr dennoch selbst krankhaft zu verfallen), weil sie ihn provoziert und abstößt zugleich. Er kann in sich selbst den Widerspruch zwischen sexuellen Anforderungen und moralistischen Hemmungen nicht lösen.«[7] Aber ganz so schlicht ist die Geschichte nicht verlaufen: Der arischen Volksgemeinschaft hat das Dritte Reich durchaus Gelegenheit zur Regeneration ihrer Kraft durch Freude zu bieten vermocht. Wer sich der SS als Elitesoldat verpflichtete, mußte kein Zölibat und auch sonst kein Keuschheitsgelübde ablegen, sondern durfte die berechtigte Hoffnung auf besondere sexuelle Gratifikationen hegen.[8] Wilhelm Reich hatte sich ein wenig zu früh gefreut, als er den Mechanismus der sexualantisemitischen Propaganda vollkommen durchschaut zu haben glaubte. Er hielt sie für ein Instrument der Bourgeoisie im Klassenkampf:

> *Hinter der Idee der Mischung mit fremden Rassen steckt also die Idee des Geschlechtsverkehrs mit Angehörigen der unterdrückten Klasse*, und dahinter wieder wirkt die Tendenz der politischen Reaktion zur Abgrenzung, die wirtschaftlich zwar scharf, sexualmoralisch aber durch die Sexualeinschränkung für die bürgerlichen Frauen vollends verwischt ist. Sexuelle Vermischung der Klassen bedeutet aber gleichzeitig eine Erschütterung der zentralen Stützen der Klassenherrschaft, die Möglichkeit einer »Demokratisierung«, das heißt sexueller Proletarisierung der »vornehmen« Jugend.[9]

Um daran glauben zu können, mußte Reich sich den Gedanken verbieten, daß sich Männer der herrschenden Klassen zu allen Zeiten in aller Welt ausgiebig und genüßlich sexuell mit Frauen aus niederen Klassen vermischt hatten. Und inwiefern hätte, beispielsweise, hinter der Idee eines jüdischen Schauspielers, im Grunewald mit seiner arischen Stummfilmpartnerin zu picknicken, die Idee des Geschlechtsverkehrs mit Angehörigen der unterdrückten Klasse gesteckt? In seinem ahnungsvollen Grundlagenwerk hat Reich als einer der ersten Analytiker des nationalsozialistischen Rassenwahns dessen sexuellen Energiekern ins Auge gefaßt und die Wirklichkeit mit all ihren funkelnden und irritierenden Facetten dann leider doch auf das enge Maß einer klassenkämpferischen Ideologie gestutzt, die sexuell funktionstüchtige Stehaufmännchen aus dem Proletariat gegen impotente Reaktionäre ins Rennen schickte und siegen ließ.

Vor und nach und unabhängig von Horkheimer, Adorno und Reich sind einer staunenden Welt noch viele andere psychoanalytische Modelle zur Erklärung des Antisemitismus im allgemeinen und des Sexualantisemitismus im besonderen vorgelegt worden. »Mahnt der Jude die westliche Welt an jene düsteren Blutriten, in denen der Vatergott als Zeichen des Bundes ein Symbol des Sexualgliedes des Knaben fordert, eine Steuer auf seine Männlichkeit?« fragte der Psychoanalytiker Erik H. Erikson in den sechziger Jahren und fuhr fort: »Die Psychoanalyse bietet hier die Deutung an, daß der Jude in den Völkern, die die Beschneidung als hygienische Maßnahme nicht kennen, ›Kastrationsängste‹ erregt.« [10] Mit dieser Deutung folgte Erikson Sigmund Freud, der 1909 einen »Kastrationskomplex« als ursprünglichen und ersten Erreger des Antisemitismus diagnostiziert hatte: »Der Kastrationskomplex ist die tiefste unbewußte Wurzel des Antisemitismus, denn schon in der Kinderstube hört der Knabe, daß dem Juden etwas am Penis – er meint, ein Stück des Penis – abgeschnitten werde, und dies gibt ihm das Recht, den Juden zu verachten.« [11]

1946 unterzog der Psychoanalytiker Otto Fenichel das Wurzelgeflecht einer genaueren Prüfung:

> Dem Antisemiten erscheinen die Juden als schmutzige, ausschweifende Mörder; er vermeidet es dadurch, sich dieser Neigungen bei sich selbst bewußt zu werden. Für ihn stellen die Juden die Verkörperung der Begierde zu töten und der niederen Sexualität dar. Es wird bald klar werden, wie diese Projektion erleichtert wird. Doch es ist schon jetzt verständlich, warum die Neigung zum Aufruhr so leicht auf die Juden abgelenkt werden kann. Denn für das Unbewußte der Aufrührer stellen die Juden nicht nur jene Obrigkeit dar, welche sie nicht anzugreifen wagen, sondern auch ihre eigenen verdrängten Triebe, die sie hassen und die gerade von der Obrigkeit, gegen die sie gerichtet sind, verboten werden. Der Antisemitismus ist in der Tat eine Verdichtung der widersprüchlichsten Bestrebungen: eines Aufruhrs der Triebe gegen die Obrigkeit sowie einer gegen das eigene Selbst gerichteten grausamen Unterdrückung und Bestrafung dieses Aufruhrs. [12]

Einem ähnlichen Gedankengang folgte Jean-Paul Sartre, als er sich 1948 in seinen »Betrachtungen zur Judenfrage« in einen unentwegt über das

Böse grübelnden Antisemiten versetzte: »Er kann sich so bis zur Besessenheit unzüchtige oder verbrecherische Handlungen vorstellen, die ihn erregen und seine perversen Neigungen befriedigen, aber da er sie zu gleicher Zeit diesen schamlosen Juden zuschreibt, die er mit unsäglicher Verachtung straft, so befriedigt er sich, ohne sich etwas zu vergeben.«[13] Über diesen Erkenntnisstand ist die Forschung, im großen und ganzen, bis heute nicht hinausgelangt, und das ist vielleicht auch gar nicht erforderlich, denn Sartres Darlegungen sind auch jetzt noch so plausibel wie zum Zeitpunkt ihrer Entstehung.

Ein Freudianer begnügte sich 1952 in seiner »Psychoanalyse des Antisemitismus« mit dem knappen Vermerk, daß die Juden im Laufe der Jahrhunderte als Brudermörder, als Christusmörder und als Wucherer angefeindet worden seien, und dem Zusatz: »Der moderne Antisemitismus hat es verstanden, das Vorurteil der sexuellen Perversion daranzuhängen. In Deutschland wurde eine Spezialzeitschrift, *Der Stürmer*, gegründet und verbreitet, um den ›keuschen und unschuldigen Deutschen‹ jene Vorstellungen einzuimpfen. Zu diesen Wahnvorstellungen gehörte die Beschuldigung, die Juden vergewaltigten mit teuflischem Vergnügen arische Frauen.«[14] Von der Beschränktheit seines eigenen Vorurteils, daß erst der moderne Antisemitismus es verstanden habe, das Vorurteil über die sexuelle Perversion der Juden zu verbreiten, hätte dieser Psychoanalytiker sich schon bei einer flüchtigen Musterung der frühneuzeitlichen, mittelalterlichen und antiken Quellen überzeugen können.

In den fünfziger Jahren suchte die Historikerin Eleonore Sterling die Ursache für den Sexualneid auf die Juden im christlichen Keuschheitsgebot:

> Daß die eigene Religion die Askese gebietet, erregt den Neid auf die Juden, die dem Leiblichen gegenüber unbefangener sein dürfen: für den Juden liegen Leib und Seele nicht im Kampf miteinander. Der natürliche von Gott gegebene schöpferische Anspruch soll nicht durch Askese, sondern einzig durch die Gesetze, die die menschlichen Beziehungen vernünftig regeln, eingeschränkt sein. Die verneinende Einstellung zum Trieb, der sündhaft sei, macht das Schöpferische überhaupt verächtlich und erkennt, was sie bei sich unterdrückt, in den Juden vervielfacht.[15]

Damit läßt sich jedoch nicht der Sexualantisemitismus der Nationalsozialisten erklären, die ja ihrerseits das Christentum ablehnten und in jedem eroberten Land mit der größten Selbstverständlichkeit Bordelle für die Angehörigen der SS und der Wehrmacht eröffneten. Die Nationalsozialisten waren keine Asketen.

Einen bemerkenswerten Kommentar trug 1960 Golo Mann zur Diskussion über die Wurzeln des Antisemitismus bei. Die Juden, meinte er, sollten nicht so tun, als ob sie an ihrer Verfolgung und Ausrottung unschuldig seien:

> Und man soll auch eingestehen, daß der in der Weimarer Zeit gängige Ausdruck »jüdisch-zersetzend« nicht völlig ohne Boden war. Ja, es gab jüdische Literaten, die ihren alten Glauben längst verloren hatten, die den christlichen nicht im Ernst bekannten, die wohl auch zu intelligent waren, um die marxistische Pseudo-Religion auf die Dauer bekennen zu können, kurzum, die eigentlich im positiven Sinne des Wortes an gar nichts glaubten und die nichts anderes bieten konnten als Kritik, als Witz, als Hohn. Auch unter ihnen gab es Männer von hoher Begabung, denken wir etwa an Kurt Tucholsky. Gestehen wir aber ein, daß es ihnen an Takt, an Bescheidenheit, an dem Rückhalt einer festen bejahenden Tradition, wohl auch an Schöpferkraft fehlte, gestehen wir ein, daß im Seelenhaushalt einer Nation es wohl einige solche Kritiker, einige solche Versemacher, einige solche Soziologen geben darf, aber nicht zuviele von ihnen; und daß es in den zwanziger Jahren eher zuviel als zuwenig von ihnen gab.[16]

Wenn weniger Juden ihr Recht auf Redefreiheit in Anspruch genommen hätten, um die Weimarer Republik gegen ihre Feinde zu verteidigen, und so taktvoll gewesen wären, dem Seelenhaushalt der Nation Nackttänze, Niggermusik, Filmschnulzen, Soziologie, abstrakte Malerei und jüdisch-zersetzende Literatur zu ersparen, dann hätten die Antisemiten, frei nach Golo Mann, den Juden unbefangener begegnen können und deren Anzahl nicht gewaltsam auf eine der Nation zumutbare Obergrenze reduzieren müssen. Zumal es den jüdischen Kritikern, Versemachern und Soziologen ja wohl auch an jener »Schöpferkraft« gebrach, die Golo Mann, nicht anders als die dümmsten seiner Volksgenossen, für sich selbst und seine Familie gepachtet zu haben glaubte. Sein merkwürdiges, einer nationalen Selbstversöhnung dienendes »Eingeständnis« der jüdischen Mitschuld am Holocaust ging, zum Glück für Golo Manns Nachruhm, in der Flut der Literatur über den Antisemitismus unter, ohne einen Skandal hervorzurufen.

1963 griff ein weiterer Freudianer die Gedanken der psychoanalytischen Schule auf:

> Ein Ursprung des Ressentiments in dem, was Freud das »Unbehagen in der Kultur« nannte, liegt an dieser Stelle frei. Das erregende und zugleich furchteinflössende mysteriöse Dunkel, das in einer puritanischen Kultur die Sphäre des Geschlechtlichen umgibt, fand seine Entsprechung in der lockenden und zugleich bedrohlichen Erscheinung des Fremden. Wurden die eigenen unterdrückten Wünsche auf den Sündenbock projiziert, so war die Befriedigung doppelt: die Phantasie schwelgte in jüdischen Untaten, während das Gewissen die Übeltäter mit rigoroser Härte bestrafte.[17]

Unklarheit über das Alter dieses Ressentiments scheint noch 1971 geherrscht zu haben, als der Historiker Saul Friedländer Spekulationen über die Bereitschaft der Antisemiten anstellte, in jedem Juden einen Sexualverbrecher zu erblicken: Aufgrund

> psychologischer Vorgänge, für die es bis heute kaum eine Erklärung gibt, verbreitete sich diese Schreckenskunde im Nachkriegsdeutschland immer mehr. Immer mehr Menschen glaubten daran, daß die Juden systematisch auf die »Verunreinigung arischen Blutes« durch sexuelle Beziehungen zu arischen Frauen hinarbeiteten. Die Bastarde aus solchen Verbindungen stünden unter jüdischer Gewalt. Aus einer Kollektivangst hervorgegangen, verbreiteten sich solche Phantasien in ganz Deutschland.[18]

In Wirklichkeit hatte sich die Schreckenskunde vom sittenverderbenden, sexuell aggressiven Judentum, wie dargelegt, bereits in der Antike herumgesprochen und sich auch im Mittelalter wie ein Lauffeuer verbreitet, bis der Funke auf die Neuzeit übersprang, deren christliche Sittenprediger immer wieder betonten, daß die Juden »von ihrem eignen Talmud unter die geileste Thiere gerechnet werden«.[19] Das hatte eine Historikerin übersehen, die 1978 von einer Neuigkeit zu erzählen glaubte: »Neu aber bei den Rassenantisemiten war, daß sie das Arsenal der judenfeindlichen Argumentation noch um den biologisch-sexuellen Aspekt bereicherten: Zu dem Vorwurf, daß die Juden nationalen Verrat betrieben, wurde die Beschuldigung hinzugefügt, daß sie zudem sexuell pervertiert seien.«[20]

Radikal neu war Ende der siebziger Jahre Klaus Theweleits Unterfangen, die Memoiren der Freikorpssoldaten und anderer Gründerväter des Dritten Reichs zu studieren und daraus Rückschlüsse auf die verkorkste Sexualität der Nationalsozialisten zu gewinnen.[21] Über die Panzerung des soldatischen Körpers, das Grauen vor der Vermischung mit fremdrassigem Gewürm und die Wut auf die Juden, die sich der weiblichen Seite des Volkskörpers, wie es manchem Kriegsheimkehrer scheinen mochte, ungepanzert und vermischungslüstern näherten, ist aus Theweleits Studie über faschistische »Männerphantasien« immer noch mehr zu erfahren als aus manchen später publizierten Essays sexualhistorisch nur halbherzig engagierter Forscher. 1992 distanzierte sich der Historiker Wolfgang Altgeld »von jenen widerwärtigen, zugleich rassenideologisch wie eine verquere Sexualität befriedigenden, darum höchst wirkungsvoll sich verbreitenden Phantasien jüdischer ›blutschänderischer‹ Triebe und Verbrechen an *der* deutschen Frau«[22] und zog sich in eine vornehmere Zone zurück, wo er den schlechten rassistischen von dem ja vielleicht doch nicht ganz so schlechten christlichen Antisemitismus begrifflich zu trennen versuchte, um einen »letztlich verharmlosenden, jede Art von Judenfeindschaft gleichsetzenden Antisemitismusbegriff«[23] zu überwinden. Es wäre selbstverständlich sinnlos, »jede Art von Judenfeindschaft« aus der Vogelperspektive zu betrachten, ohne Rücksicht auf die Unterschiede zwischen Martin Luthers judenfeindlichen Tiraden, Julius Streichers antisemitischen Brandreden und dem Testament des Terroristen Mohammed Atta, doch es spricht auch nichts dagegen, die rhetorischen Muster miteinander zu vergleichen und Spuren zu isolieren, die auf ein geistiges oder emotionales Verwandtschaftsverhältnis zwischen dem Reformator, dem Herausgeber des *Stürmer* und dem islamistischen Selbstmordattentäter hindeuten. Dem Historiker Raul Hilberg sind Parallelen zwischen Luthers Schrift über die Juden und den Tiraden des völkischen Agitators Hermann Ahlwardt aufgefallen: »Es ist bemerkenswert, wie sich zwei durch 350 Jahre voneinander getrennte Männer der gleichen Sprache bedienen. Ahlwardts Judenbild ist in seinen Grundzügen eine Replik des Lutherschen Porträts.«[24] Im Rückblick auf den deutschen Rheinmythos hat auch der Historiker Michael Jeismann auf die Zählebigkeit gewisser Affekte verwiesen: »Die Begeisterungskontinuität von 1813/15 über 1840 bis zum August 1914, die sich an der Wirkung solcher zentralen Symbole zeigt, macht deutlich, daß das Konglomerat nationaler Vorstellungen eine repetitive Gefühlsstruktur schuf und bereithielt, die offenbar über lange Zeiträume hinweg tradierbar war.«[25] Das ließe sich auch von der repetitiven Gefühlsstruktur der eingefleischten Judenfeinde sagen.

Was die Erben der Kritischen Theorie und die Psychoanalytiker bei der Vorurteilsforschung bis zu Beginn der achtziger Jahre herausgefunden hatten, faßte der Sozialpsychologe Peter Brückner zusammen:

> Wenn also Erziehung, Sitte, »Kultur« dem Einzelnen rigorosere Triebverzichte zumuten, als ohne Beschädigung tragbar ist, wenn der ganze Erziehungs- und Ehestil einer Kultur, Lust wie Identität unterdrückt, dann werden dem einzelnen Bürger im sozialen Vorurteil auch gleich jene Ersatzobjekte markiert, auf die er seine akkumulierte Feindseligkeit verschieben, an denen er sich für Enttäuschungen rächen kann; Objekte auch der »Abfuhr«. Daß soziale Vorurteile auf komplizierten, psychischen Mechanismen beruhen, ist an umlaufenden, vorurteilsartigen Gerüchten etwa über studentische Wohngemeinschaften (oder über Neger, Juden) abzulesen: daß ihnen bevorzugt HyperSexualität, Promiskuität, »Schweinerei« nachgesagt wird oder vor einigen Jahren wurde, erinnert uns an das »Tabu«, das lange über Lust, über freierer Sexualität gelegen hat. Es ist *die* ersehnte Lust, die einer sich selbst verbietet, oder sich seit Kindheit verboten hat, die er als »Schweinerei« bei Minderheiten zu entdecken glaubt.[26]

So ähnlich hatten es aber schon Adorno und Sartre ausgedrückt und viele Jahre vor ihnen Karl Kraus: »Der Wahn, daß geschlechtliche Betätigung sittliche Wertminderung bedeute, erzeugt eine Verbissenheit, die ihre Orgien in der Kontrolle des Freien genießt. Die Überzeugung liegt im ewigen Kampf mit der eigenen Natur; unterliegt sie, ist sie durch die Bewußtheit der Sünde zweifach geschwächt und nimmt Rache an der Natur – des Andern.«[27] Noch bündiger hatte bereits 1907 ein Mitarbeiter der von Kraus herausgegebenen *Fackel* das Problem auf den Punkt gebracht: »Denn zur Zeit der ersten Triebe onanieren alle. Das Weib ist meist unerreichbar und die Blödigkeit ist groß. Aber hernach erobern sich die einen Weib und Welt, die Schwachen bleiben in der Wüste. Sie müßten vor Neid und Haß vergehen, darum helfen sie sich mit der Sittlichkeit.«[28]

Genaugenommen hatte es schon 1608 König Lear in William Shakespeares Drama gesagt:

> Du schuft'ger Büttel, weg die blut'ge Hand!
> Was geißelst du die Hure? Peitsch dich selbst;
> Dich lüstet heiß mit ihr zu tun, wofür
> Dein Arm sie stäupt.[29]

Einen tieferen Einblick in die komplizierten psychischen Mechanismen, auf denen das soziale Vorurteil der Mehrheit über das wilde Geschlechtsleben der Minderheiten beruhe, hat auch Peter Brückner seinen Lesern nicht gewährt, im Gegensatz zu zwei Autoren, die in einem halsbrecherisch anmutenden psychoanalytischen Drahtseilakt im Unbewußten der Antisemiten von Manhattan bis zum Kreml balanciert sind: »Die Andeutungen des Agitators, wonach der Kommunismus vom Kapitalismus ausgeheckt wird, beide gar Erzeugnisse Judas sind, legen den Gedanken an Inzest nahe. Der Bankier und der Kommunist verweigern im Namen des Inzesttabus dem Kind den Lustgewinn, den sie selber aneinander haben, und sind Heuchler schlimmster Sorte.«[30]

Das Dilemma, an dem solche Deutungen kranken, hat der Historiker Jacob Katz auf die Formel gebracht: »Die psychoanalytische Theorie ist in dem Maße unwiderlegbar, in dem sie unbeweisbar ist.«[31] Ein Mensch, der alle Juden haßt und der glaubt, daß jüdische Bolschewisten und Großkapitalisten unter einer Decke steckten und das gleiche Ziel verfolgten, ist zweifellos geistig verwirrt und therapiebedürftig, aber daß die Ursache seiner Geisteskrankheit im unbewußten Widerstand gegen das Inzesttabu begründet sei, kann weder bewiesen noch widerlegt werden. Die Lizenz zur unwiderlegbaren freien Rede mußte Schwadroneure herbeilocken. »Die Psychoanalytiker«, schreibt Jacob Katz, »haben Vermutungen darüber geäußert, welche unbewußten Triebe oder Komplexe das Verhalten von Antisemiten bestimmt haben könnten; und Historiker haben der Versuchung manchmal nachgegeben, diese oder jene Vermutung für das Verhalten einzelner oder das von Gruppen zu übernehmen. Aber diese psychoanalytischen Interpretationen sind kaum jemals ein integraler Teil der historischen Darstellung gewesen, meist erscheinen sie als isolierte Einfügung oder künstlich aufgepfropfte Reflexion.«[32]

Das Desinteresse der Historiker an obskuren psychoanalytischen Theorien über den Antisemitismus ist begreiflich. 1985 trat Margarete Mitscherlich mit der These hervor, daß der Antisemitismus eine Männerkrankheit sei und daß antisemitisch daherredende Frauen sich im Dritten Reich nur dem Patriarchat gefügt und gebeugt hätten: »Diese Neigung, sich anzupassen«, hänge »wiederum mit ihrer großen Angst vor Liebesverlust zusammen«.[33] Die Kritikerin Karin Windaus-Walser hat Margarete Mitscherlichs Lehre von der »friedfertigen Frau« 1990 als »wahrlich abenteuerliche Idee« zurückgewiesen und Belege dafür angeführt, »daß sich auch bei Frauen Angst vor Liebesverlust mit projektivem Neid und aggressiver Rivalität verband« und daß »sehr wohl also eigene und nicht nur Anpassungs-Motive für Judenhaß oder Jüdinnenhaß bei Frauen im Spiel waren«.[34]

Wenig Licht ins Dunkel brachte auch die folgende Analyse der Angst vor jüdischen Ritualmördern: »Mit der christlichen Familialisierung aller existentiellen Ängste und ihrer Überhöhung des Vater-Sohn-Verhältnisses schwindet die Möglichkeit, den Ambivalenzkonflikt im familialen Rahmen auszutragen. So muß der Vaterhaß abgespalten und auf ein anderes Objekt verschoben werden.«[35] Wenn der Aberglaube an Ritualmorde jedoch in der »christlichen Familialisierung aller existentiellen Ängste« begründet läge, wie wäre es dann zu erklären, daß der Ritualmordvorwurf bereits in der Antike gegen Kanaaniter, Juden und Christen erhoben wurde? Hatten die Ankläger damals auch ohne die hier zur Deutung bemühte christliche Erziehung den Vaterhaß abgespalten und ihn auf ein anderes Objekt verschoben? Und weshalb ist in den ersten eintausend Jahren der Geschichte des Christentums kein Ritualmordvorwurf laut geworden, obwohl doch der »Ambivalenzkonflikt« in christlichen Familien nicht auszutragen und es daher unerläßlich war, den abgespaltenen Vaterhaß auf ein anderes Objekt zu verschieben?[36]

Es mag sein, daß viele Antisemiten sich ihren Haß auf den eigenen geliebten und gefürchteten Vater aus Angst vor dessen Macht nicht eingestehen konnten und deshalb ihren Haß, der sonst ziellos geblieben wäre, auf den ewigen Juden richteten, ein Haßobjekt, das sich desorientierten Rebellen seit der Kreuzigung Jesu als Feindbild angeboten hat. Zum Dienst in der SS haben sich aber auch vaterlos aufgewachsene Männer freiwillig verpflichtet, und zum Kummer gläubiger Nationalsozialisten haben auch manche mit harter Hand erzogene Söhne überhaupt nicht daran gedacht, ihren Vaterhaß abzuspalten und auf die Juden zu verschieben. Zu jedem psychoanalytischen Erklärungsmodell, das den Anspruch auf Allgemeingültigkeit erhebt, lassen sich Fallgeschichten anführen, die das Gegenteil zu beweisen scheinen.

In der Annahme, daß dem Haß auf die Juden ein unbewußtes, in der Kinderzeit abgespaltenes und verschobenes Gefühl zugrunde liege, sind sich die meisten Psychoanalytiker einig: »Antisemitische Vorstellungen kann man als entindividualisierte, entpersönlichte Elternübertragungsphantasien verstehen.«[37] Man kann das tun. Man kann es aber auch bleibenlassen und sich auf den Standpunkt zurückziehen, daß solche Interpretationen Glaubenssache seien. Die Zweifel an ihren seltsamen Methoden haben die Psychoanalytiker selbst genährt. Der SS-Arzt Josef Mengele, so steht es in einer Studie aus dem Jahr 1986 zu lesen, habe als Massenmörder in Auschwitz ein Bedürfnis sublimiert: »Er fand eine neue Abnormitätsskala heraus, die er auf ihre massivste krankhafte Abweichung zentrierte – die Lippen-Kiefer-Gaumen-Spalte. Dies war ein höchst persönliches Thema, denn Mengele litt selbst an einer solchen – unscheinbaren – Abnormität. Wohl um eigene Selbstvernichtungsbedürfnisse zu sublimieren, lieferte Mengele mit seinen Ergebnissen Handhaben für eine erweiterte Erfassung von bislang unerkannten Merkmalsträgern.«[38] Ernsthaft vertreten worden ist auch die Auffassung, daß Geburtskomplikationen den Judenhaß begünstigt hätten: »Streichers Dasein schien damit von Anfang an von einer eigentümlichen Präsenz des Todes in seinem Leben geprägt zu sein. Das unbeschreibliche Trauma, wie er im Kampf mit dem Tod ins Leben getreten war, sollte

Streicher in besonderer Weise erst an seine reale Mutter, dann schliesslich zeitlebens an ideale Mutterleibsphantasien binden.«[39] Man könnte daraus folgern, daß Streicher, wenn er normal auf die Welt gekommen wäre, den *Stürmer* nie herausgegeben und die Juden nicht gehaßt hätte, aber das wäre wahrscheinlich auch keine triftige Schlußfolgerung im Sinne der psychoanalytischen Geschichtsbetrachtung.

Die größten Freiheiten haben sich ihre Vertreter bei der Analyse der Psyche Adolf Hitlers herausgenommen. »Hitlers jugendlicher Entschluß, Maler zu werden, zeugt von seinem Wunsch, die nicht integrierten Anteile des Ödipuskonflikts zu sublimieren«, befand 1968 ein Pionier des damals erblühenden Forschungszweigs der »Soziopsychoanalyse«.[40] Ganz ähnlich müßte es demnach Michelangelo ergangen sein, als er im Alter von dreizehn Jahren die Werkstatt seines ersten Lehrmeisters betrat, getrieben von dem brennenden Verlangen, beim Malen die nicht integrierten Anteile des Ödipuskonflikts zu sublimieren. So einfach war die Soziopsychoanalyse. Ein klassischer Cartoon von Friedrich Karl Waechter zeigt einen Aktmaler in seinem Atelier bei der Arbeit und einen draußen auf der Straße lauernden Banausen, der dem Maler fröhlich zuruft: »Mösentuscher! Mösentuscher!« Wäre dieser Randalierer durch die soziopsychoanalytische Schule gegangen, hätte er die Palette seiner Zwischenrufe reicher gestalten und ergänzend hinzufügen können: »Ödipuskonfliktanteilsublimierer!«

Aus naheliegenden Gründen ist Hitlers Vaterbeziehung ins Blickfeld der Forschung geraten und als traumatisch beschrieben worden.[41] 1972 gab ein eigenwilliger französischer Psychoanalytiker zu bedenken, daß die tiefste unbewußte Triebkraft Hitlers auf die »Ermordung der phallischen Mutter« abgezielt habe.[42] Drei Jahre später ermittelte ein Fachkollege, daß Hitler als Erwachsener »präödipale und ödipale Konflikte« gerade nicht sublimiert, sondern reaktiviert habe.[43] In der psychoanalytischen Konfliktforschung schlugen auch diese Analysen zu Buche, ohne etwas Erhellendes zur Erklärung des Grundproblems beizutragen.

Die bis heute abstruseste Theorie brachten im Jahr 2000 Béla Grunberger und Pierre Dessuant zu Papier, indem sie einen Kurzschluß zwischen Hitlers Darmwinden und dem Aufbau der nationalsozialistischen Vernichtungslager herstellten: »Die zweite erhebliche Verdauungsstörung Hitlers ging im engeren Sinne auf seine nichtintegrierte Analität zurück: Er hatte chronische Verstopfung und litt an Magenschmerzen, Magenkrämpfen und Flatulenzen (die Gase haben bei Hitler die bekannte todbringende Rolle gespielt).«[44] So gut wie in seinem Gedärm fanden Grunberger und Dessuant sich in der Psyche des Führers zurecht: »Angesichts der psychischen Organisation Hitlers, bei dem die Genitalität durch die – wiederum oralisierte (narzissierte) – Analität ersetzt war, sei uns der Gedanke erlaubt, daß sich die Phantasiebildung des Führers anstelle einer genitalen Orientierung auf die analen und oralen Bereiche beschränkte; der Penis war durch den Fäkalzylinder ersetzt, die Vagina durch die unteren und oberen Extremitäten des Verdauungskanals.«[45] Einige obskure, aus trüben Quellen geschöpfte Hinweise auf Hitlers sexuelle Vorlieben dienten den Autoren als Beweisgrundlage für ihre These, daß von seinem Dickdarm eine untergründige Verbindung nach Auschwitz geführt habe: »Was waren die Vernichtungslager mit ihren Gaskammern, Verbrennungsöfen und Sammelgräbern, wo die Leichen verwesten, anderes als riesige reptilienhafte Verdauungsorgane? *Die Struktur des Konzentrationslagers war aufgebaut wie eine gigantische Kolon-Struktur,* deren Anus an den Mund Hitlers erinnert, der die Exkremente seiner Sexualpartnerinnen verschluckt.«[46]

Man müßte lange nachdenken, um eine aberwitzigere Erklärung für den Holocaust zu ersinnen. Die Tatsache, daß Hitler auch als Hausherr der pompösen neuen Reichskanzlei und anderer Monumentalbauten geistig in einer muffigen, mit obszönen Parolen beschmierten Spelunkenlatrine thronte, soll damit nicht in Abrede gestellt werden. Die »Naziherren«, schrieb Klaus Theweleit 2005, »haben Millionen Juden in einem präzedenzlosen Auftrumpfen sexualisierter Gewalt zu Asche gemacht und Millionen anderer Menschen planvoll andere Todesarten bereitet. Ihr Krieg war die Organisation ihrer Ausrottungslust. Wenn man sie schon zeigt, dann nicht außerhalb ihrer mörderisch-schweinischen Nährlösungen.«[47] Theweleits Kritik galt Spielfilmen wie »Der Untergang«, die drastisch das Verrecken der Frontsoldaten zeigen und allein den Tod des Führers pietätvoll ausblenden. Ob Bruno Ganz gut beraten war, als Träger des Ifflandrings Adolf Hitler zu verkörpern und im nachgebauten Führerbunker zu wüten, ist allerdings ebenso fraglich wie die Zurechnungsfähigkeit von Analytikern, die in Gedanken mit Hitlers Flatulenzen und den Exkrementen seiner Sexualpartnerinnen herumspielen.

Im Jahr 2001 nahm der Psychoanalytiker Günter Lempa »Erkundungen zu Fremdenfeindlichkeit, Gewalt und politischem Extremismus« vor und brachte von seiner Expedition ins Unbewußte die Erkenntnis mit: »Der Haß auf die Juden war das in die Gesellschaft eingebaute und gern verwendete Ventil, um Erschütterungen der Gemeinschaft abzubauen.«[48] So unbeschwert geht es mitunter her in der psychoanalytischen Geschichtswerkstatt: Da werden Ventile in die Gesellschaft eingebaut, Erschütterungen abgebaut, Emotionen abgespalten und verschoben, Konfliktanteile sublimiert und Lustgewinne verweigert; die Genitalität wird durch eine nichtintegrierte Analität ersetzt und der Penis durch den Fäkalzylinder, und von der soziologischen Fakultät wird eine »Spannungsebene« ins Gespräch gebracht:

> Man kann sagen, eine sozio-viktimogene Struktur – d.h. eine latente Spannung zwischen Opfern und Verfolgern mit möglichem Rollenwechsel – entstand auf der Makroebene durch ein konkurrierendes Verhältnis der monotheistischen Religionen, deren ideologisches Potential besonders in vorbürgerlicher Zeit zu Herrschaftsbegründung und Machtakkumulation dienlich war, wobei die Gleichsetzung Religion = Nation = Gemeinde bei den Juden die Doppelebene Gastland – Subgruppe zu einer konfliktträchtigen Spannungsebene macht.[49]

Es ist wahr, daß man das sagen kann. Unwahr oder zumindest zweifelhaft wäre jedoch die Behauptung, daß die Theorien über Makroebenen, Doppelebenen und Spannungsebenen etwas dazu beitragen, die Judenfeindschaft zu erklären. Hier erfährt man nur, daß eine Doppelebene durch eine Gleichsetzung zu einer Spannungsebene gemacht worden sei.[50]

Aufschlußreicher sind die Selbstzeugnisse der Antisemiten. »Planmäßig schänden diese schwarzen Völkerparasiten unsere unerfahrenen, jungen, blonden Mädchen und zerstören dadurch etwas, was auf dieser Welt nicht mehr ersetzt werden kann.«[51] Damit nahm Hitler die blonden Mädchen in Schutz, die ihr Lager mit jüdischen »Völkerparasiten« geteilt hatten und nicht mit ihm in seinem Männerwohnheim. Was dem jungen, unbeweibten, sexuell frustrierten Choleriker Hitler dort in den Ohren gellte, war das Jauchzen der Bräute, die es vorzogen, Verhältnisse mit besser betuchten Juden einzugehen. Seit jeher, schrieb er in »Mein Kampf«, habe »das Volk im Juden instinktiv den fremden Körper im eigenen Leibe« erblickt.[52] Der fremde Körper im eigenen Leibe: Mit dieser Formulierung hat Hitler nebenher ein Sinnbild für den Notzustand der Pubertät gefunden. Was sich da regte, im Körper des Knaben aus Braunau, war ein Fremdkörper, den es nach Genüssen gelüstete, welchen der Führer später seinen Kampf ansagen sollte, unter anderem »dem erstickenden Parfüm unser modernen Erotik«.[53]

Wie schwer Adolf Hitler mit der Erotik zu ringen hatte, ist einer drastischen Bemerkung über seine politischen Gegner zu entnehmen: »Wo immer man so einen Apostel angriff, umschloß die Hand qualligen Schleim; das quoll einem geteilt durch die Finger, um sich im nächsten Moment schon wieder zusammenzuschließen.«[54] Diese Wortwahl, hat der Philosoph Arno Plack geurteilt, »kann gar nicht anders als sexualpathologisch gedeutet werden: Ein tief an sich selber leidender Mensch legt einen unkontrollierten Augenblick lang im Eifer empörter Rede den neurotischen Kern seines Judenhasses bloß.«[55] Hitlers Ekel vor der eigenen sexuellen Begierde und sein zorniges Salbadern über die Orgien jüdischer Lebemänner mit arischen Jungfrauen ermunterten den Journalisten Rudolf Olden 1935 zu einer Hypothese, die Hitlers Biograph Alan Bullock bei der Lektüre von »Mein Kampf« bestätigt finden sollte: Olden, schrieb Bullock, »mag wohl recht haben, wenn er eine der Wurzeln von Hitlers Antisemitismus in quälendem Sexualneid sieht«.[56] Etwas Ähnliches hatte auch Karl Kraus im Sinn, als er 1933 in den Hetzjagden der SA auf »Rassenschänder« einen »Hexengeifer aus Sexualhaß und Erpressung« am Werk sah.[57]

Vielleicht sind manche der psychischen Mechanismen, die zu sozialen Vorurteilen führen, gar nicht so kompliziert, daß es all der Ventile, Genitalitätsersatzbauteile, Elternübertragungsphantasien, Ödipuskonfliktanteile und Fäkalzylinder aus dem Musterkoffer der Psychoanalyse bedürfte. Daß Adolf Hitler in seiner Jugend und seinen frühen Mannesjahren sexuell unbefriedigt umherlief und scheel auf andere Männer blickte, die ein glücklicheres Liebesleben führten, liegt auf der Hand, durch die ihm der quallige Schleim gequollen ist, während sich die blonden Mädchen seiner Träume von einem Auswurf fremder Wüste begatten ließen. Auch die Schriften der Gefolgsleute Hitlers sind ein wahrer Born neurotischer Sexualphantasien. Der *Stürmer* ist das nationalsozialistische Zentralorgan pornographischer Reportagen aus dem rassenschänderischen Milieu gewesen.[58] Der nackte Neid spricht auch aus den Memoiren des Offiziers Franz Schauwecker, der 1930 auf das Weltkriegsende und die Etappe zurückblickte,

> bösartig vor Wut über den gellenden Gegensatz dieses Schlemmerparadieses zum Fegefeuer der Front: nun sehe sich einer diese Schweinerei an ... Tanzschuhe und Bronzen, Früchte in Sekt, Lachs, Battist und Konfekt, Klubsessel, Gladiolen und Juwelen und Kaffeebohnen und Kristallspiegel und Autos und Steppdecken – das ist die unverschämteste, öffentlichste, gemeinste Verhöhnung, die mir jemals vor meine kreideverschmierten Augen gekommen ist, eine Herausforderung, die nur mit einer Handgranate zu beantworten ist ... und das unter den Auspizien unsrer mehr gottvollen als von Gottes Gnaden eingesetzten Regierung! Mir bleibt die Luft weg ...
>
> Aber das Ekelhafteste ist, daß einen dieser Strudel aus Glanz, Duft und Verführung in seinen glitzernden Schlund saugt und wegschluckt![59]

Der Gefahr, in den Schlund des Strudels hinabgesaugt zu werden, mußten die Antisemiten widerstehen und ihren Neid auf alle wohlhabenden, eleganten, von Frauen umschwärmten und tänzerisch begabten Juden verleugnen, so wie es 1932 der SA-Mann Manfred von Killinger tat:

> Glaubt ihr aber, daß wir SA-Männer so einen vollgefressenen Schieber-Itzig mit Brillanten an den Fingern, beim Sekt sitzend, beneiden? Nein, dieses Geschmeiß bedauern und verachten wir. Oder glaubt ihr, daß wir so einen Schnösel mit Taillenjackett und in Schimmyschuhen, womöglich noch mit einem schwarzweißroten Bändchen im Knopfloch, eine Sohle drehen sehen in der Tanzdiele mit einer geschminkten Hure im Arm, glaubt ihr, daß wir den beneiden? Nein, sicher nicht, vor allem nicht um die Abreibung, die er gelegentlich einmal von uns beziehen kann. Nein, unsere Wünsche liegen ganz wo anders. Wenn wir am Sonnabendabend ausmarschiert sind, um Mitternacht unsere Sport-

übung beendet haben, noch keuchend vor Anstrengung die Lungen voll Waldluft saugen, und wenn wir dann im Morgengrauen in die Stadt einmarschieren unter den Klängen des Liedes: Bei uns herrschen noch Freiheit und Rechte … wir sind keine Judenknechte […] Geld ist euer Gott. Es gibt euch das, was ihr zu eurem Leben braucht, Jazzband, Bälle, jüdische Theater, Sektsaufen, eure Weiber mit Schmuck und Pelzen behängen. Uns trennen Welten von Euch.[60]

Die reinste Waldluft schmeckte den Ariern schal, wenn zur gleichen Zeit jüdische Schnösel in der Tanzdiele mit geschminkten Huren im Arm eine Sohle drehten. Enthaltsamkeit ist, wie Wilhelm Busch bemerkt hat, das Vergnügen an Sachen, welche wir nicht kriegen; in diesem Fall das Vergnügen an Sekt, Brillanten, Pelzen, Schmuck und geschminkten Huren, die lieber mit einem »vollgefressenen Schieber-Itzig« tafelten als mit einem schweißbedeckten, keuchenden SA-Mann, der sich über Jazzmusik, Bälle, Sektkonsum und jüdische Theater erregte.

1991 hat der Psychoanalytiker Peter B. Neubauer das Neidmotiv gewürdigt:

Wir glauben, daß Rivalität, Eifersucht und Neid, die mächtigen Gefühle, die an der normalen Entwicklung so starken Anteil haben, leicht zu Verbündeten der Reaktion auf Fremde werden und zu pathologischen Konflikten führen können. Wenn eine Gruppe sich gegen eine andere wendet, können wir diese Phänomene ohne Schwierigkeiten entdecken. Rivalität ist der Wunsch, zum Elternteil, dem rivus, dem Fluß, dem Nahrungsspender, ausschließlich Zugang zu haben; Eifersucht gehört zu dem Anspruch auf Alleinbesitz der Liebeszuwendungen der signifikanten Person; und Neid ist das Verlangen nach Eigenschaften und Eigentum anderer, von denen man ausgeschlossen ist. Der Führer der Gruppe eint die Mitglieder, indem er sie akzeptiert und innerhalb der Gruppe das Ausbrechen von Rivalität, Eifersucht und Neid vermeidet, um diese Gefühle dann gegen andere zu wenden.[61]

Im Namen der SA hatte Manfred von Killinger zwar abgestritten, daß er und seine »Landsknechte«, wie er sie nannte, neidisch auf die vergnügten jüdischen Zivilisten seien, aber die Wildheit seines Wutausbruchs verrät nicht Bedauern und kalte Verachtung, sondern heißen Neid. Männer, die sich nur gewünscht hätten, singend durch die Waldesnacht zu marschieren, wären nicht auf den Gedanken verfallen, eine Handgranate in den glitzernden Schlund des Strudels aus Glanz, Duft und Verführung zu werfen, um der darin erblickten »Schweinerei« ein blutiges Ende zu bereiten. Solche Männer wären rechtschaffen und frei weitermarschiert und hätten sich einen Dreck um Gladiolen, Konfekt und Juwelen geschert.

Auch Gerüchte über Ritualmorde, Teufelsbündnisse, Hostienschändungen und Brunnenvergiftungen haben Juden das Leben gekostet, so wie die Legende vom Christusmord, die Anklage des Wuchers, die Agitation gegen den »jüdischen Bolschewismus« und die bis heute lebendige Fama von der zionistischen Weltverschwörung. Der Vorwurf der sexuellen Libertinage ist nur einer von vielen in der Geschichte der Judenfeindschaft. Er ist nicht unbedingt der folgenreichste und gefährlichste gewesen, und doch ist seine Tragweite lange unterschätzt worden. 1994 monierte die Historikerin Christina von Braun, »daß sich die bisherige Antisemitismusforschung kaum für die Sexualbilder und ihre Bedeutung für die Judenverfolgung interessiert« habe.[62] Das Desinteresse der Forscher könnte am verständlichen Abscheu vor den Hinterlassenschaften der nationalsozialistischen Propaganda gelegen haben. Bezeichnend für diese noble Geisteshaltung ist eine Nebenbemerkung, die der Politologe Ernst Fraenkel 1959 einem Sammelband mit Texten über Amerika im deutschen politischen Denken voranstellte, um zu erläutern, weshalb er auf Zitate von Julius Streicher, Joseph Goebbels und Robert Ley verzichtet habe: »Es kann kein Gewinn davon erwartet werden, in den Schmutzkübeln zu wühlen, die in den Jahren zwischen 1933 und 1945 von der deutschen Propaganda und Publizistik über Staat und Volk der Vereinigten Staaten von Amerika ausgeleert worden sind. Wollte man sich auf dieses Niveau begeben, so liefe man Gefahr, sein eigenes Niveau aufzugeben.«[63] Wer die Schmutzkübel ignoriert, der wird jedoch auch nicht viel darüber herausfinden, wie die Kübelherren, die in ihrem Schmutz ihr Wesen am deutlichsten zu erkennen gegeben haben, geistig bemittelt waren und wie sie irgendwelche Sympathien für sich erwecken, Begeisterungsstürme entfachen und auf dem Gipfel ihrer Macht Armeen auf drei Kontinenten befehligen konnten. Etwas näher hat sich 1973 der Hitler-Biograph Joachim C. Fest mit den Schmutzkübeln befaßt, aber auch in Fests indignierten Äußerungen über »die schwüle, abgeschmackte Bilderwelt des unbefriedigten Tagträumers« Hitler macht sich der Widerwille des Biographen gegen eine gründliche Auseinandersetzung mit dem Schmutz bemerkbar: Es spreche einiges dafür, schrieb Fest, »daß die eigentümlich schmuddelige Ausdünstung, die über weite Strekken hin dem Prospekt der nationalsozialistischen Weltanschauung entsteigt, auf das Phänomen der verbannten Sexualität innerhalb der bürgerlichen Welt zurückzuführen« sei.[64]

Christina von Braun stellte 1993 eine andere These über die Herkunft des Schmutzkübelinhalts zur Diskussion:

> Mit der Säkularisierung tritt an die Stelle der Kreuzigungsmetapher das »Sexualverbrechen« oder die »Rassenschande« – und hier liegt der eigentliche Schlüssel zur Bedeutung der Sexualbilder im rassistischen Antisemitismus. Aus dem »Corpus Dei« wird der »Volkskörper«, und dessen symbolische Trägerin ist die einzelne Frau. Dem Juden aber wird – wie in der Passionsgeschichte – die Rolle zuteil, das »Opfer« der »Rassenschande« auszusetzen und damit zu »kreuzigen«.[65]

Für diese These sprechen die im *Stürmer* erschienenen Zeichnungen gekreuzigter, halbnackter, von Juden begaffter Arierinnen.[66] Was dagegen spricht, ist der Umstand, daß man Juden schon Jahrhunderte vor der Erfindung des »Volkskörpers« sexueller Vergehen an nichtjüdischen Frauen beschuldigt hat. In den mittelalterlichen Prozessen gegen jüdische Geliebte christlicher Mägde war die »Rassenschande« noch längst nicht an die Stelle der Kreuzigungsmetapher getreten, aber die Prozesse hatten das gleiche Delikt zum Gegenstand wie die Gerichtsverhandlungen über das Verbrechen der »Rassenschande« im Dritten Reich, und hier wie dort waren die Richter willens, Todesurteile zu verhängen. Der »eigentliche Schlüssel zur Bedeutung der Sexualbilder im rassistischen Antisemitismus«, den Christina von Braun entdeckt zu haben glaubte, kann mit der Säkularisierung nicht viel zu tun haben, wenn er auch auf Gerichtsbeschlüsse aus dem Mittelalter paßt. Fragwürdig ist auch die These, daß in dem brutalen Sexualantisemitismus des SA-Sturms und der Haudegen vom Schlage Franz Schauweckers Kreuzigungsmetaphern aus der Passionsgeschichte und die Ersetzung des »Corpus Dei« durch den Volkskörperbegriff eine tragende Rolle gespielt hätten. Diese Raufbolde wollten, nach eigenem Bekunden, Judenblut vom Messer spritzen lassen, dreinschlagen, dem »Schieber-Itzig« vom Kurfürstendamm eine Abreibung verpassen und mit Handgranaten um sich schmeißen. Den eigentlichen Schlüssel zur Bedeutung der Sexualbilder in der Phantasie solcher Gewalttäter wird man in den Metaphern der christlichen Passionsgeschichte vergeblich suchen.

Eine neue These zum Sexualantisemitismus trug Christina von Braun 1995 vor:

> Das rassistische Stereotyp des »Juden« war durchsetzt von Sexualbildern, die unterstellten, daß der Jude – als Sexualtriebtäter und Rassenschänder – den gesunden Volkskörper vergifte. Auch der Jude galt als »injury of national truth«, wie ein englischer Geistlicher von den Homosexuellen schrieb. Dabei entsprach wiederum die Vorstellung, daß der männliche Jude über die »Rassenschande« den männlichen Arier infiziere, einer homosexuellen Phantasie, bei der die Frau nur die Rolle eines imaginären Bindeglieds einnahm.[67]

Zwei Jahre zuvor hatte die säkularisierte Kreuzigungsmetapher der eigentliche Erklärungsschlüssel sein sollen. Jetzt bekleidete die gekreuzigte Frau nicht mehr als die bescheidene Rolle eines »imaginären Bindeglieds« zwischen verkappten Homosexuellen, die in ihrer antisemitischen Propaganda ein phantastisches Scharadenspiel veranstalteten. Auch diese These ist im gleichen Maße unwiderlegbar, wie sie unbeweisbar ist.

Christina von Braun hat sich weit vorgewagt bei ihrer Erkundung eines Geländes, um das andere, abgestoßen von dessen Schmutzkübelgestank, einen großen Bogen gemacht haben. Von den ersten Fundstükken in diesem wissenschaftlichen Neuland scheint jedoch noch keines »der eigentliche Schlüssel« zur Erklärung des Antisemitismus im allgemeinen und des Sexualantisemitismus im besonderen zu sein. Möglicherweise gibt es hier weder einen eigentlichen Schlüssel noch eine einzige psychologische Wurzel, die mit einem Ruck gezogen werden könnte, so wie Wilhelm Reich es versucht hat, und man wird sich für alle Zeiten damit begnügen müssen, anfechtbare Indizienbeweise zu sammeln und mehr oder weniger vage und problematische Vermutungen darüber anzustellen, was in der Psyche des ewigen Antisemiten vor sich geht. Niemand wird ihn jemals überführen oder ihn gar mittels einer Psychoanalyse heilen und resozialisieren können: Diese Illusion hat sich im Laufe des letzten Jahrhunderts, nach ungefähr zweitausend Jahren archetypischer Judenfeindschaft, zerschlagen.

»Mit seinem innersten Geheimnis, insonderheit den Ursachen seines manischen Judenhasses«, ist Adolf Hitler, nach einem Wort von Joachim C. Fest, »der Welt entkommen«.[68] Entkommen sind ihr auch die vor ordentliche Gerichte gestellten, eindringlich befragten und im Angesicht des Todes aussagebereiten Schergen des Regimes, von Streicher über Kaltenbrunner bis Eichmann, ohne das innerste Geheimnis der Ursache ihrer Judenfeindschaft preisgegeben zu haben. Vielleicht hat in diesen Fallgeschichten nie ein innerstes, zuletzt beherzt ins Grab mitgenommenes Geheimnis existiert, sondern nur ein diffuses Gemisch aus Weltekel, Versagensangst, Ungeschick, Zynismus, Stumpfsinn, Rachlust, Brutalität, allgemeinem Menschenhaß, lodernder Eifersucht und giftigem Sexualneid.

Der Königsweg zum innersten Geheimnis und zur Wurzel des Antisemitismus wird sich auch bei der Entschlüsselung des sexuellen Neidmotivs nicht auftun. Die Erregung der Antisemiten über das ekstatische, von einem wurzellosen Juden bedichtete Jauchzen ihrer Bräute deutet aber darauf hin, daß es sich lohnen könnte, dieser Spur zu folgen, auch auf einigen Seitenwegen, von der Judenfeindschaft in der Antike über den christlichen Antijudaismus, den allmählich sich herausbildenden modernen Antisemitismus und seine rassenideologische Radikalisierung bis hin zur antizionistischen Greuelpropaganda arabischer Medien, die inzwischen jedes einst im Abendland ausgestreute Gerücht über die Juden aufgegriffen haben und nach Kräften kolportieren.

So genau wie die vielfältigen Unterschiede zwischen den geschichtlichen Erscheinungsformen der Judenfeindschaft und des Antisemitismus[69] sollten auch manche von Martial und den Kirchenvätern über Luther und Streicher zu den Dschihadisten führende Gedankenverbindungen untersucht werden. Wer differenzieren will, der muß Vergleiche anstellen und auf Überraschungen gefaßt sein. Der Rassenantisemitismus hat sein grauses Haupt, den meisten Quellen und der herrschenden Lehrmeinung zufolge, erst in der zweiten Hälfte des neunzehnten Jahrhunderts erhoben. Und doch hat ein deutscher Journalist bereits 1831 rassenantisemitische Vorbehalte gegen christlich-jüdische Mischehen angemeldet. »Wir haben dabei den natürlichen Widerwillen zu überwinden, den nicht sowohl die Juden gegen die Christen, als die Christen gegen die Juden fühlen«, behauptete er und erlaubte sich die persönliche Anmerkung: »Was mich betrifft, mir wäre es leid um diese neue Beflekkung der echt germanischen Race.«[70] Die germanische »Race« mag für diesen Autor etwas geringfügig anderes bedeutet haben als die Rasse der Arier für Hitler, doch es wäre absurd, die Geistesverwandtschaft zwischen diesen beiden Judenfeinden abzustreiten. Gemeinsam war ihnen auch das Gefühl des physischen Ekels vor den Juden: Das Reine, die Rasse, sollte nicht durch jüdische Einflüsse befleckt werden und schon gar nicht durch das artfremde Ejakulat im Gebärmutterhals einer reinrassigen Edelfrau.

Selbst wenn Reihenuntersuchungen, Meinungsumfragen, statistische Erhebungen und tiefenpsychologische Masseninterviews irgendwann ein anderes Bild ergeben sollten, wäre es immer noch zweifelhaft, ob der praktische Verstand nicht doch recht hätte, der einem sagt, daß sexuelle Glückserlebnisse die beste Gewähr gegen jede zwanghafte gedankliche Beschäftigung mit dem Geschlechtsleben anderer Menschen bieten und damit auch gegen den pathologischen Neid, der die Sexualantisemiten zerfrißt und verrät. 1938 ließ Hitler die Gemälde, die ihn am ärgsten erregten und zum Laster reizten, in München als »Entartete Kunst« präsentieren. Die Ausstellung mißriet dem Regime zu einer Exhibition der heimlichsten Beweggründe seiner Führer und Mitläufer. Der Schriftsteller und Kunsthistoriker Paul Westheim schrieb den Kommentar:

> Gewiß, die Bürgerbräuspießer, Urkraftquelle des Regimes, sind in rauhen Mengen in die »Entartete« geströmt. Wenn es eine Hatz gibt, wenn aus Kunst Rummel gemacht wird, wenn »Ausgeburten des Wahnsinns, der Frechheit, des Nichtkönnertums«, mit wiederum Ziegler zu reden, wenn empörendste Unsittlichkeit und schamloseste Geilheit (Eintritt frei) in Aussicht gestellt werden, welcher Bürgerbräuspießer wird die Gelegenheit sich entgehen lassen? Während es ihn in den Tempel der Kunst, wo es bloß die Uniprix- und die Uniformmalerei, die falschen Nibelungen und die falschen Wikinger gab, gar nicht so mächtig zog.[71]

Die meisten psychoanalytischen Theorien mögen auf schwankendem Grund errichtet worden sein; aber so viel, immerhin, steht fest: Die Gelegenheit, die »schamloseste Geilheit« der Juden zu verfluchen und sich insgeheim am Anblick der Beweismittel zu delektieren, haben nicht erst die von Paul Westheim als »Bürgerbräuspießer« qualifizierten Besucher der Ausstellung »Entartete Kunst« und die *Stürmer*-Leser wahrgenommen, sondern auch schon die Voyeure, die sich im Spätmittelalter am Anblick der Karikaturen einer von Juden gerittenen, Juden säugenden, ihnen in den Mund defäkierenden und urinierenden und ihrerseits von Juden mit der Zunge anal stimulierten »Judensau« gütlich taten.[72]

Der Moschusduft explodierender Märtyrer

Islamische Diskursbeiträge

In den westlichen Industrienationen ist der Antisemitismus seit 1945 offiziell verpönt. Wer sich heute noch öffentlich als Antisemit zu erkennen gibt, unverstellt oder auch nur in verklausulierten, durch die Blume vorgetragenen Äußerungen, der läuft Gefahr, seine Reputation oder seine Pension zu verlieren, und in schweren Fällen können sogar Haftstrafen verhängt werden. Es hatte einiger Anstrengungen bedurft, dieses Tabu zu errichten, zumal in der Bundesrepublik Deutschland, die das Führungspersonal der Bundeswehr aus dem Offiziersstab Adolf Hitlers rekrutierte, mit Kurt Georg Kiesinger ein vormals im Reichspropagandaministerium Joseph Goebbels unterstelltes Mitglied der NSDAP als Bundeskanzler aufzubieten wagte und landauf, landab alte Nazis über Juden und Kommunisten zu Gericht sitzen ließ, die vor solchen Richtern vergeblich eine Entschädigung für das im Dritten Reich erlittene Unrecht einzuklagen hofften. Da die Richter und Henker mittlerweile mehrheitlich verstorben sind und es von ihnen nahezu nichts mehr zu erben gibt, ist auch ihre Lobby verstummt, und die Kultur des Gedenkens an die Opfer des Holocaust steht in einer höheren Blüte als am 27. Oktober 1953, jenem denkwürdigen Tag, als Konrad Adenauer mit Hans Globke einen federführenden Kommentator der Nürnberger Rassegesetze zum Staatssekretär im Bundeskanzleramt ernannt hatte.[1]

Aus der Intimsphäre sind die staatlichen Aufseher inzwischen vertrieben worden. Die Liberalisierung des Sexualstrafrechts hat andere und vormals unbekannte Probleme mit sich gebracht, aber nicht einmal die prüdesten Politiker der Unionsparteien und der FDP könnten heute noch ernsthaft behaupten, daß die Homosexuellen in ihren Reihen ohne die verrückten Auswüchse der Kulturrevolution von 1968 zu Amt und Würden gelangt wären und ihr Outing politisch überlebt hätten. Seit unverheiratete und auch gleichgeschlechtliche Liebespaare endlich miteinander tun und lassen dürfen, was sie möchten, ist viel Stickluft aus den Schlafzimmern entwichen. Der Sexualneid ist damit nicht restlos aus der westlichen Welt verschwunden, aber die Möglichkeit jedes einzelnen, auch außerhalb der Ehe sexuelle Befriedigung zu finden, ist in den Gesellschaften ohne Blockwarte, Blutschutzgesetze und Kuppeleiparagraphen doch erheblich größer als zu Artur Dinters Lebzeiten oder noch in den Jahren, als die Karriere jedes führenden CSU-Politikers nach einem ruchbar gewordenen Seitensprung beendet gewesen wäre.

Anders sieht es dort aus, wo die Scharia gilt, das islamische Recht, das unverheirateten Paaren schon fürs Händchenhalten die Prügelstrafe zumißt.[2] Aus den permissiven Gesellschaften des Westens ist der Sexualantisemitismus ins Morgenland umgezogen, gemeinsam mit etlichen alten Nazis und beflügelt durch arabische Übersetzungen von Adolf Hitlers »Mein Kampf« und der gefälschten »Protokolle der Weisen von Zion«, auf die sich auch der Ayatollah Chomeini berufen hat.[3] Islamische Fundamentalisten haben Übung darin, mit Hitler zu sympathisieren, sich einen neuen Holocaust herbeizuwünschen und zugleich abzustreiten, daß es dafür irgendein historisches Vorbild gebe.[4]

In der bis zur Nekrophilie gesteigerten Verherrlichung des Opfertods kommen die Ideale der SS und der muslimischen Gotteskrieger zur Deckung: »Der Körper eines explodierenden Märtyrers hat den feinen Duft von Moschus«, befand ein Funktionär der Hamas.[5] Die radikalen Islamisten haben sich inzwischen als wahre Gourmets aller Sterbensarten hervorgetan und sich bei den Anschlägen am 11. September 2001 auch als gewiefte Massenmörder profiliert. Schwerer als das Sterben, das Morden und das Navigieren gekaperter Flugzeuge fällt es ihnen, friedlich mit Menschen zu koexistieren, die ihr Leben lieben und sich an irdischen Dingen erfreuen. Musik, verkündete der Chomeini 1979, betäube das Bewußtsein, weil sie Vergnügen und Ekstase mit sich bringe, so wie es auch Drogen täten: Die Musik der westlichen Welt erwecke nicht den Geist, sondern lulle ihn ein; sie zerrütte und vergifte die muslimischen Jugendlichen und lösche ihre patriotischen Empfindungen aus.[6] Als Chomeini im Iran die Macht an sich gerissen hatte, ließ er Prostituierte öffentlich auspeitschen und Dissidenten öffentlich am Galgen baumeln.[7] In der Geringschätzung des Menschenrechts auf körperliche Unversehrtheit und individuelles Lebensglück durfte sich der Ayatollah Chomeini mit Adolf Hitler einig wissen. Du bist nichts, dein Volk ist alles: Nach dieser Devise wurden im Krieg gegen den Irak iranische Kinder über Tretminenfelder getrieben.[8]

Auf den Lebensgenuß ist auch die ägyptische »Gesellschaft der Muslimbrüder« schlecht zu sprechen. Der Politologe Matthias Küntzel hat diesen Verein als eine »Gemeinschaft eifernder Männer« beschrieben, »die in erster Linie das nach ihrer Koranauslegung sexuell und sinnlich Verbotene verhindern will. Ihre Handschrift offenbarte sich am eindeutigsten immer dann, wenn sie die stets mit jüdischem Einfluß in Verbindung gebrachten Nachtclubs, Bordelle und Filmtheater ihrer Städte in Schutt und Asche legten, was in periodischen Abständen geschah.« Und er hat, aus guten Gründen, angenommen, »daß die Muslimbrüder ihre eigenen libidinösen Wünsche und Träume auf die Welt der Ungläubigen projizierten«. Die Aggression, »mit der die Muslimbrüder die eigenen sinnlichen Bedürfnisse verleugneten«, habe sich folgerichtig »als Haß gegen ›westliche Dekadenz‹ und ›jüdische Sittenlosigkeit‹ austoben« müssen, »bestand doch die einzig erlaubte Annäherung an das verbotene Begehren und das begehrte Verbotene darin, es zu zerstören«.[9]

1935 sagte der Mufti von Jerusalem auf einer Konferenz islamischer Religionsgelehrter der Moderne den Kampf an: »Das Kino, das Theater und einige schamlose Zeitungen« kämen »wie Nattern in unsere Häuser und Höfe, wo sie die Moral töten und die Gemeinschaft zerstören«. An der Abtötung der Moral seien maßgeblich die Juden schuld: »Die jüdischen Mädchen, die in kurzen Hosen herumlaufen, demoralisieren unsere Jugend durch ihre bloße Anwesenheit.«[10] Um die Moral besorgte Araber führten des öfteren Klage darüber, daß die in Palästina angesiedelten Kibbuzzim die Sittenverwilderung begünstigten und das althergebrachte Familienleben zermürbten.[11] Einen Klassiker dieses Genres schuf 1950 der einflußreiche Islamist Sayyid Qutb, ein Erzfeind der sexuellen Freizügigkeit und der Frauenemanzipation.[12] In seinem millionenfach verbreiteten Aufsatz »Unser Kampf gegen die Juden« unternahm er den Versuch, eine jüdische Verschwörung gegen die Keuschheit und Frömmigkeit aufzudecken: »Hinter der Doktrin des atheistischen Materialismus steckte ein Jude; hinter der Doktrin der animalistischen Sexualität steckte ein Jude; und hinter der Zerstörung der Familie und der Erschütterung der heiligen gesellschaftlichen Beziehungen steckte ebenfalls ein Jude.«[13] Gemeint waren »Karl Marx, Sigmund Freud und Émile Durkheim, deren Lehren angeblich die religiösen, ökonomischen, sexuellen und familialen Grundlagen der islamischen Lebensgemeinschaft zerstören«.[14] Anonyme Jüdinnen in kurzen Hosen taten ein übriges, um die Sexualmoral zu untergraben und Sayyid Qutb in heftige Erregung zu versetzen: »Die Juden«, schrieb er, »befreien die sinnlichen Begierden von ihren Beschränkungen, und sie zerstören die moralische Grundlage, auf der der reine Glauben basiert. Sie tun dies, damit der Glaube in eben jenen Dreck gezogen wird, den sie so reichlich auf der Erde verbreiten.«[15]

Wie der Ethnologe Hans Peter Duerr in seinem Werk über den »Mythos vom Zivilisationsprozeß« an Abertausenden von Beispielen nachgewiesen hat, ist der Wille, die sinnlichen Begierden einzuhegen und ihre Stillung zu regeln, mindestens so alt wie die Menschheit, seit sie der Nachwelt schriftliche oder bildliche Zeugnisse ihres Sexuallebens hinterlassen hat. Es mag Swingerclubs und Darkrooms geben, in Recklinghausen, Kiew, San Francisco oder Tokio, doch es hat noch nie eine Gesellschaft ohne Genitalscham gegeben. Auch Bordelle, homosexuelle Klappen, *chambres séparées*, FKK-Strände und pornographische Chatrooms unterliegen ihren jeweils eigenen geschriebenen oder ungeschriebenen Benimmregeln, die auch zu sexuellen Exzessen bereite Menschen beachten müssen, wenn sie einvernehmlich miteinander handeln wollen. Eine Ausnahme von dieser Regel können sich nur Vergewaltiger herausnehmen, privat oder als Eroberer in Kriegen und Bürgerkriegen. Sayyid Qutb und der Mufti von Jerusalem witterten jedoch schon in den Dörfern der jüdischen Siedler unfaßlich zügellose Orgien und ansteckende Keime des Verderbens für eine Jugend, die niemals zuvor den nackten Oberschenkel einer Frau erblickt hatte.

Und der Kampf ging weiter. 1974 teilte Abdul Halim Mahmoud, der Rektor der Kairoer al-Ashar-Universität, der Öffentlichkeit mit, daß die

Juden momentan die wichtigsten Verbündeten des Satans seien.[16] 1978, am Vorabend der iranischen Revolution, erhielten Juden in Teheran zahlreiche Drohbriefe einer »Nationalen Front Junger Muslime«, die ein Pogrom ankündigten und Wert auf die Feststellung legten, daß jedes Zeitalter, um seinen Frieden zu finden, einen Hitler benötige.[17] In irakischen Medien wurde Israel als »Vergewaltigerstaat« apostrophiert.[18] Ein pakistanischer Fundamentalist führte den moralischen Niedergang seines Heimatlandes 1983 auf den Einfluß jüdischer Geheimagenten zurück, die pornographische Filme, Bücher und Zeitschriften eingeschleust hätten, weil diese schleichende Vergiftung der islamischen Welt effektiver sei als militärische Operationen.[19] In der Propagandazeitschrift *Imam*, herausgegeben von der Presse- und Informationsabteilung der Iranischen Botschaft in London, erschien im März 1984 ein Artikel mit dem Tenor, daß »die herrschenden ›Zionisten‹ der westlichen Staaten die Trivialisierung der Kultur, die Verbreitung eines geistlosen Luxus und die Abkehr der Menschen vom Glauben gefördert, die Prostitution, die männliche und weibliche Homosexualität und die Pornographie legalisiert« hätten.[20]

Korrekt war die Beobachtung, daß es in den angefeindeten Staaten des Westens Bestrebungen gab, die Homosexualität zu entkriminalisieren und Prostituierte mit Krankenversicherung und Rentenanspruch zu versehen. In all diesen zäh genug verlaufenden Bemühungen um einen zivilisatorischen Fortschritt sahen die Islamisten den ewigen Juden am Werk, der darauf aus sei, die Geschlechtsmoral zu unterwühlen. Die Juden, meldete *The Pakistan Times* am 4. Februar 1991, seien darauf aus, Israel mehr Land einzuverleiben, andere Staaten zu zerschlagen, religiöse Sitten und Gebräuche zu beseitigen und die Institution der Ehe abzuschaffen, um die zionistische Kultur der Obszönität und Promiskuität durchzusetzen und Frauen und sogar Kindern die vollkommene Freiheit zu gewähren, sich nach Herzenslust zu amüsieren.[21] In der Parteizeitung der libanesischen Hisbollah wurde am 13. Dezember 1991 kolportiert, daß die Juden die ägyptische Bevölkerung absichtlich mit Aids verseuchten.[22] Dieser Auffassung schloß sich 1994 der ägyptische Fundamentalist Tal'at Fu'ad Qasim an, als er die Nachteile des Fremdenverkehrs benannte: Der sei nur ein dreistes Mittel, alle Arten der Unmoral zu begünstigen; jüdische Touristinnen würden sich prostituieren und Aids verbreiten, und es strömten als Urlauber getarnte Spione ins Land.[23] 1995 verdächtigten ägyptische Sittenwächter Israel, die Moral auch mit Telefonsex zu zersetzen,[24] und 1997 beschuldigten offizielle palästinensische Stellen Israel, aidskranke russische Jüdinnen vorsätzlich zum Geschlechtsverkehr mit jungen Palästinensern zu ermuntern.[25] Berichtet hatten ägyptische Zeitungen schon Jahre zuvor, daß es israelischen Seuchenmedizinern gelungen sei, ein Aidsvirus zu züchten, das den jüdischen Überträgerinnen nichts anhaben könne und nur deren Sexualpartner in Lebensgefahr bringe.[26]

Und so gaukelten die Luftspiegelungen aus jüdischen Laboratorien an den Küsten des östlichen Mittelmeerbeckens umher. 1997 erschien in Istanbul eine Schrift über »Islam und Christentum«, in der es hieß, die Engländer und die Juden machten »den Atheismus, die Prostitution, die Entschleierung der Frau, den Alkoholismus und die Tugendlosigkeit zur Mode«.[27] Im Jahr darauf spürten syrische Journalisten die Ursache des Skandals um die Affäre zwischen dem US-Präsidenten Bill Clinton und seiner Praktikantin Monica Lewinsky in einer zionistischen Verschwörung auf: Monica Lewinsky sei eine Jüdin, ihre Anwälte seien Juden, ihre Freundinnen, die das telefonische Liebesgeflüster zwischen ihr und dem Präsidenten aufgenommen hätten, seien Jüdinnen, und die *Washington Post*, die als erste Zeitung über die Affäre berichtet hatte, befinde sich in jüdischer Hand. Ausgeheckt worden sei das Komplott mit dem Ziel, die US-amerikanische Regierung der israelischen gefügig zu machen.[28] Der ägyptische Publizist Mustafa Mahmud wiederum hat den Juden satanistische Rituale angelastet, einschließlich Gruppensexorgien, das Urinieren auf heilige Schriften, Nacktheit, Obszönitäten und Perversionen.[29]

Von alledem scheint eine große Faszination auf die Hüter der islamischen Moral auszugehen. Sie entsagen der Welt, aber nicht ohne Groll. Matthias Küntzel hat dieses Verhalten in den größeren Zusammenhang der Psychopathologie islamistischer Judenfeinde eingeordnet:

> Wie sich Muhammad Atta, der Attentäter des 11. September, in seinem Testament für den Fall seines Ablebens jedwede Berührung seines Körpers durch eine Frau strikt verbat, so wird in der ägyptischen Mainstream-Berichterstattung auch nur die Berührung durch eine

Jüdin dämonisiert. Die Verkaufsstände in den ägyptischen Straßen bieten eine Vielzahl von Büchern an, in denen die perfidesten Angriffe der angeblich vom Mossad geschickten Prostituierten auf die männliche Jugend Ägyptens halluziniert werden: Diese Lockvögel dienten nicht nur einer raffiniert eingefädelten »Normalisierung« der zwischenstaatlichen Beziehungen durch Sex, also dazu, die natürlichen arabischen Abwehrkräfte gegen Israel zu zersetzen, sondern sie zielten durch systematische Aids-Verbreitung auch direkt auf Ausrottung der arabischen Population.[30]

Zwischen den erträumten Gefahren brauten sich mitunter auch reale zusammen. Als Bedrohung ihrer Hoheit über die Kinderstuben faßten ägyptische Eiferer, mit einigem Recht, den Erfolg des transsexuellen, jüdisch-arabischen Popstars Danna International auf, der Israel 1998 siegreich beim Grand Prix d'Eurovision vertrat und auch bei ägyptischen Jugendlichen beliebt war: In den Songs, so hieß es, sei skandalöses Gestöhne zu hören; sie verherrlichten Prostitution und Sodomie und zielten darauf ab, die Jugend zu demoralisieren.[31]

Die gleichen Argumente hatten der Turnvater Jahn und Menzel, der Franzosenfresser, einst gegen das Junge Deutschland vorgebracht. In ihre Fußstapfen waren Spielverderber getreten, die in den goldenen zwanziger Jahren des vergangenen Jahrhunderts den Jazz bekämpft hatten, in den Fünfzigern den Rock'n'Roll, in den Sechzigern die Beatlemania und seit 1968 die Achtundsechziger. Es ist unwahrscheinlich, daß die Manager von Popstars jemals etwas anderes im Auge hatten als den Erfolg ihrer Klienten, also womöglich die Zerschmetterung der Sittenfestigkeit pubertierender Jugendlicher im Nildelta oder arischer Konzertbesucherinnen in der Essener Grugahalle. Dennoch könnten böswillige Historiker den Triumphzug der Popkultur als Erfolgsgeschichte des assimilierten Judentums in Acht und Bann tun: Brian Epstein, der geniale Agent der größten Band aller Zeiten, war ein Jude, und ohne jüdische Produzenten, Mittelsmänner, Drehbuchautoren, Regisseure, Kostümschneider, Maskenbildner, Friseure, Location Scouts, Kameramänner, Beleuchter, Toningenieure, Kulissenschieber, Komponisten, Cutter, Superstars und Starlets wäre Hollywood schwerlich zu einer größeren kulturgeschichtlichen Bedeutung gelangt als das oberrheinische Neandertal. Mit der

Annahme, daß die urbanen Konsumenten von Produkten der westlichen Kulturindustrie in Kairo, Teheran oder Islamabad nicht mehr so leicht zu beherrschen sind wie darbende Analphabeten in abgelegenen Dörfern ohne Strom, Satellitenschüsseln und Internetzugang, liegen die Islamisten ebenso richtig wie mit der Beobachtung, daß es Juden gibt, die frivole Spielfilme produzieren oder anzügliche Songtexte schreiben und sie von Transsexuellen ins Mikrophon stöhnen lassen. Denn so ist es nun einmal, und das ist ja auch gut so: Die Freiheit, Sexuelles öffentlich erörtern, besingen und darstellen zu dürfen, haben aufgeklärte Juden erkämpft, im Wechselspiel mit liberalen Christen, gottlosen Anarchisten, geldgeilen Pornographen und allerlei hedonistischen Schwarmgeistern, Chansonniers, Poeten, Exhibitionisten, Aktmalern, Soubretten, Playboys, Kommunarden, Psychoanalytikern und anderen Grenzgängern.

Die Islamisten wissen davon nicht viel. Ihnen paßt die ganze moderne Richtung nicht, von der sie ahnen, daß sie ihrer Moralauffassung zuwiderläuft, und so haben sie sich auf einen Feind eingeschossen, der seine furchtbarste Gewalt in ihrer Phantasie entfaltet: Eine im Sultanat Oman erscheinende Zeitung meldete im April 1999, daß mit Christenblut gebackenes Mazza den Juden zur Potenzsteigerung verhelfe.[32] Zu Beginn des Jahres 2000 berichtete eine syrische Wochenzeitung, die Zionisten würden hübsche HIV-positive Prostituierte in Ägypten einschleusen und sexuell stimulierende Kaugummis verteilen, um die Schamhaftigkeit zu zermalmen.[33] Im gleichen Jahr bezeichnete der ägyptische Theologe Muhammad Othman Djibril die Prostitution und die sexuelle Freizügigkeit als »jüdische Schöpfungen«,[34] und der Globalisierungsgegner und Publizist Muhammad Qutb gab seinen Lesern zu verstehen, daß die Herrschaft der Juden sich in »der Verbreitung moralischer Verderbnis, sexueller Anarchie, Ketzerei, Drogen und verschiedenen Formen des Wahns und Besessenheiten« äußere.[35]

Darauf lief auch ein in Ägypten ausgestrahltes Fernsehdrama hinaus, das auf den getürkten »Protokollen der Weisen von Zion« beruhte. Nach Auskunft des Produzenten sollte es dem Publikum die Augen dafür öffnen, daß die Juden sich dazu verschworen hätten, die Welt mit Pornographie, Prostitution und Drogen zu verderben.[36] Im November 2001 berichtete ein ägyptisches, dort als seriös geltendes Wissenschaftsmagazin, aidsinfizierte jüdische Touristen würden ihre Krankheit planmäßig auch in Asien und Afrika verbreiten.[37] 2002 warnte der saudische Professor Abdullah Nasih Ulwan eindringlich vor dem konspirativen Einfluß der Juden auf die islamische Sexualmoral,[38] und der Scheich Abd Al-Rahman Al-Sudayyis, Imam und Geistlicher der Al-Haram-Moschee der geheiligten Kaaba, schmähte die Juden als »Abschaum der Menschheit«. Sie seien der »immerwährende Inbegriff von Betrug, Widerspenstigkeit, Zügellosigkeit, Sünde und Korruption«.[39] Um das Maß vollzumachen, erklärte der Sprecher eines saudiarabischen Komitees für die Verbreitung der Tugend und die Bekämpfung des Lasters im Jahre 2003, daß die Barbie-Spielzeugpuppen einer Jüdin nachgebildet worden seien und die guten Sitten in der islamischen Welt gefährdeten: Mit ihren kaum etwas verhüllenden Kleidern und ihren schamlosen Körperhaltungen und Accessoires symbolisierten die jüdischen Barbiepuppen die Dekadenz des pervertierten Westens.[40] Wer noch tiefer in diesen Bezirk hinabsteigen möchte, kann im Diskussionsforum von *IslamOnline.net* einen 2006 veröffentlichten Meinungsbeitrag studieren, in dem es heißt, daß die amerikanischen Kongreßabgeordneten und Senatoren, die Mitglieder des britischen Parlaments, die führenden deutschen Politiker und die parasitären, aus dem dampfenden Misthaufen der sowjetischen Nomenklatura kriechenden Ungeziefer ihren gutgeschmierten Analtrakt stets für jede hergelaufene zionistische Krämerseele weit geöffnet hielten und daß jüdische Zionisten, die rituell auf christliche Bibeln urinierten und das Blut libanesischer Säuglinge und Kleinkinder tränken, Luzifers pornographischen Talmud inniger liebten als das Wort Gottes.[41]

Von den muslimischen Hitzköpfen, die sich so etwas einreden lassen, geht gegenwärtig die größte Gefahr für das Leben und die Sicherheit der Juden aus, sowohl in Israel als auch in allen anderen Gegenden der Welt, in denen Synagogen und israelische Botschaften auf Polizeischutz angewiesen sind, so wie heute in Deutschland. Um die Botschaft von der sexuellen Perversion der Juden unter die Leute zu bringen, hatte Martin Luther einen Drucker finden müssen, und auch Julius Streicher war noch auf den kostspieligen Vertriebsweg eines Verlagshauses angewiesen. Im frühen einundzwanzigsten Jahrhundert steht es jedem Demagogen frei, seine Propaganda von daheim für wenig Geld via Internet über die ganze

Welt zu ergießen und auf diesem Wege neue Freunde zu finden, die sich auch schon ihre Gedanken über Luzifer, die geschmierten Abläufe im Analtrakt von US-Senatoren und das Urinieren auf die Bibel gemacht haben.

Beim Anflug auf das World Trade Center eröffnete sich dem Hijacker Muhammad Atta und seinen Komplizen die Aussicht auf die Schlüsselgewalt über einen Harem voller Paradiesjungfrauen, deren Hymen sich nach jeder Entjungferung erneuere.[42] Einen Himmel wie diesen hätte Muhammad Atta auf Erden nicht finden können, aber doch fast überall etwas besseres als den Tod. »Und es jauchzen eure Bräute / Mir, dem Auswurf fremder Wüste«, hat Paul Mayer gedichtet. Ein Antisemit, der darüber lachen könnte, statt ein gellendes Neidgeschrei anzustimmen, wäre keiner mehr. Das Schlimmste wird erst überstanden sein, wenn das iranische Staatsoberhaupt im wiedereröffneten Teheraner Goethe-Institut anläßlich einer Feierstunde zu Ehren des Andenkens an den Lyriker Paul Mayer eine persische Übersetzung von »Ahasvers fröhlich Wanderlied« rezitiert.

Bis dahin wird es aber wohl noch etwas dauern.

Anmerkungen

Einleitung

1 Paul Mayer: Ahasvers fröhlich Wanderlied. In: *Die Aktion* 3 (1913), S. 139 (Heft vom 29. Januar 1913). Das Gedicht wurde, mehr oder weniger stark gekürzt, in vielen antisemitischen Publikationen zitiert, z.B. in *Hammer* Nr. 258, 15. März 1913, 12. Jahrgang, S. 168; in F. Roderich=Stoltheim [d.i. Theodor Fritsch]: Die Juden im Handel, S. 242; Jüdische Selbstbekenntnisse. *Hammer*=Schrift Nr. 19, Leipzig 1919, S. 29 f.; Alb. Grimpen: Judentum und Sozialdemokratie. Hamburg [3]1919, S. 87; F. Roderich=Stoltheim [d.i. Theodor Fritsch]: Das Rätsel des jüdischen Erfolges. Leipzig [5]1919, S. 243; [Anonym:] Juda und die »blonden Edelinge«. *Völkischer Beobachter*, 6. März 1920, S. 2; Wilhelm Meister [d.i. Paul Bang]: Judas Schuldbuch, S. 30; *Hammer*=Schläge 22/1920, S. 14; Die Juden im Urteil der Zeiten. Eine Sammlung jüdischer und nichtjüdischer Urteile. Hrsg. von Ottokar Stauf v. d. March. München 1921, S. 7; Theodor Fritsch: Der falsche Gott, S. 204 f. Fritsch gab den Kommentar ab: »Es bedarf vielleicht solcher Frechheiten, um auch dem geduldigsten und wahnseligsten Deutschen endlich die Augen zu öffnen – über die ›letzten, euch verhüllten Ziele‹. Und es ist unser Trost, daß der Jude, vom Übermut geplagt, uns selber die Waffen liefert, die ihn vernichten müssen« (S. 205).
Zitate aus Mayers Gedicht finden sich auch in A. Fetz: Frauenkräfte in Deutschlands Not und Hoffnung, S. 20, und in Otto Hauser: Die Juden und Halbjuden der deutschen Literatur, S. 64 f. Dort heißt es: »Wenn man davon absieht, daß die geschichtlichen Grundlagen falsch und in hergebracht sentimentaler Weise geschaut sind, ist dieses Gedicht eines der allerbesten, die jemals ein Jude geschaffen hat. Das Gedicht wurde 1913 veröffentlicht, da Juda knapp vor der Erfüllung seiner höchsten Herrschaftsträume stand, vor dem Weltkrieg, der Deutschland zu vernichten hatte; man war des dummen Gojs bereits so sicher, daß man kein Bedenken hatte, vor den eigenen Leuten ganz geheime Beziehungen und Erwartungen auszusprechen« (S. 65). Des weiteren finden sich Zitate bei Alfred Rosenberg: Der Fall Bettauer. Ein Musterbeispiel jüdischer Zersetzungstätigkeit. In: *Der Weltkampf* 2 (1925), S. 337–351, hier S. 338; Dr. S....: Erotisierung der Jugend. In: *Der Weltkampf* 7 (1930), S. 481–501, hier S. 483 und 500; Gottfried Feder: Die Juden, S. 45 f.; Handbuch der Judenfrage, S. 480 f.; F[ritz]. O[tto]. H[ermann]. Schulz: Jude und Arbeiter. Ein Abschnitt aus der Tragödie des deutschen Volkes. Berlin und Leipzig 1934, S. 73; Graf E[rnst]. Reventlow: Judas Kampf und Niederlage in Deutschland. 150 Jahre Judenfrage. Berlin 1937, S. 185 f.; Die Juden in Deutschland. Hrsg. vom Institut zum Studium der Judenfrage. München [6]1937, S. 370 f. [Erstausgabe 1935]; Gregor Schwarz=Bostunitsch: Jüdischer Imperialismus. 3000 Jahre hebräischer Schleichwege zur Erlangung der Weltherrschaft. Berlin [5]1939, S. 571 f.; Hermann Esser: Die jüdische Weltpest. Judendämmerung auf dem Erdball. München [2]1939, S. 67; Hans Jonak von Freyenwald: Jüdische Bekenntnisse aus allen Zeiten und Ländern. Nürnberg 1941, S. 127 f.; und Johann von Leers: Die Verbrechernatur der Juden, S. 101

2 Hans Diebow: Der ewige Jude. 265 Bilddokumente. München und Berlin 1938, S. 1

3 »Autor ist angeblich der Israelit Paul Mayer«, schrieb Stefan Lehr (Antisemitismus – religiöse Motive im sozialen Vorurteil, S. 168).

4 Walther Kiaulehn: Mein Freund der Verleger. Ernst Rowohlt und seine Zeit. Reinbek 1967, S. 79. Harry Rowohlt berichtet, »daß ›Paulchen Mayer‹ bzw. ›der kleine Mayer‹ in der Tat so winzig klein war, daß – wie bestimmt auch in den beiden Ernst-Rowohlt-Biografien ad nauseam erwähnt – mein Vater ihn auf dem Handteller hochheben konnte, was er (der Vater)

›das Kunstsdück‹ nannte, was ich, der ich meinen Vater nur als Flasche kannte, nicht glauben mochte, was aber von Paulchen Mayer stolz bestätigt wurde« (Brief an den Verfasser, 26. November 2006).

5 Vgl. Walther Kiaulehn, a.a.O., S. 170 f.; Paul Mayer: Lebendige Schatten. Aus den Erinnerungen eines Rowohlt-Lektors. Reinbek 1969. Paul Mayer wanderte später nach Mexiko aus; vgl. Handbuch der deutschsprachigen Emigration. Hrsg. von Claus-Dieter Krohn u.a. Darmstadt 1998, Spalte 1137

6 Zitiert nach Stefan Rohrbacher/Michael Schmidt: Judenbilder, S. 388

7 Vgl. Self and Society in Medieval France. The Memoirs of Abbot Guibert of Nogent (1064? bis c. 1125). Hrsg. von John F. Benton. New York und Evanston 1970, S. 115. Über Guibert von Nogent vgl. Jonathan Kantor: A psycho-historical source: The *Memoirs* of Abbot Guibert of Nogent. In: *Journal of Medieval History* 2 (1976), S. 281–303

8 Vgl. David S. H. Abulafia: Die Verfolgung der Juden in Süditalien und Sizilien (1290–1541). In: Judenvertreibungen in Mittelalter und früher Neuzeit. Hrsg. von Friedhelm Burgard, Alfred Haverkamp und Gerd Mentgen. Hannover 1999, S. 99–118, hier S. 101

9 Johannes Heil: »Gottesfeinde« – »Menschenfeinde«. Die Vorstellung von jüdischer Weltverschwörung (13.–16. Jahrhundert). Essen 2006, S. 178

10 Zitiert nach Johannes Heil, ebd., S. 56

11 »Now do I intend to be monstrously in love«, sagt Sancho in Drydens Drama (Love Triumphant Or Nature Will Prevail. In: The Works of John Dryden. Bd. XVI. Hrsg. von Vinton A. Dearing. Berkeley, Los Angeles und London 1996, S. 167–259, hier S. 187). Des weiteren brüstet sich Sancho damit, daß keine Frau stark genug sei, um seiner Werbung widerstehen zu können (ebd., S. 192; vgl. Abba Rubin: Images in Transition. The English Jew in English Literature, 1660–1830. Westport und London 1984, S. 51). 1705 wollte ein mißtrauischer englischer Schriftsteller endlich einmal wissen, wie viele Juden in England mit christlichen Frauen in wilder Ehe lebten; vgl. John Tutchin: England's Happiness Consider'd, in Some Expedients. [o. O.] 1705, S. 25, zitiert nach Frank Felsenstein: Anti-Semitic Stereotypes, S. 118

12 Vgl. Frank Felsenstein, ebd., S. 14

13 *London Evening-Post*, 18.–20. Oktober 1753. Vgl. Frank Felsenstein, a.a.O., S. 119. Dort auch weitere Belege für die Verbreitung des Motivs vom lüsternen Juden.

14 Vgl. Gudrun Hentges: Schattenseiten der Aufklärung. Die Darstellung von Juden und »Wilden« in philosophischen Schriften des 18. und 19. Jahrhunderts. Schwalbach/Ts. 1999, S. 45 f. mit allen Quellenverweisen. Zu Voltaires fanatischer Judenfeindschaft vgl. auch Arthur Hertzberg: The French Enlightenment and the Jews. New York und London 1968, S. 280–313

15 Johann Caspar Ulrich: Sammlung Jůdischer Geschichten, S. 107

16 Vgl. Martin Leuenberger: Judenfeindschaft im Baselbiet – Das »Judengesetz« und die Vetobewegung von 1851 oder: »Die Interessen sehen zu deutlich unter dem Pelz hervor«. In: Antisemitismus in der Schweiz 1848–1960. Hrsg. von Aram Mattioli. Zürich 1998, S. 111–133, hier S. 114

17 »Sous la grâce même de sa galanterie, Mouret laissait ainsi passer la brutalité d'un juif vendant de la femme … la livre« (Émile Zola: Au bonheur des dames. Paris 1984, S. 92). Nach 1945 hat diese skandalträchtige Stelle deutschen Übersetzern einiges Kopfzerbrechen bereitet. In einer Ausgabe von 1952 (Emile Zola: Paradies der Damen. Roman. München 1952, übersetzt und bearbeitet von H. Rosé und Margarete Montgelas) ist der Satz sicherheitshalber unterschlagen worden. Die Übersetzerin Hilde Westphal hat 1976 einen Schleier darübergebreitet und den Juden des Originals durch einen leidlich harmlos erscheinenden »Krämer« ersetzt: »So ließ

Mouret sogar unter seiner liebenswürdigen Galanterie die Brutalität eines Krämers zum Vorschein kommen, der die Frau pfundweise verkauft« (Emile Zola: Paradies der Damen. München 1976, S. 124).

18 Ed[o]uard Drumont: Das verjudete Frankreich. Versuch einer Tagesgeschichte. Erster Theil. Berlin [5]1886, S. 23

19 Ebd., S. 77

20 Ed[o]uard Drumont: Das verjudete Frankreich. Versuch einer Tagesgeschichte. Zweiter Theil. Berlin [5]1887, S. 340. Zum französischen Sexualantisemitismus im ausgehenden neunzehnten Jahrhundert vgl. Stephen Wilson: Ideology and Experience, S. 154 f., 284, 288, 584–601

21 Zitiert nach Frank Golczewski: Polnisch-jüdische Beziehungen 1881–1922. Eine Studie zur Geschichte des Antisemitismus in Osteuropa. Wiesbaden 1981, S. 68

22 Armin Heinen: Die Legion »Erzengel Michael« in Rumänien. Soziale Bewegung und politische Organisation. Ein Beitrag zum Problem des internationalen Faschismus. München 1986, S. 81. In England wiederum machte 1901 ein Patriot sein Volk darauf aufmerksam, daß die Juden unter ihresgleichen jenem die höchste Achtung zollten, der damit prahlen könne, einsame und hilflose christliche Mädchen ins Verderben gerissen zu haben: »No Jew is more of a hero among his fellow tribesmen than the one who can boast of having accomplished the ruin of some friendless, unprotected Christian girl« (Joseph Banister: England under the Jews. London 1901, S. 39, zitiert nach Gisela C. Lebzelter: Anti-Semitism – a Focal Point for the British Radical Right. In: Nationalist and Racialist Movements in Britain and Germany before 1914. Hrsg. von Paul Kennedy und Anthony Nicholls. London und Basingstoke 1981, S. 88–105, hier S. 93).

23 Vgl. Laura Engelstein: Die Auslöschung der jüdischen Frau. Antisemitische Klischees von Mädchenhandel und Ritualmord im Rußland der Jahrhundertwende. In: Von einer Welt in die andere, S. 167–178, hier S. 167

24 Vgl. Peter Kenez: Pogroms and White Ideology in the Russian Civil War. In: Pogroms: Anti-Jewish Violence in Modern Russian History. Hrsg. von John D. Klier und Shlomo Lambroza. Cambridge u. a. 1992, S. 293–313, hier S. 304

25 Vgl. Michael Nachin Dobkowski: Ideological Anti-Semitism in America: 1877–1927. Ann Arbor und London 1980, S. 98 f., S. 301 ff.

26 Vgl. Michael Nachin Dobkowski, ebd., S. 158 ff.

27 Vgl. Leonard Dinnerstein: The Leo Frank Case. New York 1968; Albert S. Lindemann: The Jew Accused. Three Anti-Semitic Affairs (Dreyfus, Beilis, Frank) 1894–1915. Cambridge, New York, Port Chester, Melbourne und Sydney 1991, S. 235–272

28 Henry Ford: Der internationale Jude. Ein Weltproblem. Das erste amerikanische Buch über die Judenfrage. Leipzig 1921, S. 204

29 Leo Löwenthal: Falsche Propheten. Studien zum Autoritarismus. In: ders., Schriften. Band 3. Hrsg. von Helmut Dubiel. Frankfurt am Main 1982, S. 218–222, hier S. 220

30 Vgl. Tony Kushner: The Persistence of Prejudice. Antisemitism in British Society during the Second World War. Manchester und New York 1989, S. 110

31 Eric John Dingwall: Racial Pride and Prejudice. London 1946, S. 55, zitiert nach Gordon W. Allport: Die Natur des Vorurteils, S. 259. Allport hat dazu angemerkt, es sei »weder erwiesen noch überhaupt nachweisbar«, daß Juden in ihrer Annäherung an Frauen offener und weniger gehemmt seien »als Männer in anderen ethnischen Kulturen« (S. 260).

32 »V. D. (veneral disease)« sei »a common infection amongst Jews because of the sexual lusts and promiscuity of the Jewish male«. Vgl. Stephan Langton: Eugenics and Crime. In: *The Thunder-*

bolt, September 1968, S. 10, zitiert nach Charles Herbert Stember: Sexual Racism. The Emotional Barrier to an Integrated Society. New York, Oxford und Amsterdam 1976, S. 50

33 Zitiert nach Léon Poliakov: Der arische Mythos. Zu den Quellen von Rassismus und Nationalismus. Hamburg 1993, S. 150. Laut Poliakov ist die Romanfigur Nahum ein »Halbjude«, Drogenhändler, Vergewaltiger und Mörder.

34 Karla Hielscher: Das Gespenst der »Russophobie«. Schriftsteller als treibende Kraft des ideologischen Antisemitismus. In: Gerd Koenen/Karla Hielscher, Die schwarze Front. Der neue Antisemitismus in der Sowjetunion. Reinbek 1991, S. 51–81, hier S. 53 f.

35 Vgl. Wolfgang Speyer: Zu den Vorwürfen der Heiden gegen die Christen. In: *Jahrbuch für Antike und Christentum* 6 (1963), S. 129–135. Zur Unterstellung, daß die frühen Christen Inzucht und Kannibalismus betrieben, vgl. Max Conrat: Die Christenverfolgungen im Römischen Reiche vom Standpunkte des Juristen. Leipzig 1897, S. 30

36 Vgl. Athenagoras von Athen: Die Bittschrift für die Christen. Aus dem Griechischen übersetzt von P. Anselm Eberhard (Bibliothek der Kirchenväter, Bd. 12). Kempten und München 1913, S. 270–325

37 Vgl. Joseph Hansen: Zauberwahn, Inquisition und Hexenprozeß im Mittelalter und die Entstehung der großen Hexenverfolgung. München und Leipzig 1900, S. 226 ff.

38 Röm 1,26 f.

39 Zitiert nach Johannes Heil: Kompilation oder Konstruktion?, S. 109

40 The Itinerary of Benjamin of Tudela. Hrsg. von Marcus Nathan Adler. London 1907, S. 68. Allgemein über europäische Wachträume von der Sexualität in Asien, Afrika und Amerika vgl. Anne McClintock: Imperial Leather. Race, Gender and Sexuality in the colonial Contest. New York und London 1995, S. 21 ff. Zum unsterblichen Mythos von der bedrohlichen Potenz der Schwarzen vgl. Calvin C. Hernton: Sex and Racism in America. New York 1988, S. 116 ff.; und Ronald Hyam: Empire and sexuality. The British experience. Manchester und New York 1990, S. 205

41 Er bezeichnete sie als »gens fornicaria in cunctis stuprorum generibus, lupanarium cultrix« (zitiert nach Doris Gebel: Nikolaus von Kues und Enea Silvio Piccolomini. Bilder der außereuropäischen Welt als Spiegelung europäischer Sozialverhältnisse im 15. Jahrhundert. Hamburg 1977, S. 85). Zum spätmittelalterlichen Vorwurf von christlicher Seite, daß alle Türken homosexuell seien, vgl. Claudius Sieber-Lehmann: Spätmittelalterlicher Nationalismus, S. 257. Über die vermeintliche Unkeuschheit der Türken vgl. Richard Ebermann: Die Türkenfurcht. Ein Beitrag zur Geschichte der öffentlichen Meinung in Deutschland während der Reformationszeit. Halle a. S. 1904, S. 45

42 Vgl. Doris Gebel: Nikolaus von Kues und Enea Silvio Piccolomini, a. a. O., S. 56, 59 f. Zur sexuellen Denunziation der Mohammedaner durch Christen im Mittelalter und in der frühen Neuzeit – daß die Mohammedaner wollüstig, schamlos, polygam, inzestuös, gewalttätig gegen Frauen und obendrein homosexuell seien – vgl. Norman Daniel: Islam and the West. The Making of an Image. Edinburgh 1958, S. 135–152; ders., Islam, Europe and Empire. Edinburgh 1966, S. 19; ders., The Arabs and Medieval Europe. London und Beirut 1975, S. 42 f., 235; Robert Schwoebel: The Shadow of the Crescent: The Renaissance Image of the Turk (1453–1517). Nieuwkoop 1967, S. 187 f.; Claudius Sieber-Lehmann: Spätmittelalterlicher Nationalismus, S. 254–257

43 Vgl. Robert F. Berkhofer Jr.: The White Man's Indian. New York 1978, S. 8 f.; und Frauke Gewecke: Wie die neue Welt in die alte kam. Stuttgart 1986, S. 103–105

44 Vgl. Susi Colin: Das Bild des Indianers im 16. Jahrhundert. Idstein 1988, S. 83. An anderer Stelle schrieb Amerigo Vespucci über die Bewohner der Neuen Welt: »Es sind sanfte, umgängliche

Leute; alle, Männer und Frauen gehen nackt und bedecken ihren Körper an keiner Stelle, und so gehen sie bis zum Tode« (zitiert nach: Die Neue Welt. Chroniken Lateinamerikas von Kolumbus bis zu den Unabhängigkeitskriegen. Hrsg. von Emir Rodríguez Monegal. Frankfurt am Main 1982, S. 84). Vgl. Leo Africanus: The History and Description of Africa and the Notable Things Therein Contained. Hrsg. von Robert Brown. Bd. 1. New York 1896, S. 187; Andreas Josua Ultzheimer: Wahrhaffte Beschreibung ettlicher Reisen in Europa, Africa, Asien und America 1596–1610. Die abenteuerlichen Weltreisen eines schwäbischen Wundarztes. Nach der alten Handschrift bearbeitet von Sabine Werg. Tübingen und Basel 1971, S. 150; Hildegard Frübis: Die Wirklichkeit des Fremden. Die Darstellung der Neuen Welt im 16. Jahrhundert. Berlin 1995, S. 114; Andreas Erhard/Eva Ramminger: Die Meerfahrt. Balthasar Springers Reise zur Pfefferküste. Innsbruck 1998, S. 12

45 Wörtlich schrieb Purchas (ca. 1575–1626), die Einwohner seien »very greedie eaters, and no lesse drinkers, and very lecherous, and theevish, and much addicted to uncleanesse: one man hath as many wives as hee is able to keepe and maintaine.« Und: »The women are also much addicted to leacherie, specially with strange Countrey people […]« Samuel Purchas: Hakluytus Posthumus or Purchas His Pilgrims. Contayning a History of the World in Sea Voyages and Lande Travells by Englishmen and others. Vol. VI. Glasgow 1905, S. 251. Vgl. zu solchen und anderen rassistischen Sexualphantasien Hans Peter Duerr: Der Mythos vom Zivilisationsprozeß. Band 5, S. 305–339

46 »Einzelne diabolische Elemente tauchen zwar schon früh auf, aber die explizite Vorstellung des Hexensabbats mit Teufelsanbetung und sodomitischen Orgien entstand erst zu Ende des 16. Jahrhunderts, wenig später finden wir auch in deutschen Quellen bereits die erste Spur« (Richard van Dülmen: Die Dienerin des Bösen. Zum Hexenbild in der frühen Neuzeit. In: Das Böse. Eine historische Phänomenologie des Unerklärlichen. Hrsg. von Carsten Colpe und Wilhelm Schmidt-Biggemann. Frankfurt am Main 1993, S. 187–203, hier S. 199). Zum Klatsch über die Sexualität der Hexen vgl. Helmut Brackert: Zur Sexualisierung des Hexenmusters in der Frühen Neuzeit. In: Ordnung und Lust. Bilder von Liebe, Ehe und Sexualität in Spätmittelalter und Früher Neuzeit. Hrsg. von Hans-Jürgen Bachorski. Trier 1991, S. 337–358

47 »Die ganze Männerphantasie von der sexuell verschlingenden Industriearbeiterin, der später sogenannten ›roten Frau‹, hängt schon an den Frauenkörpern der Neuen Welt 1492/1607, ist nur weitergeschrieben bis zu den Frauen der aufständischen Arbeiter 1920, bis zu den (sexuellen) Jüdinnen der polnischen Kleinstädte im Mund antisemitischer Polen 1942, den wollüstigen Kommissarinnen der Roten Armee in dt. Soldatenliteratur bis 1945 und in den Mündern der Stammtischkrieger danach, immer ein und dieselbe papistisch-protestantische Rede von der Wollust und dem Gift eingeborener Unter-Sexualität; der man sich gleichwohl bedient(e) zur Linderung eigener sexueller Notstände« (Klaus Theweleit: Pocahontas in Wonderland. Shakespeare on Tour. Frankfurt am Main und Basel 1999, S. 635).

48 Gert Raeithel: Geschichte der nordamerikanischen Kultur. Band 1, S. 63. Vgl. Tho[mas]. Thorowgood: Jewes in America, or, propabilities that the Americans are of that race. London 1650

49 Zitiert nach Gert Raeithel, a. a. O., S. 73

50 Ebd., S. 76

51 Zitiert nach Gert Raeithel, ebd., S. 86. »Nach allem was man weiß, wurden Frauen für Unzucht härter bestraft als Männer. Dreißig Hiebe auf den nackten Rücken waren eine gebräuchliche Sühne. Auf dem Marktplatz von Boston konnte man Frauen mit einem Schild stehen sehen, auf dem das Vergehen angegeben war: ›Hier stehe ich für mein ehebrecherisches und hurenhaftes Betragen‹« (ebd., S. 127).

52 Carsten Niebuhr: Beschreibung von Arabien. Aus eigenen Beobachtungen und im Lande selbst gesammleten Nachrichten abgefasset. Kopenhagen 1772, S. 74

53 »Die *Muhamedaner*, sagt *Niebuhr*, heirathen *frühzeitig*, oder der Vater kaufet seinem Sohne, damit er sich nicht mit Gassendirnen abgebe, eine Sklavin. Aber eben darum entschöpft sich dieses Volk so sehr in seiner Jugend, daß sich mehrere, nicht über 30 Jahre alte Männer bei dem Arzte der Gesellschaft über Unvermögen beklagten« (Johann Peter Frank: System einer vollständigen medicinischen Polizey. Zweyter Band. Frankenthal 1791, S. 39).

54 Sie seien, schrieb er, »libidinous and shameless as monkies, or baboons« (Edward Long: The History of Jamaica. Or, General Survey of the Ancient and Modern State of That Island: With Reflections on its Situation, Settlement, Inhabitants, Climate, Products, Commerce, Laws, and Government. Vol. II. London 1774, S. 383).

55 Heinrich Moritz Gottlieb Grellmann: Die Zigeuner. Ein historischer Versuch über die Lebensart und Verfassung, Sitten und Schicksale dieses Volkes in Europa, nebst ihrem Ursprunge. Dessau und Leipzig 1783, S. 122, zitiert nach Claudia Breger: Heinrich Moritz Gottlieb Grellmann – Überlegungen zu Entstehung und Funktion rassistischer Deutungsmuster im Diskurs der Aufklärung. In: Historische Rassismusforschung, S. 34 – 69, hier S. 56

56 Johann Gottfried Herder: Ideen zur Philosophie der Geschichte der Menschheit. Darmstadt 1966, S. 168

57 [Christoph] M[einers].: Von den Varietäten und Abarten der Neger. In: *Göttingisches Historisches Magazin*. Band VI. Hannover 1790, S. 625 – 645, hier S. 630

58 Gert Raeithel: Geschichte der nordamerikanischen Kultur. Band 1, S. 436/438

59 Gustav Fritsch: Die Eingeborenen Süd-Afrika's. Ethnographisch und anatomisch beschrieben. Breslau 1872, S. 283. Zum Bild des Schwarzafrikaners in Deutschland nach 1870 vgl. Michael Schubert: Der schwarze Fremde. Das Bild des Schwarzafrikaners in der parlamentarischen und publizistischen Kolonialdiskussion in Deutschland von den 1870er bis in die 1930er Jahre. Stuttgart 2003

60 Friedrich Engels: Der Ursprung der Familie, des Privateigentums und des Staats. In: Karl Marx/Friedrich Engels, Werke. Bd. 21. Berlin (Ost) 1975, S. 25 – 173, hier S. 42. Der Text erschien zuerst 1884.

61 Paul Mantegezza: Anthropologisch-kulturhistorische Studien über die Geschlechtsverhältnisse des Menschen. Jena 1886, S. 51, zitiert nach Bram Dijkstra: Das Böse ist eine Frau, S. 170 f. Über das jahrhundertealte Klischee vom potenten, mit einem monumentalen Geschlechtsorgan ausgestatteten und stets lüsternen Schwarzen vgl. Thomas F. Gossett: Race. The History of an Idea in America. Dallas 1963, S. 48; Winthrop D. Jordan: White Over Black. American Attitudes Toward the Negro, 1550 – 1812. Chapel Hill 1968, S. 32 ff. Über die Wachträume der Weißen von der Sexualität der Schwarzen vgl. ferner Paul R. Spickard: Mixed Blood, S. 252 bis 256; Jan Nederveen Pieterse: White on Black. Images of Africa and Blacks in Western Popular Culture. New Haven und London 1992, S. 172 – 187; Klaus Hödl: Gesunde Juden – kranke Schwarze. Körperbilder im medizinischen Diskurs. Innsbruck u.a. 2002, S. 240 – 265

62 »One of the most subtle physiological effects of a tropical climate is a surexcitation of the sexual organs, which in the presence of a native servile and morally underdeveloped population offen leads to excesses even at a tender age« (William Z. Ripley: The Races of Europe. A Sociological Study. New York 1899, S. 562).

63 Vgl. Paul A. Cohn: China and Christianity. The Missionary Movement and the Growth of Chinese Antiforeignism 1860 – 1870. Cambridge, Massachusetts, 1963, S. 90 f.; Frank Dikötter: The Discourse of Race in Modern China. London 1994, S. 43 f. Die Furcht vor der ungezügelten sexuellen Energie der Barbaren, also der Fremden, hatte in China damals schon eine ehrwürdige, mehr als zweitausend Jahre alte Tradition. Vgl. Claudius C. Müller: Die Herausbildung der Gegensätze: Chinesen und Barbaren in der frühen Zeit. In: China und die Fremden.

3000 Jahre Auseinandersetzung in Krieg und Frieden. Hrsg. von Wolfgang Bauer. München 1980, S. 43–76, hier S. 74

64 Auguste Forel: Die sexuelle Frage, S. 218. Die erste Auflage des Werks erschien 1904.

65 Ebd., S. 221

66 Cesare Lombroso: Neue Verbrecherstudien. Halle a. S. 1907, S. 56

67 Rudolf Steiner: Vom Leben des Menschen und der Erde. Über das Wesen des Christentums. Dornach [2]1980, S. 55. Den Vortrag hielt Steiner am 3. März 1923.

68 Vgl. Friedrich Koch: Sexuelle Denunziation. Die Sexualität in der politischen Auseinandersetzung. Hamburg 1995

69 Paul Althaus: Ehe und Kinder. Gütersloh 1929, S. 7

70 Paul Rohrbach: Deutsch-Afrika – Ende oder Anfang? Briefe an einen jungen Deutschen. Potsdam 1935, S. 144

71 Paul Rohrbach: Deutschlands koloniale Forderung. Hamburg 1935, S. 127

72 Hans Peter Duerr: Der Mythos vom Zivilisationsprozeß. Band 1

73 Ebd., S. 142. »None of the Onges have any sense of modesty«, heißt es in dem Werk von Cipriani (The Andaman Islanders. London 1966, S. 23, zitiert nach Hans Peter Duerr, a. a. O., S. 141).

74 Eldridge Cleaver: Seele auf Eis. München 1970, S. 21

75 David Richards: Played Out: The Jean Seberg Story. New York 1981, S. 237, zitiert nach Richard G. Powers: Die Macht im Hintergrund. J. Edgar Hoover und das FBI. München 1988, S. 509

76 *Blitz-Illu*, 21. April 1999, S. 57

77 Ephräm d. Syrer: Vier Lieder über Julian den Apostaten, Zweites Lied, 6. In: Des heiligen Ephräm des Syrers ausgewählte Schriften. Bd. 1. Bibliothek der Kirchenväter, 1. Reihe, Band 37. Kempten und München 1919; http://www.unifr.ch/bkv/kapitel2453-1.htm

»Die Sünde wider das Blut«

1 Ernst Jandl: scherr. In: ders., aus dem wirklichen leben. gedichte und prosa. München 1999, S. 16

2 Zu Dinter vgl. Heinrich Falb: Artur Dinter als Politiker und Ideologe. Ein Beitrag zur Geschichte und Weltanschauung der nationalsozialistischen Bewegung. Freiburg 1967 (Staatsexamensarbeit); Günter Hartung: Artur Dinter. A Successfull Fascist Author in Pre-Fascist Germany. In: The Attractions of Fascism. Social Psychology and Aesthetics of the ›Triumph of the Right‹. Hrsg. von John Milfull. New York, Oxford und München 1990, S. 103–123; Michael Schmidt: Im Westen eine ›Wissenschaft‹ ... Antisemitismus im völkisch-faschistischen Roman der Weimarer Republik. In: Conditio Judaica. Dritter Teil, S. 92–115

3 Artur Dinter: Die Sünde wider das Blut. Vgl. dazu Ingrid Rauschenbach: Antisemitismus und Kolportageroman; Manfred Bosch: »Rasse und Religion sind eins!«. Artur Dinters »Sünde wider das Blut« oder: Autopsie eines furchtbaren Bestsellers. In: *Die Ortenau. Veröffentlichungen des Historischen Vereins für Mittelbaden* 71 (1991), S. 596–621; Josef Schmidt: Artur Dinters »Racial Novel« *The Sin Against the Blood* (1917): Trivial Stereotypes and Apocalyptic Prelude. In: Hinter dem schwarzen Vorhang, S. 129–138. Über die Auflagen- und Verkaufszahlen scheint sich Günter Hartung am genauesten informiert zu haben: »Between 1920 and 1921 the

novel went from seven to fifteen impressions, the last one taking the total copies produced from 146,000 to 170,000; 1922 saw the culmination of the book's success and sales subsequently began to wane. In 1927, with an edition published by Dinter's old friend Ludolf Beust in Leipzig, the total number of copies climbed from 230,000 to 235,000; and in 1934, with the anti-Semitic Hammer publishing house, from 251,000 to 260,000. This last edition, however, was presumably still in stock when the Leipzig publishing quarter was destroyed in the war« (Günter Hartung: Artur Dinter, a.a.O., S. 116 f.). Die Angaben anderer Historiker weichen zum Teil erheblich davon ab. Alex Bein nahm an, das Buch sei 1918 erschienen (vgl. Alex Bein: The Jewish Question in Modern Anti-Semitic Literature. Prelude to the »Final Solution«. In: The Catastrophe of European Jewry, S. 40 – 89, hier S. 65), und es habe bis 1920 mehr als 100 000 Käufer gefunden und bis 1934 mehr als 250 000 (vgl. Alex Bein: Die Judenfrage. Band 1, S. 337). Peter Emil Becker (Zur Geschichte der Rassenhygiene, S. 212) teilt mit: »Anfang der zwanziger Jahre war es in 100 000 Exemplaren verbreitet.« Werner Jochmann gibt als Erscheinungstermin der ersten Auflage den Dezember 1917 an; die zweite sei im September 1918 ausgeliefert worden. Bis 1920 habe es zwölf weitere Auflagen gegeben. Verkauft worden seien bis Ende 1920 100 000 Exemplare und bis zum Herbst des Jahres 1922 200 000 Stück (Werner Jochmann: Die Ausbreitung des Antisemitismus. In: Deutsches Judentum in Krieg und Revolution, S. 409 – 510, hier S. 460, Anmerkung 177). »Nach vorsichtigen Schätzungen«, schrieb Jochmann, »hat dieses Buch in Deutschland rund eineinhalb Millionen Leser gefunden« (a.a.O., S. 460). Auf Jochmanns Zahlenangaben vertraute Ingrid Belke, als sie schrieb, daß der Roman »bereits im Herbst 1922 eine Auflage von 200 000 Exemplaren erreicht haben soll« (Ingrid Belke: »Antisemitismus habe ich nur in den Zeitungen zu spüren bekommen, im Leben nie.« Tucholsky und der Antisemitismus bis 1933. In: Kurt Tucholsky und das Judentum. Dokumentation der Tagung der Kurt Tucholsky-Gesellschaft vom 19. bis 22. Oktober 1995 in Berlin. Hrsg. von Michael Hepp im Auftrag der Kurt Tucholsky-Gesellschaft unter Mitarbeit von Kirsten Erwentraut und Roland Links. Oldenburg 1996, S. 45 – 74, hier S. 49). Claudia Witte zufolge sollen jedoch schon bis zum Jahr 1921 alles in allem 230 000 Exemplare gedruckt worden sein (Claudia Witte: Artur Dinter – Die Karriere eines professionellen Antisemiten. In: Historische Rassismusforschung, S. 113 – 151, hier S. 123). Trude Maurer wiederum hatte von Jochmann erfahren, daß der Roman »von seinem Erscheinen im Dezember 1917 bis September 1922 14 Auflagen mit insgesamt 200 000 Exemplaren erreichte und dessen Leserschaft bereits 1921 auf eineinhalb Millionen geschätzt wurde« (Trude Maurer: Ostjuden in Deutschland, S. 168). Andere Angaben der Autorin decken sich wieder mit denen von Günter Hartung: »Das 230. bis 235. Tausend wurden 1927 aufgelegt, das 251. bis 260. Tausend 1934 im Hammer-Verlag (Leipzig)« (a. a. O., S. 822). Die fragwürdige Zusatzzahl von anderthalb Millionen Lesern griff zwei Jahre danach Helmut Berding auf: »Das Buch, das zuerst im Dezember 1917 erschien und bereits im Herbst 1922 einen Absatz von 200 000 Exemplaren erzielte, soll schätzungsweise 1,5 Millionen Leser gefunden haben« (Helmut Berding: Moderner Antisemitismus in Deutschland, S. 182). Volker Losemann hat hingegen die Meinung vertreten, daß der Roman »1918 erschienen und nach zwei Jahren in mehr als 100 000 Exemplaren verkauft« worden sei (Volker Losemann: Rassenideologien und antisemitische Publizistik in Deutschland im 19. und 20. Jahrhundert. In: Judentum und Antisemitismus von der Antike bis zur Gegenwart, S. 137 – 159, hier S. 151). Jens Malte Fischer hat Klarheit in die Verwirrung über Dinters Verkäufe zu bringen versucht. »Der Erfolg seines Romans war immens: In vier Jahren erlebte er 16 Auflagen, bis 1934 waren über 250 000 Exemplare verkauft« (Jens Malte Fischer: »Mit Baruch is es auch nichts«. Das Bild des Juden in der Literatur um 1900. In: ders., Jahrhundertdämmerung, S. 190 – 214, hier S. 209). Ein anderer Autor hat eruiert, daß dem Roman »laut Meyers Lexikon, Leipzig 1937, 3. Band Sp 112 bis 1934 260 Tausend Auflage« vergönnt gewesen sei (Friedrich-Wilhelm Haack: Wotans Wiederkehr, S. 219). Deutlich mehr hatte 1977 Avraham Barkai vor Augen: Das Buch, schrieb er, »erreichte bis 1932 einen Verkauf von über 300 000 Exemplaren« (Avraham Barkai: Jüdisches Leben in seiner Umwelt. In: ders. und Paul

Mendes-Flohr, Deutsch-Jüdische Geschichte in der Neuzeit. Bd. IV, S. 50–73, hier S. 52 f.). Mehr als das Doppelte bot 1993 Michael Ley, als er angab, daß die Auflage bereits »bis 1931 600 000 Exemplare erreicht« habe (Michael Ley: Genozid und Heilserwartung, S. 169). Diese Zahl hatte Ley möglicherweise aus der deutschen Übersetzung von Léon Poliakovs Werk über die Geschichte des Antisemitismus übernommen. Darin heißt es, daß »Die Sünde wider das Blut« von 1911 [*sic*] bis 1931 insgesamt 600 000 Käufer gefunden habe (Léon Poliakov: Geschichte des Antisemitismus. Band VII, S. 42). Von Dinters Verkaufserfolg geht etwas Berauschendes aus. Den Rekord hält ein Völkerpsychologe, der 1947 die bis heute höchste Zahl aus der Luft griff und »Dinters in 700 000 Exemplaren verbreiteten Schundroman« kritisierte (Thomas Aich: Massenmensch und Massenwahn. Zur Psychologie des Kollektivismus. München 1947, S. 132).

4 »Wenn Einer schon mit ›sprechenden Namen‹ anfängt! Damit gesteht man den absoluten Bankerott der Phantasie ein (wie im Mittelalter, wo auch jeder Figur ein Spruchband aus dem Hals hing)« (Arno Schmidt: An Uffz. Werner Murawski. In: Arno Schmidts Wundertüte. Eine Sammlung fiktiver Briefe aus den Jahren 1948/49. Hrsg. von Bernd Rauschenbach. Zürich 1989, S. 138–151, hier S. 150).

5 Artur Dinter: Die Sünde wider das Blut, a. a. O., S. 48

6 Ebd., S. 49 f.

7 Ebd., S. 50

8 Ebd.

9 Rudolf Olden: Hitler, S. 46

10 Artur Dinter, a. a. O., S. 51

11 Ernst Herbeck: Die Männer. In: ders., Im Herbst da reiht der Feenwind. Gesammelte Texte 1960-1991. Hrsg. von Leo Navratil. Salzburg und Wien [2]1992, S. 96. Ernst Herbecks Gedicht schließt mit den Worten: »Die Männer haben / keinen Feind.« Das hat auch Hermann Kämpfer geglaubt, im Taumel seines Liebeswahns.

12 Artur Dinter, a. a. O., S. 55

13 Ebd., S. 69

14 Ebd., S. 70

15 Ebd., S. 77

16 Ebd., S. 111

17 Ebd., S. 128

18 Ebd., S. 181

19 Ebd., S. 182

20 Ebd., S. 183

21 Ebd., S. 200

22 Ebd.

23 Ebd., S. 222

24 Ebd., S. 223

25 Ebd., S. 224 f.

26 Ebd., S. 229

27 Ebd., S. 233

28 Ebd., S. 238

29 Ebd., S. 246 f.

30 Ebd., S. 262

31 Ebd., S. 264 f.

32 Ebd., S. 266. »Unaware of their own sexual deformations and projections, these writers churned out a steady stream of titillating stories in which Jews, charged by an almost satanic sexual appetite, constantly harassed and threatened pure Aryan women« (Klaus P. Fischer: The History of an Obsession, S. 143).

33 Ebd.

34 Ebd., S. 267 f.

35 Ebd., S. 268

36 Ebd., S. 332

37 Ebd., S. 333

38 Ebd., S. 342

39 Ebd., S. 343

40 Ebd., S. 344

41 Ebd.

42 Ebd.

43 Ebd., S. 344 f.

44 Ebd., S. 348

45 Ebd., S. 349 f.

46 Ebd., S. 350

47 [Fritz] Lenz: Dinter, Artur. Die Sünde wider das Blut. In: *Archiv für Rassen- und Gesellschaftsbiologie* 13 (1921), S. 227 – 231, hier S. 228

48 Zitiert nach: Nationalsozialistische Frauenpolitik vor 1933, S. 112. Dinter hielt seine Rede am 20. August 1927.

49 Richard Wagner: Religion und Kunst. In: ders., Gesammelte Schriften und Dichtungen. Zehnter Band. Hrsg. von Wolfgang Golther. Berlin, Leipzig, Wien und Stuttgart [1914], S. 211 – 285, hier S. 271

50 Otto Weininger: Geschlecht und Charakter, S. 298

51 Vgl. Bram Dijkstra: Das Böse ist eine Frau, S. 284 ff.

52 P. Nordheim: Rassenkeuschheit. In: *Der Volkserzieher* 12 (1908), Heft 14, S. 110 f., hier S. 111

53 Bram Dijkstra, a.a.O., S. 288

54 F. Roderich=Stoltheim [d. i. Theodor Fritsch]: Die Juden im Handel, S. 254. Vgl. auch F. Roderich Stoltheim [d. i. Theodor Fritsch]: Der jüdische Plan, S. 14 f. Aufgestellt wurde diese These auch in einem Roman von Karl Paumgartten: Repablick. Eine galgenfröhliche Wiener Legende aus der Zeit der gelben Pest und des roten Todes. Graz und Leipzig 1924, S. 164; vgl. Sigurd Paul Scheichl: Judentum, Antisemitismus und Literatur in Österreich 1918 – 1938. In: Conditio Judaica. Dritter Teil, S. 55 – 91, hier S. 70

55 Wilhelm Kästner: Koedukation und Nacktkultur. In: Revolution und Nacktkultur. Ein Vortrag von Hugo Peters und anderes. Dresden 1919, S. 39 – 65, hier S. 52, zitiert nach Maren Möhring: Marmorleiber, S. 368

56 Zitiert nach Iris Wigger: Die »Schwarze Schmach am Rhein«, S. 150

57 Zitiert nach Herbert Rütgen: Antisemitismus in allen Lagern, S. 362

58 Rudolf Steiner: Über Gesundheit und Krankheit. Grundlagen einer geisteswissenschaftlichen Sinneslehre. Dornach 1959, S. 186 (Vortrag vom 30. Dezember 1922)

59 Deutsche Volksgesundheit aus Blut und Boden. Hrsg. von Julius Streicher, 1.1.1935, zitiert nach: Kennzeichen »J«, S. 83 f.

60 *SS-Leitheft* 3, 2. Jahrgang, 22. April 1936, zitiert nach Josef Ackermann: Heinrich Himmler, S. 159

61 Friedrich Lange: Wir zwischen 25 Nachbarvölkern, S. 216 f.

62 Artur Dinter: Die Sünde wider das Blut, a. a. O., S. 351

63 Hitler hat einige Werke von Dinter besessen; vgl. Reginald H. Phelps: Die Hitler-Bibliothek. In: *Deutsche Rundschau* 80 (1954), S. 923–931, hier S. 926 f. Zur Zusammensetzung der Leserschicht des Romans vgl. Ingrid Rauschenbach: Antisemitismus und Kolportageroman, S. 183–186

64 Vgl. Joachim C. Fest: Hitler, S. 445 und 1022

65 Stefan Rohrbacher/Michael Schmidt: Judenbilder, S. 389

66 Artur Dinter, a. a. O., S. 361 f.

67 Ebd., S. 367

68 Ebd., S. 370

69 Ebd., S. 371

70 Erich Kühn: Rasse? Ein Roman. München 1921, S. 136

71 Heinrich Mann: Im Schlaraffenland. Ein Roman unter feinen Leuten. München 1901, drittes und viertes Tausend, S. 175. Zum Sexualantisemitismus im Frühwerk von Heinrich Mann vgl. Rolf Thiede: Stereotypen vom Juden

»Eine perverse Hurenbrut«

1 Bernhard Giesen/Kay Junge/Christian Kritschgau: Vom Patriotismus zum völkischen Denken: Intellektuelle als Konstrukteure der deutschen Identität. In: Nationales Bewußtsein und kollektive Identität. Studien zur Entwicklung des kollektiven Bewußtseins in der Neuzeit 3. Hrsg. von Helmut Berding. Frankfurt am Main 1994, S. 345–393, hier S. 391

2 Dirk Walter: Antisemitische Kriminalität und Gewalt, S. 177

3 Historien V, 5, 2

4 Epigrammata VII, 35, und XI, 94; vgl. Peter Schäfer: Judeophobia, S. 99–102; Benjamin Isaac: The Invention of Racism in Classical Antiquity, S. 473

5 Zitiert nach Karlheinz Deschner: Kriminalgeschichte des Christentums. Erster Band, S. 127

6 Des Heiligen Philosophen und Martyrers Justinus Dialog mit dem Juden Tryphon. Aus dem Griechischen übersetzt und mit einer Einleitung versehen von Philipp Haeuser (Bibliothek der Kirchenväter, Bd. 33). Kempten und München 1917, S. 215

7 Vgl. Jacob Neusner: Aphrahat and Judaism, S. 178 ff.

8 Vgl. Joan Young Gregg: Devils, Women, and Jews, S. 186

9 Vgl. Paul Mikat: Die Judengesetzgebung der merowingisch-fränkischen Konzilien, S. 14 f.

10 Vgl. Joan Young Gregg: Devils, Women, and Jews, S. 176, mit Verweis auf Frances Martens: Le miroir du meurtre ou le synagogue dévoilée. In: Pour Léon Poliakov. Le racisme, mythes et science. Hrsg. von Maurice Olender. Brüssel 1981, S. 61 – 72, hier S. 68 – 70

11 Zitiert nach Rainer Kampling: Die Darstellung der Juden und des Judentums in den Predigten des Zeno von Verona. In: *Kairos* 26 (1984), S. 16 – 27, hier S. 19

12 Johannes Chrysostomus: Acht Reden gegen Juden. Eingeleitet und erläutert von Rudolf Brändle. Übersetzt von Verena Jegher-Bucher. Stuttgart 1995, S. 87, 135 (vgl. Jes 56,10 f. und Jer 5,8), 188. Chrysostomus nimmt hier Bezug auf den Beginn des Laubhüttenfestes am 8. September 387. Vgl. Wayne A. Meeks/Robert L. Wilken: Jews and Christians in Antioch in the first four Centuries of the Common Era. Ann Arbour [2]1978, S. 31. Den Vergleich der Synagoge mit einem Hurenhaus griff in der Mitte des fünfzehnten Jahrhunderts der spanische Theologe Alonso de Oropesa auf (vgl. Moises Orfali: Jews and Conversos in Fifteenth-Century Spain: Christian Apologia and Polemic. In: From Witness to Witchcraft. Jews and Judaism in Medieval Christian Thought. Hrsg. von Jeremy Cohen. Wiesbaden 1996, S. 337 – 360, hier S. 355).

13 Zitiert nach Rainer Kampling: Das Blut Christi und die Juden. Mt 27,25 bei den lateinischsprachigen christlichen Autoren bis zu Leo dem Großen. Münster 1984, S. 129

14 Vgl. Bernhard Blumenkranz: Die Judenpredigt Augustins. Ein Beitrag zur Geschichte der jüdisch-christlichen Beziehungen in den ersten Jahrhunderten. Basel 1946, S. 64 f. »Im Anschluß an heidnische Vorlagen wird von den Kirchenvätern den Juden des öfteren ihre Sinnlichkeit und ihre Lasterhaftigkeit vorgehalten« (ebd., S. 65).

15 »[…] reddimus obscenae convicia debita genti, / quae genitale caput propudiosa metit […]« De reditu suo I, 387 f., zitiert nach Rutilius Claudius Namatianus: De reditu suo sive Iter Gallicum. Hrsg. von Ernst Doblhofer. Erster Band. Heidelberg 1972, S. 116 f.

16 Zitiert nach Karlheinz Deschner: Kriminalgeschichte des Christentums. Zweiter Band, S. 273

17 Zitiert nach Simon Dubnow: Weltgeschichte des jüdischen Volkes. Band IV, S. 118

18 Johannes Heil: Kompilation oder Konstruktion?, S. 185

19 Vgl. ebd., S. 186 f., 195

20 Ebd., S. 188

21 Vgl. Anna Sapir Abulafia: The Intellectual and Spiritual Quest for Christ and Central Medieval Persecution of Jews. In: Religious Violence between Christians and Jews. Medieval Roots, Modern Perspectives. Hrsg. von ders. Houndmills und New York 2002, S. 61 – 85, hier S. 63

22 František Graus: Die Juden in ihrer mittelalterlichen Umwelt. In: Die Juden in ihrer mittelalterlichen Umwelt, S. 53 – 65, hier S. 62 f. Ähnlich hat sich Graus an anderer Stelle geäußert: »Bei den Ketzern und Hexen waren v.a. Verleumdungen über Unzucht üblich, die bei den Juden praktisch vollständig fehlen« (František Graus: Pest – Geißler – Judenmorde. Das 14. Jahrhundert als Krisenzeit. Göttingen 1987, S. 279). Das Praktische an dieser Feststellung ist ihre Unwiderlegbarkeit: Die Verleumdungen fehlten nicht vollständig, sondern nur »praktisch vollständig«, also einerseits vollständig und andererseits unvollständig.

23 Stefan Rohrbacher/Michael Schmidt: Judenbilder, S. 161. Weiter heißt es dort: »Das Judensau-Motiv gehört ursprünglich in den Zusammenhang der allegorischen Zyklen mit Darstellungen der Tugenden und Laster: Das Schwein ist hier Sinnbild von *gula* und *luxuria*, Unmäßigkeit und Unkeuschheit; es verkörpert die Unreinen und die Sünder, deren Bauch angefüllt ist mit Schweinernem und die, was sie übrig haben, ihren Nachkommen überlassen (Ps 17,14). Die Ausgestaltung dieses Sinnbildes zur ›Judensau‹ geht offenbar auf Hrabanus Maurus (* 856) zurück, der in seinem enzyklopädischen Werk ›De universo‹ dem Schwein analogisch die Juden zur Seite stellt« (a.a.O., S. 161). Vgl. auch Isaiah Shachar: The »Judensau«. A Medieval

Anti-Jewish Motif and its History. London 1974; Petra Schöner: Judenbilder im deutschen Einblattdruck der Renaissance. Ein Beitrag zur Imagologie. Baden-Baden 2002, S. 189 – 208

24 Zitiert nach Jean Delumeau: Angst im Abendland. Die Geschichte kollektiver Ängste im Europa des 14. bis 18. Jahrhunderts. Band 2. Reinbek 1985, S. 420

25 Zitiert nach: Fastnachtsspiele aus dem 15. Jahrhundert. Erster Theil, S. 19 f. Lilis oder Lilith, ein Nachtdämon des hebräischen Volksglaubens, wurde als erste Frau Adams gedeutet, die zur Strafe für ihre Flucht vor ihm in eine Teufelin verwandelt worden war.

26 Zitiert nach Wilfried Schouwink: Der wilde Eber in Gottes Weinberg, S. 88

27 Aussage des Zeugen Willi Leeuwarden, zitiert nach Hermann Langbein: Der Auschwitz-Prozeß. Band 1, S. 137. In bizarrem Kontrast zu dieser Zeugenaussage steht ein Bekenntnis, das der inhaftierte Kriegsverbrecher Alfred Jodl in einem Brief an seine Frau hinterlassen hat: »Wie stolz können wir sein auf unser sauberes Leben für unser Land …« (zitiert nach Luise Jodl: Jenseits des Endes. Leben und Sterben des Generaloberst Alfred Jodl. Wien, München und Zürich 1976, S. 171).

28 Joachim C. Fest: Hitler, S. 529

29 Hans-Martin Kirn: Das Bild vom Juden im Deutschland des frühen 16. Jahrhunderts, dargestellt an den Schriften Johannes Pfefferkorns. Tübingen 1989, S. 54 f.

30 Antonius Margaritha: Der gantze Jůdische Glaube […] Leipzig 1713, S. 134 f.

31 Johannes Eck: Christliche Auslegung der Evangelien von der Zeit / durch das gantz Jar / nach gemeynem verstand der Kirchen und heiligen Väter von der selbigen angenommen … Der erste Teyl vom Advent biss Ostern … Der andern Teyl vom Ostern biss auff den Advent. Tübingen 1531, folio 158c, zitiert nach R. Po-Chia Hsia: The Myth of Ritual Murder. Jews and Magic in Reformation Germany. New Haven und London 1988, S. 130. In einer englischen Predigt aus dem fünfzehnten Jahrhundert heißt es, der Blutfluß trete bei Juden am Karfreitag ein; vgl. Joan Young Gregg: Devils, Women, and Jews, S. 220.

32 Vgl. Peter Biller: Views of Jews from Paris around 1300: Christian or ›Scientific‹? In: Christianity and Judaism, S. 187 – 207, hier S. 199. »Nicht anders, als dem Antisemiten der ›Jude‹, gilt dem Rassisten der Schwarze oder der Araber als sexuell unersättlich; letztere werden aber immer als *männlich* potent gesehen. Der ›Jude‹ hingegen wird als zugleich ›lüstern‹, ›geil‹ und als unmännlich beschrieben. Tatsächlich wird ihm eine Sexualität zugewiesen, die nur mit den widersprüchlichen Vorstellungen des 19. Jahrhunderts über die ›Frau‹ zu vergleichen ist«, schreibt Christina von Braun (Antisemitismus und Misogynie. Vom Zusammenhang zweier Erscheinungen. In: Von einer Welt in die andere, S. 179 – 196, hier S. 182). Wie man sieht, spukten solche widersprüchlichen Vorstellungen von der jüdischen Sexualität aber auch schon durch eine spätmittelalterliche Geisteswelt, die nichts von den widersprüchlichen Vorstellungen des neunzehnten Jahrhunderts über die »Frau« geahnt haben kann.

33 Vgl. Harry Friedenwald: The Jews and Medicine. Bd. 2. [New York] 1967, S. 527; Joshua Trachtenberg: The Devil and the Jews. The Medieval Conception of the Jew and its Relation to Modern Antisemitism. London und Oxford [3]1945, S. 148 f. »According to legend, both Jewish men and women menstruated, and they also suffered from hemorrhoids and other similar ailments that required the therapeutic use of Christian blood. They bled abnormally because they were devil-like and also because their ancestors had promised Pilate that if he would allow Jesus to be killed, his blood would be upon them and their children« (Bernard Glassman: Anti-Semitic Stereotypes without Jews, S. 33 f.).

34 Johannes Eck: Ains Judenbüechlins verlegung […]. Ingoldstat 1542, Bl. J III recto, zitiert nach Winfried Frey: Ritualmordlüge und Judenhaß der Volkskultur des Spätmittelalters. Die Schriften Andreas Osianders und Johannes Ecks. In: Volkskultur des europäischen Spätmittelalters. Hrsg. von Peter Dinzelbacher und Hans-Dieter Mück. Stuttgart 1987, S. 177 – 197, hier S. 177

35 Martin Luther: Von den Juden und ihren Lůgen. In: ders., Werke. 53. Band. Weimar 1920, S. 412 – 552, hier S. 444

36 Vgl. Simon Dubnow: Weltgeschichte des jüdischen Volkes. Band VI, S. 119

37 Ungerische Chronica. Das ist Ein grundtliche beschreibung deß aller måchtigsten vnd gewaltigsten Kônigreichs Ungern [...] Erstlich durch den Hochgelehrten Herrn Antonium Bonfinium in 45. Bůchern in Latein beschrieben: Jetzund aber dem gemeinen Vatterland / Teutscher Nation / zum besten / in gut gemein Hochteutsch gebracht [...] Durch einen der Freyen Kůnste / Historien und alter Geschichten / Liebhabern / P. f. N. Franckfurt am Mayn 1581, Das 4. Buch deß fůnfften Theils, S. 375. Vgl. Steven F. Kruger: Becoming Christian, Becoming Male? In: Becoming Male in the Middle Ages. Hrsg. von Jeffrey Jerome Cohen und Bonnie Wheeler. New York und London 1997, S. 21 – 41, hier S. 23. Zum Komplex der Phantasien über die Menstruation jüdischer Männer vgl. Willis Johnson: The myth of Jewish male menses. In: *Journal of Medieval History* 24 (1998), S. 273 – 295

38 [Samuel Friedrich Brentz:] Jůdischer abgestreiffter Schlangenbalg / Das ist: Grůndliche Entdeckung und Verwerfung aller Låsterungen und Lůgen / derer sich das giftige Jůdische Schlangen=Geziefer und Otterngezůcht / wider den frômmsten und unschuldigen Juden Christum JESUM / und Sein ganzes theuer erkaufftes Heiligthum / theils in den verfluchten Synagogen / theils in Håusern und heimlichen Zusammenkunften pflegt zu gebrauchen [...] Nůrnberg 1614, Neuauflage Nůrnberg 1680, S. 15

39 Friedrich von Logau: Sämmtliche Sinngedichte. Hrsg. von Gustav Eitner. Tübingen 1872 (Reprint Hildesheim und New York 1974), S. 237. Der Verfasser war Regierungsrat am Hofe Herzog Ludwigs IV. von Brieg.

40 Die Zum Christenthum neubekehrte Jüdin / Oder Verliebte und abgefallene Josebeth / In einer Wunder-würdigen schönen Liebes-Geschichte Mit vielen Vor diesem unbekannten / doch nachdencklichen Jüdischen Ceremonien der curiosen Welt zu geziemender Ergötzung und nothwendiger Wissenschaft an Tag gestellet. Getruckt Anno 1712, S.) (3, zitiert nach Florian Krobb: Die schöne Jüdin, S. 33

41 [Sigismund Hosemann:] Das schwer zu bekehrende Juden=Hertz / Nebst einigen Vorbereitungs=Mitteln zu der Juden Bekehrung [...] Zelle 1699, app. num. 44., S. 61. Der Verfasser war Consistorial- und Stadtprediger in Celle.

42 J. Valentin Kirchgeßner: Tribunal Nemesis juste judicantis oder Richterstuhl der recht richtenden Gerechtigkeit. Nürnberg, Franckfurt und Leipzig 1706, S. 384, zitiert nach: *Alemannia* 10 (1882), S. 5

43 Helmut Jenzsch: Jüdische Figuren in deutschen Bühnentexten des 18. Jahrhunderts. Hamburg 1971, S. 85

44 [J. P. Praetorius:] Die Hamburger Schlacht-Zeit / Oder Der Mißlungene Betrug, zitiert nach Helmut Jenzsch, a.a.O., S. 86

45 Johann Jacob Schudt: Jůdische Merckwůrdigkeiten [...] II. Theil. Franckfurt und Leiptzig 1714, S. 323, 327, 325

46 Abraham ... S[anta]. Cl[ara]. [d. i. Johann Ulrich Megerle]: Abrahamische Lauber=Hütt: Ein Tisch mit Speisen in der Mitt / Welche Hůtte nicht leeres Laub und Blat / sondern viel herrliche Frůchte hat. [...] Wienn und Nůrnberg 1721, S. 33, unter Berufung auf Antonius Bonfinius: Chronic von denen Ungarischen Händeln, 4. Buch (Rerum Ungaricum decades); vgl. Anmerkung 37

47 Johannes Casparson: Leben und Tod, des Berůchtigten Juden Joseph Sůß Oppenheimer, aus Heidelberg [...] Franckfurt und Leipzig 1738, S. 50 f. (zitiert nach Barbara Gerber: Jud Süß. Aufstieg und Fall im frühen 18. Jahrhundert. Ein Beitrag zur Historischen Antisemitismus-

und Rezeptionsforschung. Hamburg 1990, S. 133). In der Anklage gegen Süß hatte es geheißen, daß er »Hurerey, Ehebruch und vermuthlich auch Blutschanden aber ohngescheut meistens mit Christinin getrieben« habe (zitiert nach Gudrun Emberger und Rotraud Ries: Der Fall Joseph Süß Oppenheimer: Zum historischen Kern und den Wurzeln seiner Medialisierung. In: »Jud Süß«. Hofjude, literarische Figur, antisemitisches Zerrbild. Hrsg. von Alexandra Przyrembel und Jörg Schönert. Frankfurt am Main und New York 2006, S. 29 – 55, hier S. 43). Vgl. zu diesem Fall auch Hellmut G. Haasis: Joseph Süß Oppenheimer, genannt Jud Süß. Finanzier, Freidenker, Justizopfer. Reinbek 1998

48 Hermann Samuel Reimarus: Apologie oder Schutzschrift für die vernünftigen Verehrer Gottes. Bd. I. Hrsg. von Gerhard Alexander. Frankfurt am Main 1972, S. 262

49 Christian Wilhelm Dohm: Ueber die bůrgerliche Verbesserung der Juden. Berlin und Stettin 1781, S. 34

50 Frank Schäfer: Nachwort. In: Christoph Meiners: Ueber die Natur der Afrikanischen Neger, S. 65 – 78, hier S. 72

51 Christoph Meiners: Ueber die Natur der morgenlåndischen Vőlker. In: *Gőttingisches Historisches Magazin*. Band VII. Hannover 1790, S. 384 – 455, hier S. 406

52 Ueber die physische und moralische Verfassung der heutigen Juden. Stimme eines Kosmopoliten. Germanien 1791, S. 34

53 Hans-Joachim Neubauer: Judenfiguren. Drama und Theater im frühen 19. Jahrhundert. Frankfurt am Main und New York 1994, S. 89

54 Hartwig von Hundt=Radowsky: Judenspiegel, S. 25, 80, 94

55 Hartwig Hundt von Radowsky: Die Judenschule, oder grůndliche Anleitung, in kurzer Zeit ein vollkommener schwarzer oder weißer Jude zu werden. Zweites Buch. Jerusalem 5582 [1822], S. 60

56 Eduard Meyer: Gegen L. Börne, den Wahrheit-, Recht- und Ehrvergessenen Briefsteller aus Paris. Altona 1831, S. 13, zitiert nach Jacob Katz: Richard Wagner. Vorbote des Antisemitismus. Königstein/Ts. 1985, S. 32

57 C. H. Hermes, *Kölnische Zeitung*, Nr. 187 vom 6. Juli 1842, zitiert nach Julius Carlebach: Deutsche Juden und der Säkularisierungsprozeß in der Erziehung. Kritische Bemerkungen zu einem Problemkreis der jüdischen Emanzipation. In: Das Judentum in der Deutschen Umwelt 1800 – 1850. Studien zur Frühgeschichte der Emanzipation. Hrsg. von Hans Liebeschütz und Arnold Paucker. Tübingen 1977, S. 55 – 93, hier S. 56

58 [Anonym:] Die Juden. In: Historisch-politische Blätter für das katholische Deutschland. Hrsg. von G. Phillips und G[uido]. Görres. München 1848. Zweiter Band, S. 617 – 619, hier S. 618 f.

59 Wilhelm Raabe: Der Hungerpastor. In: ders., Gesammelte Romane. Erster Band, S. 147 – 469, hier S. 352. Über Raabes Judenbild und die Figur des Moses Freudenstein vgl. Horst Denkler: Das »wirckliche Juda« und der Renegat: Moses Freudenstein als Kronzeuge für Wilhelm Raabes Verhältnis zu Juden und Judentum. In: *The German Quarterly* 60 (1987), S. 5 – 18; Robert C. Holub: Raabe's Impartiality. A Reply to Horst Denkler; Horst Denkler: Niedriger hängen. In: *The German Quarterly* 60 (1987), S. 617 – 623; Rainer Nägele: Kein Schlußstrich. Thinking the Unthought. A Postscript to Horst Denkler's Non Response. In: *The German Quarterly* 61 (1988), S. 284 – 286

60 Zitiert nach H. A. und E. Frenzel: Daten deutscher Dichtung. Band II, S. 438

61 Otto Glagau: Der Börsen- und Gründungs-Schwindel in Berlin. Gesammelte und *stark vermehrte* Artikel der *Gartenlaube*. Leipzig 1876, S. 345. Zu Glagau vgl. Daniela Weiland: Otto Glagau und »Der Kulturkämpfer«. Zur Entstehung des modernen Antisemitismus im frühen Kaiserreich. Berlin 2004

62 Richard von Krafft-Ebing: Lehrbuch der Psychiatrie auf klinischer Grundlage. Bd. 1. Stuttgart [2]1883, S. 153, zitiert nach Sander L. Gilman: Freud, Identität und Geschlecht. Frankfurt am Main 1994, S. 197. Im ausgehenden neunzehnten Jahrhundert wurden solche Theorien auch von jüdischen Naturwissenschaftlern ernsthaft diskutiert. Vgl. Sander L. Gilman, a.a.O., S. 197 f. und 205

63 Conrad Alberti [d.i. Conrad Sittenfeld]: Judentum und Antisemitismus. Eine zeitgenössische Studie. In: *Die Gesellschaft. Monatsschrift für Litteratur und Kunst*, Jg. 1889, S. 1718–1733, hier S. 1724. Der völkische Agitator Theodor Fritsch interpretierte diese Mitteilung als bezeichnende jüdische Selbstauskunft; vgl. F. Roderich-Stoltheim [d.i. Theodor Fritsch]: Die Juden im Handel, S. 243

64 *Gütersloher Zeitung*, 18. November 1891, zitiert nach Jehuda Barlev: Juden und jüdische Gemeinden in Gütersloh 1671–1943. Gütersloh [2]1988, S. 55

65 G[ustav]. Stille: Der Kampf gegen das Judentum! Hamburg [8]1910, S. 23. Die Erstausgabe erschien 1891.

66 Stefan Lehr: Antisemitismus – religiöse Motive im sozialen Vorurteil, S. 157

67 Karl Türk: Die Ritter vom Gelde. Sozialer Roman. Leipzig 1891, S. 125 f., 192

68 Hermann Ahlwardt: Meine Verhaftung. Vortrag vom 8.7.1892. Dresden 1892, S. 32 f., zitiert nach Uwe Mai: »Wie es der Jude treibt.« Das Feindbild der antisemitischen Bewegung am Beispiel der Agitation Hermann Ahlwardts. In: Feindbilder in der deutschen Geschichte, S. 55–80, hier S. 69

69 *Abwehr*, 31. Juli 1892, zitiert nach Daniela Kasischke-Wurm: Antisemitismus im Spiegel der Hamburger Presse während des Kaiserreichs (1884–1914). Hamburg 1997, S. 149. Die *Abwehr* war ein antisemitisches Periodikum aus Hamburg.

70 Houston Stewart Chamberlain: Die Grundlagen des Neunzehnten Jahrhunderts. I. Hälfte, S. 47

71 W[ilhelm]. Giese: Die Judenfrage am Ende des XIX. Jahrhunderts. Berlin 1899, S. 76. Vgl. dagegen zur Körperscham im Judentum Hans Peter Duerr: Der Mythos vom Zivilisationsprozeß. Band 3, S. 305–308

72 Klaus Hödl: Die Pathologisierung des jüdischen Körpers. Antisemitismus, Geschlecht und Medizin im Fin de Siècle. Wien 1997, S. 193

73 Ebd., S. 87

74 Vgl. Rolf Thiede: Stereotypen vom Juden

75 *Deutsche Tageszeitung* 174 (M) vom 13. April 1900, zitiert nach Elke Kimmel: Methoden antisemitischer Propaganda im Ersten Weltkrieg. Die Presse des Bundes der Landwirte. Berlin 2001, S. 54

76 *In freien Stunden*, Nr. 32/1901, S. 168, zitiert nach Rosemarie Leuschen-Seppel: Sozialdemokratie und Antisemitismus im Kaiserreich, S. 262

77 Otto Weininger: Geschlecht und Charakter, S. 412. Diesem erstmals 1903 veröffentlichten Werk war ein sensationeller Publikumserfolg beschieden. Vgl. George L. Mosse: The Image of Man. The Creation of Modern Masculinity. New York und Oxford 1996, S. 56–76; und Ritchie Robertson: Historicizing Weininger: The Nineteenth-Century German Image of the Feminized Jew. In: Modernity, Culture and »the Jew«. Hrsg. von Bryan Cheyette und Laura Marcus. Cambridge 1998, S. 23–39

78 Otto Weininger: Geschlecht und Charakter, S. 309

79 Ebd., S. 379

80 Ferdinand Probst: Der Fall Otto Weininger. Eine psychiatrische Studie. Wiesbaden 1904, S. 35, 37 f. und 39 f. Zu Probsts Studie vgl. Leopold Weininger: Der Fall Otto Weininger. Erklärung und Berichtigung. In: *Die Fackel*, Nr. 169/1904, S. 6–14

81 Auguste Forel: Die sexuelle Frage, S. 220 f.

82 Erich Wulffen: Der Sexualverbrecher. Ein Handbuch für Juristen, Verwaltungsbeamte und Ärzte. Berlin/Groß-Lichterfelde 1910, S. 302

83 *Staatsbürgerzeitung*, 22. August 1913, zitiert nach Andreas Winnecken: Ein Fall von Antisemitismus, S. 62

84 Bernhard Kellermann: Der Tunnel. Roman. Frankfurt am Main 1952, S. 100 f. Die Erstausgabe des Romans war 1913 erschienen.

85 Ebd., S. 173 und 191. Laut F. Roderich-Stoltheim [d. i. Theodor Fritsch]: Die Juden im Handel, S. 240, soll auch das eine bezeichnende jüdische Selbstauskunft gewesen sein. Der Autor Kellermann gehörte später zu den Gründungsmitgliedern der Ostberliner Akademie der Künste und war Abgeordneter in der Volkskammer der DDR (vgl. Wolfgang Benz: Bilder vom Juden. Studien zum alltäglichen Antisemitismus. München 2001, S. 20).

86 Dr. Austriacus: Kirche und jüdische Gefahr. In: *Katholische Kirchenzeitung*, 15. Mai 1919, S. 153 bis 156, hier S. 155, zitiert nach Günter Fellner: Antisemitismus in Salzburg 1918–1938. Wien und Salzburg 1979, S. 209

87 Joseph Eberle: Großmacht Presse. Enthüllungen für Zeitungsgläubige. Forderungen für Männer. Wien u. a. 1920, 5.–10. Tsd., S. 236

88 Alfred Rosenberg: Unmoral im Talmud. In: ders., Schriften und Reden. Erster Band, S. 323 bis 393, hier S. 344

89 Otto Hauser: Geschichte des Judentums, S. 478, 501, 521

90 Alfred Falb: Luther und die Juden. München 1921, S. 58, zitiert nach Johannes Brosseder: Luthers Stellung zu den Juden im Spiegel seiner Interpreten. Interpretation und Rezeption von Luthers Schriften und Äußerungen zum Judentum im 19. und 20. Jahrhundert vor allem im deutschsprachigen Raum. München 1972, S. 161

91 *Völkische Freiheit*, 15. November 1924, zitiert nach Ralf Georg Reuth: Goebbels. München 1990, S. 74

92 Otto Hauser: Rassebilder. Braunschweig und Hamburg 1925, S. 234 f.

93 R[ichard]. Walther Darré: Das Bauerntum als Lebensquell der Nordischen Rasse. München 1929, S. 387

94 Friedrich Wilhelm Heinz: Sprengstoff. Berlin 1930, S. 143

95 Theodor Fritsch: Schlußwort. In: Handbuch der Judenfrage, S. 543–546, hier S. 545

96 Erich Siegel: Die Deutsche Frau im Rasseerwachen. Ihre Stellung im Recht und ihre Aufgaben im Staat. München 1934, S. 2

97 Otto Hauser: Die Juden und Halbjuden der deutschen Literatur, S. 34 f.

98 In: *Eidgenoss. Kampfblatt des Nationalsozialistischen Eidgenossen* 12/1933, zitiert nach Jacques Picard: Die Schweiz und die »Judenfrage« 1933–1945. Quellen und Materialien zur Geschichte eines Dilemmas. In: Judenfeindschaft. Hrsg. Von Erhard R. Wiehn. Konstanz 1989, S. 119 bis 162, hier S. 128

99 Adolf Köberle: Die Judenfrage im Lichte der Christusfrage. In: *Christlicher Volksdienst*, 30. September 1933, zitiert nach Wolfgang Gerlach: Als die Zeugen schwiegen. Bekennende Kirche und die Juden. In: »Niemand war dabei und keiner hat's gewußt«, S. 94–112, hier S. 95

100 Aus einer 1935 vom SS-Hauptamt herausgegebenen Schrift, zitiert nach Herbert Jäger: Verbrechen unter totalitärer Herrschaft. Studien zur nationalsozialistischen Gewaltkriminalität. Olten 1967, S. 310 f.

101 Rudolf Höß: Kommandant in Auschwitz. Eingeleitet und kommentiert von Martin Broszat. Stuttgart 1958, S. 109. Nach Angaben von Norbert Frei und Johannes Schmitz (Journalismus im Dritten Reich. München 1989, S. 104) erschien der *Stürmer* 1933 in einer Auflage von 20 000 und 1935 in einer Auflage von 400 000 Exemplaren.

102 Douglas M. Kelley: 22 Männer um Hitler, S. 156 f.

103 G. M. Gilbert: Nürnberger Tagebuch. Frankfurt am Main 1962, S. 120. Einen ähnlichen Eindruck gewann auch die amerikanische Journalistin Rebecca West in Nürnberg von Streicher: »Er war ein schmutziger alter Mann von der Sorte, die Ärger in Parks macht« (Rebecca West: Gewächshaus mit Alpenveilchen. Im Herzen des Weltfeindes. Berlin 1995, S. 11).

104 Hartmann Lauterbacher: Erlebt und mitgestaltet. Kronzeuge einer Epoche 1923–1945. Zu neuen Ufern nach Kriegsende. Preußisch Oldendorf 1984, S. 253

105 *Ärzteblatt für Hamburg und Schleswig-Holstein* 1937, S. 355, zitiert nach Peter Zunke: Der erste Reichsärzteführer Dr. med. Gerhard Wagner. Kiel 1972, S. 111

106 Zitiert nach: Adolf Hitler. Monologe im Führerhauptquartier, S. 158

107 Lothar Gottlieb Tirala: Rasse, Geist und Seele, S. 57

108 Otmar Freiherr von Verschuer: Rassenbiologie der Juden. In: Forschungen zur Judenfrage. Band 3, S. 137–151, hier S. 139

109 Zitiert nach: Judenverfolgung und jüdisches Leben unter den Bedingungen der nationalsozialistischen Gewaltherrschaft. Band 1, S. 42 f.

110 Die Juden in Deutschland. Hrsg. vom Institut zum Studium der Judenfrage. München [6]1937, S. 329

111 Herwig Hartner-Hnizdo: Das jüdische Gaunertum, S. 318

112 Dagmar Herzog: Die Politisierung der Lust, S. 50

113 Otto Dietrich: Auf den Straßen des Sieges. Erlebnisse mit dem Führer in Polen. München 1941, S. 103

114 Rede Hermann Görings im Berliner Sportpalast, 4. Oktober 1942, zitiert nach: Judenverfolgung und jüdisches Leben unter den Bedingungen der nationalsozialistischen Gewaltherrschaft. Band 1, S. 217

115 Ebd., S. 220

116 Theodor W. Adorno: Studien zum autoritären Charakter, S. 156

117 Bernard Goldstein: Die Sterne sind Zeugen, S. 101

118 Buch der Agonie, S. 322 f. (Tagebucheintragung vom 14. Mai 1942). Auch in Łódź wurden Juden zum Geschlechtsverkehr vor laufender Kamera gezwungen und in Lipno zum Verzehr ihrer Exkremente; vgl. Ruta Sakowska: Die zweite Etappe ist der Tod. NS-Ausrottungspolitik gegen die polnischen Juden, gesehen mit den Augen der Opfer. Ein historischer Essay und ausgewählte Dokumente aus dem Ringelblum-Archiv 1941–1943. Berlin 1993, S. 200

119 Beschwerdebrief der Gemeinde Gnadenwald an den österreichischen Landtagsabgeordneten Alphons Marincovich, Juni 1946. Stenographische Berichte des Tiroler Landtages, 1. Periode, 4. Tagung, 3. Sitzung (28. Juni 1946), S. 210 f., zitiert nach Thomas Albrich: Exodus durch Österreich. Die jüdischen Flüchtlinge 1945–1948. Innsbruck 1987, S. 183

120 Wilhelm Prothmann: Judentum und Antisemitismus – ein Problem unserer Zeit. Stuttgart 1951, S. 31. Zitiert hatte Prothmann die *Berliner Allgemeine Wochenzeitung der Juden in Deutschland* vom 12. Mai 1950.

121 Heidy Müller: Die Judendarstellung in der deutschsprachigen Erzählprosa (1945–1981). Königstein/Ts. 1984, S. 75

122 Gerd Gaiser: Schlußball. Aus den schönen Tagen der Stadt Neu-Spuhl. Frankfurt am Main und Hamburg 1961, S. 93 f. Die Erstausgabe erschien 1958.

123 Herbert Grabert: Volk und Führung. Deutschlands Ringen um Einheit und Bestand. Tübingen 1977, S. 313, 316, 297

124 Ebd., S. 317, 324

125 Ebd., S. 298, 61

126 Zitiert nach *Der Spiegel* 28/1980, S. 49

127 Hanna Wolff: Jesus der Mann. Die Gestalt Jesu in tiefenpsychologischer Sicht. Stuttgart [2]1976, S. 76, 77, 79

128 Paula Almqvist: »Alles – nur kein deutscher Mann«. In: *Stern* 28/1977, S. 30–40, hier S. 40

129 Christa Mulack: Die Weiblichkeit Gottes. Matriarchale Voraussetzungen des Gottesbildes. Stuttgart [2]1983, S. 93. Womit »das uralte und von den Nationalsozialisten begeistert propagierte Vorurteil vom ›geilen‹ Juden fröhliche Urständ feiert«, wie eine Kommentatorin schrieb. Nadine Hauer: Gnade der weiblichen Geburt? Antisemitismus in der feministischen Theologie. In: *Evangelische Kommentare* 28 (1995), Nr. 3, S. 164–166, hier S. 165

130 Ebd., S. 283

131 Susanne Heine: Die feministische Diffamierung der Juden. In: Der feministische ›Sündenfall‹? Antisemitische Vorurteile in der Frauenbewegung. Hrsg. von Charlotte Kohn-Ley und Ilse Korotin. Wien 1994, S. 15–59, hier S. 33. Das Zitat von Gerda Weiler stammt aus ihrem Werk: Ich verwerfe im Lande die Kriege. Das verborgene Matriarchat im Alten Testament. München [2]1986, S. 306 f. 1987 veröffentlichte Christa Mulack ein Werk mit dem Titel: Jesus – der Gesalbte der Frauen. Weiblichkeit als Grundlage christlicher Ethik (Stuttgart 1987); vgl. Jutta Flatters: Von der Aufwertung des »Weiblichen« und ihrem Preis. Kritische Anmerkungen zu Christa Mulacks »Jesus – der Gesalbte der Frauen«. In: Verdrängte Vergangenheit, die uns bedrängt. Feministische Theologie in der Verantwortung für die Geschichte. Hrsg. von Leonore Siegele-Wenschkewitz. München 1988, S. 164–180

132 Eugen Drewermann: Der Krieg und das Christentum. Von der Ohnmacht und Notwendigkeit des Religiösen. Regensburg 1982, S. 197 f.

133 Ebd., S. 185

134 Eugen Drewermann: Kleriker. Psychogramm eines Ideals. Olten 1989, S. 494 f. 1993 urteilte Heiner U. Ritzmann, daß Eugen Drewermanns »Gedanken und Thesen Leitideen des Nationalsozialismus tradieren« (Heiner U. Ritzmann: Diagnose: Verjudung, Therapie: Vernichtung. Zur Wiedergeburt der Totenkopftheologie im Schrifttum Drewermanns. In: *Kritik & Krise* 6/1993, S. 61–66, hier S. 61).

135 Franz Alt: Jesus – der erste neue Mann, S. 62. Micha Brumlik hat dieses Buch als »ersten antisemitischen Bestseller im Nachkriegsdeutschland« beschrieben und kritisiert. Micha Brumlik: Der Anti-Alt. Wider die furchtbare Friedfertigkeit. Frankfurt am Main 1991, S. 7

136 Franz Alt: Jesus – der erste neue Mann, S. 62

137 Ebd., S. 67. Alt bezieht sich hier auf Joh 4,10 f.

138 Ebd., S. 131

139 Ebd., S. 64 f.

140 Ebd., S. 92

141 Ebd., S. 119, 121

142 Ebd., S. 69 f.

143 Zitiert nach Julius H. Schoeps: Antisemitische Stereotypen. In: *Die Zeit* 5/1990, S. 30. Ob in diesen Zusammenhang auch eine obszöne Bemerkung gehört, die der russische Staatspräsident Wladimir Putin im Herbst 2006 fallengelassen hat, ist nicht leicht zu entscheiden. Als er den israelischen Premierminister Ehud Olmert zum Staatsbesuch empfing, sagte Putin ihm, er solle seinen Präsidenten grüßen, Mosche Katsav, dem zu diesem Zeitpunkt eine Anklage wegen Vergewaltigung und sexueller Nötigung drohte. Der israelische Präsident, sagte Putin, habe sich »als starker Kerl erwiesen. Hat zehn Frauen vergewaltigt. Das hätte ich von ihm nie erwartet. Er hat uns alle verblüfft. Wir beneiden ihn« (vgl. Uwe Klussmann: Im Reich der Gefühle. In: *Der Spiegel* 43/2006, S. 150 f.). Möglicherweise war das einfach nur Putins normaler Umgangston unter Männern.

144 Vgl. Meike Günther: Wider die Natur: Zur Verkörperung antisemitischer Stereotype durch Geschlechterkonstruktionen. In: Antisemitismus und Geschlecht, S. 102 – 122, hier S. 117 f. Siehe unter http://www.haensel-gretel.de/haenselundgretel/wDeutsch/kampagne/print.2003 php? navid=41

145 Martin Walser: Tod eines Kritikers. Roman. Frankfurt am Main 2002, S. 10

146 Ebd., S. 111 f.

147 Ebd., S. 115. Jan Philipp Reemtsma hat in diesem Zusammenhang von »der stupenden Schmierigkeit der Walserschen Phantasien« gesprochen (Wenn das Denken entgleist, führt der Haß die Feder. Über Martin Walsers umstrittenen Roman »Tod eines Kritikers«. In: *Frankfurter Allgemeine Zeitung*, 27. Juni 2002, S. 47). Zur sexuellen Denunziation der Romanfigur Ehrl-König vgl. Gerhard Scheit: Deutscher Realismus. Zu Martin Walsers Roman »Tod eines Kritikers«. In: *Bahamas* 39/Herbst 2002, S. 19 – 23; Matthias N. Lorenz: »Auschwitz drängt uns auf einen Fleck«. Judendarstellung und Auschwitzdiskurs bei Martin Walser. Stuttgart und Weimar 2005, S. 183 f.; Jeanette Jakubowski: Walsers Griff in die antisemitische Mottenkiste oder Die verführerische Macht der jüdinnen- und judenfeindlichen Stereotype. In: Antisemitismus und Geschlecht, S. 188 – 222, hier S. 204 ff.
Zahlreiche weitere Belege für die Verbreitung des Klischees vom lüsternen Juden hat Hans Peter Duerr zusammengetragen (Der Mythos vom Zivilisationsprozeß. Band 5, S. 343 – 350).

»Eine Schwäche des Blutes«

1 Zitiert nach James Walvin: Black and White. The Negro and English Society 1555 – 1945. London 1973, S. 52

2 P. Nordheim: Rassenkeuschheit. In: *Der Volkserzieher* 12 (1908), Heft 14, S. 110 f., hier S. 111

3 *Der Alte Glaube* 11 (1909/10), Nr. 8, Spalte 183, zitiert nach Ute Planert: Antifeminismus im Kaiserreich, S. 51

4 Übersetzung von Ulrich Victor. Vgl. Rudolf von Schlettstadt: Historiae Memorabilis. Zur Dominikanerliteratur und Kulturgeschichte des 13. Jahrhunderts. Hrsg. von Erich Kleinschmidt. Köln 1974, S. 55

5 *Bild*, 29. April 1969, S. 18

6 Jobst Meller: Ware Beschreibung der Juden Tugent vnd wohltaten gegen den Christen / So ein guter Freund dem andern zur warnung von jnen / zuschreibet. [o. O. 1580?], Aiiij1, zitiert nach Nicoline Hortzitz: Die Sprache der Judenfeindschaft, S. 240

7 Johann Müller: Judaismus oder Jůdenthumb [...] Hamburg 1644, S. 1478

8 *Freimüthiges Abendblatt*, 19. September 1823, S. 626–628, zitiert nach Hans-Michael Bernhardt: Bewegung und Beharrung, S. 143

9 Wilhelm Raabe: Der Hungerpastor. In: ders., Gesammelte Romane. Erster Band, hier S. 234

10 Karl Klein: Fröschweiler Chronik. Kriegs= und Friedensbilder aus dem Jahr 1870. München [25]1912, S. 70 f.

11 Zitiert nach Massimo Ferrari Zumbini: Die Wurzeln des Bösen. Gründerjahre des Antisemitismus: Von der Bismarckzeit zu Hitler. Frankfurt am Main 2003, S. 233

12 Hermann Ahlwardt: Der Verzweiflungskampf der arischen Völker mit dem Judentum. Berlin 1890, S. 220

13 Hermann Ahlwardt: Meine Verhaftung. Vortrag vom 8. 7. 1892. Dresden 1892, S. 32 f., zitiert nach Uwe Mai: »Wie es der Jude treibt.« Das Feindbild der antisemitischen Bewegung am Beispiel der Agitation Hermann Ahlwardts. In: Feindbilder in der deutschen Geschichte, S. 55 bis 80, hier S. 69

14 Laura Marholm [d. i. Laura Hansson]: Karla Bühring. Ein Familiendrama in vier Akten. Paris u. a. 1895, S. 107

15 *Christliche Extra-Zeitung*, Wien, 19. Dezember 1897, faksimiliert in Brigitte Hamanns Studie: Hitlers Wien, S. 414

16 Vgl. Katja Leiskau und Daniela Geppert: »Alte Thaler, junge Weiber sind die besten Zeitvertreiber«. Sexismus und Voyeurismus. In: Abgestempelt. Judenfeindliche Postkarten. Hrsg. von Helmut Gold und Georg Heuberger. Heidelberg 1999, S. 205–214

17 Zitiert nach Wolfgang Benz: Der November-Pogrom 1938. In: Die Juden in Deutschland 1933 bis 1945. Leben unter nationalsozialistischer Herrschaft. Hrsg. von Wolfgang Benz. München 1988, S. 499–544, hier S. 530

18 Zitiert nach Gretl Käfer: Tirol und die Juden. In: Tirol und der Anschluß. Voraussetzungen, Entwicklungen, Rahmenbedingungen 1918–1938. Hrsg. von Thomas Albrich, Klaus Eisterer und Rolf Steininger. Innsbruck 1988, S. 169–182, hier S. 171

19 *Deutsche Handels-Wacht* 20/1906, S. 390, zitiert nach Ute Planert: Antifeminismus im Kaiserreich, S. 75

20 Hans Rost: Die Katholiken im Kultur- und Wirtschaftsleben der Gegenwart. Köln 1908, S. 80, zitiert nach Olaf Blaschke: Antikapitalismus und Antisemitismus. Die Wirtschaftsmentalität der Katholiken im Wilhelminischen Deutschland. In: Shylock? Zinsverbot und Geldverleih in jüdischer und christlicher Tradition. Hrsg. von Johannes Heil und Bernd Wacker. München 1997, S. 113–146, hier S. 144

21 Weka: Krank am Weibe. In: *Hammer* 8/1909, S. 493–496, hier S. 493 f.

22 J. Lanz=Liebenfels [d. i. Adolf Lanz]: Das Geschlechts= und Liebesleben der Blonden und Dunklen. I: Anthropologischer Teil. In: *Ostara* 38/1910, S. 1–16, hier S. 2

23 Kultur und Nacktheit. Eine Forderung von Richard Ungewitter. Stuttgart 1911, S. 96

24 Daniel Frymann [d. i. Heinrich Claß]: Wenn ich der Kaiser wär' – Politische Wahrheiten und Notwendigkeiten. Leipzig 1912, S. 32. Zum Weltbild von Heinrich Claß vgl. Rainer Hering: Konstruierte Nation. Der Alldeutsche Verband 1890 bis 1939. Hamburg 2003, S. 194–202

25 Paul Erlach: Der »Wandervogel« deutsch! Blätter für entschiedenes Deutschtum. Berlin 1913, S. 3, zitiert nach Andreas Winnecken: Ein Fall von Antisemitismus, S. 69

26 *Burschenschaft Thuringia!/Alt-Herren-Verband der Braunschweiger Burschenschaft Thuringia*, Nr. 10 vom 1. Juni 1913, zitiert nach Hansjörg Pötzsch: Antisemitismus in der Region. Antisemitische Erscheinungsformen in Sachsen, Hessen, Hessen-Nassau und Braunschweig 1870 bis 1914. Wiesbaden 2000, S. 267

27 F. Roderich-Stoltheim [d. i. Theodor Fritsch]: Die Juden im Handel, S. 232, 239, 246, 248 und 250 f.

28 Theodor Fritsch: Der falsche Gott, S. 162

29 Jörg Lanz-Liebenfels [d. i. Adolf Lanz]: Nackt- und Rassenkultur im Kampfe gegen Mucker- und Tschandalakultur. Rodau bei Wien 1913, zitiert nach Maren Möhring: Marmorleiber, S. 368

30 Willibald Hentschel: Vom aufsteigenden Leben. Ziele der Rassen-Hygiene. Leipzig 1914, S. 45

31 Max Bauer: Der große Krieg in Feld und Heimat. Erinnerungen und Betrachtungen. Tübingen 1921, S. 154 f.

32 Edwin Erich Dwinger: Wir rufen Deutschland, S. 161 ff.

33 Alfred Rosenberg: Die Spur des Juden im Wandel der Zeiten. In: ders., Schriften und Reden. Erster Band, S. 125 – 322, hier S. 296 f.

34 *Volkssturm* (Österreich), 1. März 1921, zitiert nach Alfred Pfoser: Der Wiener »›Reigen‹-Skandal«. Sexualangst als politisches Syndrom der Ersten Republik. In: Neuere Studien zur Arbeitergeschichte. Zum fünfundzwanzigjährigen Bestehen des Vereins für Geschichte der Arbeiterbewegung. Bd. III: Beiträge zur Kultur- und Geistesgeschichte. Hrsg. von Helmut Konrad und Wolfgang Maderthaner. Wien 1984, S. 663 – 719, hier S. 687 f.

35 Otto Hauser: Geschichte des Judentums, S. 255

36 Ebd., S. 502

37 Hermann Schmeck: Dem französischen Sadismus entronnen. Erlebnisse und Dokumente aus dem französisch besetzten Gebiet. Dorsten [1922], S. 77

38 Adolf Hitler: Mein Kampf. Erster Band, S. 357

39 A. Fetz: Frauenkräfte, S. 22

40 Franz Haiser: Die Judenfrage vom Standpunkt der Herrenmoral. Rechtsvölkische und linksvölkische Weltanschauung. Leipzig 1926, S. 99

41 Jörg Lanz-Liebenfels [d. i. Adolf Lanz]: Die Gefahren des Frauenrechts und die Notwendigkeit des Männerrechts. Wien ^{2}1929, S. 10, zitiert nach Uwe Puschner: Bausteine zum völkischen Frauendiskurs. In: Nation, Politik und Geschlecht. Frauenbewegungen und Nationalismus in der Moderne. Hrsg. von Ute Planert. Frankfurt am Main und New York 2000, S. 165 – 181, hier S. 170 f.

42 *Deutsche Wochenschau*, 28. Juni 1930, zitiert nach: Nationalsozialistische Frauenpolitik, S. 138

43 Heinz Lohmann: SA räumt auf! Aus der Kampfzeit der Bewegung. Hamburg 1933, S. 83

44 Egon Friedell: Kulturgeschichte der Neuzeit. Die Krisis der europäischen Seele von der Schwarzen Pest bis zum Ersten Weltkrieg. Dritter Band: Romantik und Liberalismus/Imperialismus und Impressionismus. München $^{18-22}$1948, S. 582

45 Otto Hauser: Die Juden und Halbjuden der deutschen Literatur, S. 92

46 Helmut Nicolai: Rasse und Recht, S. 17

47 Gerhard Kittel: Die Judenfrage. Stuttgart und Berlin ^{31}1934, S. 22. Die Erstausgabe erschien 1933. Zu Kittel vgl. Leonore Siegele-Wenschkewitz: Neutestamentliche Wissenschaft vor der Judenfrage. Gerhard Kittels theologische Arbeit im Wandel deutscher Geschichte. München 1980; Robert P. Ericksen: Theologians under Hitler. Gerhard Kittel, Paul Althaus and Emanuel Hirsch. New Haven 1985; Alan E. Steinweis: Studying the Jew. Scholarly Antisemitism in Nazi Germany. Cambridge, Massachusetts, und London 2006, S. 66–76

48 Martin Staemmler: Rassenpflege im völkischen Staat. München und Berlin 1937, 69.–73. Tausend, S. 63. Die Erstausgabe erschien 1933.

49 Alfred Karrasch: Parteigenosse Schmiedecke. Ein Zeitroman. Berlin 1934, S. 87 f.

50 Heinrich Himmler: Geheimreden 1933 bis 1945, S. 55

51 Roland Freisler: Ein Jahr Blutschutzrechtsprechung. In: Deutsches Strafrecht 1936, zitiert nach: Recht, Verwaltung und Justiz im Nationalsozialismus, S. 489 f.

52 Helmut Kaiser: Das Wesen der Zuhälterei und ihre kriminalpolitische Beurteilung. Köln 1937, S. 171

53 Herwig Hartner-Hnizdo: Das jüdische Gaunertum, S. 324

54 Die Gefahr des Amerikanismus. In: *Das schwarze Korps*, 16. März 1944, zitiert nach Andrei S. Markovits: Amerika, dich haßt sich's besser. Antiamerikanismus und Antisemitismus in Europa. Hamburg 2004, S. 95

55 Jean Améry: Jenseits von Schuld und Sühne. Bewältigungsversuche eines Überwältigten. Stuttgart ^{3}1997, S. 21

56 Zitiert nach Frank Stern: Im Anfang war Auschwitz, S. 157

57 Vgl. Maria Höhn: GIs and Fräuleins, S. 210–213

58 Zitiert nach: Die Wahrheit über Arnold Hau. Hrsg. von Lützel Jeman [d. i. Robert Gernhardt], F. W. Bernstein [d. i. Fritz Weigle] und F[riedrich]. K[arl]. Waechter. Frankfurt am Main 1966, S. 177

»Es ist Haremsluft, in der sie leben«

1 Aus einer am 13. August 1920 gehaltenen Rede, zitiert nach: Hitler. Sämtliche Aufzeichnungen 1905–1924, S. 198

2 Georgius Nigrinus [d. i. Georg Schwarz]: Jůden Feind / Das ist: Von den falschen Stůcken und Tůcken der Jůden so in Teutschland wohnen [...] Franckfurt am Meyn 1605, n.p.

3 [Anonym:] Die Geheimnisse von München. Eine Abwehr der Prostitution. Von einem Philanthropen. München 1885, S. 6, zitiert nach Sybille Krafft: Zucht und Unzucht. Prostitution und Sittenpolizei im München der Jahrhundertwende. München 1996, S. 35

4 Hans Wendland: Zur Psychologie des Judentums. In: *Akademische Blätter* 11 (1896/97), zitiert nach Norbert Kampe: Studenten und »Judenfrage« im Deutschen Kaiserreich, S. 298. Wendland bezog sich auf die hier bereits zitierte Stelle des Aufsatzes von Conrad Alberti [d. i. Conrad Sittenfeld]: Judentum und Antisemitismus. Eine zeitgenössische Studie. In: *Die Gesellschaft. Monatsschrift für Litteratur und Kunst*, Jg. 1889, S. 1718–1733, hier S. 1724 (siehe das Kapitel »Eine perverse Hurenbrut«, Anmerkung 63)

5 Vgl. Stanley I. Kutler: Looking for America. The People's History. Volume II. Since 1865. New York und London ^{2}1979, S. 262. Kutler zitiert aus einem Buch, dessen Verfasser die Juden ganz allgemein als lüsterne, vulgäre, aufdringliche, gewissenlose, sexuell perverse und unersättliche

Weiberhelden, Triebtäter und Kinderschänder geschmäht hat. Vgl. [Telemachus Thomas Timayenis:] The American Jew. An Exposé of His Career. New York 1888, S. 81 – 87, bzw. Stanley I. Kutler, a. a. O., S. 260 – 263

6 Robert Wistrich: Der antisemitische Wahn. Von Hitler bis zum Heiligen Krieg gegen Israel. Ismaning 1987, S. 36. Vgl. zu diesem Komplex Marion Kaplan: Prostitution, Morality Crusades and Feminism: German-Jewish Feminists and the Campaign Against White Slavery. In: *Women's Studies International Forum* 5 (1982), S. 619 – 627; Edward J. Bristow: Prostitution and Prejudice. The Jewish Fight against White Slavery 1870 – 1939. Oxford 1982; ders., The German-Jewish Fight Against White Slavery. In: *Leo Baeck Institute Year Book* 28 (1983), S. 301 bis 328; Laurie Bernstein: Sonia's Daughters. Prostitutes and Their Regulation in Imperial Russia. Berkeley 1995, S. 161; Susanne Omran: Frauenbewegung und »Judenfrage«. Diskurse um Rasse und Geschlecht nach 1900. Frankfurt am Main und New York 2000, S. 142 – 154; Robert Blobaum: Criminalizing the »Other«. Crime, Ethnicity, and Antisemitism in Early Twentieth-Century Poland. In: Antisemitism and its Opponents in modern Poland, S. 81 – 102, hier S. 85 ff.

7 Vgl. Bertha Pappenheim: Sisyphus-Arbeit. Referat, erstattet auf dem jüdischen internationalen Kongreß zur Bekämpfung des Mädchenhandels (1910). In: Frauen und Sexualmoral. Hrsg. von Marielouise Janssen-Jurreit. Frankfurt am Main 1986, S. 207 – 215; Bertha Pappenheim: Das Interesse der Juden am V. internationalen Kongress zur Bekaempfung des Mädchenhandels. In: *Ost und West. Zeitschrift für das gesamte Judentum* 8 (1913), Heft 8, Sp. 601 – 606; dies., Sisyphus: Gegen den Mädchenhandel – Galizien. Hrsg. von Helga Heubach. Freiburg i. Br. 1992

8 Thomas Mann: Gladius Dei. In: ders., Gesammelte Werke in dreizehn Bänden. Band VIII. Frankfurt am Main ^{2}1974, S. 197 – 215, hier S. 206. Vgl. zu diesem Zitat Yahya Elsaghe: Die imaginäre Nation. Thomas Mann und das ›Deutsche‹. München 2000, S. 124 – 135

9 [Alfred] Blaschko: Prostitution. In: Handwörterbuch der Staatswissenschaften. Hrsg. von J. Conrad, W. Lexis, L. Elster, W. Lexis und Edg. Loening. Bd. 6. Jena ^{3}1910, S. 1227 – 1249, hier S. 1233

10 Vgl. Laura Engelstein: The Keys to Happiness. Sex and the Search for Modernity in Fin-de-Siècle Russia. Ithaca und London ^{2}1996, S. 300 ff., 305

11 Friedrich Sturm: Bedeutung und Ursache der oberschlesischen Kriminalität. In: *Monatsschrift für Kriminalpsychologie und Strafrechtsreform* 10 (1913/14), S. 337 – 345, hier S. 342

12 Aus einer am 12. September 1935 gehaltenen Rede Wagners, zitiert nach: Judenverfolgung und jüdisches Leben unter den Bedingungen der nationalsozialistischen Gewaltherrschaft. Band 1, S. 43

13 Vgl. Robert Blobaum: Criminalizing the »Other«, a. a. O., S. 89 (siehe Anmerkung 6)

14 Ufa-*Wochenschau* vom 4. Oktober 1939, zitiert nach: Judenverfolgung und jüdisches Leben unter den Bedingungen der nationalsozialistischen Gewaltherrschaft. Band 1, S. 157

15 Johann von Leers: Die Verbrechernatur der Juden, S. 104. »Vom ehemaligen Großmufti von Jerusalem, Mohammed Amin al-Hussaini, hochgelobt, weil er ›stets für die gerechte Sache der Araber gegen die durch das Weltjudentum verkörperten Mächte der Finsternis sowie für die deutsch-arabische Freundschaft eingetreten sei‹«, fand Leers Mitte der fünfziger Jahre in Kairo Zuflucht, »trat zum Islam über und nannte sich nunmehr Omar Amin von Leers. Oberst Gamal Abd el-Nasser setzte ihn in seinem Auslandspropagandadienst ein« (Robert Wistrich: Wer war wer im Dritten Reich?, S. 220).

16 Vgl. Edgar Morin: Rumour in Orléans. New York 1971

17 Vgl. William Korey: Russian Antisemitism, Pamyat, and the Demonology of Zionism. Chur 1995, S. 55

18 Beda Weber: Cartons aus dem deutschen Kirchenleben. Mainz 1858, S. 237 f.

19 *Kölnische Volkszeitung*, 22. Mai 1880, zitiert nach Amine Haase: Katholische Presse und die Judenfrage. Inhaltsanalyse katholischer Periodika am Ende des 19. Jahrhunderts. Pullach bei München 1975, S. 158

20 Max Gruber: Die Prostitution vom Standpunkte der Sozialhygiene aus betrachtet. Wien ²1905, S. 43

21 Zitiert nach: Hintergrund. Mit den Unzüchtigkeits- und Gotteslästerungsparagraphen des Strafgesetzbuches gegen Kunst und Künstler 1900–1933. Hrsg. von Wolfgang Hütt. Berlin 1990, S. 101

22 Vgl. Robert Blobaum: Criminalizing the »Other«, a.a.O., S. 89 f. (siehe Anmerkung 6)

23 Wilhelm Meister [d.i. Paul Bang]: Judas Schuldbuch, S. 34

24 Vgl. Gerhard Henschel: Erbsen um die Augen. Sexuelle Abweichungen. In: Eckhard Henscheid, Gerhard Henschel und Brigitte Kronauer: Kulturgeschichte der Mißverständnisse. Studien zum Geistesleben. Stuttgart 1997, S. 359–361, hier S. 359 f.

25 Johann Plenge: Antiblüher. Affenbund oder Männerbund? Ein Brief. Hartenstein i.S. 1920, S. 29

26 Vgl. Georg Hensel: Spielplan. Schauspielführer von der Antike bis in die Gegenwart. Frankfurt am Main, Berlin und Wien 1975, S. 1369

27 Friedrich Hussong: »Kurfürstendamm«, S. 57

28 Antrag vom 5. Januar 1929, zitiert nach Eckhard John: Musikbolschewismus, S. 257

29 Edgar J. Jung: Die Herrschaft der Minderwertigen, S. 384

30 Paul Schultze-Naumburg: Kampf um die Kunst. München 1932, S. 42

31 Heinrich Wolf: Geschichte des Judentums. In: Handbuch der Judenfrage, S. 39–110, hier S. 107

32 *Linzer Diözesanblatt* 79 (1933), Nr. 1, S. 6, zitiert nach Erika Weinzierl: Christen und Juden in der Ära des Faschismus. In: Christen und Juden in Offenbarung und kirchlichen Erklärungen vom Urchristentum bis zur Gegenwart. Hrsg. von Erika Weinzierl. Wien und Salzburg 1988, S. 89–114, hier S. 93

33 Vgl. Hans Günter Hockerts: Die Sittlichkeitsprozesse gegen katholische Ordensangehörige und Priester 1936/37. Eine Studie zur nationalsozialistischen Herrschaftstechnik und zum Kirchenkampf. Mainz 1971

34 Kampfbund für Deutsche Kultur: Die Liste der unerwünschten Literatur. Grundsätzliche Vorbemerkungen, 13. Juni 1933, zitiert nach: Die Bücherverbrennung. 10. Mai 1933. Hrsg. von Gerhard Stauder. Frankfurt am Main, Berlin und Wien 1985, S. 119

35 Johann von Leers: Die Verbrechernatur der Juden, S. 39, 114 ff.

36 Reinschriftenprotokoll des Sekretariats des ZK der SED, 12. Dezember 1949, zitiert nach Stefan Meining: Kommunistische Judenpolitik. Die DDR, die Juden und Israel. Münster, Hamburg und London 2000, S. 143

Galante Dinge in eiserner Faust

1 E[rnst]. M[oritz]. Arndt: Noch ein Wort über die Franzosen und über uns. [o.O.] 1814, S. 13, 22, 14, 29

2 Robert Gernhardt: In Mantua. In: ders., Weiche Ziele. Gedichte. Zürich 1994, S. 29

3 [Anonym:] Vorschlag eines Fremdengesetzes vom östreich. Hauptmann von M....r. In: E[rnst]. M[oritz]. Arndt: Noch ein Wort über die Franzosen und über uns, a.a.O., Anhang, S. 1–4, hier S. 1 (siehe Anmerkung 1). Vgl. Hans-Jürgen Lüsebrink: Ein Nationalist aus französischer Inspiration: Ernst Moritz Arndt (1769–1860). In: Frankreichfreunde. Mittler des französisch-deutschen Kulturtransfers (1750–1850). Hrsg. von Michel Espagne und Werner Greiling. Leipzig 1996, S. 221–241, hier S. 231 f.

4 E[rnst]. M[oritz]. Arndt: Das Wort von 1815. In: ders., Das Wort von 1814 und das Wort von 1815 über die Franzosen. [o.O.] 1815, S. 43–118, hier S. 71

5 Vgl. Franz Bosbach: Der französische Erbfeind. Zu einem deutschen Feindbild im Zeitalter Ludwigs XIV. In: Feindbilder. Die Darstellung des Gegners in der politischen Publizistik des Mittelalters und der Neuzeit. Hrsg. von Franz Bosbach. Köln, Weimar und Wien 1992, S. 117 bis 139

6 Zitiert nach Franz Bosbach, ebd., S. 124. Das machtpolitische Gerangel interpretierten obrigkeitstreue Schriftgelehrte als Auseinandersetzung zwischen Gut und Böse. »Die deutsch-französische ›Erbfeindschaft‹ ist eine Erfindung Maximilians I., die von den deutschen Humanisten willig aufgegriffen wurde, doch die ang. Erbfeindschaft meinte in Wahrheit die dynastische Rivalität der Häuser Habsburg und Valois«, schreibt Carlrichard Brühl: Deutschland – Frankreich. Die Geburt zweier Völker. Köln und Wien 1990, S. 722

7 Wilhelm v. Giesebrecht: Geschichte der deutschen Kaiserzeit. Zweiter Band. Blüthe des Kaiserthums. Braunschweig [4]1875, S. 376 f.

8 Vgl. Jörn Garber: Trojaner – Römer – Franken – Deutsche. »Nationale« Abstammungstheorien im Vorfeld der Nationalstaatsbildung. In: Nation und Literatur im Europa der Frühen Neuzeit. Akten des I. Internationalen Osnabrücker Kongresses zur Kulturgeschichte der Frühen Neuzeit. Hrsg. von Klaus Garber. Tübingen 1989, S. 108–163, hier S. 141

9 Vgl. Joachim Wagner: Nationale Strömungen in Deutschland am Ausgange des Mittelalters. Weid i. Thür. 1929, S. 14

10 Sebastian Franck: Krieg Büchlin des Friedes. Frankfurt am Main 1750 (Reprint Hildesheim und New York 1975), S. 233, 260

11 »Was sind vnsere von den Frantzosen kommende oder zu den Frantzosen ziehende vnnd die Frantzosen liebende Teutschlinge anderst als Effaeminatissima Virorum pectora?« Hanß Michael Moscherosch: Gesichte Philanders von Sittewald. Hrsg. von Felix Bobertag. Berlin und Stuttgart [1883], S. 155

12 Christian Weise: Politischer Redner / Das ist / Kurtze und eigentliche Nachricht / wie ein sorgfältiger Hofemeister seine Untergebene zu der Wolredenheit anführen sol etc. Leipzig 1681 (Reprint Kronberg/Ts. 1974), S. 14 f.

13 Stefi Jersch-Wenzel: Juden und »Franzosen« in der Wirtschaft des Raumes Berlin/Brandenburg zur Zeit des Merkantilismus. Berlin 1978, S. 77. Weitere in diese Reihe passende Beispiele aus dem späten siebzehnten Jahrhundert finden sich bei Martin Wrede: Das Reich und seine Feinde. Politische Feindbilder in der reichspatriotischen Publizistik zwischen Westfälischem Frieden und Siebenjährigem Krieg. Mainz 2004, S. 354 ff.

14 Vgl. Thomas Grosser: Reiseziel Frankreich, S. 21–89. Der stilbildende Einfluß der französischen Hochkultur auf die deutschen Höfe setzte bereits im zwölften Jahrhundert ein; vgl. Rolf Große: Vom Frankenreich zu den Ursprüngen der Nationalstaaten 800–1214 (Deutsch-Französische Geschichte. Hrsg. von Werner Paravicini und Michael Werner, Band 1). Darmstadt 2005, S. 192

15 Thomas Grosser, a. a. O., S. 26

16 [Theodor Berger:] Vor=Urtheile der Deutschen Bey Antretung ihrer Reisen In auswärtige Lande / und besonders nach Franckreich, nebst einem Anhang von Deutschlands Macht gegen angränzende Königreiche und Länder. Franckfurt am Mayn 1734, S. 73, zitiert nach Thomas Grosser, a. a. O., S. 27

17 Ebd., S. 30

18 [Johann Michael von Loen:] Der franzôsische Hof nebst dem Caracter der Franzosen. Im Jahr 1719. In: Des Herrn von Loen gesammlete Kleine Schrifften: Besorgt und herausgegeben von J. C. Schneidern. Erster Theil. Frankfurt und Leipzig 1749, Dritter Abschnitt, S. 84–106, hier S. 88

19 Zitiert nach Uli Otto/Eginhard König: Ich hatt' einen Kameraden … Militär und Kriege in historisch-politischen Liedern in den Jahren von 1740 bis 1914. Regensburg 1999, S. 72

20 Isaak Iselins Pariser Tagebuch 1752. Hrsg. von der Historischen und Antiquarischen Gesellschaft zu Basel. Bearbeitet durch Ferdinand Schwarz. Basel 1919, S. 95 (Eintragung vom 16. Mai 1752)

21 Johann Peter Willebrandt: Historische Berichte und Practische Anmerkungen auf Reisen in Deutschland, in die Niederlande, in Frankreich, England, Dånnemark, Bôhmen und Ungarn. Hamburg 1758, S. 157 f.

22 Friedrich Wilhelm Zachariae: Die Tageszeiten. In: ders., Poetische Schriften. Bd. 4. Neueste Ausgabe. Amsterdam 1767, S. 1–169, hier S. 39, zitiert nach Ruth Florack: Tiefsinnige Deutsche, frivole Franzosen. Nationale Stereotype in deutscher und französischer Literatur. Stuttgart und Weimar 2001, S. 363

23 Wolfgang Hardtwig: Vom Elitebewußtsein zur Massenbewegung. Frühformen des Nationalismus in Deutschland 1500–1840. In: ders., Nationalismus und Bürgerkultur in Deutschland 1500–1914. Ausgewählte Aufsätze. Göttingen 1994, S. 34–54, hier S. 46

24 Zitiert nach Anton Lübbering: Der Gedichtband des Göttinger Hains »Für Klopstock«. Westerstede 1956, S. 18

25 Hans-Martin Blitz: »Gieb, Vater, mir ein Schwert!« Identitätskonzepte und Feindbilder in der ›patriotischen‹ Lyrik Klopstocks und des Göttinger »Hain«. In: Machtphantasie Deutschland. Nationalismus, Männlichkeit und Fremdenhaß im Vaterlandsdiskurs deutscher Schriftsteller des 18. Jahrhunderts. Hrsg. von Hans Peter Herrmann, Hans-Martin Blitz und Susanna Moßmann. Frankfurt am Main 1996, S. 80–122, hier S. 106

26 Hans-Martin Blitz: Aus Liebe zum Vaterland. Die deutsche Nation im 18. Jahrhundert. Hamburg 2000, S. 398. »Das Selbstbild des sittenstrengen, tugendhaften Deutschen funktionierte ausschließlich über das Fremdbild des wollüstigen, durch Zivilisation verdorbenen Franzosen« (ebd., S. 402). Blitz bezieht sich hier auf die Hermannsdichtungen des achtzehnten Jahrhunderts, die den sagenhaften germanischen Feldherrn verklärten.

27 Heinrich Sander: Beschreibung seiner Reisen durch Frankreich, die Niederlande, Holland, Deutschland und Italien; in Beziehung auf Menschenkenntnis, Industrie, Litteratur und Naturkunde insonderheit. Erster Theil. Leipzig 1783, S. 218

28 Gedanken, Vorschläge und Wünsche zur Verbesserung der öffentlichen Erziehung. Hrsg. von Friedrich Gabriel Resewitz. Vierten Bandes Zweytes Stück. Berlin und Stettin 1783, S. 12 f.

29 Thomas Grosser: Reiseziel Frankreich, S. 194. Vgl. Gonthier-Louis Fink: Das Frankreichbild in der deutschen Literatur und Publizistik zwischen der Französischen Revolution und den Befreiungskriegen. In: Jahrbuch des Wiener Goethe-Vereins 81–83 (1977–79), S. 59–87

30 Ingrid Oesterle: Paris – das moderne Rom? In: Rom – Paris – London, S. 375–419, hier S. 378

31 Georg Forster: Parisische Umrisse. In: Georg Forsters Werke. Sämtliche Schriften, Tagebücher, Briefe. Bd. 10,1: Revolutionsschriften 1792/93. Bearbeitet von Klaus-Georg Popp. Berlin 1990, S. 593–637, hier S. 633 f.

32 Friedrich Johann Lorenz Meyer: Fragmente aus Paris im IVten Jahr der Französischen Republik. Hamburg 1797, S. 280

33 [Johann Andreas] Georg Friedrich Rebmann: Holland und Frankreich, in Briefen geschrieben auf einer Reise von der Niederelbe nach Paris im Jahr 1796 und dem fünften der französischen Republik. Zweiter Theil. Paris und Kölln [1798], S. 82 und 89. Vgl. Mirjam-Kerstin Holl: Stereotype Wahrnehmungen in deutschen Berichten aus dem Paris der Jahre 1789–1799. In: Nation als Stereotyp. Fremdwahrnehmung und Identität in deutscher und französischer Literatur. Hrsg. von Ruth Florack. Tübingen 2000, S. 225–258, hier S. 249. Der Historiker Jörn Garber hat Zweifel an Rebmanns Aufrichtigkeit angemeldet: »Auch wenn Rebmann den moralischen Zeigefinger gegenüber den Gönnern der Freudenmädchen erhebt, die Pikanterie des Pariser Nachtlebens scheint ihm zu behagen. Die Moral wirkt aufgesetzt, wenn er in Paris ›das Heiligtum der Freiheit‹ zu finden hoffte und tatsächlich ein ›Bordell‹ vorfand« (Jörn Garber: Spätabsolutismus und bürgerliche Gesellschaft. Studien zur Staats- und Gesellschaftstheorie im Übergang zur Moderne. Frankfurt am Main 1992, S. 387).

34 Friedrich Schlegel: Reise nach Frankreich. In: Europa. Eine Zeitschrift. Hrsg. von dems. Erster Band. Frankfurt am Main 1803, S. 5–40, hier S. 26

35 Heinrich Stillings Lehr=Jahre. Eine wahrhafte Geschichte. Berlin und Leipzig 1804, zitiert nach Johann Heinrich Jung-Stilling: Lebensgeschichte. Vollständige Ausgabe. Hrsg. von Gustav Adolf Benrath. Darmstadt 1976, S. 441–598, hier S. 480

36 Zitiert nach: Juden und Judentum in deutschen Briefen aus drei Jahrhunderten. Hrsg. von Franz Kobler. Königstein/Ts. 1984, S. 150

37 Vgl. *konkret* 3/1978, S. 50

38 [Johann Philipp Palm:] Deutschland in seiner tiefen Erniedrigung. Anonyme Flugschrift, für deren Verbreitung der Buchhändler Palm 1806 von französischen Truppen standrechtlich erschossen wurde. Kiel 1987, S. 48 und 51 f.

39 Arnold Herrmann Ludwig Heeren: Ueber die Mittel zur Erhaltung der Nationalität besiegter Völker. In: ders., Historische Werke. Zweiter Theil. Vermischte historische Schriften. Zweiter Theil. Göttingen 1821, S. 1–32, hier S. 26

40 Vgl. Ernst Brandes: Ueber den Einfluß und die Wirkungen des Zeitgeistes auf die höheren Stände Deutschlandes; als Fortsetzung der Betrachtungen über den Zeitgeist in Deutschland. Erste Abtheilung. Hannover 1810 (Reprint Kronberg/Ts. 1977), S. 143

41 Pacidives Stringladius [d. i. Friedrich Zuckschwerdt]: Freudenlied der deutschen Mädgen. In: ders., Herzenserleichterungen eines Deutschen Patrioten. Zum Besten der Schwarzen im Königl. von Lützowschen Freikorps. Berlin 1813, S. 51–54, hier S. 51

42 Vgl. Johannes Rogalla von Bieberstein: Die These von der Verschwörung 1776–1945. Philosophen, Freimaurer, Juden, Liberale und Sozialisten als Verschwörer gegen die Sozialordnung. Bern und Frankfurt am Main 1976, S. 159 ff.

43 Ludwig Börne: Für die Juden. In: Börnes Werke in zwei Bänden. Erster Band. Berlin und Weimar [3]1976, S.154–169, hier S.158

44 [Christian] Friedrich Rühs: Historische Entwickelung des Einflusses Frankreichs und der Franzosen auf Deutschland und die Deutschen. Berlin 1815, S. 244. Rühs bezieht sich auf [Johann Joachim Becher:] Machiavellus Gallicus Seu Metempsychosis Machiavelli in Lvdovico XVI. Galliarum Rege. Oder Einhundert Politische Frantzösische Axiomata. In welchen Der Frantzosen Staats- und Kriegs-Maximen und Practiquen/ welcher sie sich gebrauchen/ Jedem offentlich zu sehen vorgestellet werden [...] Beschrieben durch einen Ehrlichen Teutschen [...] [o.O.] 1674. Becher (1635–1682) war Alchemist und Wirtschaftstheoretiker.

45 [Friedrich Heinrich von der Hagen:] Neueste Wanderungen, Umtriebe und Abenteuer des Ewigen Juden unter den Namen Börne, Heine, Saphir u.a. Zum Besten der Anstalten gegen die St. Simonie ans Licht gestellt von Cruciger. Friedrich Wilhelmstadt [d.i. Berlin] 1832, S.3

46 Ingrid Oesterle: Paris – das moderne Rom?, a.a.O., S.404 (siehe Anmerkung 30)

47 Karl Immermann: Die Epigonen. Familienmemoiren in neun Büchern 1823–1835. In: ders., Werke in fünf Bänden. Hrsg. von Benno von Wiese. Zweiter Band. Frankfurt am Main 1971, S.341

48 Wolfgang Menzel: Roman. In: *Literatur-Blatt* (Beilage zum *Morgenblatt für gebildete Stände*). No. 93, 11.9.1835, S.369–372, hier S.371

49 [Samuel Gottlieb Liesching:] Die Jeune Allemagne in Deutschland. Stuttgart 1836, S. 20f.

50 Ebd., S. 25f. Zur Frage der Autorschaft vgl. Jacob Katz: Vom Vorurteil bis zur Vernichtung, S. 179

51 Karl Kraus: Seine Antwort. In: *Die Fackel* 257–258/1908, S.15–48, hier S.47

52 Friedrich Mühlecker in der Zeitschrift *Die Sonne*, 19. Juli 1848, zitiert nach Sabine Kienitz: »Aecht deutsche Weiblichkeit« – Mode und Konsum als bürgerliche Frauenpolitik 1848. In: Schimpfende Weiber und patriotische Jungfrauen. Frauen im Vormärz und in der Revolution 1848/49. Hrsg. von Carola Lipp. Bühl-Moos 1986, S.310–338, hier S.321. Zum Feindbild des »Welschen« vgl. Claudius Sieber-Lehmann: Spätmittelalterlicher Nationalismus, S.251–300; Ute Schneider: Die Erfindung des Bösen: Der Welsche. In: »Gott mit uns«. Nation, Religion und Gewalt im 19. und frühen 20. Jahrhundert. Hrsg. von Gerd Krumeich und Hartmut Lehmann. Göttingen 2000, S.35–51

53 Aus einem an Wilhelm Baumgärtner gerichteten Brief vom 19. Februar 1850. Richard Wagner: Sämtliche Briefe. Hrsg. im Auftrage des Richard-Wagner-Familien-Archivs Bayreuth von Gertrud Strobel und Werner Wolf. Bd. III. Briefe der Jahre 1849–1851. Leipzig 1975, S.233

54 Eintragung vom 18. August 1870. Cosima Wagner: Die Tagebücher. Band I: 1869–1877. Hrsg. von Martin Gregor-Dellin und Dietrich Mack. München und Zürich 1976, S.272

55 Heinrich von Treitschke: Frankreichs Staatsleben und der Bonapartismus. In: ders., Historische und Politische Aufsätze. Dritter Band: Freiheit und Königthum. Leipzig [4]1871, S.43–424, hier S.362f.

56 *Pfälzer Zeitung*, Speyer, 24. August 1870, zitiert nach Erich Schneider: Die Reaktion der deutschen Öffentlichkeit auf den Kriegsbeginn. Das Beispiel der Bayerischen Rheinpfalz. In: La guerre de 1870/71, S.110–157, hier S.139. Zur Gleichsetzung von Babel und Paris in zeitgenössischen deutschen Kriegsgedichten vgl. Hasko Zimmermann: Auf dem Altar des Vaterlandes. Religion und Patriotismus in der deutschen Kriegslyrik des 19. Jahrhunderts. Frankfurt am Main 1971, S.120

57 Karl Wilhelm Augustin: Kriegserlebnisse eines Fünfundachtzigers. Kiel und Leipzig 1898, S.30f.

58 Fred Graf Frankenberg: Kriegstagebücher von 1866 und 1870/71, S. 100

59 Ebd., S. 122

60 Eintragung vom 6. September 1870, ebd., S. 179

61 Eintragung vom 27. September 1870, ebd., S. 202

62 Adolf Stoecker 1870 in der *Neuen Evangelischen Kirchenzeitung*, zitiert nach Hans Engelmann: Kirche am Abgrund. Adolf Stoecker und seine antijüdische Bewegung. Berlin 1984, S. 26 f.

63 *Münchner Neueste Nachrichten*, 19. Oktober 1870, S. 2, zitiert nach Frank Becker: Bilder von Krieg und Nation. Die Einigungskriege in der bürgerlichen Öffentlichkeit Deutschlands 1864 bis 1913. München 2001, S. 371

64 Hermann Jahn: Aus Deutschlands großen Tagen. Erlebnisse eines 24ers im deutsch-französischen Kriege. Eine Jubelgabe. Zweiter Band. Der Feldzug an der Loire und die Occupationszeit. Braunschweig 1896, S. 306. Zur erregten »Affektlage« der Deutschen beim Vorstoß auf Paris 1870, in der sich Vergeltungs- mit Vergewaltigungsphantasien vermischten, vgl. Gerhard R. Kaiser: »Vulkan«, »Feerie«, »Lusthaus«. Zur deutschen Berichterstattung aus Paris zwischen 1848 und 1884. In: Rom – Paris – London, S. 479 – 511, hier S. 494

65 Feldbriefe von Georg Heinrich Rindfleisch. Hrsg. von Eduard Arnold. Halle a. S. ²1889, S. 202. Das Zitat stammt aus einem Brief vom 25. Januar 1871.

66 *Leipziger Illustrirte Zeitung*, 25. Februar 1871, zitiert nach Michael Jeismann: Frankreich, Deutschland und der Kampf um die europäische Zivilisation. In: Visions Allemandes de la France, S. 5 – 16, hier S. 12

67 In einem Brief vom 21. Juni 1871, zitiert nach Curt von Westernhagen: Nietzsche, Juden, Antijuden. Weimar [o. J.], S. 16

68 J[ohannes]. de le Roi: Stephan Schultz. Ein Beitrag zum Verständniß der Juden und ihrer Bedeutung für das Leben der Völker. Gotha ²1878, S. 267. Die Erstausgabe erschien 1871.

69 Peter Gay: Erziehung der Sinne. Sexualität im bürgerlichen Zeitalter. München 1986, S. 340. Gay zitiert hier H. K.: Die moderne Pariser Bühne. In: *Daheim* VIII, 1872, S. 384

70 Ernst Luthardt: Vorwort. In: *Allgemeine Evangelisch-Lutherische Kirchenzeitung* 6, 1873, zitiert nach Wolfgang Heinrichs: Das Judenbild im Protestantismus des Deutschen Kaiserreichs. Ein Beitrag zur Mentalitätsgeschichte des deutschen Bürgertums in der Krise der Moderne. Köln 2000, S. 42 f.

71 Zitiert nach Charlotte Tacke: Denkmal im sozialen Raum. Nationale Symbole in Deutschland und Frankreich im 19. Jahrhundert. Göttingen 1995, S. 49

72 Zitiert nach Norbert Kampe: Studenten und »Judenfrage« im Deutschen Kaiserreich, S. 48. Der Redner hieß Christian Diederich Hahn.

73 Houston Stewart Chamberlain: Die Grundlagen des Neunzehnten Jahrhunderts. II. Hälfte, S. 849

74 *Der Türmer*, 2. August 1900, zitiert nach Danielle Goubard: Das Frankreichbild in der Zeitschrift *Der Türmer* (Jg. 1898 – 1920). Ein Beitrag zur komparatistischen Imagologie. Aachen 1977, S. 39

75 Nicholas Murray Butler: Across the Busy Years. Recollections and Reflections, II. New York und London 1940, S. 63, zitiert nach Lamar Cecil: Wilhelm II. und die Juden. In: Juden im Wilhelminischen Deutschland, S. 313 – 347, hier S. 337

76 Fritz Fischer: Das Bild Frankreichs in Deutschland in den Jahren vor dem Ersten Weltkrieg. In: ders., Der Erste Weltkrieg und das deutsche Geschichtsbild. Beiträge zur Bewältigung eines historischen Tabus. Aufsätze und Vorträge aus drei Jahrzehnten. Düsseldorf 1977, S. 333 bis 344, hier S. 336

77 *Neue Preußische Zeitung* (»Kreuzzeitung«), 28. Juni 1914, zitiert nach Thomas Raithel: Das »Wunder« der inneren Einheit. Studien zur deutschen und französischen Öffentlichkeit bei Beginn des Ersten Weltkrieges. Bonn 1996, S. 96

78 Paul Rohrbach: Der Krieg und die deutsche Politik. Dresden 1914, S. 97

79 Ewald Geißler: Was ist deutsch? Halle an der Saale 1914, S. 45, zitiert nach Helmut Fries: Die große Katharsis. Der Erste Weltkrieg in der Sicht deutscher Dichter und Gelehrter. Band 1: Die Kriegsbegeisterung. Ursprünge – Denkweisen – Auflösung. Konstanz 1994, S. 200

80 Zitiert nach Klaus Latzel: Deutsche Soldaten – nationalsozialistischer Krieg? Kriegserlebnis – Kriegserfahrung 1939 – 1945. Paderborn, München, Wien und Zürich 1998, S. 162

81 Hermann Bahr: Kriegssegen. München 1915, S. 16

82 Wilhelm Meister [d. i. Paul Bang]: Judas Schuldbuch, S. 171

83 Aus einer am 9. April 1920 gehaltenen Rede Hitlers, zitiert nach: Hitler. Sämtliche Aufzeichnungen 1905–1924, S. 121

84 Ferdinand Khull-Kholwald: Rassenfragen. In: *Bundesturnzeitung* (Organ des Deutschen Turnerbundes), 15. September 1920, zitiert nach Rudolf G. Ardelt: Zwischen Demokratie und Faschismus. Deutschnationales Gedankengut in Österreich 1919–1930. Wien und Salzburg 1972, S. 65

85 Wilhelm Büderich: Wir im Westen. In: Die Neue Front, S. 266–278, hier S. 266, 268, 277

86 *Evangelisches Gemeindeblatt für Stuttgart*, 1920, 26, zitiert nach Michael Trauthig: Wider »jene satanisch beeinflußte Mentalität«: Das Bild der Weltkriegs-Feinde in der evangelischen Publizistik Württembergs zur Zeit der Weimarer Republik. In: Kriegserfahrungen. Studien zur Sozial- und Mentalitätsgeschichte des Ersten Weltkriegs. Hrsg. von Gerhard Hirschfeld, Gerd Krumeich, Dieter Langewiesche und Hans-Peter Ullmann. Essen 1997, S. 371–387, hier S. 384

87 Wilhelm II. am 7. Oktober 1923 in einem Gespräch mit Leo Frobenius, zitiert nach Sigurd v. Ilsemann: Der Kaiser in Holland. Aufzeichnungen des letzten Flügeladjutanten Kaiser Wilhelms II. aus Amerongen und Doorn 1918–1923. Hrsg. von Harald von Koenigswald. München 1967, S. 287

88 Adolf Hitler: Mein Kampf. Zweiter Band, S. 704

89 Edgar J. Jung: Die Herrschaft der Minderwertigen, S. 612 und 662

90 *Der Hessenhammer*, 31. Juli 1930, zitiert nach Dieter Hoffmann: »... wir sind doch Deutsche«. Zu Geschichte und Schicksal der Landjuden in Rheinhessen. Alzey 1992, S. 138

91 Wilhelm Stapel: Versuch einer praktischen Lösung der Judenfrage. In: Was wir vom Nationalsozialismus erwarten. Zwanzig Antworten. Hrsg. von Albrecht Erich Günther. Heilbronn 1932, S. 186–191, hier S. 187

92 Ernst Krieck: Das manichäische Fünfblatt: Juden, Jesuiten, Illuminaten, Jakobiner und Kommunisten. In: *Volk im Werden. Zeitschrift für Erneuerung der Wissenschaften* 8 (1940), S. 122–136, hier S. 127

93 Friedrich Lange: Wir zwischen 25 Nachbarvölkern, S. 62

94 Helmuth Koschorke: Polizei greift ein! Kriegsberichte aus Ost, West und Nord. Hrsg. im Auftrage des Chefs der Ordnungspolizei. Berlin und Leipzig 1941, 21.–43. Tausend, S. 66 f.

95 Friedrich Seekel: Frankreich, Zentrale des internationalen Mädchenhandels. Berlin 1940, S. 9. Vgl. zu diesem Buch Insa Meinen: Wehrmacht und Prostitution während des Zweiten Weltkriegs im besetzten Frankreich. Bremen 2002, S. 49–51

96 Zitiert nach Walter Kempowski: Das Echolot. Barbarossa '41. Ein kollektives Tagebuch. München 2002, S. 59

97 Zitiert nach Kazimierz Moczarski: Gespräche mit dem Henker. Das Leben des SS-Gruppenführers und Generalleutnants der Polizei Jürgen Stroop, aufgezeichnet im Mokotów-Gefängnis in Warschau. Düsseldorf 1978, S. 56

98 *Constanze* 21/1954, S. 11, zitiert nach: Perlonzeit. Wie die Frauen ihr Wirtschaftswunder erlebten. Hrsg. von Angela Delille und Andrea Grohn. Berlin 1985, S. 162

99 Zitiert nach Thommi Herrwerth: Partys, Pop und Petting. Die Sixties im Spiegel der *BRAVO*. Marburg 1997, S. 18

100 Bob Dylan: I Shall Be Free. In: ders., Lyrics 1962–2001. Sämtliche Songtexte. Hamburg 2004, S. 142/144, hier S. 142

101 Heinz G. Konsalik: Manöver im Herbst. Das Leben des guten Deutschen Heinrich Emanuel Schütze. München [o. J.], S. 295. Vgl. hierzu Matthias Harder: Erfahrung Krieg. Zur Darstellung des zweiten Weltkrieges in den Romanen von Heinz G. Konsalik. Würzburg 1999, S. 174 f.

102 Eckhard Henscheid: Im Puff von Paris: In: ders., Frau Killermann greift ein. Erzählungen und Bagatellen. Zürich 1985, S. 340–366, hier S. 360 f.

»Apotheosen des Unterleibs«

1 Gordon W. Allport: Die Natur des Vorurteils, S. 376. Die amerikanische Originalausgabe ist 1954 erschienen.

2 Otto Hauser: Geschichte des Judentums, S. 255

3 Ebd., S. 15. Zur Debatte um die Abstammung und die Anthropologie der Juden vgl. Annegret Kiefer: Das Problem einer »jüdischen Rasse«. Eine Diskussion zwischen Wissenschaft und Ideologie (1870–1930). Frankfurt am Main, Bern, New York und Paris 1991. Vgl. auch Reinhold Grimm: Schwarze und Juden in der deutschen Literatur. Zur Imagologie des Gegentyps. In: *Jahrbuch Deutsch als Fremdsprache* 12 (1986), S. 56–71; ders.: Germans, Blacks, and Jews; or, Is there a German Blackness of Its Own? In: Blacks and German Culture. Hrsg. von Reinhold Grimm und Jost Hermand. Madison 1986, S. 150–184

4 Christoph Meiners: Ueber die Natur der Afrikanischen Neger, S. 6. Erstdruck im *Göttingischen Historischen Magazin* 6 (1790), S. 385–456. Zu Meiners vgl. Friedrich Lotter: Christoph Meiners und die Lehre von der unterschiedlichen Wertigkeit der Menschenrassen. In: Geschichtswissenschaft in Göttingen. Hrsg. von Hartmut Boockmann und Hermann Wellenreuther. Göttingen 1987, S. 30–75

5 Vgl. Rainer Erb und Werner Bergmann: Die Nachtseite der Judenemanzipation, S. 208 ff.

6 Aus einem an Friedrich Engels gerichteten Brief vom 30. Juli 1862. Karl Marx/Friedrich Engels: Werke. Bd. 30. Berlin (Ost) 1964, S. 257, 259

7 Moritz Alsberg: Rassenmischung im Judenthum. Hamburg 1891, S. 20

8 *Alldeutsches Tagblatt*, 20. Juni 1908, zitiert nach Brigitte Hamann: Hitlers Wien, S. 93

9 Artur Dinter: Die Sünde wider das Blut, S. 243

10 Friedrich Döllinger: Baldur und Bibel, S. 12 f.

11 Theodor Fritsch: Der falsche Gott, S. 155

12 Heinrich Himmler: Geheimreden 1933 bis 1945, S. 185

13 Klaus Theweleit: Ghosts. Drei leicht inkorrekte Vorträge. Frankfurt am Main und Basel 1998, S. 162

14 Hermann W. von Waltershausen: Volksmusik und proletarische Musik. In: *Österreichische Rundschau* 64, 1920, H. 1 (1. Juli 1920), S. 34 f., zitiert nach Eckhard John: Musikbolschewismus, S. 287 f.

15 Ebd., S. 289

16 H. F. Hübner: Ein offener Brief an die Deutsche Burschenschaft. *Burschenschaftliche Blätter*, Wintersemester 1920/21, Nr. 6, S. 90 f., hier S. 91, zitiert nach Heike Ströle-Bühler: Studentischer Antisemitismus in der Weimarer Republik. Eine Analyse der Burschenschaftlichen Blätter 1918 bis 1933. Frankfurt am Main 1991, S. 67

17 Näheres dazu im folgenden Kapitel.

18 Adolf Hitler: Mein Kampf. Erster Band, S. 357

19 Carl Christian Bry: Verkappte Religionen. Kritik des kollektiven Wahns. Hrsg. von Martin Gregor-Dellin. München 1979, S. 98 (Erstausgabe Gotha und Stuttgart 1924)

20 Adolf Basler: Einführung in die Rassen- und Gesellschafts-Physiologie. Für die Gebildeten aller Stände. Stuttgart 1925, S. 27/29

21 [Arthur] Moeller van den Bruck: Das dritte Reich. Berlin [2]1926, S. 350. 1925 erlitt der Autor einen Nervenzusammenbruch und nahm sich das Leben.

22 Houston Stewart Chamberlain: Mensch und Gott. Betrachtungen über Religion und Christentum. München [5]1939, S. 13 (Erstausgabe München 1921). Vgl. zu Chamberlains Sexualangst Joachim C. Fest: Hitler, S. 82

23 Vgl. Eckhard John: Musikbolschewismus, S. 295 – 302. Die Uraufführung fand am 10. Februar 1927 statt.

24 Zitiert nach Brigitte Hamann: Winifred Wagner oder Hitlers Bayreuth. München und Zürich 2002, S. 170

25 Zitiert nach: Entartete Musik. Dokumentation und Kommentar zur Düsseldorfer Ausstellung von 1938. Hrsg. von Albrecht Dümling und Peter Girth. Düsseldorf [3]1993, S. 21. Vgl. Jens Malte Fischer: »Die jüdisch-negroide Epoche«. Antisemitismus im Musik- und Theaterleben der Weimarer Republik. In: Theatralia Judaica. Emanzipation und Antisemitismus als Momente der Theatergeschichte. Von der Lessing-Zeit bis zur Shoah. Hrsg. von Hans-Peter Bayerdörfer. Tübingen 1992, S. 228 – 243, hier S. 242

26 Edgar J. Jung: Die Herrschaft der Minderwertigen, S. 396

27 Richard Mertel: Die Herrschaft des negroiden Untermenschen. In: *Der Weltkampf* 6 (1929), S. 433 – 453, hier S. 433 und 436

28 Paul Bang: Die farbige Gefahr. Göttingen [2]1938, S. 173

29 Ferdinand Hoffmann: Sittliche Entartung und Geburtenschwund. München und Berlin [2]1938, S. 52

30 Zitiert nach Joseph Wulf: Musik im Dritten Reich. Eine Dokumentation. Frankfurt am Main 1983, S. 392. Das Zitat stammt von Carl Hannemann: Der Jazz als Kampfmittel des Judentums und des Amerikanismus. In: *Musik in Jugend und Volk* 6 (1943), S. 57 – 59

31 Zitiert nach Peter Heyworth: Otto Klemperer. Dirigent der Republik 1885 – 1933. Berlin 1988, S. 386. Die Zitate entstammen einer von Julius Koch am 4. April 1930 gehaltenen Rede.

32 Friedrich Hussong: »Kurfürstendamm«, S. 115

33 Erich H. Müller: Das Judentum in der Musik. In: Handbuch der Judenfrage, S. 324 – 334, hier S. 331

34 Otto Hauser: Die Juden und Halbjuden der deutschen Literatur, S. 26

35 Karl Weinländer: Rassenkunde, Rassenpädagogik und Rassenpolitik, S. 154

36 Engelbert Huber: Das ist Nationalsozialismus. Organisation und Weltanschauung der NSDAP. Stuttgart, Berlin und Leipzig [4][1933]

37 Otto Bangert: Gold oder Blut. Der Weg aus dem Chaos. München [4]1934, S. 67. Die Erstausgabe erschien 1927.

38 Anton Orel: Judaismus der weltgeschichtliche Gegensatz zum Christentum. Graz 1934, S. 58, zitiert nach Karl Thieme: Deutsche Katholiken. In: Entscheidungsjahr 1932. Zur Judenfrage in der Endphase der Weimarer Republik. Ein Sammelband. Hrsg. von Werner E. Mosse unter Mitwirkung von Arnold Paucker. Tübingen 1965, S. 271–287, hier S. 282

39 Gottfried Feder: Die Juden, S. 35

40 Julius Evola: Erhebung wider die moderne Welt. Stuttgart und Berlin 1935, S. 350 ff. Die italienische Originalausgabe erschien 1934.

41 Ebd., S. 484

42 Robert Ley: Deutschland ist schöner geworden. Hrsg. von Hans Dauer und Walter Kiehl. Berlin 1936, S. 163 und 197 f.

43 *Parole der Woche*, 16. März 1936, zitiert nach Franz Josef Heyen: Parole der Woche, S. 118

44 Siegfried Kadner: Rasse und Humor, S. 50 f.

45 Ebd., S. 54

46 Aus einer am 24. Mai 1938 zur Eröffnung der Ausstellung »Entartete Musik« im Düsseldorfer Kunstpalast gehaltenen Rede, zitiert nach: Judenverfolgung und jüdisches Leben unter den Bedingungen der nationalsozialistischen Gewaltherrschaft. Band 1, S. 106. Gemeint war der Frankfurter Kompositionslehrer Bernhard Sekles (1872–1934), zu dessen Schülern Paul Hindemith gehört hatte.

47 Eugen Fischer: Rassenentstehung und älteste Rassengeschichte der Hebräer. In: Forschungen zur Judenfrage. Band 3, S. 121–136, hier S. 134. Zu Eugen Fischer vgl. Niels C. Lösch: Rasse als Konstrukt. Leben und Werk Eugen Fischers. Frankfurt am Main u. a. 1997

48 Othmar Krainz: Juda entdeckt Amerika. Bad Furth, Leipzig und Wien 1938, S. 90 f.

49 Hansgeorg Trurit: Nordamerika und seine Juden. In: Weltentscheidung in der Judenfrage. Der Endkampf nach 3000 Jahren Judengegnerschaft. Hrsg. von Willi Fr. Könitzer und Hansgeorg Trurit. Dresden 1940, S. 186–206, hier S. 191

50 Zitiert nach Henry Picker: Hitlers Tischgespräche im Führerhauptquartier 1941–42. Bonn 1951, S. 300. Die Äußerung fiel am 4. April 1942.

51 Ludwig K. Mayer: Unterhaltungsmusik. In: *Musik* 38/1938, S. 163, zitiert nach Michael H. Kater: Gewagtes Spiel. Jazz im Nationalsozialismus. Köln 1995, S. 70

52 Gerhard Kittel: Die historischen Voraussetzungen der jüdischen Rassenmischung, S. 16

53 Ebd., S. 40

54 Gerhard Kittel: Die ältesten jüdischen Bilder. Eine Aufgabe für die wissenschaftliche Gemeinschaftsarbeit. In: Forschungen zur Judenfrage. Band 4, S. 237–249, hier S. 248

55 Gerhard Kittel: Die historischen Voraussetzungen der jüdischen Rassenmischung, S. 12 f.

56 Manfred Sell: Die schwarze Völkerwanderung. Der Einbruch des Negers in die Kulturwelt. Wien 1940, S. 24

57 Ernst Krieck: Christentum und Judentum. In: *Volk im Werden. Zeitschrift für Erneuerung der Wissenschaften* 8 (1940), S. 273–278, hier S. 278

58 Aus einem Rundfunkvortrag vom 28. März 1941, zitiert nach: Judenverfolgung und jüdisches Leben unter den Bedingungen der nationalsozialistischen Gewaltherrschaft. Band 1, S. 187

59 Josef Groh, NSDAP-Gauleiter in Köln-Aachen, Ansprache in der Kölner Messehalle, 28. September 1941, zitiert nach: Judenverfolgung und jüdisches Leben unter den Bedingungen der nationalsozialistischen Gewaltherrschaft. Band 1, S. 191

60 *Neues Volk. Blätter des Rassenpolitischen Amtes der NSDAP*, Dezember 1941, zitiert nach Karl Saller: Die Rassenlehre des Nationalsozialismus in Wissenschaft und Propaganda. Darmstadt 1961, S. 129

61 Wilhelm Stuckart / Rolf Schiedermair: Rassen- und Erbpflege in der Gesetzgebung des Reiches. Leipzig [4]1943, zitiert nach Dietmut Majer: Grundlagen des nationalsozialistischen Rechtssystems, S. 126

62 Alfred Rosenberg: Deutsche und europäische Geistesfreiheit. München [2]1944, S. 11 f. Die Zeremonie wurde am 16. Januar 1944 abgehalten.

63 Zitiert nach: Judenverfolgung und jüdisches Leben unter den Bedingungen der nationalsozialistischen Gewaltherrschaft. Band 1, S. 247. Der Beitrag wurde am 4. November 1944 gesendet.

64 *Südhannoversche Zeitung*, 7. April 1945, zitiert nach Hans-Jochen Gamm: Führung und Verführung. Pädagogik des Nationalsozialismus. München 1964, S. 375 f.

65 Alfred Rosenberg: Letzte Aufzeichnungen. Nürnberg 1945/46. Uelzen [2]1996, S. 292

66 Zitiert nach Douglas M. Kelley: 22 Männer um Hitler, S. 254

67 Bernward Vesper: Die Reise, S. 441

68 *National-Zeitung*, 12. August 1977, abgebildet bei Rosemarie K. Lester: Trivialneger, S. 260

69 Burkhard Schröder: Rechte Kerle. Skinheads, Faschos, Hooligans. Reinbek 1992, S. 141

70 Vgl. Negro and Jew: An Encounter in America. Hrsg. von Shlomo Katz. New York 1967; Black Anti-Semitism and Jewish Racism. Hrsg. von Nat Hentoff. New York 1969; Robert G. Weisbord / Arthur Stein: Bittersweet Encounter. The Afro-American and the American Jew. Westport 1970; Louis Harris / Bert E. Swanson: Black-Jewish Relations in New York City. New York 1970; Lenora E. Berson: The Negroes and the Jews. New York 1971; Ronald T. Tsukashima: The Social and Psychological Correlates of Black Anti-Semitism. San Fancisco 1978; Jews in Black Perspectives. A Dialogue. Hrsg. von Joseph R. Washington. London und Toronto 1984; Jonathan Kaufman: Broken Alliance. The Turbulent Times Between Blacks and Jews in America. New York 1988; Jennifer L. Golub: What Do We Know About Black Anti-Semitism? New York 1990; Leonard Dinnerstein: Antisemitism in America. New York und Oxford 1994, S. 197 – 227

71 Vgl. *The Boston Book Review*, http://www.bookwire.com/bbr/interviews/art-spiegelman.html

72 Max Goldt: Wenn man einen weißen Anzug anhat. Ein Tagebuch-Buch. Reinbek 2002, S. 33 f.

73 F.W. Bernstein: Warnung an alle. In: ders., Die Gedichte. München 2003, S. 406

Die »Schwarze Schmach«

1 Zitiert nach: *Völkischer Beobachter*, 21. Dezember 1921, S. 3. Hitler hat diese Rede am 16. Dezember 1921 gehalten.

2 Zum Streit über diesen Einsatz vgl. Reiner Pommerin: »Sterilisierung der Rheinlandbastarde«, S. 10 – 22; Sally Marks: Black Watch on the Rhine: A Study in Propaganda, Prejudice and Prurience. In: *European Studies Review* 13 (1983), S. 297 – 334; Gisela Lebzelter: Die »Schwarze Schmach«. Vorurteile – Propaganda – Mythos. In: *Geschichte und Gesellschaft* 11 (1985), S. 37 bis 58; »Tirailleurs sénégalais«. Zur bildlichen und literarischen Darstellung afrikanischer Solda-

ten im Dienste Frankreichs. Hrsg. von Jànos Riesz und Joachim Schultz. Frankfurt am Main u.a. 1989; Christian Koller: »Von Wilden aller Rassen niedergemetzelt«; Iris Wigger: »Gegen die Kultur und Zivilisation aller Weißen«. Die internationale rassistische Kampagne gegen die »Schwarze Schmach«. In: Grenzenlose Vorurteile. Antisemitismus, Nationalismus und ethnische Konflikte in verschiedenen Kulturen. Hrsg. von Irmtrud Wojak und Susanne Meinl. Frankfurt am Main und New York 2002, S. 101–128; Alexandra Przyrembel: ›Rassenschande‹, S. 48–62; Iris Wigger: Die »Schwarze Schmach am Rhein«

3 Zitiert nach Iris Wigger, ebd., S. 13

4 Aus dem Flugblatt »Eine Lebensfrage für die weiße Menschheit! Was ist die Schwarze Schmach?« Deutscher Notbund gegen die Schwarze Schmach, undatiert, zitiert nach Iris Wigger, a. a. O., S. 12

5 Den bekanntesten Klassiker des Genres der rheinischen Kriegslyrik verfaßte 1840 Max Schneckenburger: »Es braust ein Ruf wie Donnerhall, / Wie Schwertgeklirr und Wogenprall: / Zum Rhein, zum Rhein, zum deutschen Rhein. / Wer will des Stromes Hüter sein? / Lieb Vaterland magst ruhig sein. / Fest steht und treu die Wacht am Rhein.« Zitiert nach: Der Langemarck-Mythos in Dichtung und Unterricht. Hrsg. von Reinhard Dithmar. Neuwied, Kriftel und Berlin 1992, S. 62 f. Zum aggressiven Zug der rheinromantischen Erbauungsliteratur vgl. Gerhard Henschel: Der Blutstrom. Ein Rückblick auf die Rheinromantik von Kleist bis Kohl. In: *konkret* 3/2007, S. 46–49

6 Zitiert nach: Der eiserne Kanzler im Deutschen Lied. Ein Gedenkbuch für das Deutsche Volk. Hrsg. von Paul Grotowsky. Gießen 1894, S. 8. Das Gedicht stammt von Clara Dorn.

7 Vgl. Erich Schneider: Die Reaktion der deutschen Öffentlichkeit auf den Kriegsbeginn. Das Beispiel der Bayerischen Rheinpfalz. In: La guerre de 1870/71 et ses conséquences, S. 110–157, hier S. 132 f.

8 Runderlaß an die Missionen des Norddeutschen Bundes vom 9. Januar 1871, zitiert nach: Das Werk des Untersuchungsausschusses der Verfassungsgebenden Deutschen Nationalversammlung und des Deutschen Reichstages 1919–1928. Dritte Reihe: Völkerrecht im Weltkrieg. Dritter Band: Verletzungen des Kriegsgefangenenrechts. Erster Halbband. Im Auftrage des Dritten Unterausschusses unter Mitwirkung von Eugen Fischer und Berthold Widmann hrsg. von Johannes Bell. Berlin 1927, S. 98

9 Zwischen den Ethnien der Turkos, der Gurkha und der Zuaven haben die Frontsoldaten keinen großen Unterschied wahrgenommen. Christian Koller hat die einzelnen Bezeichnungen erläutert. Turko: »Seit dem Krimkrieg gebräuchlicher Name der ›Tirailleurs Algériens‹; gewöhnlich darauf zurückgeführt, dass die Russen die Algerier wegen ihrer orientalischen Uniformen für Türken hielten (russ. Turok ›Türke‹), geht aber evtl. auf das türkische Bataillon von Sétif, einen Vorläuferverband der ›Tirailleurs Algériens‹, zurück« (Christian Koller: »Von Wilden aller Rassen niedergemetzelt«, S. 379). Gurkha: »Nepalesische Söldner in der britischen Armee; kaum je Gurkha im ethnologischen Sinn« (ebd.). Zuaven: »<Berber. Suaveh; Kabylenvolk im Djudjuragebirge im Gebiet von Constantine (Algerien). Die Zuaven stellten seit langem den Fürsten der Berberei, später den Türken Soldaten, so dass in Nordafrika Söldner allgemein als Zuaven bezeichnet wurden. Als die Franzosen 1830 Algerien in Besitz nahmen, errichteten sie ein Zuaven-Korps. Es behielt die orientalische Tracht auch bei, als es seit 1837/41 nur noch aus weissen Franzosen bestand. Auch in anderen Staaten gab es vorübergehend Infanterieeinheiten mit dem Namen und der Uniform der Zuaven (USA, Brasilien, Türkei, Vatikan). Das päpstliche Zuaven-Korps wurde 1860 auf Veranlassung von Pius IX zum Schutz des Kirchenstaats aus Freiwilligen aus Frankreich und Belgien gebildet. Nach der Besetzung Roms durch die Italiener 1870 trat es in die Dienste Frankreichs und wurde 1871 aufgelöst« (ebd., S. 379 f.).

10 Fred Graf Frankenberg: Kriegstagebücher von 1866 und 1870/71, S. 97 (Eintragung vom 4. August 1870)

11 Adolf Fausel: Ein Ritt ins Franzosenland. Bilder aus dem Kleinleben im Feld 1870/71. Stuttgart und Leipzig 1909, S. 28, zitiert nach Thomas Rohkrämer: Der Militarismus der »kleinen Leute«. Die Kriegervereine im Deutschen Kaiserreich 1871–1914. München 1990, S. 128

12 *Der Oldenburgische Volksbote* 1871, S. 174, zitiert nach Berit Pleitner: Von Wölfen, Kunst und Leidenschaft. Zur Funktion polnischer und französischer Heterostereotypen im deutschen nationalen Diskurs 1849–1872. In: Stereotyp, Identität und Geschichte. Die Funktion von Stereotypen in gesellschaftlichen Diskursen. Hrsg. von Hans Henning Hahn unter Mitarbeit von Stephan Scholz. Frankfurt am Main u. a. 2002, S. 273–291, hier S. 287

13 Hermann Fechner: Der deutsch-französische Krieg von 1870/71. Berlin 1871, S. 65, zitiert nach Christian Koller: »Von Wilden aller Rassen niedergemetzelt«, S. 50

14 Philipp Ulrich Schartenmayer [d. i. Friedrich Theodor Vischer]: Der deutsche Krieg 1870–71, ein Heldengedicht. Nördlingen [4]1874, S. 19 f.

15 Zitiert nach Jürgen von Ungern-Sternberg / Wolfgang von Ungern-Sternberg: Der Aufruf »An die Kulturwelt!« Das Manifest der 93 und die Anfänge der Kriegspropaganda im Ersten Weltkrieg. Stuttgart 1996, S. 145

16 Rudolf Borchardt: Der Krieg und die deutsche Selbsteinkehr. Rede, öffentlich gehalten am 5. Dezember 1914 zu Heidelberg. Heidelberg 1915, S. 33

17 Thomas Mann: Brief an die Zeitung »Svenska Dagbladet«, Stockholm. In: *Die neue Rundschau* 26 (1915), S. 830–836, hier S. 830

18 Richard Dehmel: Kriegs=Brevier. Leipzig [ca. 1917], S. 34

19 Aus einem Brief vom 3. Oktober 1915, zitiert nach: Briefe aus dem Felde 1914/1915. Für das deutsche Volk im Auftrage der Zentralstelle zur Sammlung von Feldpostbriefen im Märkischen Museum zu Berlin hrsg. von O. Pniower u. a. Oldenburg i. Gr. 1916, S. 789

20 Zitiert nach: Wir Kämpfer im Weltkrieg. Feldzugsbriefe und Kriegstagebücher von Frontkämpfern aus dem Material des Reichsarchivs. Hrsg. von Wolfgang Foerster. Berlin 1929, S. 52

21 *Neue Preußische Zeitung* (»Kreuz-Zeitung«), 20. Mai 1920, Abend=Ausgabe, S. 2

22 [Anonym:] Das Negerbordell. In: *Völkischer Beobachter*, 22. Mai 1920, S. 4

23 Christian Koller: »Von Wilden aller Rassen niedergemetzelt«, S. 238

24 Die schwarze Schmach. Ein Aufruf an die weißen Völker, 29. Mai 1920, Verfasser unbekannt, zitiert nach Iris Wigger: Die »Schwarze Schmach am Rhein«, S. 156

25 Aus einem Aufruf deutscher Studenten, zitiert nach: *Neue Preußische Zeitung*, 3. Juni 1920, Morgen=Ausgabe, S. 1

26 Vgl. Sally Marks: Black Watch on the Rhine, a. a. O., S. 301 (siehe Anmerkung 2)

27 Vgl. Farbe bekennen. Afro-deutsche Frauen auf den Spuren ihrer Geschichte. Hrsg. von Katharina Oguntoye, May Opitz und Dagmar Schultz. Berlin 1986, S. 50

28 *Aerztliche Rundschau* 47/1920, zitiert nach Reiner Pommerin: »Sterilisierung der Rheinlandbastarde«, S. 24

29 *Hannoverscher Kurier*, 21. Januar 1921, zitiert nach Hans-Jürgen Lüsebrink: Faszination und Distanznahme. »La Plus Grande France« aus der Sicht der deutschen Öffentlichkeit (1871 bis 1918). In: Visions Allemandes de la France, S. 51–61, hier S. 61

30 Die schwarze Pest am Rhein. In: *Münchner Neueste Nachrichten*, 24. Februar 1921, zitiert nach Klaus W. Wippermann: Politische Propaganda und staatsbürgerliche Bildung. Die Reichszentrale für Heimatdienst in der Weimarer Republik. Köln 1976, S. 207

31 *Münchner Neueste Nachrichten*, 5. Juli 1921, zitiert nach Gisela Lebzelter: Die »Schwarze Schmach«, a.a.O., S.45 (siehe Anmerkung 2)

32 *Hamburger Nachrichten*, 30. Juli 1921, zitiert nach Tina Campt: Other Germans. Black Germans and the Politics of Race, Gender, and Memory in the Third Reich. Ann Arbor 2004, S.243, Anmerkung 47

33 Alfred Rosenberg: Schwarze, französische, jüdische und deutsche Schmach! In: *Völkischer Beobachter*, 14. April 1921. Nachgedruckt in: ders., Kampf um die Macht. Aufsätze von 1921–1932. Hrsg. von Thilo von Trotha. München 1937, S.39–41, hier S.41

34 Heinrich Distler: Das deutsche Leid am Rhein. Ein Buch der Anklage gegen die Schandherrschaft des französischen Militarismus. Minden 1921, S.55

35 Hans Grimm: Überbevölkerung und Kolonialproblem. In: Die Neue Front, S.329–351, hier S.349

36 Friedrich Ebert: Schriften, Aufzeichnungen, Reden. Mit unveröffentlichten Erinnerungen aus dem Nachlaß. Zweiter Band. Dresden 1926, S.290

37 Rudolf Steiner: Konferenzen mit den Lehrern der Freien Waldorfschule in Stuttgart 1919 bis 1924. Zweiter Band. Das dritte und vierte Schuljahr. Dornach 1975, S.282

38 Heinrich Lersch: Hört ihr die Soldaten beten? In: ders., Das dichterische Werk. Mensch im Eisen. Mit brüderlicher Stimme. Stuttgart und Berlin [1937], S.53f., hier S.54

39 Gustav Stohge: Hie Rhein, hie Ruhr, hie Vaterland! Quedlinburg 1924, S.11, zitiert nach Iris Wigger: Die »Schwarze Schmach am Rhein«, S.112

40 Richard Elsner: Der General. Ein Spiel von deutscher Ehre. Berlin [1924]. Vgl. Bruno Fischli: Die Deutschen-Dämmerung. Zur Genealogie des völkisch-faschistischen Dramas und Theaters (1897–1933). Bonn 1976, S.162ff.

41 Arnolt Bronnen: Rheinische Rebellen. Schauspiel. Berlin 1925, S.40

42 Melita Maschmann: Fazit. Mein Weg in der Hitler-Jugend. München [2]1979, S.11

43 Zitiert nach Lamar Cecil: Wilhelm II. und die Juden. In: Juden im Wilhelminischen Deutschland, S.313–347, hier S.346

44 Eine spätere Wortprägung von Edwin Erich Dwinger: Wir rufen Deutschland, S.304

45 Adolf Hitler: Mein Kampf. Zweiter Band, S.704f.

46 Jakob Wenz: Elf Jahre in Fesseln! Die Leidensgeschichte der Koblenzer Bevölkerung während der Besatzungszeit. Koblenz [1929], S.115

47 Ernst Martin Schreiber: Die Stadt Mainz in der Besatzungszeit 1918–1930. Mit besonderer Berücksichtigung der historischen Rheinpolitik Frankreichs. In: Kampf um den Rhein. Beiträge zur Geschichte des Rheinlandes und seiner Fremdherrschaft 1918–1930. Mainz [2]1930, S.93–126, hier S.116 und 106

48 Bernhard Kummer: Die deutsche Ehe. Leipzig 1930, S.23f.

49 Hans Zöberlein: Der Glaube an Deutschland. Ein Kriegserleben von Verdun bis zum Umsturz. München [32]1939, S.654 und 657. Die Erstausgabe des Romans erschien 1931.

50 Edwin Erich Dwinger: Wir rufen Deutschland, S.76

51 Karl Weinländer: Rassenkunde, Rassenpädagogik und Rassenpolitik, S.328

52 Karl Kraus: Warum die Fackel nicht erscheint. In: *Die Fackel* 890–905/1934, S.1–313, hier S.153

53 Horst v. Metzsch: Krieg als Saat. Aus des Verfassers wehrpolitischen Vorlesungen an der Deutschen Hochschule für Politik. Breslau 1934, S.23

54 Karl Zimmermann: Deutsche Geschichte als Rassenschicksal. Leipzig [5]1934, S.173. Des weiteren heißt es in diesem Werk: »Heute befindet sich Europa in der tragischen Lage, daß das gelbe Asien bereits wenig hinter Warschau beginnt und die Vorhut des Niggertums bereits in Paris steht und in 48 Stunden eine schwarze Armee von Nordafrika an den Rhein geworfen werden kann, um das Herzstück indogermanischer Kultur und Rasse zu vernichten« (S.174).

55 Hein Schröder: Farbiges Blut in Deutschland. In: *Volk und Rasse* 9/1934, S.153–155, hier S.154, zitiert nach Christian Koller: »Von Wilden aller Rassen niedergemetzelt«, S. 349f. (zu den Verbrechen, die im Dritten Reich an diesen Kindern begangen wurden, vgl. Reiner Pommerin: »Sterilisierung der Rheinlandbastarde«)

56 Robert Körber: Antisemitismus in Frankreich. In: Antisemitismus der Welt in Wort und Bild. Der Weltstreit um die Judenfrage. Hrsg. von Theodor Pugel. Dresden 1936, S. 131–141, hier S.139

57 Walter Jost: Die wehrpolitische Revolution des Nationalsozialismus. Hamburg 1936, S.38f.

58 Zitiert nach Franz Josef Heyen: Parole der Woche, S.72

59 *N.S.-Frauenwarte*, Januar 1941, S.243, zitiert nach: Frauen unterm Hakenkreuz. Hrsg. von Maruta Schmidt und Gabi Dietz. Berlin 1983, S.110

60 Gustav Paul: Grundzüge der Rassen= und Raumgeschichte des deutschen Volkes. München und Berlin [4]1943, S.296

61 Zitiert nach: Friedrich Mennecke. Innenansichten eines medizinischen Täters im Nationalsozialismus. Eine Edition seiner Briefe 1935–1947. Hrsg. vom Hamburger Institut für Sozialforschung. Bearbeitet von Peter Chroust. Band 1, Hamburg 1987, S.784

62 Robert Ley: Die große Stunde. Das deutsche Volk im totalen Kriegseinsatz. Reden und Aufsätze aus den Jahren 1941–1943. München 1943, S.94f.

63 Vgl. Robert Wistrich: Wer war wer im Dritten Reich?, S.225

64 Wiedergeburt des Geistes. Die Universität Tübingen im Jahre 1945. Eine Dokumentation. Werkschriften des Universitätsarchivs, Reihe 2, Heft 13. Tübingen 1985, zitiert nach Frank Stern: Im Anfang war Auschwitz, S.157. Über Sexualverbrechen französischer Kolonialsoldaten an deutschen Frauen vgl. Volker Koop: Besetzt. Französische Besatzungspolitik in Deutschland. Berlin 2005, S. 32–47; zur sexuellen Attraktivität amerikanischer Besatzungssoldaten in den Augen deutscher Frauen vgl. David Rodnick: Postwar Germans. An Anthropologist's Account. London 1948, S.106

65 Bernward Vesper: Die Reise, S.434

66 Christian Koller: »Von Wilden aller Rassen niedergemetzelt«, S. 359f. Über das Wiederaufleben der Sage von der »Schwarzen Schmach« nach dem Zweiten Weltkrieg vgl. Maria Höhn: *Heimat* in Turmoil. African-American GIs in 1950s West Germany. In: The Miracle Years. A Cultural History of West Germany 1949–1968. Hrsg. von Hanna Schissler. Princeton und Oxford 2001, S. 145–163; Heide Fehrenbach: Of German Mothers and »Negermischlingskinder«. Race, Sex, and the Postwar Nation. In: The Miracle Years, a.a.O., S.164–186; Yara Colette Lemke Muniz de Faria: Zwischen Fürsorge und Ausgrenzung. Afrodeutsche »Besatzungskinder« im Nachkriegsdeutschland. Berlin 2002

67 Zitiert nach Norbert Ohler: Franzosen in Deutschland – Freiburg als Beispiel. In: Die »Franzosenzeit« im Lande Baden von 1945 bis heute. Zeitzeugnisse und Forschungsergebnisse. Hrsg. von Joseph Jurt. Freiburg 1992, S.65–82, hier S.69

68 August Haußleiter: Die Stunde, die nie wiederkehrt … Ein offenes Wort über den Grundirrtum der Weimarer Restaurationsparteien. In: *Die Deutsche Gemeinschaft. Informationsdienst* 29/1952, zitiert nach Richard Stöss: Vom Nationalismus zum Umweltschutz. Die Deutsche

Gemeinschaft / Aktionsgemeinschaft Unabhängiger Deutscher im Parteiensystem der Bundesrepublik. Opladen 1980, S. 127

69 Verhandlungen des Deutschen Bundestages. I. Wahlperiode 1949. Stenographische Berichte. Bd. 13. Bonn 1952, S. 10665

70 Peter Kleist: Auch Du warst dabei. Ein Buch des Ärgernisses und der Hoffnung. Heidelberg 1953, S. 395

71 Der genannten Opferzahl liegen Berechnungen von Raul Hilberg zugrunde (Die Vernichtung der europäischen Juden. Band 3. Frankfurt am Main 1990, S. 1300).

72 Benno Wundshammer: Deutsche Chronik 1954. Hrsg. von Wilhelm Schlösser. Stuttgart, Zürich und Salzburg 1955, S. 115 f.

73 Bei den »Vergnügungsmanagern«, die Wundshammer meinte, handelte es sich um jüdische Unternehmer. Vgl. Maria Höhn: GIs and Fräuleins, S. 210 – 213

74 Benno Wundshammer, a. a. O., S. 119

75 Hans Habe: Off Limits. Roman der Besatzung Deutschlands. Wien, München und Basel 1955, S. 65

76 Vgl. Rosemarie K. Lester: Trivialneger, beispielsweise S. 62 ff. Zum Gerede über »Ami-Liebchen« und die vor allem durch farbige GIs gekränkte deutsche Geschlechtsehre vgl. Tamara Domentat: »Hallo Fräulein«. Deutsche Frauen und amerikanische Soldaten. Berlin 1988; Elizabeth Heineman: Die Stunde der Frauen. Erinnerungen an Deutschlands »Krisenjahre« und westdeutsche nationale Identität. In: Nachkrieg in Deutschland. Hrsg. von Klaus Naumann. Hamburg 2001, S. 149 – 177; Heide Fehrenbach: »Ami-Liebchen« und »Mischlingskinder«. Rasse, Geschlecht und Kultur in der deutsch-amerikanischen Begegnung. In: Nachkrieg in Deutschland, a. a. O., S. 178 – 205; Maria Höhn: GIs and Fräuleins

77 Fritz Heimberger: Gärtringen – Geschichte einer Gemeinde. Langenau-Ulm 1982, S. 335

78 Utz Jeggle: Heimatkunde und Nationalsozialismus. In: Antisemitismus und jüdische Geschichte. Studien zu Ehren von Herbert A. Strauss. Hrsg. von Rainer Erb und Michael Schmidt. Berlin 1987, S. 495 – 514, hier S. 508

»Estherpolitik«

1 Jean-Paul Sartre: Betrachtungen zur Judenfrage, S. 42 f. Die Mystifizierung der schönen und verführerischen Jüdin geht mindestens bis ins Mittelalter zurück (vgl. Joan Young Gregg: Devils, Women, and Jews, S. 187 f.). Zu Sexualverbrechen von Christen an Jüdinnen im Mittelalter vgl. Susanne Borchers: Jüdisches Frauenleben im Mittelalter. Die Texte des Sefer Chasidim. Frankfurt am Main 1998, S. 110 – 119

2 Moritz Hartmann: Die Jüdin. In: Europa. Chronik der gebildeten Welt (1846), zitiert nach Wolfgang Häusler: Judenfeindliche Strömungen im deutschen Vormärz. In: Geschichte und Kultur der Juden in Bayern. Aufsätze. Hrsg. von Manfred Treml und Josef Kirmeier unter Mitarbeit von Evamaria Brockhoff. München, New York, London und Paris 1988, S. 299 – 312, hier S. 311

3 Lope de Vega: Die Jüdin von Toledo. In: ders., Ausgewählte Komödien. Teil III. Straßburg 1920, S. 69 – 175, hier S. 151

4 Johann Jakob Christoffel von Grimmelshausen: Das wunderbarliche Vogelnest. Hrsg. von Rolf Tarot. Tübingen 1970, S. 219 f., 240

5 Walter Scott: Ivanhoe, S. 84, 241, 249, 242

6 Wilhelm Hauff: Jud Süß. In: Wilhelm Hauff's sämmtliche Werke. Erster Band. Stuttgart 1853, S. 103–186, hier S. 151 f. Unter Hinweis auf Hauffs »Phantasien im Bremer Ratskeller« von 1827 hat ihm ein nationalsozialistischer Autor ideologische Zuverlässigkeit bescheinigt: »Hauff hat die beiden führenden und verführenden Motive nur zu gut erkannt, die zu dem grotesken Elend der Bastardehen führen: Erstens die jämmerliche Verblendung durch das Gold und zweitens eine haltlose Geschmacksverirrung, die nach ›glutäugigen‹ Sensationen hascht und das fremdblütige Geschöpf ›interessant‹ findet« (Siegfried Kadner: Rasse und Humor, S. 218).

7 Florian Krobb: Die schöne Jüdin, S. 250. Vgl. auch Elvira Grözinger: Die schöne Jüdin. Klischees, Mythen und Vorurteile über Juden in der Literatur. Berlin und Wien 2003, S. 7–28

8 Karl [Ferdinand] Gutzkow: Wally, die Zweiflerin. Roman. Mannheim 1835 (Reprint Göttingen 1965), S. 213 f.

9 *Literatur-Blatt* Nr. 93 vom 11. September 1835 (S. 369–372) und Nr. 94 vom 14. September 1835 (S. 373–376)

10 Franz Grillparzer: Die Jüdin von Toledo. Historisches Trauerspiel in fünf Aufzügen. In: Grillparzers Werke. Hrsg von Rudolf Franz. Dritter Band. Leipzig und Wien [o. J.], S. 165–254, hier S. 233 und 251. Dieses Drama aus Grillparzers Nachlaß wurde 1873 uraufgeführt, ein Jahr nach seinem Tod.

11 Sir John Retcliffe [d. i. Herrmann Goedsche]: Biarritz. Bd. I–IV. Berlin [1905/06], Bd. I, S. 168, zitiert nach Florian Krobb: Die schöne Jüdin, S. 191

12 Vgl. Hadassa Ben-Itto: »Die Protokolle der Weisen von Zion«. Anatomie einer Fälschung. Berlin 1998

13 Houston Stewart Chamberlain: Die Grundlagen des Neunzehnten Jahrhunderts. I. Hälfte, S. 324. Zum Motiv der schönen, Verderben bringenden Jüdin in der französischen Literatur zwischen 1877 und 1901 vgl. Stephen Wilson: Ideology and Experience, S. 547 f.

14 Christina von Braun: Antisemitische Stereotype und Sexualphantasien. In: Die Macht der Bilder, S. 180–191, hier S. 191

15 Edward Stilgebauer: Das Liebesnest. Roman. Berlin 1908, 21.–25. Tausend, S. 198 f., 200, 348

16 Rudolf Hans Bartsch: Seine Jüdin oder Jakob Böhmes Schusterkugel. Roman. Leipzig 1921, S. 18, 216, 236

17 Friedrich Gottlieb Klopstock: Vaterlandslied. In: Klopstocks sämmtliche Werke. Vierter Band. Leipzig 1854, S. 216 f., hier S. 217

18 Theod[or]. Fritsch: Geistige Unterjochung. Zugleich eine Antwort an Dr. G. Lomer und Prof. Werner Sombart. Leipzig 1919, S. 20

19 F. Roderich Stoltheim [d. i. Theodor Fritsch]: Der jüdische Plan, S. 11. »Es ist bemerkenswert«, schreibt Florian Krobb, »daß (meines Wissens) die Gestalt der ›Schönen Jüdin‹ nie in theoretischen Abhandlungen für die Propagandazwecke des Rassismus herangezogen worden ist« (Florian Krobb: Die schöne Jüdin, S. 191). Daß Krobb sich in diesem Punkt geirrt hat, zeigen die hier in den Anmerkungen 23 bis 25 nachgewiesenen Zitate.

20 *Miesbacher Anzeiger*, 24. Dezember 1920, zitiert nach Ludwig Thoma: Sämtliche Beiträge aus dem »Miesbacher Anzeiger« 1920/21, S. 82

21 A. Fetz: Frauenkräfte in Deutschlands Not und Hoffnung, S. 24

22 Arno Schickedanz: Sozialparasitismus im Völkerleben, S. 155

23 Heinrich Wolf: Geschichte des Judentums. In: Handbuch der Judenfrage, S. 39–110, hier S. 88

24 Der Kanzler Fürst Metternich, schrieb einer von ihnen, genieße »den traurigen Ruhm, die Versippung von Söhnen aus altadligen Geschlechtern mit jüdischen Bankiertöchtern besonders gefördert zu haben. Diese Tätigkeit ist unter dem Namen ›Esther-Politik‹ unrühmlich bekannt geworden« (Alf Krüger: Die Lösung der Judenfrage in der deutschen Wirtschaft. Kommentar zur Judengesetzgebung. Berlin 1940, S. 59).

25 Gerhard Kittel: Das Konnubium mit Nicht-Juden im antiken Judentum. In: Forschungen zur Judenfrage. Band 2, S. 28–59, hier S. 39

26 Zitiert nach Reuben Ainsztein: Jüdischer Widerstand im deutschbesetzten Osteuropa, S. 538 f. Die Tat fand am 12. Februar 1943 statt; Hubert Gomerski war SS-Oberscharführer.

27 Aus einer am 21. Juni 1944 in Sonthofen gehaltenen Rede Himmlers, zitiert nach: Judenverfolgung und jüdisches Leben unter den Bedingungen der nationalsozialistischen Gewaltherrschaft. Band 1, S. 244

28 Bernward Vesper: Die Reise, S. 130 f.

29 *Black Power*, Juni 1967, zitiert nach Shlomo Avineri: Aspects of Post-Holocaust Anti-Jewish Attitudes. In: World Jewry and the State of Israel. Jerusalem 1977, S. 3–10, hier S. 10

30 Vgl. Yaacov Tsigelman: »The Universal Jewish Conspiracy« in Soviet Anti-Semitic Propaganda. In: Anti-Semitism in the Soviet Union: Its Roots and Consequences. Hrsg. von Theodore Freedman. New York 1984, S. 394–421, hier S. 409

»Ein leuchtend Brandmal auf die Stirne«

1 Johann von Leers: Blut und Rasse in der Gesetzgebung. Ein Gang durch die Völkergeschichte. München 1936, S. 48. Über die Stellung gläubiger Juden zur interkonfessionellen Ehe und zu Sexualkontakten zwischen Juden und Nichtjuden vgl. A[ron]. Tänzer: Die Mischehe in Religion, Geschichte und Statistik der Juden. Berlin 1913; Michael Avi-Jonah: Geschichte der Juden im Zeitalter des Talmud. Berlin 1962, S. 156 und 176; Moshe Davis: Mixed Marriage in Western Jewry: Historical Background to the Jewish Response. In: *The Jewish Journal of Sociology* 10 (1968), S. 177–220; Louis A. Berman: Jews and Intermarriage. A Study in Personality and Culture. New York, South Brunswick und London 1968; Vern L. Bullough: Prostitution in the Later Middle Ages. In: Sexual Practices & the Medieval Church. Hrsg. von Vern L. Bullough und James Brundage. Buffalo 1982, S. 176–186, hier S. 181 f.; Paul R. Spickard: Mixed Blood, S. 161 ff.; Robert Bonfil: Jewish Life in Renaissance Italy, S. 111; Kerstin Meiring: Die Christlich-Jüdische Mischehe, S. 38–84

2 »Practices like this had not existed since the Middle Ages« (Michael Burleigh / Wolfgang Wippermann: The racial state: Germany 1933–1945. Cambridge u. a. 1991, S. 84). Alfred Streim (Die Behandlung sowjetischer Kriegsgefangener im Fall »Barbarossa«. Eine Dokumentation. Heidelberg und Karlsruhe 1981, S. 161) schildert den Fall eines Polen, der im Juni 1944 wegen »Rassenschande« ins Konzentrationslager Mauthausen eingeliefert und dort schon bei der ersten Vernehmung mißhandelt, ins Geschlechtsteil getreten und schließlich totgeschlagen wurde. In einer Rede vor Gauleitern und anderen Parteifunktionären hatte Heinrich Himmler am 29. Februar 1940 erklärt: »Wenn ein Pole mit einer Deutschen verkehrt, ich meine jetzt also, sich geschlechtlich abgibt, dann wird der Mann gehängt, und zwar vor seinem Lager. Dann tun's nämlich die anderen nicht. […] Die Frauen werden unnachsichtlich den Gerichten zugeführt und wo der Tatbestand nicht ausreicht – solche Grenzfälle gibt es ja immer –, in ein Konzentrationslager überführt. Das müssen wir tun, wenn nicht diese 1 Million Polen und wenn

nicht die Hunderttausende von sonstigen fremden Arbeitern uns blutlich unabsehbaren Schaden zufügen sollen« (Heinrich Himmler: Geheimreden, S.134).

3 Arthur Ruppin: Die Juden der Gegenwart. Eine sozialwissenschaftliche Studie. Köln und Leipzig [2]1911, S.155

4 2.Kor 6,14. Vgl. Hyam Maccoby: A Pariah People. The Anthropology of Antisemitism. London 1996, S.209

5 Vgl. Eckhard Reichert: Die Canones der Synode von Elvira. Einleitung und Kommentar. Hamburg 1990, S.111ff. und 211f.; The Jews in the legal sources of the early Middle Ages, S.484f. Nach José Orlandis und Domingo Ramos-Lisson (Die Synoden auf der Iberischen Halbinsel bis zum Einbruch des Islam [711]. Paderborn u.a. 1981, S.3f.) fand diese Synode in Ilíberis in der hispanischen Provinz Baetica statt. Zur jüdisch-christlichen Mischehe in der Spätantike vgl. Hagith Sivan: Rabbinics and Roman Law: Jewish-Gentile/Christian Marriage in Late Antiquity. In: *Revue des Études juives* 156 (1997), S.59–100

6 Vgl. Jeremy Cohen: Roman Imperial Policy Toward the Jews from Constantine Until the End of the Palestinian Patriarchate (ca. 429). In: *Byzantine Studies* III,1 (1976), S.1–29, hier S.8; Peter Schäfer: Geschichte der Juden in der Antike. Die Juden Palästinas von Alexander dem Großen bis zur arabischen Eroberung. Stuttgart 1983, S.195; Karl Leo Noethlichs: Die gesetzgeberischen Maßnahmen der christlichen Kaiser des vierten Jahrhunderts, S.47; ders.: Die Juden im christlichen Imperium Romanum, S.110. Nach Bernard S. Bachrach (The Jewish Community of the Later Roman Empire as Seen in the Codex Theodosianus. In: »To See Ourselves as Others See Us«. Christians, Jews, »Others« in Late Antiquity. Hrsg. von Jacob Neusner und Ernest S. Frerichs. Chico 1985, S.399–421, hier S.408f., Anmerkung 37) handelte es sich freilich nur um das Verbot, Christinnen zum Judentum zu bekehren. Vgl. The Jews in Roman Imperial Legislation. Hrsg. von Amnon Linder. Detroit und Jerusalem 1987, S.148, 150, Anmerkung 9; Paul Mikat: Die Judengesetzgebung der merowingisch-fränkischen Konzilien, S.16f.

7 Rosemary Ruether: Nächstenliebe und Brudermord. Die theologischen Wurzeln des Antisemitismus. München 1978, S.17

8 »Eheschließungen zwischen einem Christen und einer Jüdin oder zwischen Juden und einer Christin gelten als Ehebruch (*adulterium*) und werden entsprechend bestraft [...] Ab dem 3.Jh. bedeutete das normalerweise die Todesstrafe [...]« Karl Leo Noethlichs: Die Juden im christlichen Imperium Romanum, S.118. Vgl. auch ders.: Die gesetzgeberischen Maßnahmen der christlichen Kaiser des vierten Jahrhunderts, S.184; Theodor Mommsen: Römisches Strafrecht. Leipzig 1899, S.611

9 Vgl. Mark R. Cohen: Unter Kreuz und Halbmond. Die Juden im Mittelalter. München 2005, S.52

10 Vgl. Paul Mikat: Die Judengesetzgebung der merowingisch-fränkischen Konzilien, S.13f.

11 Vgl. The Jews in the legal sources of the early Middle Ages, S.207 und 222f.; Max Conrat: Breviarium Alaricianum. Römisches Recht im Fränkischen Reich. In systematischer Darstellung. Leipzig 1903, S.157

12 Vgl. Karl Leo Noethlichs: Die Juden im christlichen Imperium Romanum, S.168; The Jews in the legal sources of the early Middle Ages, S.469

13 Zitiert nach Karl Leo Noethlichs, a.a.O., S.169; The Jews in the legal sources of the early Middle Ages, S.469. Auffällig sei, daß sich das Konzil hier erstmals »einer emotionsgeladenen Sprache« bediene, schreibt Paul Mikat (Die Judengesetzgebung der merowingisch-fränkischen Konzilien, S.19). Im dritten Konzil von Orléans wurde 538 das Verbot der Heirat zwischen Juden und Christen erneuert (vgl. James Parkes: The Conflict of the Church and the Synagogue, S.324; The Jews in the legal sources of the early Middle Ages, S.471). 541, im vierten

Konzil von Orléans, wurde auch der Geschlechtsverkehr zwischen Juden und ihren christlichen Sklavinnen strafrechtlich erfaßt und verboten (vgl. Karl Leo Noethlichs, a. a. O., S. 170). Eine kurz nach 565 entstandene byzantinische Gesetzessammlung sah vor, daß ein Christ, der eine Jüdin, so wie auch ein Jude, der eine Christin zur Frau nehme, öffentlich des Ehebruchs angeklagt werden solle. Über Jahrhunderte wurde dieses Gesetz vielfach erneuert (vgl. The Jews in the legal sources of the early Middle Ages, S. 47, 80, 88, 100, 135, 138, 172; vgl. auch Joshua Starr: The Jews in the Byzantine Empire. Athen 1939, S. 144). 589, im dritten Konzil von Toledo, stand das Thema abermals auf der Tagesordnung. »Hinsichtlich der Juden wurden hierbei die folgenden Beschlüsse gefaßt: ein Jude durfte mit einem Weibe christlicher Konfession weder eine Ehe schließen, noch in Konkubinat leben; sollten einer solchen Verbindung Kinder entsprießen, so mußten sie getauft werden« (Simon Dubnow: Weltgeschichte des jüdischen Volkes. Band IV, S. 61). Vgl. auch James Parkes: The Conflict of the Church and the Synagogue, S. 354. Die zitierten Beschlüsse wurden von weiteren Konzilien übernommen, unter anderem 633 und 656 in Toledo (vgl. The Jews in the legal sources of the early Middle Ages, a. a. O., S. 489 f., 509), 743 in Rom (ebd., S. 539), 845/46 in Meaux und Paris (ebd., S. 542 f., 546) und um 900 in Süditalien (ebd., S. 550 f.).

14 »If in any way a Christian female accepts a gift from a perfidious Jew, and also voluntarily commits fornication with him, she will be separated from the congregation with great affliction for one whole year, doing nine years of penance thereafter« (zitiert nach Allen Edwardes: Erotica Judaica. A sexual history of the Jews. New York 1967, S. 171).

15 Vgl. The Jews in the legal sources of the early Middle Ages, S. 602

16 Vgl. Jules Isaac: Genesis des Antisemitismus. Vor und nach Christus. Wien u. a. 1969, S. 209; Jeremy Cohen: Living Letters of the Law. Ideas of the Jew in Medieval Christianity. Berkeley, Los Angeles und London 1999, S. 128. Agobard trat das Erzbischofsamt 816 an und starb 840.

17 Salo Wittmayer Baron: The Jewish Factor in Medieval Civilization. In: ders., Ancient and Medieval Jewish History. Hrsg. von Leon A. Feldman. New Brunswick 1972 , S. 239 – 267, hier S. 245; zuerst publiziert in: *Proceedings of the American Academy for Jewish Research* 12 (1942), S. 1 – 48. Es werde sich lohnen, schrieb der Autor weiter, die Bedeutung der sexuellen Sphäre für die Geschichte der jüdisch-christlichen Beziehungen genaueren Untersuchungen zu unterziehen: »In short, this entire realm of sexual interrelations, extremely important not only for the racial history of both groups but also for their social coexistence; its impact upon mutual friendships or hatreds and upon the success of anti-Jewish propaganda; its influence on the guilt consciousness of the individuals involved and on the religious fervor of their repentance; the role played by the Catholic confession in its detection and prevention; and its contributions to Jewish and Christian asceticism – would all merit much more searching investigation than has been given it thus far« (a. a. O., S. 246).

18 Vgl. Hans Hattenhauer: Von Christen, Juden und Menschen. Zum Strafrecht der Aufklärung. In: Beiträge zur Rechtsgeschichte, S. 245 – 269, hier S. 254

19 Vgl. Fritz Baer: Die Juden im christlichen Spanien. Erster Teil, S. 1037 f.

20 Vgl. Simon Dubnow: Weltgeschichte des jüdischen Volkes. Band V, S. 21; Hedwig Heider: Die Rechtsgeschichte des deutschen Judentums bis zum Ausgang des Absolutismus und die Judenordnungen in den rheinischen Territorialstaaten. Bielefeld 1973, S. 60 f.; Ruth Gay: Geschichte der Juden in Deutschland. Von der Römerzeit bis zum Zweiten Weltkrieg. München 1993, S. 32 f.; Christine Magin: »Wie es umb der iuden recht stet«, S. 145. »Freilich beweisen spätere Schreiben der Päpste Gregor IX. und Innocenz IV., daß diese Bestimmungen in Deutschland weitgehend nicht eingehalten wurden«, schreibt Peter Herde (Gestaltung und Krisis. Juden und Nichtjuden in Deutschland vom Mittelalter bis zur Neuzeit. In: Neunhundert Jahre Geschichte der Juden in Hessen. Beiträge zum politischen, wirtschaftlichen und kulturellen Leben. Bearbeitet von Christiane Heinemann. Wiesbaden 1983, S. 1 – 40, hier S. 8).

21 Regesten zur Geschichte der Juden im Fränkischen und Deutschen Reiche, S. 244. Vgl. J. A. Tomaschek: Deutsches Recht in Oesterreich im dreizehnten Jahrhundert auf Grundlage des Stadrechtes von Iglau. Wien 1859, S. 296 f.; Bertold Bretholz: Quellen zur Geschichte der Juden in Mähren vom XI. bis zum XV. Jahrhundert (1067 – 1411). Prag 1935, S. 2; Heinz Schreckenberg: Die christlichen Adversus-Judaeos-Texte, S. 144 f.; Klaus Lohrmann: Die Wiener Juden im Mittelalter. Wien 2000, S. 147

22 Heinz Schreckenberg, a. a. O., S. 145

23 Am 31. Dezember 1253 bestimmte König Heinrich III: »And that no Jew have secret familiar intercourse with any Christian woman, and no Christian man with a Jewess« (zitiert nach: Select Pleas, Starrs, and other Records from the Rolls of the Exchequer of the Jews. A. D. 1220 – 1284. Hrsg. von J. M. Rigg. London 1902, S. XLIX).

24 Vgl. Jacob R. Marcus: The Jew in the Medieval World. A Source Book: 315 – 1791. Cleveland u. a. [2]1961, S. 38 f. Da Christen, die mit verheirateten Frauen die Ehe brächen, den Tod verdienten, gelte dies um so mehr für Juden, die sich mit christlichen Frauen einließen; denn diese, gleich ob verheiratet oder ledig, seien durch die Taufe zu Bräuten Jesu Christi geworden: So sah es Alfons X. von Kastilien (vgl. David Nirenberg: Conversion, Sex, and Segregation). Ein 1348 auf dem Reichstag zu Alcalá de Henares unter Alfons XI. verkündetes Gesetz stellte den Geschlechtsverkehr von Juden mit Christinnen abermals unter Todesstrafe; vgl. Heinz Schreckenberg: Die christlichen Adversus-Judaeos-Texte, S. 289

25 Zitiert nach Friedrich Battenberg: Das europäische Zeitalter der Juden. Zur Entwicklung einer Minderheit in der nichtjüdischen Umwelt Europas. Band I: Von den Anfängen bis 1650. Darmstadt 1990, S. 213. Vgl. auch: Regesten zur Geschichte der Juden im Fränkischen und Deutschen Reiche, S. 302 f., und Heinz Schreckenberg: Die christlichen Adversus-Judaeos-Texte, S. 225. »Auffällig ist, daß im Unzuchtsfalle die Christin höher bestraft wird als der Jude« (ebd., S. 226).

26 Nach den dort festgelegten Judenkanones mußte ein Jude für den Geschlechtsverkehr mit einer Christin ein Bußgeld in Höhe von zehn Mark entrichten, während die Christin durch die Stadt gepeitscht und auf Lebenszeit verbannt werden sollte. Vgl. J[ohannes]. E. Scherer: Beiträge zur Geschichte des Judenrechtes. Erster Band, S. 332 f.; Klaus Lohrmann: Judenrecht und Judenpolitik im mittelalterlichen Österreich, S. 97; Heinz Schreckenberg: Die christlichen Adversus-Judaeos-Texte, S. 227.
Die mittelalterliche Praxis der Schandstrafen für Frauen, die einen tabuisierten Sexualkontakt angeknüpft hatten, lebte wieder auf, als deutsche Frauen sich im Rheinland mit französischen Kolonialsoldaten einließen; vgl. Iris Wigger: Die »Schwarze Schmach am Rhein«, S. 130 f. In einer Zeitungsanzeige wurde gewarnt: »Bewaffnet mit Faust, Scheer und Teer, / Fallen wir über jede – her. / Die mit eines Ausländers Blut / Sich in Liebe gütlich tut. Hütet Euch!« (*Hattinger Zeitung*, 25. April 1923, zitiert nach Iris Wigger, a. a. O., S. 131). Die Nationalsozialisten lenkten und perfektionierten solche Eruptionen des Volkszorns. In einem Aktenvermerk Heinrich Himmlers vom 20. November 1939 heißt es: »Der Führer hat angeordnet, daß in jedem Falle ein Kriegsgefangener, der sich mit einer deutschen Frau oder einem deutschen Mädel eingelassen hat, erschossen wird und daß die Frau bzw. das Mädel in irgendeiner Form öffentlich angeprangert werden soll und zwar durch Abschneiden der Haare und Unterbringung in ein Konzentrationslager« (zitiert nach Ulrich Herbert: Fremdarbeiter. Politik und Praxis des »Ausländer-Einsatzes« in der Kriegswirtschaft des Dritten Reiches. Berlin und Bonn 1985, S. 79). Es könnte aber auch sein, daß Himmler hier aus eigener Initiative gehandelt hat. Er habe, schrieb er am 8. März 1940 in einem an Rudolf Heß gerichteten Brief, »keine Bedenken, wenn man z. B. deutschen Frauen wegen ihres ehrlosen Verhaltens in Gegenwart etwa der weiblichen Jugend des Dorfes die Kopfhaare abschneidet oder sie mit einem das Vergehen kennzeichnenden Schild durch das Dorf führt« (zitiert nach Robert Gellately: Die Gestapo und die deut-

sche Gesellschaft, S. 253). Und so geschah es, beispielsweise 1940 in Komotau im Reichsgau Sudetenland, wo ein fünfzehnjähriges deutsches Mädchen und eine neunzehnjährige Tschechin mit geschorenen Haaren auf einem Esel durch die Stadt reiten und dabei ein Schild mit der Aufschrift »Wir Säue haben uns mit Kriegsgefangenen eingelassen« tragen mußten. Vgl. Volker Zimmermann: Die Sudetendeutschen im NS-Staat. Politik und Stimmung der Bevölkerung im Reichsgau Sudetenland (1938–1945). Essen 1999, S. 396. Vgl. auch Uwe Jacobi: Die vermißten Ratsprotokolle. Aufzeichnungen der Suche nach der unbewältigten Vergangenheit. Heilbronn 1981, S. 88; Rita Thalmann: Frausein im Dritten Reich. München und Wien 1984, S. 149 ff.; Christel Banghard-Jöst: Die Schandbühne. In: Heimatfront. Werkstattgruppe der Frauen für Frieden / Heilbronn. Wir überlebten. Frauen berichten. Stuttgart 1985, S. 165–174. Ein KZ-Aufseher hat ausgesagt: »Der Strafvollzug in Ravensbrück war bei Frauen insofern verschieden, als der Reichsführer-SS sich den Entscheid über Prügelstrafen zum mindesten bei deutschen Frauen vorbehalten hatte, die sich als deutsche Frauen oder gar als Kriegerfrauen oder Kriegerwitwen mit Ausländern eingelassen hatten. Es gab hier Prügelstrafen bis zu 3mal 25 Hieben unter verschärften Bedingungen, das heißt mit entblößtem Gesäß« (zitiert nach Andreas Heusler: Ausländereinsatz. Zwangsarbeit für die Münchner Kriegswirtschaft 1939–1945. München 1996, S. 387).

27 Vgl. Robert Bonfil: Jewish Life in Renaissance Italy, S. 112 f.

28 Vgl. J[ohannes]. E. Scherer: Beiträge zur Geschichte des Judenrechtes. Erster Band, S. 585; Regesten zur Geschichte der Juden im Fränkischen und Deutschen Reiche, S. 311. Das Augsburger Stadtrecht von 1276 gab wiederum dem Feuertod auf dem Scheiterhaufen den Vorzug: Liege ein Jude bei einer Christin und finde man sie beieinander, auf frischer Tat, so seien alle beide zu verbrennen: »Lit ein iude bi einer cristenin, vindet man si bi einander an der hantgetat, so sol man si beidiu brennen« (Art. XIX, § 11, zitiert nach: Das Stadtbuch von Augsburg, insbesondere das Stadtrecht vom Jahre 1276. Hrsg. von Christian Meyer. Augsburg 1872, S. 57). Der Herausgeber merkte in einer Fußnote an: »Später milderte man die Strafe. So wurde in Augsburg i. J. 1590 ein Jude, der mit einer Christin Ehebruch getrieben hatte, nur mit Ruthen ausgehauen (Stetten I. 715).« Gemeint war Paul von Stetten: Geschichte der heil. Roem. Reichs freyen Stadt Augspurg. Erster Band. Frankfurt am Main und Leipzig 1743. Vgl. auch Carl Friedrich Walch: Vermischte Beyträge zu dem deutschen Recht. Vierter Theil. Jena 1774, S. 84, und Bernhard Schimmelpfennig: Christen und Juden im Augsburg des Mittelalters. In: Judengemeinden in Schwaben im Kontext des Alten Reichs. Hrsg. von Rolf Kießling. Berlin 1995, S. 23–38, hier S. 26

29 So steht es in einem Brief, den Honorius IV. am 18. November 1286 an John Peckham, den Erzbischof von Canterbury, gerichtet hat, zitiert nach Heinz Schreckenberg: Die christlichen Adversus-Judaeos-Texte, S. 313

30 Kanon 49, zitiert nach Heinz Schreckenberg, a. a. O., S. 316

31 Art. 124, zitiert nach: Freisinger Rechtsbuch. Bearbeitet von Hans-Kurt Claußen. Weimar 1941, S. 132. Der Artikel geht auf den 1275/76 im Kreise Augsburger Franziskaner entstandenen Schwabenspiegel zurück. Vgl. Des Schwabenspiegels Landrechtsbuch. Zum Gebrauche bei akademischen Vorträgen mit einem Wörterbuche hrsg. von Heinr[ich]. Gottfr[ied]. Gegngler. Erlangen 1875, S. 211 (Cap. CCLXXII); Regesten zur Geschichte der Juden im Fränkischen und Deutschen Reiche, S. 330; Guido Kisch: Jewry-Law in Medieval Germany, S. 62; Heinz Schreckenberg: Die christlichen Adversus-Judaeos-Texte, S. 277; Christine Magin: »Wie es umb der iuden recht stet«, S. 160, Anmerkung 162

32 Zitiert nach Heinz Schreckenberg, a. a. O., S. 375

33 Zitiert nach Johann Caspar Ulrich: Sammlung Jůdischer Geschichten, S. 109. Ganz ähnlich erging es einem anderen Liebespaar: »In Constanz hatte im Jahre 1378 ein Christenmädchen ein Kind von einem Juden; derselbe bezahlt 100 Pfund, und ›die frowen sol man uff ain karren

setzen und ain judenhut uffsetzen und die wahter hurnen;‹ beide sollen ewig verbannt sein« (Otto Stobbe: Die Juden in Deutschland während des Mittelalters in politischer, socialer und rechtlicher Beziehung. Berlin ³1923, S. 267, unter Berufung auf einen Artikel von F. J. Mone: Über Krankenpflege vom 13. bis 16. Jahrhundert in Wirtenberg, Baden, der baierischen Pfalz und Rheinpreußen. In: *Zeitschrift für die Geschichte des Oberrheins* IX [1851], S. 277 f.). Peter Schuster (Das Frauenhaus, S. 117) datiert diesen Fall auf das Jahr 1368. Vgl. auch Karl Heinz Burmeister: medinat bonase. Band 2: Zur Geschichte der Juden am Bodensee 1350–1448. Konstanz 1996, S. 175, mit weiteren Beispielen von Gerichtsurteilen, in denen Juden am Ende des vierzehnten Jahrhunderts Geldbußen für den Beischlaf mit einer Christin abgefordert wurden.
1389 zahlte ein Jude in Frankfurt am Main eintausend Gulden, »die er dem Rade zu buße gab, umb daz er by eyn Cristen frauwen funden ward« (zitiert nach Georg Ludwig Kriegk: Frankfurter Bürgerzwiste, S. 543). Härter traf es in der zweiten Hälfte des vierzehnten Jahrhunderts einen Juden, der in Augsburg »durch die Zähne gebrannt und auf ewig aus der Stadt verwiesen wurde, weil er im Scharfrichterhaus mit einer christlichen Dirne verkehrt hatte« (Robert Jütte: Abbild und soziale Wirklichkeit des Bettler- und Gaunertums zu Beginn der Neuzeit. Sozial-, mentalitäts- und sprachgeschichtliche Studien zum Liber Vagatorum [1510]. Köln und Wien 1988, S. 34).

34 Vgl. Salo Wittmayer Baron: A Social and Religious History of the Jews. XI: Late Middle Ages and Era of European Expansion 1200–1650. New York und London ²1967, S. 79; Fritz Baer: Die Juden im christlichen Spanien. Erster Teil, S. 716 f.

35 Vgl. Guido Kisch: Jewry-Law in Medieval Germany, S. 128

36 Vgl. Guido Kisch, ebd., S. 129

37 Zitiert nach Georg Ludwig Kriegk: Frankfurter Bürgerzwiste, S. 543

38 Erlaß vom 11. November 1403. Vgl. Klaus Lohrmann: Judenrecht und Judenpolitik im mittelalterlichen Österreich, S. 247

39 Vgl. Johannes Müllner: Die Annalen der Reichsstadt Nürnberg von 1623. Teil II: Von 1351 bis 1469. Hrsg. von Gerhard Hirschmann. Nürnberg 1984, S. 195. Es könnte auch im Jahre 1406 gewesen sein; vgl. Dr. von Posern-Klett: Frauenhäuser und freie Frauen in Sachsen. In: *Archiv für die Sächsische Geschichte* 12 (1874), S. 63–89, hier S. 69, Anmerkung 13

40 Vgl. Arnd Müller: Geschichte der Juden in Nürnberg 1146–1945. Nürnberg 1968, S. 51

41 Peter Wilhelm: Die jüdische Gemeinde in der Stadt Göttingen von den Anfängen bis zur Emanzipation. Göttingen 1973, S. 42

42 Rotraud Ries: Jüdisches Leben in Niedersachsen im 15. und 16. Jahrhundert. Hannover 1994, S. 422. Beschworen wurden aber auch Gefahren, die der gesamten Christenheit infolge der verbotenen Sexualkontakte drohten: 1415 erklärte der Missionar St. Vincent Ferrer in Saragossa, daß es in christlichen Familien immer mehr Kuckuckskinder gebe, die von ehebrecherischen Juden und Muslimen gezeugt worden seien, und wenn es fortgehe, werde Gott zur Strafe Plagen aussenden. Vgl. David Nirenberg: Conversion, Sex, and Segregation

43 Zitiert nach Georg Ludwig Kriegk: Frankfurter Bürgerzwiste, S. 543

44 Vgl. B. M. J. Speet: The Middle Ages. In: The History of the Jews in the Netherlands. Hrsg. von J. C. H. Blom, Renate G. Fuks-Mansfeld und Ivo Schöffner. Oxford und Portland 2002, S. 13–43, hier S. 28

45 Vgl. Recht vndt Ordnung eyns Waldpoten tzu Menz, im J. 1422. In: Beyträge zum teutschen Recht. Erster Theil. Hrsg. von Johann Christian Siebenkees. Nürnberg und Altdorf 1786, S. 41 bis 74, hier S. 66; Susan Kuchel: Kastration im Mittelalter. Düsseldorf 1998, S. 87. Nach einem venezianischen Dekret von 1424 sollte das Delikt mit einer hohen Geldbuße und sechs bis

zwölf Monaten Gefängnis geahndet werden, abhängig vom Grad der Ehrbarkeit der beteiligten Christin (vgl. Hans Peter Duerr: Der Mythos vom Zivilisationsprozeß. Band 5, S. 751, Anmerkung 14).

46 Ratsbuch der Stadt Konstanz, 9. Oktober 1427, zitiert nach: Die Chroniken der Stadt Konstanz. Hrsg. von Ph. Ruppert. Konstanz 1891, S. 393 f.

47 Vgl. M[eir]. Wiener: Regesten zur Geschichte der Juden in Deutschland während des Mittelalters. Erster Theil. Hannover 1862, S. 242

48 Vgl. Georg Ludwig Kriegk: Frankfurter Bürgerzwiste, S. 543

49 Vgl. James A. Brundage: Law, Sex, and Christian Society in Medieval Europe. Chicago und London 1987, S. 518

50 Vgl. Urkunden und Aktenstücke zur Geschichte der Juden in Regensburg 1453–1738. Bearbeitet von Raphael Straus. München 1960, S. 11–13 (Nr. 43–47, 49, 52). Vor Gericht waren Juden wie Christen in Gottes Hand. 1493 soll in Frankfurt am Main ein Christ, der sexuell mit einer Jüdin verkehrt hatte, als Ketzer verurteilt und verbrannt worden sein (vgl. Ferdinand Rau: Beiträge zum Kriminalrecht der Freien Reichsstadt Frankfurt/Main im Mittelalter bis 1532. Potsdam 1916, S. 73), und im Jahr darauf ließ der Rat von Nürnberg christliche Prostituierte einsperren, weil sie jüdische Freier empfangen hatten (vgl. Peter Schuster: Das Frauenhaus, S. 117).

51 Simon Dubnow: Weltgeschichte des jüdischen Volkes. Band VI, S. 88. Zur Rechtsprechung in Venedig hat der Historiker Riccardo Calimani angemerkt: »In einigen Akten aus den Jahren 1402, 1409, 1424 und 1443 finden sich Hinweise auf sexuelle Beziehungen zwischen jüdischen Männern und christlichen Frauen. Sie wurden mit dem Erlaß vom 19. Juli 1424 formell verboten. Zu den vorgesehenen Strafen gehörten unter anderem eine hohe Geldstrafe und sechs beziehungsweise zwölf Monate Gefängnis, je nachdem, ob es sich um eine Prostituierte oder eine andere Frau – aus dem Patriziat oder dem einfachen Volk – handelte. Kaum zwei Tage nach Veröffentlichung des Erlasses wurde ein erneuter Verstoß registriert« (Riccardo Calimani: Die Kaufleute von Venedig. Die Geschichte der Juden in der Löwenrepublik. Düsseldorf 1988, S. 24).

52 Vgl. Henry Kamen: Die spanische Inquisition. München 1967, S. 137–156; Jerome Friedman: Jewish Conversion, the Spanish Pure Blood Laws and Reformation: A Revisionist View of Racial and Religious Antisemitism. In: *The Sixteenth Century Journal* 18 (1987), S. 3–30; Norman Roth: Conversos, Inquisition, and the Expulsion of the Jews from Spain. Madison und London 1995, S. 230–237

53 Albert Memmi: Rassismus. Frankfurt am Main 1987, S. 81

54 Vgl. Ulrich Tengler: Der neü Layenspiegel. Von rechtmässigen ordnungen in Burgerlichen vnd peinlichen Regimenten [...] Augspurg 1511, Der erst tail, Folio LXVIII

55 »1567. den 18. *Decemb.* Muthet ein Jud einer Buchbinders Frau Ehebruch zu / worůber er mit stattlichen Schlågen von ihrem Mann nebst Zurůcklassung seines Waitsackes / worinnen dreyßig Gulden an Geld und sechs guldene Ring / ist zurůck geschicket worden« (Achilles August von Lersner: Der Weit=berůhmten Freyen Reichs=Wahl= und Handels=Stadt Franckfurt am Mayn Chronica [...] Frankfurt 1706, Erstes Buch, S. 559).

56 Vgl. Shlomo Simonsohn: History of the Jews in the Duchy of Mantua, S. 115

57 Tiberius Decianus: Tractatus criminalis. Frankfurt 1591, lib. V, cap. XII, num. 20, zitiert nach Hans Hattenhauer: Von Christen, Juden und Menschen. In: Beiträge zur Rechtsgeschichte, S. 245–269, hier S. 257

58 Zitiert nach Hans Hattenhauer, ebd., S. 257 f.

59 Vgl. Jonathan I. Israel: European Jewry in the Age of Mercantilism 1550–1750. Oxford [2]1989, S. 64

60 »Welcher Jud ein Christenweib oder Jungfraw schendet oder beschläfft, der soll durch unßere beambten unnachleßig zu hafften bracht unndt folgents doch mit unßerem vorwißen am Leben gestrafft werden«, hieß es, nicht zum ersten Mal, in der 1629 für die Landgrafschaft Hessen erlassenen Judenordnung, zitiert nach Martin Schmall: Die Juden in Michelstadt 1658–1942. Michelstadt 1982, S. 11. Auch die hessischen Judenordnungen der Landgrafen Philipp des Großmütigen (1539) und Georg I. von Hessen-Darmstadt (1585) hatten den Geschlechtsverkehr zwischen Christen und Juden unter Androhung der Todesstrafe verboten; vgl. Friedrich Battenberg: Zur Rechtsstellung der Juden am Mittelrhein in Spätmittelalter und Früher Neuzeit. In: *Zeitschrift für Historische Forschung* 6 (1979), S. 129–183, hier S. 166

61 [Benedikt] Carpzov: Practicae Novae Imperialis Saxonicae Rerum Criminalium. Frankfurt-Wittenberg [3]1652, pars II, quaest. LXXVI; vgl. Hans Hattenhauer, a. a. O., S. 261 (siehe Anmerkung 57)

62 Johan Můller: Bedenken wegen Duldung der Juden E. Hochw. Rathe der Stadt Hamburg ertheilet. In: Sammlung von Urkunden, I. Theil, S. 98–114, hier S. 104. Müller berief sich hier auf Diego Covarrubias y Leiva Diego (1512–1577), der die angeblich einhellige Meinung der Juristen wiedergegeben hatte, wonach ein des Beischlafs mit einer Christin überführter Jude zu kastrieren sei (Didaci Covarruvias: Opera Omnia [Teil 1]. De matrim. secunda pars. Tom. I. n. 11. de dispari cultu n. 4. Francoforti ad Moenum 1599, S. 193a).

63 Extract der Hamburgischen Verordnungen wegen der Portugisischen Juden [...] In: Sammlung von Urkunden, I. Theil, S. 60–64, hier S. 64. Im Jahre 1697 ist diese Vorschrift in Hamburg fast wortwörtlich wiederholt und an die »Hochteutsche Juden« adressiert worden: »Mit der Christen Weibes Bildern sollen Sie sich nicht verehеligen noch auch mit denenselben Ehebruch oder Hurerey treiben, oder woferne Sie betreten werden, sollen Sie beyderseits, die Hochteutsche Juden so woll als auch die Weibesbilder der Christen mit Gefängniss, Verweisung u. anderen exemplarischen u. zwar mit schärferen Strafen, als sonsten gemeiniglich, nach Gelegenheit des Verbrechens ohnnachlaessig beleget werden« (Revidirte Articuli, wornach sich die Hochteutsche Juden, so in dieser Stadt Schuz genommen, zu richten haben sollen, zitiert nach M[ax]. Grunwald: Hamburgs deutsche Juden bis zur Auflösung der Dreigemeinden 1811. Hamburg 1904, S. 184). Ein neues »Reglement Der Judenschafft in Hamburg« bestimmte 1710: »Wann Sie auch mit ordentlichem Rechte überführet werden / mit Christen Hurerey / oder Ehebruch getrieben zu haben; So sollen Sie denen Umständen und Käyserl. Rechten nach angesehen und bestrafet werden« (zitiert nach: Die Hamburger Juden in der Emanzipationsphase (1780–1870). Hrsg. von Peter Freimark und Arno Herzig. Hamburg 1989, S. 314 und 318 f.).

64 Vgl. Bernd-Wilhelm Linnemeier: Jüdisches Leben im Alten Reich, S. 310. »Da man aber vorübergehend die Juden nicht für eigentliche Menschen hielt [*sic*], so wurde der natürliche Geschlechtsverkehr zwischen einer jüdischen und einer christlichen Person, als schwerstes Verbrechen, die widernatürliche Unzucht zwischen christlichen Personen aber nur für ein geringeres Übel gehalten, so daß im ersteren Falle auf den Feuertod, im letzteren nur auf die Strafe des Schwertes erkannt wurde. So ist in Paris Joan Alardus auf dem Scheiterhaufen wegen ›Sodomiterey‹ verbrannt worden, weil er mit einer schönen Jüdin zusammengelebt hatte, denn nach Bonifacius Vitalinus war es völlig gleichgültig, ob ein Christ sich mit einem Hunde oder einem Juden abgab« (Rudolf Quanter: Die Sittlichkeitsverbrechen im Laufe der Jahrhunderte, S. 289). Vgl. zu diesem Fall und dem Vergleich mit dem Hund auch Jacob Döpler: Theatrum poenarum, cap. II, S. 157, und E. P. Evans: The Criminal Prosecution and Capital Punishment of Animals. The Lost History of Europe's Animal Trials. London 1987, S. 152 f. Bejaht wurde die Frage, ob es sich um Sodomie handele, von dem Juristen Jodocus Damhouder: Rerum Criminalium Praxis. Antwerpen 1562, 96, n. 48

65 Vgl. Hans Hattenhauer, a. a. O., S. 260–263 (siehe Anmerkung 57)

66 Zitiert nach Rainer Walz: Der vormoderne Antisemitismus: Religiöser Fanatismus oder Rassenwahn. In: *Historische Zeitschrift*, Bd. 260 (1995), S. 719 – 748, hier S. 737

67 Art. XIX § 20, zitiert nach K[arl]. A[nton]. Schaab: Diplomatische Geschichte der Juden zu Mainz und dessen Umgebung mit Berücksichtigung ihres Rechtszustandes in den verschiedenen Epochen. Wiesbaden 1969 (Reprint der Erstausgabe von 1855), S. 105

68 Buch 6 Titel 7 Art. 3 § 7, zitiert nach Egon Rumberg: Der außereheliche geschlechtliche Umgang mit Juden in rechtsgeschichtlicher Darstellung. In: *Rasse und Recht* 1 (1937/38), S. 397 bis 407, hier S. 402. Das gleiche Strafmaß sah 1751 der Codex juris Bavarici criminalis vor (I. Teil, 4. Kap. § 11); vgl. Rumberg, ebd. Andernorts ging es moderater zu. 1698 wurde einem Juden in Mantua zur Strafe für den Geschlechtsverkehr mit einer verheirateten Christin nur auf Lebenszeit das Recht aberkannt, ein öffentliches Amt zu bekleiden (vgl. Shlomo Simonsohn: History of the Jews in the Duchy of Mantua, S. 545).
In Augsburg wurde 1708 ein Jude wegen des Verdachts des Beischlafs mit einer Christin zu einer Geldbuße von 50 Gulden verurteilt; die Christin bestrafte man mit Pranger und ewigem Stadtverweis. Eine christliche Prostituierte, die sich mit einem Juden »fleischlich vermischet vnd und desswegen von ihm 1 fl. empfangen hete«, traf im selben Jahr in Augsburg die Strafe der Fronfeste (vgl. Sabine Ullmann: Kontakte und Konflikte zwischen Landjuden und Christen in Schwaben während des 17. und zu Anfang des 18. Jahrhunderts. In: Ehrkonzepte in der Frühen Neuzeit. Identitäten und Abgrenzungen. Hrsg. von Sibylle Backmann, Hans-Jörg Künast, Sabine Ullmann und B. Ann Tlusty. Berlin 1998, S. 288 – 315, hier S. 308).
Mancher angeklagte Jude konnte sich der Todesstrafe entziehen, wenn er seinen Glauben verleugnete und sich taufen ließ. So soll es beispielsweise in Polen im achtzehnten Jahrhundert gebräuchlich gewesen sein. »Den Rabbiner-Responsen – also den Antworten auf Fragen, die religiöse, private und sittliche Angelegenheiten betreffen – entnehmen wir das Problem sexueller Kontakte mit Christinnen: Für ein solches Vergehen drohte einem Juden die Todesstrafe, vor der ihn der Übertritt zum Katholizismus bewahren konnte« (Jacob Goldberg: Getaufte Juden in Polen-Litauen vom 16. bis zum 18. Jahrhundert. Versuch einer sozialen Integration. In: Die Juden als Minderheit in der Geschichte, S. 161 – 183, hier S. 173).

69 Merckwůrdige Staats-Assemblée In Dem Reiche derer Todten, Zwischen einem gantz besondern Klee=Blat; Dreyen vnartigen Staats=Ministern, Nemlich: Dem Duc de Ripperda, Dem Grafen von Hoymb, Vnd dem Juden Sůß=Oppenheimer [...] Amsterdam 1738, S. 168

70 Vgl. Bernd-Wilhelm Linnemeier: Jüdisches Leben im Alten Reich, S. 734 f.

71 Vgl. Constitutio Criminalis Theresiana oder der Rǒmisch=Kaiserl. zu Hungarn und Bǒheim etc. etc. Kǒnigl. Apost. Majestǎt Mariä Theresiä Erzherzogin zu Oesterreich, etc. etc. peinliche Gerichtsordnung. Wien 1769, S. 223 f. (Art. 82). »Die Strafe war beim einfachen Ehebruch die Hinrichtung durch das Schwert, beim doppelten Ehebruch sollten nach der Hinrichtung die Körper der Schuldigen zu Asche verbrannt werden« (Rudolf Quanter: Die Sittlichkeitsverbrechen im Laufe der Jahrhunderte, S. 97).

72 1771 wurde in Bamberg gegen einen Juden ermittelt, der »wegen verunkeüschung mit einem Christenweibsbild zu schulden gekomen seyn solle« (zitiert nach Claus Kappl: Die Not der kleinen Leute. Der Alltag der Armen im 18. Jahrhundert im Spiegel der Bamberger Malefizamtsakten. Bamberg 1984, S. 322).

73 David Georg Strube: Rechtliche Bedenken. Systematisch geordnet, ergänzt, berichtigt und mit Anmerkungen begleitet von Ernst Spangenberg. Dritter und letzter Band. Hannover 1828, S. 117 f.

74 »Quasi in concubitu quis de religione cogitet? aut cultus polluatur? aut Iudaeus non aeque homo sit, quam Christianus?« Carl Ferdinand Hommel: Rhapsodia quaestionvm in foro qvotidie obvenientivm neqve tamen legibvs decisarvm. Vol. III. Byrvthi [4]1782, Observatio

CCCCXXVI, S. 18; deutsche Übersetzung nach Hans Hattenhauer: Von Christen, Juden und Menschen, a. a. O., S. 246 (siehe Anmerkung 57)

75 ALR II 1 § 36, zitiert nach: Allgemeines Landrecht für die Preußischen Staaten von 1794. Textausgabe. Hrsg. von Hans Hattenhauer. Frankfurt am Main und Berlin 1970, S. 346

76 Zitiert nach Friedrich Hermann Fonk: Das staatliche Mischehenrecht in Preußen vom allgemeinen Landrecht an. Bielefeld 1961, S. 25

77 Immanuel Kant: Anthropologie in pragmatischer Hinsicht. In: ders., Werke. Akademie-Textausgabe. Bd. VII. Berlin 1968, S. 117 – 333, hier S. 320

78 Ernst Moritz Arndt: Reisen durch einen Theil Teutschlands, Ungarns, Italiens und Frankreichs in den Jahren 1798 und 1799. Vierter Theil. Leipzig [2]1804, S. 34

79 C[arl]. W[ilhelm]. F[riedrich]. Grattenauer: Erklårung an das Publikum über meine Schrift: Wider die Juden. Berlin [4]1803, S. 12

80 Vgl. Hermann Lange: Die christlich-jüdische Ehe. Ein deutscher Streit im 19. Jahrhundert. In: Menora. Jahrbuch für deutsch-jüdische Geschichte 1991. Hrsg. von Julius H. Schoeps u. a. München und Zürich 1991, S. 47 – 80, hier S. 55 f. Wenn auch Jahrzehnte darüber vergingen, so folgten doch viele Staaten dem französischen Beispiel der Aufhebung des Verbots von Mischehen: zunächst Belgien, die Niederlande, Dänemark, Großbritannien, Skandinavien und die USA. Ungarn schloß sich 1895 an. Bis zum Ersten Weltkrieg zogen Rumänien, Bulgarien und Serbien nach und Rußland 1917 (vgl. Arthur Ruppin: The Jews in the Modern World. London 1934, S. 317).

81 Verfügung vom 22. Februar 1813, zitiert nach Hans-Michael Bernhardt: Bewegung und Beharrung, S. 345

82 Nämlich am 11. September 1817; vgl. Hans-Michael Bernhardt, a. a. O, S. 349 f.

83 E[rnst]. M[oritz]. Arndt: Blick aus der Zeit auf die Zeit. Germanien 1814, S. 190 f.

84 Ernst Moritz Arndt: Fantasien zur Berichtigung der Urtheile über künftige deutsche Verfassungen. In: E[rnst]. M[oritz]. Arndt's Schriften für und an seine lieben Deutschen. Zweiter Theil. Leipzig 1845, S. 319 – 462, hier S. 363

85 [Johann Friedrich] Benzenberg: Ueber Verfassung. Dortmund 1816, S. 10

86 Goethe im Gespräch mit Friedrich von Müller, 23. September 1823, zitiert nach Johann Wolfgang Goethe: Gedenkausgabe der Werke, Briefe und Gespräche. Hrsg. von Ernst Beutler. Bd. 23: Goethes Gespräche. Zweiter Teil. Zürich 1950, S. 298. Was hier aus Goethe gesprochen habe, war nach Adolf Hitlers Auffassung »nichts anderes als die Stimme des Blutes und der Vernunft« (vgl. Adolf Hitler: Mein Kampf. Erster Band, S. 341). Daß Hitler sich in diesem Punkt auf Goethe berufen konnte, ist als Zumutung nicht aus der Welt zu schaffen: »Die Skepsis gegen die Authentizität dieses Gesprächszeugnisses sollte nicht groß sein: Goethe hat das ›Ereignis‹ im Tagebuch unter dem 23. September 1823 beglaubigt (›Abends Canzler von Müller; über Christen- und Juden-Heirathen, unerfreuliche Unterhaltung‹)«, schreibt Norbert Oellers: Goethe und Schiller in ihrem Verhältnis zum Judentum. In: Conditio Judaica. Erster Teil, S. 108 – 130, hier S. 115. Zu dem Gesetz vom 20. Juni 1823 für das Großherzogtum Sachsen-Weimar vgl. Hermann Lange: Die christlich-jüdische Ehe, a. a. O., S. 56 (siehe Anmerkung 80). Eine knappe Übersicht der Rechtsgeschichte von 1794 bis 1871 bietet Kerstin Meiring: Die Christlich-Jüdische Mischehe, S. 90

87 Vgl. Carl August Tittmann: Handbuch der Strafrechtswissenschaft und der deutschen Strafgesetzkunde. Zweiter Band. Halle [2]1823, S. 623 (§ 568, Anmerkung i)

88 Ebd., S. 623 f.

89 Carl Ernst Jarcke: Handbuch des gemeinen deutschen Strafrechts, mit Rücksicht auf die Bestimmungen der preußischen, österreichischen, baierischen und französischen Strafgesetzgebung. Dritter Band. Berlin 1830, S.134, Anmerkung 18

90 *Evangelische Kirchen=Zeitung*, 2. August 1843, Spalte 483, in der Besprechung eines Buches von H. E. Marcard: Über die Möglichkeit der Juden=Emancipation im christlich=germanischen Staat. Minden und Leipzig 1843

91 B. St. Steger: Die evangelische Juden=Mission, in ihrer Wichtigkeit und ihrem gesegneten Fortgange dargestellt. Hof 1847, S. 3 f.

92 Thomas Carlyle: The Nigger Question. In: ders., Critical and Miscellaneous Essays. Bd. 4. London 1899, S. 348–383 (erstmals gedruckt 1849). Zur Debatte über die »Rassenverschlechterung« in den USA im neunzehnten Jahrhundert vgl. Forrest G. Wood: The Racist Response to Emancipation and Reconstruction. Los Angeles 1968

93 »Das bestehende Verbot der Ehe zwischen Christen und Juden ist in Hamburg und dessen privatem Gebiete aufgehoben.« So lautete § 1 der Hamburger »Verordnung vom 24. Oktober 1851 die Ehen zwischen Christen und Juden betreffend«, zitiert nach Bruno Tannenwald: Die rechtlichen Verhältnisse der Juden in Hamburg. Hamburg 1911, S. 60. Zur Vorgeschichte der Verordnung vgl. auch Jutta Braden: »So lange der Staat den Charakter eines christlichen noch beibehält ...« Das erfolglose Gesuch der Mathilde Grell um Aufnahme in das Judentum in Hamburg 1850. In: Aus den Quellen. Beiträge zur deutsch-jüdischen Geschichte. Festschrift für Ina-Lorenz. Studien zur jüdischen Geschichte. Band 10. Hrsg. von Andreas Brämer, Stefanie Schüler-Springorum und Michael Studemund-Halévy. Hamburg 2005, S. 267–275, hier S. 270. Zu den gesetzlichen Bestimmungen in Braunschweig und Hessen-Kassel vgl. Jacob Toury: Soziale und politische Geschichte der Juden in Deutschland 1847–1871. Zwischen Revolution, Reaktion und Emanzipation. Düsseldorf 1977, S. 293.
Von dem aufsehenerregenden Fall einer Mischeheschließung in Erfurt berichtete 1853 eine Zeitung: »Heute ward in der hiesigen Synagoge eine geborene Christin mit einem Juden kopulirt. Dieses Paar konnte nämlich weder eine christlich-kirchliche noch eine Civiltrauung erlangen, da die Ehen zwischen Juden und Christen verboten und nur bei Denen der christlichen Dissenters in dem Gesetze von 1847 die Civiltrauung vor Gericht nachgelassen ist; was man jedoch hier, wo der eine Theil Jude war, nicht anwenden zu dürfen glaubte. Die Braut gab endlich vor Gericht die Erklärung ab, dass sie aus der christlichen Kirche getreten sei. Dieses war nun genügend zur Erlangung der sogenannten Civiltrauung, resp. zur Eintragung derselben in die Civilstandsregister, worauf die Trauung des Paares in der hiesigen Synagoge in Anwesenheit eines zahlreichen Publikums durch einen Rabbiner vorgenommen ward« (*National-Zeitung*, Berlin, 18. Mai 1853, Abend-Ausgabe, zitiert nach Franz Josef Wiegelmann: Wieder die Juden, S. 83 f.).

94 Verhandlungen der württembergischen Kammer der Abgeordneten 1863/64, Bd. 1, S. 272, zitiert nach Hermann Lange: Die christlich-jüdische Ehe, a. a. O., S. 75 (siehe Anmerkung 80)

95 Heinrich von Treitschke: Politik. Vorlesungen, gehalten an der Universität zu Berlin. Erster Band. Hrsg. von Max Cornicelius. Leipzig ²1899, S. 274

96 Vgl. Monika Richarz: Die Entwicklung der jüdischen Bevölkerung. In: Steven M. Lowenstein/Paul Mendes-Flohr / Peter Pulzer / Monika Richarz: Deutsch-jüdische Geschichte in der Neuzeit. Band III. Umstrittene Integration 1871–1918. München 1997, S. 13–38, hier S. 19; Kerstin Meiring: Die Christlich-Jüdische Mischehe, S. 24–28

97 E[ugen]. Dühring: Die Judenfrage als Frage der Racenschädlichkeit für Existenz, Sitte und Cultur der Völker. Mit einer weltgeschichtlichen Antwort. Karlsruhe und Leipzig ³1886, S. 145

98 H. Naudh [d. s. Johannes Nordmann, Lothar Bucher und Hermann Wagener]: Professoren über Israel. von Treitschke und Bresslau. Berlin 1880, zitiert nach: Der Berliner Antisemitis-

musstreit. Hrsg. von Walter Boehlich. Frankfurt am Main 1965, S. 180 – 202, hier S. 192. Nach Walter Grab (Der deutsche Weg der Judenemanzipation 1789–1938. München und Zürich 1991, S. 123) verbargen sich hinter dem Pseudonym »D. H. Naudh«, unter dem 1859 das Pamphlet »Die Juden und der deutsche Staat« erschienen war, erstens der Berliner Schriftsteller Johannes Nordmann, zweitens ein späterer Mitarbeiter Bismarcks, Lothar Bucher, und drittens Hermann Wagener, zeitweise Herausgeber der preußischen *Kreuzzeitung*. Vgl. auch Alex Bein: Die Judenfrage. Band I, S. 184. Jacob Katz (Vom Vorurteil bis zur Vernichtung, S. 208) hielt eine Zusammenarbeit von Johannes Nordmann und Hermann Wagener bei der Niederschrift des Buchs »Die Juden und der deutsche Staat« für »gut möglich«.

99 Um 1885. Zitiert nach Eduard Schwechten: Das Lied vom Levi. Mülheim-Ruhr 1932, S. 7

100 Friedrich Nietzsche: Zur Genealogie der Moral. Eine Streitschrift. In: ders., Werke. Kritische Gesamtausgabe. Bd. VI/2. Hrsg. von Giorgi Colli und Mazzino Montinari. Berlin 1968, S. 257 bis 430, hier S. 283 f.

101 Max Liebermann von Sonnenberg: Die Schädigung des Deutschen Nationalgeistes durch die jüdische Nation. Vortrag, gehalten am 7. November 1891 auf dem deutsch=sozialen Parteitage zu Breslau. Leipzig 1892, S. 5

102 Robert Waldhausen: Jüdisches Erwerbsleben. Skizzen aus dem sozialen Leben der Gegenwart. Passau 1892, S. 80

103 Friedrich Lange: Reines Deutschtum. Grundzüge einer nationalen Weltanschauung. Berlin [3]1904, S. 246 f.

104 Ludwig Woltmann: Politische Anthropologie. Eine Untersuchung über den Einfluss der Descendenztheorie auf die Lehre von der politischen Entwicklung der Völker. Eisenach und Leipzig 1903, S. 309

105 Eugen Fischer: Die Rehobother Bastards und das Bastardisierungsproblem beim Menschen. Anthropologische und ethnographische Studien am Rehobother Bastardvolk in Deutsch-Südwest-Afrika. Jena 1913, S. 302. »Vor diesem Hintergrund behauptete Fischer in der Schlußphase des Buches die grundsätzliche Schädlichkeit von Rassenmischungen, ungeachtet dessen, daß er in dem vorhergehenden Text keinerlei empirischen Beleg für diese These beizubringen vermocht hatte. In der rassistischen Literatur der kommenden Jahrzehnte wurde dann immer wieder auf Fischers Studie als einer autoritativen Quelle Bezug genommen, in der die Schädlichkeit von Rassenmischungen ›nachgewiesen‹ worden sei. Die These der Schädlichkeit von Rassenmischungen galt fortan als ein Grunddogma der Rassenhygiene« (Peter Weingart/Jürgen Kroll/Kurt Bayertz: Rasse, Blut und Gene. Geschichte der Eugenik und Rassenhygiene in Deutschland. Frankfurt am Main 1988, S. 101 f.).

106 Karl Wodrig 1914 in der antisemitischen Zeitschrift *Der Volkserzieher*, zitiert nach Joes Segal: Krieg als Erlösung. Die deutschen Kunstdebatten 1910 – 1918. München 1997, S. 49

107 Georg Fritz: Die Ostjudenfrage. Zionismus & Grenzschluß. München 1915, S. 5

108 R. Vonhoff: Muß unsere Volkshochschule völkisch sein? In: *Niedersachsen* 15 – 16/1919, S. 195 f., zitiert nach Werner Hartung: Konservative Zivilisationskritik und regionale Identität. Am Beispiel der niedersächsischen Heimatbewegung 1895 bis 1919. Hannover 1991, S. 291

109 *Miesbacher Anzeiger*, 17. April 1921, zitiert nach Ludwig Thoma: Sämtliche Beiträge aus dem *Miesbacher Anzeiger*, S. 239. Gustav Landauer war im April 1919 einige Tage lang Mitglied der Münchner Räteregierung. Nach ihrem Sturz wurde er verhaftet und im Zuchthaus ermordet.

110 Rede vom 2. Februar 1922, zitiert nach: Hitler. Sämtliche Aufzeichnungen 1905 – 1924, S. 565

111 Alfred Rosenberg: Mann und Weib (*Der Weltkampf*, April 1926). In: ders., Blut und Ehre. Ein Kampf für die deutsche Wiedergeburt. Reden und Aufsätze 1919 – 1933. Hrsg. von Thilo von Trotha. München 1938, S. 220 – 224, hier S. 221 f.

112 Arno Schickedanz: Sozialparasitismus im Völkerleben, S. 154

113 Am 22. Juni 1927, zitiert nach: Verhandlungen des Reichstags. III. Wahlperiode 1924. Bd. 393. Berlin 1927, S. 10995

114 Kurt Hildebrandt: Staat und Rasse. Breslau 1928, S. 16 f.

115 Hjalmar Kutzleb: Mord an der Zukunft. Berlin 1929, S. 9

116 Karl Adam-Kappert: Die Frau im Leben der Juden. In: *Völkischer Beobachter*, 21. November 1929, Beiblatt

117 Verhandlungen des Reichstags. IV. Wahlperiode 1928. Bd. 440. Berlin 1930, Anlage Nr. 1741

118 Mitteilungen der Internationalen Kriminalistischen Vereinigung. Neue Folge, 6. Band. 25. Tagung der Deutschen Landesgruppe zu Frankfurt a. M. am 12. und 13. September 1932. Berlin und Leipzig 1933, S. 168

119 Hans F[riedrich]. K[arl]. Günther: Rassenkunde des jüdischen Volkes. München [2]1931, S. 301

120 Vgl. Robert Wistrich: Wer war wer im Dritten Reich?, S. 133

121 Hans Richard Mertel: Hebung der Rasse ist Pflicht jedes Volksgenossen. Rassenbiologie und Rassenhygiene in ihrer Bedeutung für unser Volk. In: *Völkischer Beobachter*, 1. Mai 1930, Beiblatt

122 Theodor Fritsch: Einführung. In: Handbuch der Judenfrage, S. 9–17, hier S. 16 f.

123 Zitiert nach Jochen-Christoph Kaiser: Der deutsche Protestantismus und die »Mission unter Israel« zwischen Weltkrieg und »NS-Machtergreifung«. In: Protestantismus und Antisemitismus in der Weimarer Republik. Hrsg. von Kurt Nowak und Gérard Raulet. Frankfurt am Main u. a. 1994, S. 199–217, hier S. 215

124 Zitiert nach: Nationalsozialistische Frauenpolitik vor 1933, S. 222. Von der Belästigung und Einschüchterung mit Juden liierter nichtjüdischer Frauen in Deutschland durch Antisemiten vor 1933 berichtete auch der US-amerikanische Journalist Edgar Ansel Mowrer: Germany puts the clock back. New York 1933, S. 223 f.

125 Am 11. April 1933, zitiert nach Rosemarie Schuder/Rudolf Hirsch: Der gelbe Fleck. Wurzeln und Wirkungen des Judenhasses in der deutschen Geschichte. Essays. Berlin 1987, S. 539

126 Helmut Nicolai: Rasse und Recht, S. 65

127 Karl Weinländer: Rassenkunde, Rassenpädagogik und Rassenpolitik, S. 333 f.

128 Nationalsozialistisches Strafrecht. Denkschrift des Preußischen Justizministers. Berlin 1933, S. 47 f.

129 Wilfried Bade: Die S.A. erobert Berlin. Ein Tatsachenbericht. München [6]1941, S. 87, zitiert nach Peter Longerich: Die braunen Bataillone. Geschichte der SA. München 1989, S. 118. Alfred Rosenberg war der Meinung, daß sich das Eiserne und Stählerne im deutschen Mann so recht erst nach der Verabschiedung rigider Rassengesetze formen könne: »Der härteste Mann ist für die eiserne Zukunft gerade noch hart genug. Wenn auf Rassen- und Volksverhöhnung, wenn auf Rassenschande einmal Zuchthaus und Todesstrafe stehen werden, dann erst wird es stählernen Nerven und schroffsten Formkräften gelingen, den kommenden Typus zu schaffen.« Alfred Rosenberg: Mann und Weib, a. a. O., S. 223 f. (siehe Anmerkung 111)

130 Curt Rosten: Der jüdischen Rasse Weg und Ziel! Berlin-Schöneberg 1934, S. 7 f.

131 Zitiert nach Cornelia Essner: Die »Nürnberger Gesetze«, S. 146 f.

132 Zitiert nach Lothar Gruchmann: »Blutschutzgesetz« und Justiz. Zu Entstehung und Auswirkung des Nürnberger Gesetzes vom 15. September 1935. In: *Vierteljahreshefte für Zeitgeschichte* 31 (1983), S. 418–442, hier S. 425

133 Lothar Gottlieb Tirala: Rasse, Geist und Seele, S. 152. Das entsprach auch den Wünschen des Biologen und Jesuiten Hermann Muckermann: Man müsse sagen, schrieb er, »daß bestimmte jüdische Schriftsteller gerade jenes Gebiet verwüstet haben, das sich auf die geschlechtliche Reinheit unseres Volkes bezieht. [...] Ich spreche daher mit Nachdruck die Forderung aus, daß man zunächst einmal Eheschließungen von heimrassigen Deutschen mit Fremdrassigen, die das Heimrassige verformen könnten, meidet« (Hermann Muckermann: Grundriß der Rassenkunde. Paderborn [2]1935, S. 122). Ein findiger Jurist wies die parteilinientreuen Richter und Staatsanwälte 1935 in einem Zeitungsartikel auf die Möglichkeit hin, ein bereits bestehendes Gesetz weiter auszulegen: »Ein Jude, der sich unter Mißbrauch seines Gastrechts mit einer deutschen Frau in der Öffentlichkeit sehen läßt, ein Jude, der in einem öffentlichen Tanzlokal anmaßend Gliederverrenkungen vornimmt, ein Jude, der sich in deutschen Bädern lärmend und auffällig benimmt, erregt öffentlich Ärgernis und gefährdet dadurch den Bestand der öffentlichen Ordnung. Seine Bestrafung erfolgt, falls nicht härtere Gesetze verletzt sind, nach § 360 Ziff. 11 des Strafgesetzbuches wegen groben Unfugs« (zitiert nach: »Von Gewohnheitsverbrechern, Volksschädlingen und Asozialen ...«, S. 107).

134 Vgl. Robert Gellately: Die Gestapo und die deutsche Gesellschaft, S. 131 f.

135 Vgl. Gernot Römer: »Jüdisch versippt«. Schicksale von »Mischlingen« und nichtarischen Christen in Schwaben. Augsburg 1996, S. 129

136 Erlaß des Geheimen Staatspolizeiamts Karlsruhe an die Geheimen Staatspolizeistellen in Baden, zitiert nach: Dokumente über die Verfolgung der jüdischen Bürger in Baden-Württemberg durch das nationalsozialistische Regime 1933–1945. Hrsg. von Paul Sauer. I. Teil. Stuttgart 1966, S. 22

137 Vgl. Josef Wulf: Die Nürnberger Gesetze. Berlin-Grunewald 1960; Werner T. Angress: Die »Judenfrage« im Spiegel amtlicher Berichte 1935. In: Das Unrechtsregime. Internationale Forschung über den Nationalsozialismus. Bd. 2. Verfolgung – Exil – Belasteter Neubeginn. Hrsg. von Ursula Büttner, Werner Johe und Angelika Voß. Hamburg 1986, S. 19–43, hier S. 33 ff. Zu Vorgeschichte und Auswirkungen der Nürnberger Gesetze vgl. Lothar Gruchmann: »Blutschutzgesetz« und Justiz, a. a. O. (siehe Anmerkung 132); Andreas Rethmeier: »Nürnberger Rassegesetze« und Entrechtung der Juden im Zivilrecht. Frankfurt am Main u. a. 1995; Michael Ley: »Zum Schutze des deutschen Blutes ...«. »Rassenschande«-Gesetze im Nationalsozialismus. Bodenheim b. Mainz 1997; Cornelia Essner: Die »Nürnberger Gesetze«; Alexandra Przyrembel: ›Rassenschande‹; James F. Tent: In the Shadow of the Holocaust. Nazi Persecution of Jewish-Christian Germans. Lawrence 2003; Michael Wildt: Volksgemeinschaft als Selbstermächtigung. Gewalt gegen Juden in der deutschen Provinz 1919 bis 1939. Hamburg 2007, S. 219–266

138 Reichsgesetzblatt 1935 I, S. 1146 f.

139 Roland Freisler: Ein Jahr Blutschutzrechtsprechung. In: *Deutsches Strafrecht* 1936, zitiert nach: Recht, Verwaltung und Justiz im Nationalsozialismus, S. 491

140 Gabriele Kohlbauer-Fritz: »La belle juive« und die »schöne Schickse«. In: »Der schejne Jid«. Das Bild des »jüdischen Körpers« in Mythos und Ritual. Hrsg. von Sander L. Gilman, Robert Jütte und Gabriele Kohlbauer-Fritz. Wien 1998, S. 109–120, hier S. 120

141 Vgl. Christiane Kohl: Der Jude und das Mädchen. Eine verbotene Freundschaft in Nazideutschland. Hamburg 1997, S. 262 ff.

142 Vernehmung einer Zeugin durch die Kriminalpolizeistelle Hamburg am 7. Dezember 1936, zitiert nach Hans-Christian Lassen: Der Kampf gegen Homosexualität, Abtreibung und »Rassenschande«. Sexualdelikte vor Gericht in Hamburg 1933–1939. In: »Für Führer, Volk und Vaterland ...« Hamburger Justiz im Nationalsozialismus. Hrsg. von der Justizbehörde Hamburg. Hamburg 1992, S. 216–289, hier S. 283 ff.

143 Ebd., S. 286

144 Vgl. Elizabeth D. Heineman: What Difference Does a Husband Make? Women and Marital Status in Nazi and Postwar Germany. Berkeley, Los Angeles und London 1999, S. 59

145 Der Hamburger Staatsanwalt Bernhard Rüger am 12. April 1938 gegenüber dem Oberstaatsanwalt, zitiert nach: »Von Gewohnheitsverbrechern, Volksschädlingen und Asozialen …«, S. 109. Zum Schmeckleckerischen der Rechtsfindung in diesen Prozessen vgl. auch Eric A. Johnson: Der nationalsozialistische Terror. Gestapo, Juden und gewöhnliche Deutsche. Berlin 2000, S. 125 ff., und Patricia Szobar: Telling Sexual Stories in the Nazi Courts of Law: Race Defilement in Germany, 1933 to 1945. In: Sexuality and German Fascism, S. 131 – 163, hier S. 156 – 161

146 Hans Robinsohn: Justiz als politische Verfolgung. Die Rechtsprechung in »Rassenschandefällen« beim Landgericht Hamburg 1936 – 1943. Stuttgart 1977, S. 35

147 Urteil vom 12. Februar 1936, zitiert nach Ernst Noam/Wolf-Arno Kropat: Juden vor Gericht, S. 119 f.

148 Kuhn: Das Blutschutzgesetz in der strafrechtlichen Praxis. In: *Deutsche Justiz* 98/1936, S. 1005 bis 1008, hier S. 1006 f.

149 Entscheidungen des Reichsgerichts in Strafsachen. Bd. 70. Berlin und Leipzig 1937, S. 375 – 377. Vgl. Justiz im Dritten Reich. Eine Dokumentation. Hrsg. von Ilse Staff. Frankfurt am Main 1978, S. 175, und Bernd-Rüdeger Sonnen: Strafgerichtsbarkeit – Unrechtsurteile als Regel oder Ausnahme? In: Strafjustiz und Polizei im Dritten Reich. Hrsg. von Udo Reifner und Bernd-Rüdeger Sonnen. Frankfurt am Main und New York 1984, S. 41 – 58, hier S. 47 f.
»Nach § 11 der 1. AusführungsVO zum Gesetz vom 15. 9. 1935 war als ›außerehelicher Verkehr‹ nur der Geschlechtsverkehr (Beischlaf) anzusehen. Getrieben von Übereifer, sich den Machthabern gefällig zu erweisen, und von einem wütenden Antisemitismus subsumierte das Reichsgericht *gegen* diesen Wortlaut auch die bloße *Ersatzhandlung* als ›Geschlechtsverkehr‹, da das Gesetz auch der ›deutschen Ehre‹ diene, die zu schützen sei. ›Geschlechtsverkehr‹ war danach bereits jede Handlung, die *geeignet* war, ›der Befriedigung des Geschlechtstriebes‹ zu dienen. War damit eine Gleichsetzung des ›Geschlechtsverkehrs‹ mit der ›unzüchtigen Handlung‹ erreicht, dehnte das Reichsgericht später diesen Begriff so weit aus, daß der Handlungsbegriff überhaupt aufgelöst und bereits das bloße ›Betrachten‹ (in wollüstiger Absicht) als ›Rassenschande‹ bestraft wurde, wobei das Gericht gänzlich unsinnige Begründungen erfand, um diese Rechtsbeugung zu rechtfertigen« (Dietmut Majer: Grundlagen des nationalsozialistischen Rechtssystems, S. 185 f.). Vgl. zu diesem Komplex auch Alexandra Przyrembel: ›Rassenschande‹, S. 166 – 172

150 Urteil vom 11. Juni 1938, zitiert nach Ernst Noam/Wolf-Arno Kropat: Juden vor Gericht, S. 159

151 Urteil vom 2. Februar 1939. Entscheidungen des Reichsgerichts in Strafsachen. Bd. 73. Berlin 1940, S. 94 – 97

152 Urteil des Landgerichts Frankfurt am Main, 24. April 1939, zitiert nach Ernst Noam/Wolf-Arno Kropat: Juden vor Gericht, S. 167 f. In den Konzentrationslagern durften die Juden überhaupt keine Frauen mehr anschauen, auch keine jüdischen, denn »auf die Frauen zu blicken war verboten und wurde streng bestraft« (Ota Kraus/Erich Kulka: Die Todesfabrik Auschwitz. Berlin 1991, S. 122).

153 Urteil vom 29. April 1938, zitiert nach: »Von Gewohnheitsverbrechern, Volksschädlingen und Asozialen …«, S. 15

154 Ebd., S. 105. Vgl. Patricia Szobar: Telling Sexual Stories in the Nazi Courts of Law: Race Defilement in Germany, 1933 to 1945. In: Sexuality and German Fascism, S. 131 – 163, hier S. 139. Von 1935 bis 1940 wurden 1911 Personen wegen »Rassenschande« verurteilt; vgl. Lothar Gruch-

mann: »Blutschutzgesetz« und Justiz, a.a.O., S. 434 (siehe Anmerkung 132). Der Historiker Jochen Böhler schildert einen Fall, in dem drei Wehrmachtssoldaten im polnischen Radom Wohnungen von Juden plünderten und deren Töchter vergewaltigten; die Feldgendarmerie ermittelte daraufhin gegen die Soldaten auch wegen »Rassenschande« (vgl. Jochen Böhler: Auftakt zum Vernichtungskrieg. Die Wehrmacht in Polen 1939. Frankfurt am Main 2006, S.199 f.).

155 Schöffengerichtsurteil in Frankfurt am Main, 20. Februar 1937, zitiert nach Ernst Noam/Wolf-Arno Kropat: Juden vor Gericht, S.138

156 Zitiert nach: KZ-Verbrechen vor deutschen Gerichten. Hrsg. von H. G. van Dam und Ralph Giordano. Frankfurt am Main 1962, S.170, 215, 233

157 Zitiert nach Jörg Friedrich: Freispruch für die Nazi-Justiz. Die Urteile gegen NS-Richter seit 1948. Eine Dokumentation. Reinbek 1983, S.46

158 Urteil vom 20. April 1943, zitiert nach Ernst Noam/Wolf-Arno Kropat: Juden vor Gericht, S.169, 172, 173

159 Ebd., S.173

160 Zitiert nach Klaus Moritz/Ernst Noam: NS-Verbrechen vor Gericht 1945–1955. Dokumente aus hessischen Justizakten (Justiz und Judenverfolgung, Band 2). Wiesbaden 1978, S.315

161 Zitiert nach Klaus Moritz/Ernst Noam, ebd., S.319 f.

162 Vgl. Constantin Goschler: Wiedergutmachung. Westdeutschland und die Verfolgten des Nationalsozialismus (1945 – 1954). München 1992, S.157

163 Ernst Nolte: Der kausale Nexus. Über Revisionen und Revisionismen in der Geschichtswissenschaft. Studien, Artikel und Vorträge 1990 – 2000. München 2002, S. 165, Anmerkung 53. Die Gaskammern seien möglicherweise aus guten Gründen in Betrieb genommen worden, schreibt Nolte auf S. 206 seines Werks: »Stellen wir uns vor, der entscheidende Mann, Hitler, habe bald nach dem Beginn des Krieges gegen die Sowjetunion die – möglicherweise richtige, wahrscheinlich übertriebene, aber später von keinem Geringeren als Jean-Paul Sartre in rühmender Absicht bestätigte – Nachricht erhalten, in Frankreich hätten sich Juden in besonders starkem Maße an Attentaten gegen deutsche Soldaten beteiligt, und deshalb habe er befohlen, alle Juden aus Frankreich abzutransportieren. Ein solcher Befehl läßt sich als exorbitante Präventivmaßnahme gewiß nicht billigen, aber immerhin verstehen. Männer mittleren Ranges organisierten die Deportation, und sie durften dabei der Überzeugung sein, nur ihre Pflicht zu erfüllen, Übergriffe und Grausamkeiten wären nicht vorgekommen. Die im Osten vorbereiteten Lager hätten sich als viel zu klein erwiesen, Seuchen und Hunger hätten zahlreiche Menschen dahingerafft. Und da hätten die niederen Chargen der Endstufe sich die Frage vorgelegt, ob es nicht ›humaner‹ sei, diesen Menschen einen raschen Tod zu verschaffen, als sie über Monate hin qualvoll zugrundegehen zu lassen. Solche Überlegungen gab es tatsächlich. Müßten die Motive ihrer Urheber nicht am Ende als ›gut‹ und jedenfalls nicht als ›böse‹ bezeichnet werden?« Nolte zufolge wäre es also denkbar, daß den Juden in den Vernichtungslagern etwas Gutes getan werden sollte.

164 *Pfälzische Volkszeitung*, 11. Juli 1952, zitiert nach Maria Höhn: GIs and Fräuleins, S. 104. Die Autorin führt noch viele ähnliche deutsche Stimmen an. In den USA wiederum erklärte der Supreme Court gesetzliche Verfügungen gegen die Eheschließung zwischen Personen verschiedener Rasse erst 1967 für ungültig. Zu diesem Zeitpunkt waren noch in sechzehn amerikanischen Bundesstaaten solche Gesetze in Kraft (vgl. Martha Hodges: White Women, Black Men. Illicit Sex in the Nineteenth-Century South. New Haven und London 1997, S. 1).

165 Zitiert nach Ulrich Chaussy: »Speerspitze der neuen Bewegung«. Wie Jugendliche zu Neonazis werden. In: Rechtsextremismus in Deutschland, S.87 – 109, hier S.91

166 Zitiert nach *Der Spiegel* 46/1988, S. 26

167 Zitiert nach Klaus Farin: »Rechts-Rock«. In: Rechtsextremismus in Deutschland, S. 137–153, hier S. 149

168 *Neues Deutschland*, 20. Juni 2000

»Die Art von Scherzen, die sie liebten«

1 Suetons Kaiserbiographien. Berlin-Schöneberg [4]1907, S. 539

2 Vgl. Hans Peter Duerr: Der Mythos vom Zivilisationsprozeß. Band 3, S. 296–318. Zur Geschichte der Entblößung als Mittel der weltlichen und der religiösen Strafgerichtsbarkeit vgl. Jean-Claude Bologne: Nacktheit und Prüderie. Eine Geschichte des Schamgefühls. Weimar 2001, S. 155 ff.

3 Vgl. Hans-Peter Duerr, a. a. O., S. 304 f.

4 Hans Folz: Ein Spil von dem Herzogen von Burgund. Zitiert nach: Fastnachtsspiele aus dem 15. Jahrhundert. Erster Theil, S. 183. Vgl. Stefan Rohrbacher/Michael Schmidt: Judenbilder, S. 184. »Einfallsreich, witzig, realistisch« fanden noch 1978 zwei maßgebliche bundesdeutsche Fachleute, ohne jede Einschränkung, die Fastnachtsspiele des Hans Folz (H. A. und E. Frenzel: Daten deutscher Dichtung. Band I, S. 81).

5 Walter Scott: Ivanhoe, S. 222

6 Vgl. Dieter Pohl: Nationalsozialistische Judenverfolgung in Ostgalizien 1941–1944. Organisation und Durchführung eines staatlichen Massenverbrechens. München 1996, S. 61

7 Vgl. Dieter Pohl, a. a. O., S. 293 f., und Michel Alexandre: Der Judenmord. Deutsche und Österreicher berichten. Köln 1998, S. 40

8 Primo Levi: Die Untergegangenen und die Geretteten. München und Wien 1990, S. 114

9 Ebd., S. 115. Vgl. auch Janet Anschütz/Kerstin Meier/Sanja Obajdin: »... dieses leere Gefühl, und die Blicke der anderen ...« Sexuelle Gewalt gegen Frauen. In: Frauen in Konzentrationslagern. Hrsg. von Claus Füllberg-Stolberg, Martina Jung, Renate Riebe und Martina Scheitenberger. Bremen 1994, S. 123–133, hier S. 123–127

10 Ewald Hanstein: Meine hundert Leben. Erinnerungen eines deutschen Sintos. Aufgezeichnet von Ralf Lorenzen. Bremen 2005, S. 48

11 Annette Grossbongardt: »Komm zu Mengele«. In: *Der Spiegel* 42/1999, S. 212–218, hier S. 212

12 Ebd., S. 218

13 Krystyna Zywulska: Tanz, Mädchen ... Vom Warschauer Getto nach Auschwitz. Ein Überlebensbericht. München 1988, S. 217 f.

14 Trudi Birger (zusammen mit Jeffrey M. Green): Im Angesicht des Feuers. Wie ich der Hölle des Konzentrationslagers entkam. München und Zürich 1990, S. 134 und 137, zitiert nach Hans Peter Duerr, a. a. O., S. 316 (siehe Anmerkung 2). An anderer Stelle hat Duerr die spärlichen Berichte über Vergewaltigungen von Jüdinnen durch SS-Männer zusammengefaßt (Hans-Peter Duerr: Der Mythos vom Zivilisationsprozeß. Band 5, S. 459 f.).

15 Zitiert nach Gideon Greif: Wir weinten tränenlos ... Augenzeugenberichte der jüdischen »Sonderkommandos« in Auschwitz. Köln, Weimar und Wien 1995, S. 20. Weitere Beispiele referiert Hans Peter Duerr: Der Mythos vom Zivilisationsprozeß. Band 3, S. 312–318

16 Zitiert nach: Nationalsozialistische Massentötungen durch Giftgas. Eine Dokumentation. Hrsg. von Eugen Kogon, Hermann Langbein, Adalbert Rückerl u. a. Frankfurt am Main 1983, S. 181. Das gleiche hat Reuben Ainsztein bezeugt, ein anderer jüdischer Überlebender des Konzentrationslagers Treblinka. Über das Verhalten des SS-Untersturmführers Kurt Hubert Franz in den Momenten, während die Häftlinge zu den Gaskammern getrieben wurden, hat Ainsztein berichtet: »An Tagen, an denen Franz die Aufsicht führte, pflegte er seinen auf menschliche Genitalen [*sic*] scharfgemachten Mischlingshund Barry auf die nackten Häftlinge zu hetzen« (Reuben Ainsztein: Jüdischer Widerstand im deutschbesetzten Osteuropa, S. 402 f.).

17 [Anonym:] Können die Juden ohne Nachtheil für den Staat, bei ihrer jetzigen Verfassung bleiben? Berlin 1803, S. 61 f., zitiert nach Rainer Erb/Werner Bergmann: Die Nachtseite der Judenemanzipation, S. 177. Der jüdische Kulturhistoriker Ludwig Geiger hat die von jenem Autor verlangte »Castration der Knaben außer den Erstgebornen« vermerkt und den Vorschlag mit Humor pariert: Der Anonymus, schrieb Geiger 1871, liege »außer mit den Juden auch mit der deutschen Grammatik in einem Kampf, der für den Leser höchst ergötzlich ist« (Geschichte der Juden in Berlin. II. Anmerkungen, Ausführungen und Urkundliche Beilagen. Berlin 1871, S. 308).

18 Rainer Erb/Werner Bergmann, a. a. O., S. 178. Zum jüdischen Beschneidungsritual und seiner Rolle in den Sexualphantasien von Antisemiten vgl. Gary Taylor: Castration. An Abbreviated History of Western Manhood. New York und London 2000, S. 164

19 Scriptores Historiae Augusta, Hadrian 14. 2: »Moverunt ea tempestate et Iudaei bellum, quod vetabantur mutilare genitalia« (vgl. Benjamin Isaac: The Invention of Racism in Classical Antiquity, S. 473). Gemeint war die Erhebung unter Bar Kochba in den Jahren 132–135: Es hieß, daß die Juden in Palästina sich damals gegen die Politik des römischen Kaisers Hadrian gewehrt hätten, weil er die Beschneidung mit der Kastration gleichgesetzt und sie unter Androhung der Todesstrafe verboten habe (vgl. Felix Bryk: Die Beschneidung bei Mann und Weib. Ihre Geschichte, Psychologie und Ethnologie. Neubrandenburg 1931, S. 106; Paul Johnson: A History of the Jews, S. 140 f.; Neues Lexikon des Judentums. Hrsg. von Julius H. Schoeps. Gütersloh und München 1998, S. 320). »Die schroffe und feindselige Sprache, *genitalia mutilare*, wiederholt vermutlich die Ausdrucksweise der kaiserlichen Verordnung. Das griechische Wort lautete wohl *katatémnein*, d. h. ›verstümmeln‹, statt des üblichen *peritémnein*, ›beschneiden‹. Ob Zufall oder nicht, der Apostel Paulus von Tarsos nannte im *Philipper-Brief* die Beschneidung *katatomé*, ›Verstümmelung‹, nicht *peritomé*. Im *Galater-Brief* ging er weiter: ›Diese Agitatoren, die auf Beschneidung beharren, sollten sich besser selbst verschneiden‹, mit anderen Worten: sich selbst kastrieren« (Anthony R. Birley: Hadrian – Der rastlose Kaiser. Mainz 2006, S. 84). Der Zeitpunkt der Verkündung des hadrianischen Beschneidungsverbots, sein Geltungsbereich und sein Zusammenhang mit dem Bar-Kochba-Aufstand sind in der Fachliteratur allerdings ebenso umstritten wie die Zuverlässigkeit der Quellen. Vgl. E. Mary Smallwood: The Legislation of Hadrian and Antoninus Pius Against Circumcision. In: *Latomus* 18 (1959), S. 334–347, und 20 (1961), S. 93–96; Hugo Mantel: The Causes of the Bar Kokba Revolt. In: *The Jewish Quarterly. New Series* 58 (1967/68), S. 224–242, hier S. 231–236; Leo Mildenberg: Bar Kokhba Coins and Documents. In: *Harvard Studies in Classical Philology* 84 (1980), S. 311–335, hier S. 334 f.; Peter Schäfer: Der Bar Kokhba-Aufstand. Studien zum zweiten jüdischen Krieg gegen Rom. Tübingen 1981, S. 38–50; Lester L. Grabbe: Judaism from Cyrus to Hadrian. London 1994, S. 570–575. Für eine Geschichte der Phantasien über die Juden ist die Frage nach der Authentizität des Verbots allerdings zweitrangig: »The history that is dreamed is also the historian's terrain« (Alain Demurger: Vie et mort de l'Ordre du Temple. Paris 1985, S. 9, zitiert nach der englischen Übersetzung von Daniel Pipes: The Hidden Hand, S. 1).

20 Vgl. Wolfgang Bunte: Die Zerstörung Jerusalems in der mittelniederländischen Literatur (1100–1600). Frankfurt am Main u.a. 1992, S.15f.

21 Vgl. Solomon Grayzel: The Church and the Jews in the XIIIth. Century. A Study of their Relations during the Years 1198–1245, based on the Papal Letters and the Conciliar Decrees of the Period. New York 1966, S. 264f.; Heinz Schreckenberg: Die christlichen Adversus-Judaeos-Texte, S.173. Zur Kastration unterworfener Feinde vgl. Hans Peter Duerr: Der Mythos vom Zivilisationsprozeß. Band 3, S. 274–283. Zur Kastration im abendländischen Strafrecht vgl. Karl v. Amira: Die germanischen Todesstrafen. Untersuchungen zur Rechts- und Religionsgeschichte. München 1992, S. 62. Zur Kastration als mittelalterlicher Gerichtsstrafe für sexuelle Vergehen vgl. Mathew S. Kuefler: Castration and Eunuchism in the Middle Ages. In: Handbook of Medieval Sexuality. Hrsg. von Vern L. Bullough und James A. Brundage. New York und London 2000, S.279–306, hier S.288f.

22 Vgl. Walter Pakter: Medieval Canon Law and the Jews. Ebelsbach 1988, S.290. Der in Avignon tätige Rechtsgelehrte Oldradus de Ponte gab an, das abgeschnittene Geschlechtsteil des Delinquenten gesehen zu haben (vgl. Norman Zacour: Jews and Saracens in the Consilia of Oldradus de Ponte. Toronto 1990, S.70 und 90). Auch unter Papst Alexander VI., dessen Amtszeit von 1492 bis 1503 währte, sollen Juden, die sexuell mit einer Christin verkehrt hatten, mit der Kastration bestraft worden sein. Das Recht der mittelitalienischen Stadt Marcerata von 1553 sah als zusätzliche Strafe nach der Kastration den Tod vor (vgl. Peter Browe: Zur Geschichte der Entmannung. Eine religions- und rechtsgeschichtliche Studie. Breslau 1936, S.77).

23 Jacob Döpler: Theatrum poenarum, cap. LIV, S.1022f. Döpler folgt hier dem seit 1568 in mehreren Auflagen erschienenen Werk von Andreas Hondorff: Promptvarivm Exemplorvm. Das ist: Historien vnd Exempelbvch nach Ordnung vnd Disposition der Heiligen Zehen Gebott Gottes [...] Frankfurt am Main 1572, S.350a. Im Jahre 1596 soll wiederum in Mantua ein Jude zur Strafe für den Beischlaf mit einer Christin öffentlich kastriert worden sein (vgl. Norbert Schnitzler: Juden vor Gericht: Soziale Ausgrenzung durch Sanktionen. In: Herrschaftliches Strafen seit dem Hochmittelalter. Formen und Entwicklungsstufen. Hrsg. von Hans Schlosser, Rolf Sprandel und Dietmar Willoweit. Köln u.a. 2002, S. 285–308, hier S.294).

24 Friedrich Ludwig Jahn: Deutsches Volkstum. In: ders., Werke. Hrsg. von Carl Euler. Bd.1. Hof 1884, S.143–380, hier S.357

25 Hartwig von Hundt-Radowsky: Judenspiegel, S.144

26 Arthur Schopenhauer: Die Welt als Wille und Vorstellung. Zweiter Band, welcher die Ergänzungen zu den vier Büchern des ersten Bandes enthält. In: ders., Werke in fünf Bänden. Nach den Ausgaben letzter Hand hrsg. von Ludger Lütkehaus. Band II. Zürich 1994, S.612

27 Gang und gäbe war im neunzehnten Jahrhundert in den Südstaaten der USA die durch Pöbelhaufen vollstreckte Kastration von Schwarzen, die mit weißen Frauen geschlafen hatten (vgl. James W. Messerschmidt: Men victimizing Men. The Case of Lynching, 1865–1900. In: Masculinities and Violence. Hrsg. von Lee H. Bowker. Thousand Oaks, London und Neu Delhi 1998, S. 125–151, hier S. 144ff.; Mason Stokes: The Color of Sex. Whiteness, Heterosexuality and the Fictions of White Supremacy. Durham und London 2001, S.149f.).
Übergriffe dieser Art kamen auch im zwanzigsten Jahrhundert vor. »Im Jahre 1934 zwang ein weißer Mob zunächst einen Neger, die Genitalien, die man ihm zuvor abgeschnitten hatte, vor aller Augen zu essen. Dann ermordete man ihn und hängte seine nackte Leiche an einen Ast« (Hans Peter Duerr: Der Mythos vom Zivilisationsprozeß. Band 5, S.573, Anmerkung 356). Für solche Ausschreitungen des Mobs soll 1855 in Kansas eine legale Grundlage geschaffen worden sein, der zufolge ein Wundarzt die Kastration auszuführen hatte, unter Aufsicht des örtlichen Sheriffs (vgl. Géza von Hoffmann: Die Rassenhygiene in den Vereinigten Staaten von Nordamerika. München 1913, S.90). Für alles, was jenseits der gesetzlich geregelten Sphäre vor sich ging, steht beispielhaft die Tat von Soldaten der First Colorado Cavalry, die 1864, nach einem

Massaker an den Cheyenne, die Leichen der getöteten Indianerinnen exhumierten, um ihnen die Genitalien herauszuschneiden (vgl. Stan Hoig: The Sand Creek Massacre. Norman 1961, S. 180 ff.; Hans Peter Duerr: Der Mythos vom Zivilisationsprozeß. Band 3, S. 291 f.).
Von Zuständen und Zugriffsmöglichkeiten wie im Wilden Westen konnten europäische Rassisten zwischen den großen Pogromen nur träumen. Ende des neunzehnten Jahrhunderts kehrte der Pfarrer Friedrich Frank, der sich selbst nicht für einen Antisemiten hielt, den Spieß um und kolportierte ein altes Gerücht, das besagte, es seien »besonders im achten und neunten Jahrhundert Christenknaben von den Juden abgefangen, entmannt und in die türkischen Harems verkauft« worden (Friedrich Frank: Die Kirche und die Juden. Eine Studie. Regensburg [3]1893, S. 57).

28 Julius Tandler: Gefahr der Minderwertigkeit. Sonderdruck aus dem Jahrbuch 1928 des Wiener Jugendhilfewerks. Wien 1928, S. 11 und 14, zitiert nach Peter Weingart: Politik und Vererbung. In: Wissenschaft auf Irrwegen. Biologismus – Rassenhygiene – Eugenik. Hrsg. von Peter Propping und Heinz Schott. Bonn und Berlin 1992, S. 23 – 43, hier S. 34

29 *Westdeutscher Beobachter*, 19. 2. 1935, zitiert nach H[ans].-Dieter Arntz: Judaica. Juden in der Voreifel. Euskirchen [2]1983, S. 202

30 Hans Puvogel: Die leitenden Grundgedanken bei der Entmannung gefährlicher Sittlichkeitsverbrecher. Düsseldorf 1937, S. 12. Zur zwangsweisen Kastration von Homosexuellen im Dritten Reich und zur Kastrationslust nationalsozialistischer Mediziner vgl. Burkhard Jellonek: Homosexuelle unter dem Hakenkreuz. Die Verfolgung von Homosexuellen im Dritten Reich. Paderborn 1990, S. 140 – 171. In einem 1942 oder etwas später verfaßten Bericht aus dem Reichsjustizministerium heißt es: »Im Kampf gegen den gefährlichen Verführer oder gewalttätigen Sexuellen muß jedes Mittel recht sein, das auch nur eine entfernte Aussicht bietet, der Seuche Einhalt zu gebieten.« Die Verfehlungen von Homosexuellen seien »so schwerwiegend, daß die Zwangskastration auch als schwerste leibliche Strafe angebracht ist« (zitiert nach Claudia Schoppmann: Nationalsozialistische Sexualpolitik und weibliche Homosexualität. Pfaffenweiler 1991, S. 218).

31 Alfred G. Meyer: Mein Verhältnis zu Deutschland und zum Jude sein. In: Ein Spiegel des eigenen Ich. Selbstzeugnisse antisemitisch Verfolgter. Hrsg. von Joachim Meynert. Bielefeld 1988, S. 158 – 185, hier S. 167

32 Zitiert nach Karl Ibach: Kemna, S. 51

33 Zitiert nach Karl Ibach, ebd., S. 68. Der Sozialdemokrat Wilhelm Hoegner hat notiert, was ihm bei seiner Flucht aus Deutschland ein Journalist anvertraute, der aus dem KZ Dachau entlassen worden war: »Man riß den Opfern die Hemden und Hosen herunter. Dann wurde einer nach dem andern auf den Boden gelegt und vor den Augen seiner Leidensgefährten geschlagen. [...] Einem kleinen Juden schlugen sie die Hoden zu Brei« (Wilhelm Hoegner: Flucht vor Hitler. Erinnerungen an die Kapitulation der ersten deutschen Republik 1933. München [2]1978, S. 171).

34 Vgl. Bruno Bettelheim: Aufstand gegen die Masse. Die Chance des Individuums in der modernen Gesellschaft. München 1964, S. 136

35 Vgl. Franco Ruault: »Neuschöpfer des deutschen Volkes«, S. 350

36 Bernard Goldstein: Die Sterne sind Zeugen, S. 112

37 Vgl. Bernhard Press: Judenmord in Lettland 1941 – 1945. Berlin [2]1995, S. 37

38 Zitiert nach Hermann Langbein: Der Auschwitz-Prozeß. Band 1, S. 289

39 Zitiert nach Hermann Langbein, ebd., S. 382. Auch die Zeugin Jenny Schauer sagte vor Gericht aus, Boger habe es bei seinen Folterungen »auf die Geschlechtsteile abgesehen« gehabt; zitiert nach Hermann Langbein, ebd., S. 514

40 Wolfgang Sofsky: Die Ordnung des Terrors. Das Konzentrationslager. Frankfurt am Main 1993, S. 260 f.

41 Vgl. Gisela Bock: Zwangssterilisation im Nationalsozialismus. Studien zur Rassenpolitik und Frauenpolitik. Opladen 1986. »Vor dem Anbruch des 20. Jahrhunderts und seiner Technik konnte ein auf Zerstörung versessener Geist nicht einmal in der Phantasie mit den Gedanken spielen, die die Nazis in die Tat umsetzen sollten« (Raul Hilberg: Die Vernichtung der europäischen Juden. Band 3, S. 1267).

42 Brief vom 23. Juni 1942, zitiert nach Alexander Mitscherlich/Fred Mielke: Das Diktat der Menschenverachtung, S. 155. Vgl. Raul Hilberg: Die Vernichtung der europäischen Juden. Band 2, S. 1009 f.

43 Zitiert nach Friedrich Karl Kaul: Ärzte in Auschwitz. Berlin 1968, S. 280 f.

44 Ernst Klee: »Den Hahn aufzudrehen war ja keine große Sache«. Vergasungsärzte während der NS-Zeit und danach. In: *Dachauer Hefte* 4/1988, S. 1–21, hier S. 8

45 Zitiert nach Alexander Mitscherlich / Fred Mielke: Das Diktat der Menschenverachtung, S. 156 f. Zu Josef Mengeles Sterilisations- und Kastrationsoperationen in Auschwitz vgl. Ulrich Völklein: Josef Mengele. Der Arzt von Auschwitz. Göttingen 1999, S. 164 ff.

46 Im Frühjahr 1945, nach all den Jahren, in denen ihm Millionen Frauen zu Füßen gelegen hatten, spottete Hitler, in einem denkwürdigen Kommentar zu seiner persönlichen Technik der Brautwerbung, über den europäischen Kontinent: »Er konnte nicht mit Charme und Überzeugungskraft erobert werden. Man mußte ihn vergewaltigen, um ihn zu haben« (zitiert nach Joachim C. Fest: Hitler, S. 1032).

47 Zitiert nach Alexander Mitscherlich/Fred Mielke: Das Diktat der Menschenverachtung, S. 161

48 Erzählte Geschichte. Berichte von Widerstandskämpfern und Verfolgten. Band 3: Jüdische Schicksale. Hrsg. vom Dokumentationsarchiv des österreichischen Widerstandes. Wien 1992, S. 188

49 Bernard Klieger: Der Weg, den wir gingen. (Reportage einer höllischen Reise.) Brüssel 1957, S. 78 f.

50 Joseph Schupack: Tote Jahre. Eine jüdische Leidensgeschichte. Tübingen 1984, S. 151

51 Jacob Goldstein/Irving F. Lukoff/Herbert A. Strauss: Individuelles und kollektives Verhalten in Nazi-Konzentrationslagern. Soziologische und psychologische Studien zu Berichten ungarisch-jüdischer Überlebender. Frankfurt am Main und New York 1991, S. 18; vgl. auch ebd., S. 86–92. »Das verfügbare Material legt die Beobachtung nahe, daß es eine virtuelle Abwesenheit des Geschlechtstriebes und der sexuellen Potenz unter der großen Mehrheit der jüdischen Häftlinge in Konzentrationslagern während der letzten Phasen des Krieges gab, als die Ernährung der Häftlinge extrem gering war« (ebd., S. 88).

52 Zitiert nach Gitta Sereny: Am Abgrund: Gespräche mit dem Henker. Franz Stangl und die Morde von Treblinka. München 1995, S. 282

53 Karl Röder: Nachtwache. 10 Jahre KZ Dachau und Flossenbürg. Wien u. a. 1985, S. 98. Paul Thygesen, ein Zeuge, der in den letzten Kriegsmonaten als Häftlingsarzt in Außenkommandos des Konzentrationslagers Neuengamme beschäftigt war, gewann bei seiner Arbeit »den Eindruck, daß es keine großen sexuellen Probleme in den Konzentrationslagern gab, und in jedem Fall legte die unwahrscheinliche Zusammenballung von Menschen eine fast unüberwindliche Sperre vor eine praktische Lösung derselben. Als ein Teil in der allgemeinen Ausschaltung und Unterdrückung aktiver Instinkte erlitt auch das Sexualleben ein entsprechendes Schicksal« (Paul Thygesen: Arzt im Konzentrationslager. In: Das KZ Husum-Schwesing. Außenkommando des Konzentrationslagers Neuengamme. Materialien zu einem dunklen Kapitel nordfriesischer Geschichte. Hrsg. von Klaus Bästlein. Bredstedt/Bräist 1983, S. 7–29, hier S. 24).

54 Viktor E. Frankl: ... trotzdem Ja zum Leben sagen. Ein Psychologe erlebt das Konzentrationslager. München ^{2}1978, S. 57 f. Es gibt eine gegenteilige Aussage von Krystyna Zywulska: »Um diese Zeit war die Atmosphäre überall mit Erotik geladen. Gerade deswegen, weil es verboten war, gerade deswegen, weil überall der allmächtige Tod herrschte. Allem zum Trotz, der Vernunft zum Trotz, ohne Überlegung, ohne Vorbedacht umarmten sich die Leute und verbanden sich für einen kurzen Augenblick, um sich am Leben zu berauschen, um sich zu vergnügen, solange es noch möglich war, solange sie noch am Leben waren. Denn in einer Minute hätte es schon zu spät sein können, weil nicht allzu weit entfernt die anderen entweder schon verwesten oder verbrannt wurden« (Krystyna Zywulska: Wo vorher Birken waren. Überlebensbericht einer jungen Frau aus Auschwitz-Birkenau. München 1979, S. 213 f.). Zugetroffen hat das aber sicherlich nicht für die Mehrheit der erschöpften, nahezu verhungerten und bereits vom Tode gezeichneten Häftlinge.

55 William G. Niederland: Folgen der Verfolgung: Das Überlebenden-Syndrom. Seelenmord. Frankfurt am Main 1980, S. 172

56 »Anläßlich einer Kontrollfahrt außerhalb des Ghettos, der Ghettomauer entlang, sah Stroop einen Mann, für ihn mit verdächtigem Aussehen der jüdischen Rasse, des Weges kommen. Er sprach ihn an, und dieser Mann, der für mich unzweifelhaft ein Pole war, beherrschte zu seinem Unglück die deutsche Sprache (alle Juden konnten deutsch). Stroop erklärte sofort: ›Das ist ein Jude!‹ und ließ ihn durch Brandt auf die jüdischen Merkmale (Beschneidung!) untersuchen. Brandt, der wohl seine Aufgabe nicht gewissenhaft durchführte, erklärte, daß er nicht genau feststellen kann, ob dieser Mann diese jüdischen Merkmale einwandfrei besitze. Stroop erklärte, daß dieser Mann Jude sei und ließ ihn an Ort und Stelle erschießen« (Aussage des ehemaligen SS-Obersturmführers Franz Konrad, zitiert nach Wolfgang Scheffler/Helge Grabitz: Der Ghetto-Aufstand Warschau 1943 aus der Sicht der Täter und Opfer in Aussagen vor deutschen Gerichten. München 1993, S. 173).

57 Emanuel Ringelblum: Ghetto Warschau. Tagebücher aus dem Chaos. Stuttgart 1967, S. 119

58 Bzw. »Szmalcowniki«. Vgl. Calel Perechodnik: Bin ich ein Mörder?, S. 231 und 311, Anmerkung 44. »In Warschau entstand sogar ein ganz neuer Beruf: Judenspürhund« (ebd., S. 147).

59 Bernard Goldstein: Die Sterne sind Zeugen, S. 221

60 Joachim Fest: Der Untergang. Hitler und das Ende des Dritten Reiches. Eine historische Skizze. Berlin 2002, S. 150

61 Adolf Hitler, zitiert nach: *Völkischer Beobachter*, 25. Januar 1928, S. 2

62 Vgl. Tom Segev: Die Soldaten des Bösen. Zur Geschichte der KZ-Kommandanten. Reinbek 1992, S. 167

63 Calel Perechodnik: Bin ich ein Mörder?, S. 28

64 Ebd., S. 29

65 Klaus Drobisch/Günther Wieland: System der NS-Konzentrationslager 1933–1939. Berlin 1993, S. 126

66 Vgl. Walter Poller: Arztschreiber in Buchenwald. Bericht des Häftlings 996 aus Block 36. Offenbach/M. 1960, S. 136 f.

67 Zitiert nach Falk Pingel: Häftlinge unter SS-Herrschaft. Hamburg 1978, S. 78

68 Hans Maršálek: Die Geschichte des Konzentrationslagers Mauthausen. Dokumentation. Wien ^{2}1980, S. 50

69 Karl Ibach: Kemna, S. 68

70 Walter Grab: »Die Juden sind Ungeziefer, ausgenommen mein jüdischer Schulkamerad Grab«. In: »Niemand war dabei und keiner hat's gewußt«, S. 45–50, hier S. 47 f.

71 Buch der Agonie, S. 103

72 Zitiert nach Raul Hilberg: Die Vernichtung der europäischen Juden. Band 1, S. 199

73 Zitiert nach *Konkret* 12/1995, S. 10

Von Fäkalzylindern und phallischen Müttern

1 Max Horkheimer: Egoismus und Freiheitsbewegung. Zur Anthropologie des bürgerlichen Zeitalters. In: ders., Kritische Theorie. Eine Dokumentation. Hrsg. von Alfred Schmidt. Band II. Frankfurt am Main 1968, S. 1–81, hier S. 70

2 Theodor W. Adorno: Studien zum autoritären Charakter, S. 3

3 Theodor W. Adorno: Sexualtabus und Recht heute. In: ders., Eingriffe. Neun kritische Modelle. Frankfurt am Main 1963, S. 99–124, hier S. 102

4 Theodor W. Adorno: Kritik des Musikanten. In: ders., Dissonanzen. Musik in der verwalteten Welt. Göttingen [4]1969, S. 62–101, hier S. 78

5 Wilhelm Reich: Die Massenpsychologie des Faschismus, S. 82

6 Ebd., S. 142

7 Ebd., S. 152 f.

8 Zur widersprüchlichen Sexualpolitik der Nationalsozialisten vgl. Dagmar Herzog: Die Politisierung der Lust

9 Wilhelm Reich: Die Massenpsychologie des Faschismus, S. 112

10 Erik H. Erikson: Kindheit und Gesellschaft. Stuttgart [2]1965, S. 348

11 Sigmund Freud: Analyse der Phobie eines fünfjährigen Knaben. In: ders., Gesammelte Werke. Chronologisch geordnet. Siebenter Band. Werke aus den Jahren 1906–1909. London 1947, S. 241–377, hier S. 271. Dieser Auffassung blieb Freud treu. »Es scheint mir unabweisbar anzunehmen, daß hier auch eine Wurzel des bei abendländischen Völkern so elementar auftretenden und sich so irrationell gebärdenden Judenhasses zu suchen ist. Die Beschneidung wird von den Menschen unbewußterweise der Kastration gleichgesetzt« (Sigmund Freud: Eine Kindheitserinnerung des Leonardo da Vinci. In: ders., Gesammelte Werke. Chronologisch geordnet. Achter Band. Werke aus den Jahren 1909–1913. London 1948, S. 127–211, hier S. 165).

12 Otto Fenichel: Elemente einer psychoanalytischen Theorie des Antisemitismus. In: ders., Aufsätze. Band II. Hrsg. von Klaus Laermann. Olten 1981, S. 373–389, hier S. 380 (zuerst veröffentlicht in: Anti-Semitism. A Social Disease. Hrsg. von Ernst Simmel. New York 1946)

13 Jean-Paul Sartre: Betrachtungen zur Judenfrage. Psychoanalyse des Antisemitismus. Zürich 1948, S. 40. Einen ähnlichen Gedanken hat 1966 Friedrich G. Friedmann nach einigen Ausführungen über den Ausschluß der mitteleuropäischen Juden vom Landbesitz und den üblichen Gewerbezweigen und die den Juden aufgezwungene Beschränkung auf den Geldhandel entwickelt: »Für den Christen war es eine Ausstoßung oder Verdinglichung eines Teils seines eigenen Ichs, so daß im Grunde der Haß gegen die Juden einen verkappten Selbsthaß und jene Schaffung des unauthentischen Ichs der Juden eine Entlastung des eigenen Ichs darstellte. Die Situation im Süden der Vereinigten Staaten in bezug auf den Neger war zumindest bis vor wenigen Jahren nicht wesentlich anders. Hier war es der weiße Puritaner, der innerhalb seines Systems u.a. die Ambivalenz des Sexuellen nicht akzeptieren konnte und deshalb Vorstellungen einer primitiven Sexualität in die Persönlichkeit des Negers hineinprojizierte und diese dadurch mit etwas ihr Wesensfremdem belastete« (Friedrich G. Friedmann: Auswanderung

und Rückkehr – Gedanken zur nationalsozialistischen Universität. In: ders. u. a., Die deutsche Universität im Dritten Reich. München 1966, S. 215–240, hier S. 236 f.).

14 Rudolph M. Loewenstein: Psychoanalyse des Antisemitismus. Frankfurt am Main 1968, S. 39 f. Die französische Originalausgabe erschien 1952.

15 Eleonore Sterling: Er ist wie du. Aus der Frühgeschichte des Antisemitismus in Deutschland (1815 – 1850). München 1956, S. 77 f.

16 Golo Mann: Der Antisemitismus. Wurzeln, Wirkung und Überwindung. München 1960, S. 27. Ganz in diesem Geist äußerte sich im Oktober 2006 auch ein Richter des Amtsgerichts Saarbrücken, um zu begründen, weshalb er ein Ermittlungsverfahren gegen einen Mann einleite, der antisemitischen Demonstranten eine Fahne Israels entgegengehalten hatte und von ihnen angegriffen worden war: »Der Beschuldigte ist nach den bisherigen Ermittlungen verdächtig, mit weiteren Personen am 24.07.2006 in Saarbrücken während einer genehmigten Demonstration des Vereins ›Albatoul‹ durch Hochheben israelischer Flaggen und Rufen ›Hoch lebe Israel‹ bei einem Teil der, wie ihm bekannt, antiisraelisch eingestellten Demonstranten emotionsgeladene Wutausbrüche und infolgedessen von diesen ausgehende Handgreiflichkeiten und volksverhetzende Äußerungen wie ›Tod den Juden‹ verursacht zu haben, wobei er beabsichtigte, daß infolge der durch seine Provokation ausgelösten und von ihm durch seine Aktion allein bezweckten Tumulte und Straftaten die Demonstration gesprengt und die weitere Durchführung vereitelt werde« (zitiert nach *konkret* 12/2006, S. 4). Der Gegendemonstrant hatte es, dieser Rechtsauffassung zufolge, an Takt und Bescheidenheit fehlen lassen und sich die Folgen selbst zuzuschreiben.

17 Klemens Felden: Die Übernahme des antisemitischen Stereotyps als soziale Norm durch die bürgerliche Gesellschaft Deutschlands (1875 – 1900). Heidelberg 1963, S. 58

18 Saul Friedländer: Die politischen Veränderungen der Kriegszeit und ihre Auswirkungen auf die Judenfrage. In: Deutsches Judentum in Krieg und Revolution, S. 27 – 65, hier S. 63

19 Johann Schmidt: Feuriger Drachen *Gifft* und Wütiger Ottern Gall [...] Coburg 1682, S. 114, zitiert nach Nicoline Hortzitz: Die Sprache der Judenfeindschaft in der frühen Neuzeit, S. 241

20 Rosemarie Leuschen-Seppel: Sozialdemokratie und Antisemitismus im Kaiserreich, S. 123

21 Klaus Theweleit: Männerphantasien, Bd. 1 und 2

22 Wolfgang Altgeld: Katholizismus, Protestantismus, Judentum. Über religiös begründete Gegensätze und nationalreligiöse Ideen in der Geschichte des deutschen Nationalismus. Mainz 1992, S. 61

23 Ebd., S. 209

24 Raul Hilberg: Die Vernichtung der europäischen Juden. Band 1, S. 26

25 Michael Jeismann: Das Vaterland der Feinde. Studie zum nationalen Feindbegriff und Selbstverständnis in Deutschland und Frankreich 1792–1918. Stuttgart 1992, S. 57

26 Peter Brückner: Psychologie und Geschichte. Vorlesungen im »Club Voltaire« 1980/81. Berlin 1982, S. 70

27 Karl Kraus: Sittlichkeit und Kriminalität. Wien und Leipzig 1923, 3. – 7. Tausend, S. 134

28 Avicenna [d. i. Fritz Wittels]: Die Lustseuche. In: *Die Fackel* 238/1907, S. 1 – 24, hier S. 11

29 William Shakespeare: König Lear. In: Shakespeare's dramatische Werke, übersetzt von August Wilhelm von Schlegel und Ludwig Tieck. Hrsg. von Richard Gosche und Benno Tschischwitz. Erste illustrirte Ausgabe. Siebenter Band. Berlin 1874, S. 225 – 368, hier S. 338 (IV, 6)

30 Leo Löwenthal/Norbert Gutermann: Agitation und Ohnmacht. Auf den Spuren Hitlers im Vorkriegsamerika. Neuwied und Berlin 1966, S. 37

31 Jacob Katz: Vom Vorurteil bis zur Vernichtung, S. 246

32 Ebd., S. 247

33 Margarete Mitscherlich: Die friedfertige Frau. Frankfurt am Main 1985, S. 155 f.

34 Karin Windaus-Walser: Frauen im Nationalsozialismus. Eine Herausforderung für die feministische Theoriebildung. In: Töchter-Fragen. NS-Frauen-Geschichte. Hrsg. von Lerke Gravenhorst und Carmen Tatschmurat. Freiburg 1990, S. 59 – 72, hier S. 65 f. Als Belege führt die Autorin an: Helga Schubert, Judasfrauen. Zehn Fallgeschichten weiblicher Denunziation im »Dritten Reich«. Frankfurt am Main 1990; Claude Lanzmann: Shoah. München 1988, S. 123 f.

35 Sigrun Anselm: Angst und Angstprojektion in der Phantasie vom jüdischen Ritualmord. In: Die Legende vom Ritualmord. Zur Geschichte der Blutbeschuldigung gegen Juden. Hrsg. von Rainer Erb. Berlin 1993, S. 253 – 265, hier S. 255

36 Der Historiker Friedrich Lotter hat Ritualmordvorwürfe referiert, die in der Antike gegen Kanaaniter, Juden, Christen und christliche Häretiker, im Mittelalter gegen Katharer und Waldenser und in der Neuzeit gegen Protestanten und Freimaurer erhoben wurden, und hinzugefügt: »Angesichts dieser Beobachtungen muß es eher wundernehmen, daß im christlichen Herrschaftsbereich über ein Jahrtausend lang diese Anklage gegen Juden nicht erhoben wurde. Auch führt kein Weg von den hellenistischen Verleumdungen zu den hochmittelalterlichen Blutbeschuldigungen« (Friedrich Lotter: Aufkommen und Verbreitung von Ritualmord- und Hostienfrevelanklagen gegen Juden. In: Die Macht der Bilder, S. 60 – 78, hier S. 61).

37 Elisabeth Brainin/Vera Ligeti/Samy Teicher: Vom Gedanken zur Tat. Zur Psychoanalyse des Antisemitismus. Frankfurt am Main 1993, S. 47

38 Karl Heinz Roth: Schöner neuer Mensch. Der Paradigmenwechsel der klassischen Genetik und seine Auswirkungen auf die Bevölkerungsbiologie des »Dritten Reichs«. In: Der Griff nach der Bevölkerung. Aktualität und Kontinuität nazistischer Bevölkerungspolitik. Hrsg. von Heidrun Kaupen-Haas. Nördlingen 1986, S. 11 – 63, hier S. 40

39 Franco Ruault: »Neuschöpfer des deutschen Volkes«, S. 133. Zu erfahren ist hier auch, daß Adolf Hitler »als Phantasma einer rächenden Mutter gewirkt« habe: »Hitler selber verkörperte in diesem Kampf die gefährliche, patriarchale ›Mutter‹, die den Kampf gegen die Juden zugunsten ihrer ›arischen‹ Kinder auszutragen hätte« (S. 154).

40 Gérard Mendel: Die Revolte gegen den Vater. Eine Einführung in die Soziopsychoanalyse. Frankfurt am Main 1972, S. 213. Die französische Originalausgabe erschien 1968.

41 Vgl. Alice Miller: Am Anfang war Erziehung. Frankfurt am Main 1980, S. 169 – 231

42 Jacques Brosse: Hitler avant Hitler. Essai d'interpretation psychanalytique. Paris 1972, S. 355, zitiert nach Erich Fromm: Anatomie der menschlichen Destruktivität. In: ders., Gesamtausgabe. Hrsg. von Rainer Funk. Band VII. Aggressionstheorie. Stuttgart 1980, S. 340, Anmerkung 3

43 Helm Stierlin: Adolf Hitler. Familienperspektiven. Frankfurt am Main 1975, S. 79

44 Béla Grunberger/Pierre Dessuant: Narzißmus, Christentum, Antisemitismus. Eine psychoanalytische Untersuchung. Stuttgart 2000, S. 440

45 Ebd., S. 442

46 Ebd., S. 476. Sir Peter Medawar, ein Träger des Nobelpreises für Medizin, hat dazu mit beißendem Spott bemerkt: »This psycho-historical approach authorises us to declare with certainty that Hitler's character make-up and behaviour point to Mrs Hitler's extreme severity with young Adolf's toilet-training, a subject of which we are luckily quite ignorant« (Peter Medawar: Pluto's Republic. Oxford und New York 1984, S. 72).

47 Klaus Theweleit: friendly fire. deadline-TEXTE. Frankfurt am Main und Basel 2005, S.266. Zu wissenschaftlichen Theorien über Adolf Hitlers Sexualität vgl. Ron Rosenbaum: Die Hitler-Debatte. Auf der Suche nach dem Ursprung des Bösen. München und Wien 1999, S.211–241

48 Günter Lempa: Der Lärm der Ungewollten. Psychoanalytische Erkundungen zu Fremdenfeindlichkeit, Gewalt und politischem Extremismus. Göttingen 2001, S.127

49 Anneliese Mannzmann: Läßt sich ein negativer historischer Tatbestand – wie die Verfolgung der Juden durch die Jahrhunderte – pädagogisch positiv beurteilen? In: Judenfeindschaft in Altertum, Mittelalter und Neuzeit. Hrsg. von Anneliese Mannzmann. Königstein/Ts. 1981, S. 11–28, hier S.20

50 Eine erschöpfende Auskunft über die unterschiedlichen Erklärungsmodelle bietet Lars Rensmann: Demokratie und Judenbild. Antisemitismus in der politischen Kultur der Bundesrepublik Deutschland. Wiesbaden [2]2005, S.13–215

51 Adolf Hitler: Mein Kampf. Zweiter Band, S.630

52 Ebd., S.343 f.

53 Adolf Hitler: Mein Kampf. Erster Band, S.279

54 Ebd., S.67

55 Arno Plack: Wie oft wird Hitler noch besiegt? Düsseldorf 1982, S.181

56 Alan Bullock: Hitler. Eine Studie über Tyrannei. Düsseldorf 1953, S.36. Olden hatte über Hitlers Sexualpathologie geschrieben: »Es könnte scheinen, daß ihm Sexualdinge ein Tabu sind. Aber nein, er spricht von ihnen. Allerdings nur in einer einzigen Beziehung, der zu den Juden. [...] Die Herkunft des Judenhasses aus dem Sexuellen ist bei Hitler unverkennbar. Ihm graut, wenn ›ein Nomade im Frack‹ sich christlichen Mädchen nähert. Er entdeckt ein besonders nahes ›Verhältnis des Judentums zur Prostitution und mehr noch dem Mädchenhandel‹. [...] Es ist die Sprache des Zurückgesetzten, des Benachteiligten, eine bittere Sprache, die hier gesprochen wird, die Sprache der Verzerrung, der maßlosen Übertreibung. Man fühlt die Not des Einsamen, Unbefriedigten, wie das Liebesglück der Anderen ihn verzehrt. Das Laster wie die Unschuld, alles ist nur für die Anderen da. Für die Fremden, die doch nur schlechter sein können als er. Verdammter, teuflischer Zauber! [...] Antisemitismus, der so wesentlich eine Form des Neids ist, kann bei Manchen [...] sich allein in der Gestalt des Geschlechtsneids erfüllen. Aber wann wäre der Mensch gesehen worden, dessen Sexualtrieb sich in der Befriedigung des Neids erschöpfte?« (Rudolf Olden: Hitler, S.46 f.)

57 Karl Kraus: Die dritte Walpurgisnacht. München 1967, S.200

58 Zum Sexualantisemitismus im *Stürmer* vgl. Dennis E. Showalter: Little Man, What Now? »Der Stürmer« in the Weimar Republic. Hamdon 1982, S.86–108

59 Franz Schauwecker: Der feurige Weg. Berlin 1930, S.180

60 Manfred von Killinger: SA-Männer – Landsknechte. In: *Der SA-Mann*, Folge 5 vom 2. Februar 1932, S.4, zitiert nach Sven Reichardt: Faschistische Kampfbünde. Gewalt und Gemeinschaft im italienischen Squadrismus und in der deutschen SA. Köln, Weimar und Wien 2002, S.635

61 Peter B. Neubauer: Die Reaktion auf Fremde und deren Beziehung zur Schuld. In: Antisemitismus. Hrsg. von Werner Bohleber und John S. Kafka. Bielefeld 1992, S.126–137, hier S.131

62 Christina von Braun: Sexualbilder im rassistischen Antisemitismus. In: Jüdische Kultur und Weiblichkeit in der Moderne. Hrsg. von Inge Stephan, Sabine Schilling und Sigrid Weigel. Köln, Weimar und Wien 1994, S.23–49, hier S.40

63 Ernst Fraenkel: Einleitung. In: Amerika im Spiegel des deutschen politischen Denkens. Äußerungen deutscher Staatsmänner und Staatsdenker über Staat und Gesellschaft in den Verei-

nigten Staaten von Amerika. Ausgewählt und eingeleitet von dems. Köln und Opladen 1959, S. 11 – 48, hier S. 46

64 Joachim C. Fest: Hitler, S. 64

65 Christina von Braun: Antisemitismus und Misogynie. Vom Zusammenhang zweier Erscheinungen. In: Von einer Welt in die andere, S. 179 – 196, hier S. 186

66 *Der Stürmer* 15/1927, S. 1

67 Christina von Braun: Der Hauptmann Dreyfus – die Brüder Lumière. Realer Körper und simulierte Wirklichkeit. In: Dreyfus und die Folgen. Hrsg. von Julius H. Schoeps und Hermann Simon in Zusammenarbeit mit Bernd Rother. Berlin 1995, S. 252 – 288, hier S. 257

68 Joachim C. Fest: Vorwort zur Neuausgabe. In: ders., Hitler, S. I – X, hier S. VIII

69 Zur Begriffsgeschichte vgl. Thomas Nipperdey/Reinhard Rürup: Antisemitismus. In: Geschichtliche Grundbegriffe. Historisches Lexikon zur politisch-sozialen Sprache in Deutschland. Hrsg. von O. Brunner u. a. Bd. 1. Stuttgart 1972, S. 129 – 153. Der Historiker Wolf-Daniel Hartwich hat die Judenfeindschaft »als gefährliche Altlast der kollektiven Erinnerung« beschrieben, »die durch die religionspolitischen Fusionsprozesse der abendländischen Zivilisation aufgeladen wurde und in ihren kulturellen Symbolsystemen eingelagert ist« (Wolf-Daniel Hartwich: Romantischer Antisemitismus. Von Klopstock bis Richard Wagner. Göttingen 2005, S. 19).

70 *Allgemeiner Anzeiger und Nationalzeitung der Deutschen*, Gotha, Nr. 143 vom 30. May 1831, zitiert nach Franz Josef Wiegelmann: Wieder die Juden!, S. 66

71 Paul Westheim: Kunstkritik aus dem Exil. Hanau 1985, S. 81. Mit Ziegler meinte Westheim Adolf Ziegler, den Präsidenten der Reichskammer der Bildenden Künste.

72 Vgl. Wilfried Schouwink: Der wilde Eber in Gottes Weinberg, S. 88

Der Moschusduft explodierender Märtyrer

1 Vgl. Robert Wistrich: Wer war wer im Dritten Reich?, S. 108

2 Aus Indonesien berichtet das Manuela Kessler: Händchenhalten verboten. In: *Süddeutsche Zeitung*, 11. Dezember 2006, S. 8

3 Vgl. Paul Johnson: A History of the Jews, S. 576 f.; Daniel Pipes: The Hidden Hand, S. 60, 127, 310 f.

4 Vgl. Götz Nordbruch: Leugnungen des Holocaust in arabischen Medien. Reaktionen auf »Die Gründungsmythen der israelischen Politik« von Roger Garaudy. In: Jahrbuch für Antisemitismusforschung 10. Hrsg. von Wolfgang Benz. Frankfurt am Main und New York 1992, S. 184 bis 203. Zur Kollaboration arabischer Politiker und Geistlicher mit den Nationalsozialisten vgl. Klaus Gensicke: Der Mufti von Jerusalem, Amin el-Husseini, und die Nationalsozialisten. Frankfurt am Main u. a. 1988; Mufti-Papiere. Briefe, Memoranden, Reden und Aufrufe Amin al-Husainis aus dem Exil 1940 – 1945. Hrsg. von Gerhard Höpp. Berlin [2]2004; Klaus-Michael Mallmann/Martin Cüppers: Halbmond und Hakenkreuz. Das Dritte Reich, die Araber und Palästina. Darmstadt 2006

5 Zitiert nach Hans Rauscher: Israel, Europa und der neue Antisemitismus. Wien 2004, S. 116. In ihren Kommuniqués hat die Führung der Hamas die palästinensischen Muslime ausdrücklich zum Kampf gegen die Verbreitung von Schmutz und Pornographie durch Israel aufgerufen: »To our Muslim Palestinian people, Allah's blessing and protection! May Allah strengthen

you and give you victory. Continue with your protection and your struggle against the occupation methods, the dispossessions, deportations, prisons, tortures, travel restrictions, the dissemination of filth and pornography, the corruption and bribery, the improper and humiliating behaviour, the heavy taxes, a life of suffering and degradation to honour and to the houses of worship« (zitiert nach Michael Kiefer: Antisemitismus in den islamischen Gesellschaften, S.119).

6 »Music dulls the mind, because it involves pleasure and ecstasy, similar to drugs. Your music I mean. Usually your music has not exalted the spirit, it puts it to sleep. And it destructs [*sic*] our youth who become poisoned by it, and then they no longer care about their country« (Chomeini in einem Interview mit Oriana Fallaci im *New York Times Magazine*, 7. Oktober 1979, zitiert nach Daniel Pipes: The Hidden Hand, S.216).

7 Zur Hinrichtung von Frauen wegen Prostitution und Kuppelei vgl. *Der Spiegel* 29/1979, S.79; zu öffentlichen Hinrichtungen von Regimegegnern im Iran unter Chomeini vgl. *Der Spiegel* 21/1979, S.132. In einem um die ganze Welt gegangenen Interview erwiderte Chomeini 1979 auf die Frage, was er zu der im Iran üblich gewordenen Erschießung von Ehebrecherinnen, Prostituierten und Homosexuellen zu sagen habe: »Wenn ein Finger brandig wird, was soll man tun? Warten, daß der Brand den Arm und dann den ganzen Körper zerfrißt oder – den Finger abschneiden? Ich weiß, es gibt Gesellschaften, die gestatten ihren Frauen, sich Männern zur Befriedigung der Lust zu schenken, die nicht ihre Ehemänner sind. Sie erlauben Männern, sich aus Lust anderen Männern hinzugeben. Aber im Islam wollen wir eine Politik verwirklichen, die die Gesellschaft reinigt; und um das zu erreichen, müssen wir die bestrafen, die unsere Jugend verderben. [...] Die Perversion muß ausgerottet werden« (zitiert nach: *Stern* 41/1979, S.69). Ein Fall, der damals auch im Iran für Aufsehen gesorgt und erregte Debatten provoziert hatte, betraf die Bestrafung einer schwangeren Ehebrecherin, die zur Strafe erschossen worden war, während man ihren Liebhaber zu einhundert Peitschenhieben verurteilt hatte. Dazu sagte Chomeini im selben Interview: »Wenn es so ist, dann heißt es, daß sie die Strafe verdient hat. Was weiß ich. Sicher hat die Frau irgend etwas Schlimmes gemacht. Fragen Sie das Gericht, das sie verurteilt hat – und jetzt genug von diesen Dingen. Sie öden mich an« (zitiert nach: *Stern* 41/1979, S.278).

8 Vgl. Freidoune Sahebjam: »Ich habe keine Tränen mehr«. Iran: Die Geschichte des Kindersoldaten Reza Behrouzi. Reinbek 1988, S.122 ff.; http://www.globalsecurity.org/military/world/war/iran-iraq.htm

9 Matthias Küntzel: Djihad und Judenhaß, S.20

10 Zitiert nach Matthias Küntzel: Von Zeesen bis Beirut. Nationalsozialismus und Antisemitismus in der arabischen Welt. In: Neuer Antisemitismus? Eine globale Debatte. Hrsg. von Doron Rabinovici, Ulrich Speck und Natan Sznaider. Frankfurt am Main 2004, S.271–293, hier S.278 f.

11 Vgl. Y. Porath: The Emergence of the Palestine-Arab National Movement 1918–1929. London 1974, S.59 f.

12 Vgl. Sabine Damir-Geilsdorf: Herrschaft und Gesellschaft. Der islamistische Wegbereiter Sayyid Qutb und seine Rezeption. Würzburg 2003, S. 40 f., 130–138; Adnan A. Musallam: From Secularism to Jihad. Sayyid Qutb and the Foundations of Radical Islamism. Westport und London 2005, S.76, 84 und 114 ff. Qutb, so faßt es Jörg Lau zusammen, schaue »mit einem Pornographenblick auf die westliche Öffentlichkeit und die zunehmend selbstbewußt darin agierenden Frauen. Für diesen Blick ist das Büro oder der Laden, in dem männliche und weibliche Angestellte miteinander arbeiten, auch nur als eine Art Bordell denkbar. Es handelt sich hier gewissermaßen um das okzidentalistische Reversbild der orientalistischen Haremsphantasien.« Jörg Lau: Die Muslime und der dekadente Westen. In: *Merkur* 61 (2007), S.780–789, hier S.788

13 Zitiert nach Ulrike Ackermann: Die Feinde der offenen Gesellschaft. In: *Merkur* 59 (2005), S. 451–455, hier S. 451 f.

14 Klaus Holz: Neuer Antisemitismus? – Wandel und Kontinuität der Judenfeindschaft. In: Neuer Antisemitismus? Judenfeindschaft im politischen Extremismus und im öffentlichen Diskurs. Publikation der Vorträge des Symposiums des Bundesamtes für Verfassungsschutz am 5. Dezember 2005. Hrsg. vom Bundesministerium des Innern. [Berlin 2006], S. 30–53, hier S. 36

15 Zitiert nach Matthias Küntzel: Djihad und Judenhaß, S. 84

16 Vgl. Robert S. Wistrich: Islamic Judeophobia: An Existential Threat. In: Muhammad's Monsters. A Comprehensive Guide to Radical Islam for Western Audiences. Hrsg. von David Bukay. Green Forest 2004, S. 195–219, hier S. 207

17 Vgl. David Menashri: The Jews from Iran: Between the Shah and Khomeini. In: Anti-Semitism in Times of Crisis. Hrsg. von Sander L. Gilman und Steven T. Katz. New York und London 1991, S. 353–371, hier S. 360

18 Vgl. Ofra Bengio: In the Eyes of the Beholder. Israel, Jews and Zionism in the Iraqui media. In: Jews, Muslims and Mass Media. Hrsg. von Tudor Parfitt und Yulia Egorava. London und New York 2004, S. 109–119, hier S. 113

19 Vgl. Daniel Pipes: The Hidden Hand, S. 215

20 Zitiert nach Michael Kiefer: Antisemitismus in den islamischen Gesellschaften, S. 112

21 Vgl. Daniel Pipes: The Hidden Hand, S. 199 f.

22 Vgl. Michael Kiefer: Antisemitismus in den islamischen Gesellschaften, S. 115

23 Vgl. Daniel Pipes: The Hidden Hand. Middle East Fears of Conspiracy. London u. a. 1996, S. 176

24 Vgl. Daniel Pipes, ebd., S. 215

25 Vgl. Robert S. Wistrich: Islamic Judeophobia, a. a. O., S. 204 (siehe Anmerkung 16)

26 Vgl. Daniel Pipes: The Hidden Hand, S. 201

27 Zitiert nach Kurt Greussing: »Esel mit Büchern«, Agenten und Verschwörern. Von den Judenbildern des Koran zum modernen islamischen Antisemitismus. In: Gerüchte über die Juden. Antisemitismus, Philosemitismus und aktuelle Verschwörungstheorien. Hrsg. von Hanna Loewy. Essen 2005, S. 149–170, hier S. 155

28 *Tishrin Al-Usbu'a*, 24. August 1998, zitiert nach: http://www.adl.org/syria_media_monica.asp

29 Vgl. Götz Nordbruch: Modernisierung, Anti-Modernismus, Globalisierung – Judenbilder, Verschwörungstheorien und gesellschaftlicher Wandel in der arabischen Welt. In: »Das ›bewegliche‹ Vorurteil«. Aspekte des internationalen Antisemitismus. Hrsg. von Christina von Braun und Eva-Maria Ziege. Würzburg 2004, S. 201–219, hier S. 206

30 Matthias Küntzel: Djihad und Judenhaß, S. 95

31 In Ägypten trieben solche zornigen Attacken den Schwarzmarktpreis für Kassetten mit Songs von Danna International in die Höhe. Vgl. Ted Swedenburg: Sa'ida Sultan/Danna International. Transgender Pop and the Polysemiotics of Sex, Nation, and Ethnicity on the Israeli-Egyptian Border. In: Mass Mediations. New Approaches to Popular Culture in the Middle East and Beyond. Hrsg. von Walter Armbrust. Berkeley 2000, http://ark.cdlib.org/ark:/13030/ft8k4008kx/, Kapitel 4; Matthias Küntzel: Djihad und Judenhaß, S. 95 f. »Erneut erweist sich so der Mechanismus der Projektion, welcher das individuelle Begehren nach sexuellem und sinnlichem Glück nach außen wirft, in Israel lokalisiert und dort zu vernichten sucht, als wichtiger Bestandteil des antisemitischen Hasses. Die sexuelle Selbstverleugnung, die dieser Projektion

zugrunde liegt, resultiert aus der ›religiösen Angst‹ (Wilhelm Reich), die der Islamismus systematisch schürt« (ebd., S. 96).

32 *Al-Wattan*, 19. April 1999, zitiert nach: http://www.jewishvirtuallibrary.org/jsource/anti-semitism/arab_press0599.html

33 Vgl. Robert S. Wistrich: Islamic Judeophobia, a. a. O., S. 203 (siehe Anmerkung 16)

34 Vgl. Götz Nordbruch: Modernisierung, Anti-Modernismus, Globalisierung, a. a. O., S. 209 (siehe Anmerkung 29)

35 Zitiert nach Matthias Küntzel: Djihad und Judenhaß, S. 94 f. Vgl. Abraham A. Foxman: Muslimischer Antisemitismus zwischen Europa und dem Nahen Osten. In: Neu-alter Judenhass, S. 171 – 177, hier S. 175. »Juden werden als Überbringer von schlechter Moral, Drogen, verbotenem Geschlechtsverkehr und Alkohol dargestellt« (ebd.).

36 Vgl. Gabriel Schoenfeld: The Return of Anti-Semitism. San Francisco 2004, S. 15

37 *Al-'ilm*, November 2001, zitiert nach Gabriel Schoenfeld, a. a. O., S. 16

38 Vgl. Götz Nordbruch: Modernisierung, Anti-Modernismus, Globalisierung, S. 208 (siehe Anmerkung 29). Der Autor bezieht sich auf Abdullah Nasih Ulwan: Islam and Sex. Kairo 2002, S. 50 f.

39 Zitiert nach Yigal Carmon: Was ist arabischer Antisemitismus? In: Neu-alter Judenhass, S. 203 bis 210, hier S. 206

40 Zitiert nach: http://www.adl.org/main_Arab_World/barbie.htm

41 Vgl. http://www.islamonline.net/discussione/message.jsa?messageID=8999. Abgeliefert hatte diesen Meinungsbeitrag am 26. Juli 2006 ein Gentleman namens Michael James, der sich als freier britischer Journalist vorstellte.

42 Die Hoffnung auf diese Prämie für Märtyrer verdankt sich der vulgären Fehldeutung verschiedener Koranverse; vgl. Christoph Luxenberg: Die syro-aramäische Lesart des Koran. Ein Beitrag zur Entschlüsselung der Koransprache. Berlin 2000, S. 221 – 260

Literatur

Verzeichnis aller mehrfach erwähnten Quellen; die bibliographischen Angaben zu den nur einmal zitierten Texten stehen in den Anmerkungen.

Josef Ackermann: Heinrich Himmler als Ideologe. Göttingen, Zürich und Frankfurt am Main 1970

Theodor W. Adorno: Studien zum autoritären Charakter. Frankfurt am Main 1973

Reuben Ainsztein: Jüdischer Widerstand im deutschbesetzten Osteuropa während des Zweiten Weltkrieges. Oldenburg 1993

Gordon W. Allport: Die Natur des Vorurteils. Köln 1971

Franz Alt: Jesus – der erste neue Mann. München 1989

Antisemitism and its Opponents in modern Poland. Hrsg. von Robert Blobaum. Ithaca und London 2005

Antisemitismus in der Schweiz 1848–1960. Hrsg. von Aram Mattioli. Zürich 1998

Antisemitismus und Geschlecht. Von »effeminierten Juden«, »maskulinisierten Jüdinnen« und anderen Geschlechterbildern. Hrsg. von der A.G. Gender-Killer. Münster 2005

Matthew Arnold: Culture and Anarchy. Hrsg. von J. Dover Wilson. Cambridge u.a. 1990

Fritz Baer: Die Juden im christlichen Spanien. Erster Teil. Urkunden und Regesten. England 1970

Adolf Bartels: Hebbel und die Juden. Das literarische Judentum seiner Zeit. München 1922

Peter Emil Becker: Zur Geschichte der Rassenhygiene. Wege ins Dritte Reich. Stuttgart und New York 1988

Alex Bein: Die Judenfrage. Biographie eines Weltproblems. Band I. Stuttgart 1980

Beiträge zur Rechtsgeschichte. Gedächtnisschrift für Hermann Conrad. Hrsg. von Gerd Kleinheyer und Paul Mikat. Paderborn u.a. 1979

Helmut Berding: Moderner Antisemitismus in Deutschland. Frankfurt am Main 1988

Hans-Michael Bernhardt: Bewegung und Beharrung. Studien zur Emanzipationsgeschichte der Juden im Großherzogtum Mecklenburg-Schwerin 1813–1869. Hannover 1998

Robert Bonfil: Jewish Life in Renaissance Italy. Berkeley u.a. 1994

Buch der Agonie. Das Warschauer Tagebuch des Chaim A. Kaplan. Hrsg. von Abraham I. Katsh. Frankfurt am Main 1967
The Catastrophe of European Jewry. Antecedents – History – Reflections. Selected Papers. Hrsg. von Yisrael Gutman und Livia Rothkirchen. Jerusalem 1976
Houston Stewart Chamberlain: Die Grundlagen des Neunzehnten Jahrhunderts. I. Hälfte. München ²1900; II. Hälfte. München ²1900
Christianity and Judaism. Hrsg. von Diana Wood. Oxford und Cambridge 1992
Conditio Judaica. Hrsg. von Hans Otto Horch und Horst Denkler. Judentum, Antisemitismus und deutschsprachige Literatur vom 18. Jahrhundert bis zum Ersten Weltkrieg. Tübingen 1988; Judentum, Antisemitismus und deutschsprachige Literatur vom Ersten Weltkrieg bis 1933/1938. Dritter Teil. Tübingen 1993
Karlheinz Deschner: Kriminalgeschichte des Christentums. Erster Band: Die Frühzeit. Von den Ursprüngen im Alten Testament bis zum Tod des hl. Augustinus (430). Reinbek 1986; Zweiter Band: Die Spätantike. Von den katholischen »Kinderkaisern« bis zur Ausrottung der arianischen Wandalen und Ostgoten unter Justinian I. (527–565). Reinbek 1988
Deutsches Judentum in Krieg und Revolution 1916–1923. Ein Sammelband. Hrsg. von Werner E. Mosse und Arnold Paucker. Tübingen 1970
Bram Dijkstra: Das Böse ist eine Frau. Männliche Gewaltphantasien und die Angst vor der weiblichen Sexualität. Reinbek 1999
Artur Dinter: Die Sünde wider das Blut. Ein Zeitroman. Leipzig und Hartenstein im Erzgebirge ¹³1920
Friedrich Döllinger: Baldur und Bibel. Weltbewegende neue Enthüllungen über Jesus, Bibel und germanische Kultur im biblischen Kanaan. Nürnberg 1920
Jacob Döpler: Theatrum poenarum, suppliciorum et executionem criminalium, Oder Schau=Platz Derer Leibes und Lebens=Straffen [...] Sondershausen 1693
Simon Dubnow: Weltgeschichte des jüdischen Volkes. Von seinen Uranfängen bis zur Gegenwart. In zehn Bänden. Europäische Periode. Band IV: Das frühere Mittelalter. Berlin 1926; Band V: Das späte Mittelalter. Berlin 1927; Die Neuzeit. Band VI: Erste Periode. Berlin 1927
Hans Peter Duerr: Der Mythos vom Zivilisationsprozeß. Band 1: Nacktheit und Scham. Frankfurt am Main 1988; Band 3: Obszönität und Gewalt. Frankfurt am Main 1993; Band 5: Die Tatsachen des Lebens. Frankfurt am Main 2002

Edwin Erich Dwinger: Wir rufen Deutschland. Heimkehr und Vermächtnis. Jena [um 1937], 63.–78. Tausend
Kurt Eggers: Der Tanz aus der Reihe. Dortmund 1939
Rainer Erb/Werner Bergmann: Die Nachtseite der Judenemanzipation. Der Widerstand gegen die Integration der Juden in Deutschland 1780–1860. Berlin 1989
Cornelia Essner: Die »Nürnberger Gesetze« oder Die Verwaltung des Rassenwahns 1933–1945. Paderborn u.a. 2002
Fastnachtsspiele aus dem 15. Jahrhundert. Erster Theil (Bibliothek des Litterarischen Vereins in Stuttgart, Bd. XXVIII). Stuttgart 1853
Gottfried Feder: Die Juden. München [4]1933
Feindbilder in der deutschen Geschichte. Studien zur Vorurteilsgeschichte im 19. und 20. Jahrhundert. Hrsg. von Christoph Jahr, Uwe Mai und Kathrin Roller. Berlin 1994
Frank Felsenstein: Anti-Semitic Stereotypes. A Paradigm of Otherness in English Popular Culture, 1660–1830. Baltimore und London 1995
Joachim Fest: Hitler. Berlin und Frankfurt am Main 1995
A. Fetz: Frauenkräfte in Deutschlands Not und Hoffnung. [o. O. 1924]
Jens Malte Fischer: Jahrhundertdämmerung. Ansichten eines anderen Fin de siècle. Wien 2000
Klaus P. Fischer: The History of an Obsession. German Judeophobia and the Holocaust. New York 1998
Auguste Forel: Die sexuelle Frage. Eine naturwissenschaftliche, psychologische und hygienische Studie nebst Lösungsversuchen wichtiger sozialer Aufgaben der Zukunft. München [15]1923
Forschungen zur Judenfrage. Band 2. Hamburg [2]1943; Band 3. Sitzungsberichte der Dritten Münchner Arbeitstagung des Reichsinstituts für Geschichte des neuen Deutschlands vom 5. bis 7. Juli 1938. Hamburg 1938; Band 4. Sitzungsberichte der Vierten Münchner Arbeitstagung des Reichsinstituts für Geschichte des neuen Deutschlands vom 4. bis 6. Juli 1939. Hamburg 1940
Fred Graf Frankenberg: Kriegstagebücher von 1866 und 1870/71. Hrsg. von Heinrich von Poschinger. Stuttgart, Leipzig, Berlin und Wien 1896
H. A. und E. Frenzel: Daten deutscher Dichtung. Chronologischer Abriß der deutschen Literaturgeschichte. Daten deutscher Dichtung. Band I. Von den Anfängen bis zur Romantik. München [14]1978; Band II. Vom Biedermeier bis zur Gegenwart. München [14]1977
Harry Friedenwald: The Jews and Medicine. Essays. 2 Bde. [New York] 1967

Theodor Fritsch: Der falsche Gott (Beweis=Material gegen Jahwe). Leipzig [8]1921
Robert Gellately: Die Gestapo und die deutsche Gesellschaft. Die Durchsetzung der Rassenpolitik 1933–1945. Paderborn, München, Wien und Zürich 1993
M[ax]. R[obert]. Gerstenhauer: Rassenlehre und Rassenpflege. Leipzig 1913
Bernard Glassman: Anti-Semitic Stereotypes without Jews. Images of the Jew in England 1290–1700. Detroit 1975
Bernard Goldstein: Die Sterne sind Zeugen. Hamburg 1950
Joan Young Gregg: Devils, Women, and Jews. Reflections of the Other in Medieval Sermin Stories. Albany 1997
Thomas Grosser: Reiseziel Frankreich. Deutsche Reiseliteratur vom Barock bis zur Französischen Revolution. Opladen 1989
La guerre de 1870/71 et ses conséquences. Hrsg. von Philippe Levillain und Rainer Riemenschneider. Bonn 1990
Friedrich-Wilhelm Haack: Wotans Wiederkehr. Blut-, Boden- und Rasse-Religion. München 1981
Brigitte Hamann: Hitlers Wien. Lehrjahre eines Diktators. München und Zürich [2]1996
Handbuch der Judenfrage. Die wichtigsten Tatsachen zur Beurteilung des jüdischen Volkes. Hrsg. von Theodor Fritsch. Leipzig [37]1934
Ivan Hannaford: Race. The History of an Idea in the West. Washington u.a. [2]1996
Herwig Hartner-Hnizdo: Das jüdische Gaunertum. München 1939
Otto Hauser: Geschichte des Judentums. Weimar 1921
ders.: Die Juden und Halbjuden der deutschen Literatur. Danzig und Leipzig 1933
Johannes Heil: Kompilation oder Konstruktion? Die Juden in den Pauluskommentaren des 9. Jahrhunderts. Hannover 1998
Dagmar Herzog: Die Politisierung der Lust. Sexualität in der deutschen Geschichte des zwanzigsten Jahrhunderts. München 2005
Franz Josef Heyen: Parole der Woche. Eine Wandzeitung im Dritten Reich. 1936–1943. München 1983
Raul Hilberg: Die Vernichtung der europäischen Juden. Durchgesehene und erweiterte Ausgabe. Band 1–3. Frankfurt am Main 1990
Heinrich Himmler: Geheimreden 1933 bis 1945 und andere Ansprachen. Hrsg. von Bradley f. Smith und Agnes f. Peterson. Frankfurt am Main, Berlin und Wien 1974

Hinter dem schwarzen Vorhang. Die Katastrophe und die epische Tradition. Festschrift für Anthony W. Riley. Hrsg. von Friedrich Gaede, Patrick O'Neal und Ulrich Scheck. Tübingen und Basel 1994

Historische Rassismusforschung. Ideologien – Täter – Opfer. Hrsg. von Barbara Danckwortt, Thorsten Querg und Claudia Schöningh. Hamburg 1995

Adolf Hitler: Mein Kampf. Erster Band: Eine Abrechnung. München [37]1935; Zweiter Band: Die nationalsozialistische Bewegung. München [34]1935

Hitler. Sämtliche Aufzeichnungen 1905–1924. Hrsg. von Eberhard Jäckel und Axel Kuhn. Stuttgart 1980

Adolf Hitler. Monologe im Führerhauptquartier 1941–1944. Die Aufzeichnungen Heinrich Heims. Hrsg. von Werner Jochmann. Bindlach 1988

Maria Höhn: GIs and Fräuleins. The German-American Encounter in 1950s West Germany. Chapel Hill und London 2002

Nicoline Hortzitz: Die Sprache der Judenfeindschaft in der frühen Neuzeit (1450–1700). Untersuchungen zu Wortschatz, Text und Argumentation. Heidelberg 2005

Hartwig von Hundt=Radowsky: Judenspiegel. Ein Schand= und Sittengemålde alter und neuer Zeit. Wůrzburg 1819

Friedrich Hussong: »Kurfürstendamm«. Zur Kulturgeschichte des Zwischenreichs. Berlin [1934]

Karl Ibach: Kemna. Wuppertaler Konzentrationslager 1933–1934. Wuppertal 1981

Benjamin Isaac: The Invention of Racism in Classical Antiquity. Princeton und Oxford 2004

The Jews in the legal sources of the early Middle Ages. Hrsg. von Amnon Linder. Detroit und Jerusalem 1997

Eckhard John: Musikbolschewismus. Die Politisierung der Musik in Deutschland 1918–1938. Stuttgart und Weimar 1994

Paul Johnson: A History of the Jews. London 1987

Die Juden als Minderheit in der Geschichte. Hrsg. von Bernd Martin und Ernst Schulin. München 1981

Juden im Wilhelminischen Deutschland 1890–1914. Hrsg. von Werner E. Mosse unter Mitwirkung von Arnold Paucker. Tübingen 1976

Die Juden in Deutschland. Hrsg. vom Institut zum Studium der Judenfrage. München [6]1937

Die Juden in ihrer mittelalterlichen Umwelt. Hrsg. von Alfred Ebenbauer und Klaus Zatloukal. Wien, Köln und Weimar 1991

Judentum und Antisemitismus von der Antike bis zur Gegenwart. Hrsg. von Thomas Klein, Volker Losemann und Gunther Mai. Düsseldorf 1984
Judenverfolgung und jüdisches Leben unter den Bedingungen der nationalsozialistischen Gewaltherrschaft. Hrsg. von Gerhard Hirschfeld, Joachim-Felix Leonhard und Julius H. Schoeps. Band 1. Tondokumente und Rundfunksendungen 1930–1946. Zusammengestellt und bearbeitet von Walter Roller unter Mitwirkung von Susanne Höschel. Potsdam 1996
Edgar J. Jung: Die Herrschaft der Minderwertigen, ihr Zerfall und ihre Ablösung durch ein Neues Reich. Berlin [3]1930
Siegfried Kadner: Rasse und Humor. München 1936
Norbert Kampe: Studenten und »Judenfrage« im Deutschen Kaiserreich. Die Entstehung einer akademischen Trägerschicht des Antisemitismus. Göttingen 1988
Jacob Katz: Vom Vorurteil bis zur Vernichtung. Der Antisemitismus 1700 – 1933. München 1989
Douglas M. Kelley: 22 Männer um Hitler. Erinnerungen des amerikanischen Armeearztes und Psychiaters am Nürnberger Gefängnis. Olten und Bern [1947]
Kennzeichen »J«. Bilder, Dokumente, Berichte zur Geschichte der Verbrechen des Hitlerfaschismus an den deutschen Juden 1933–1945. Hrsg. von Helmut Eschwege. Frankfurt am Main 1979
Michael Kiefer: Antisemitismus in den islamischen Gesellschaften. Der Palästina-Konflikt und der Transfer eines Feindbildes. Düsseldorf 2002
Guido Kisch: Jewry-Law in Medieval Germany. Laws and Court Decisions Concerning Jews. New York 1949
Gerhard Kittel: Die historischen Voraussetzungen der jüdischen Rassenmischung. Hamburg 1939
Christian Koller: »Von Wilden aller Rassen niedergemetzelt«. Die Diskussion um die Verwendung von Kolonialtruppen in Europa zwischen Rassismus, Kolonial- und Militärpolitik (1914–1930). Stuttgart 2001
Georg Ludwig Kriegk: Frankfurter Bürgerzwiste und Zustände im Mittelalter. Ein auf urkundlichen Forschungen beruhender Beitrag zur Geschichte des deutschen Bürgerthums. Frankfurt am Main 1862
Florian Krobb: Die schöne Jüdin. Jüdische Frauengestalten der deutschsprachigen Erzählliteratur vom 17. Jahrhundert bis zum Ersten Weltkrieg. Tübingen 1993
Matthias Küntzel: Djihad und Judenhaß. Über den neuen antijüdischen Krieg. Freiburg [2]2003

Hermann Langbein: Der Auschwitz-Prozeß. Eine Dokumentation. Band 1. Frankfurt am Main 1995
Friedrich Lange: Wir zwischen 25 Nachbarvölkern. Berlin 1940
Heinz Lauber: Judenpogrom. »Reichskristallnacht« November 1938 in Großdeutschland. Daten – Fakten – Dokumente – Quellentexte – Thesen und Bewertungen. Gerlingen 1981
Johann von Leers: Die Verbrechernatur der Juden. Berlin 1944
Stefan Lehr: Antisemitismus – religiöse Motive im sozialen Vorurteil. Aus der Frühgeschichte des Antisemitismus in Deutschland 1870–1914. München 1974
Rosemarie K. Lester: Trivialneger. Das Bild des Schwarzen im westdeutschen Illustriertenroman. Stuttgart 1982
Rosemarie Leuschen-Seppel: Sozialdemokratie und Antisemitismus im Kaiserreich. Die Auseinandersetzung der Partei mit den konservativen und völkischen Strömungen des Antisemitismus 1871–1914. Bonn 1978
Michael Ley: Genozid und Heilserwartung. Zum nationalsozialistischen Mord am europäischen Judentum. Wien 1993
Bernd-Wilhelm Linnemeier: Jüdisches Leben im Alten Reich. Stadt und Fürstentum Minden in der Frühen Neuzeit. Bielefeld 2002
Klaus Lohrmann: Judenrecht und Judenpolitik im mittelalterlichen Österreich. Wien und Köln 1990
Die Macht der Bilder. Antisemitische Vorurteile und Mythen. Hrsg. vom Jüdischen Museum der Stadt Wien. Wien 1995
Christine Magin: »Wie es umb der iuden recht stet«. Der Status der Juden in spätmittelalterlichen deutschen Rechtsbüchern. Göttingen 1999
Dietmut Majer: Grundlagen des nationalsozialistischen Rechtssystems. Führerprinzip, Sonderrecht, Einheitspartei. Stuttgart, Berlin, Köln und Mainz 1987
Hans Maršálek: Die Geschichte des Konzentrationslagers Mauthausen. Dokumentation. Wien [2]1980
Christoph Meiners: Ueber die Natur der Afrikanischen Neger, und die davon abhangende Befreyung, oder Einschränkung der Schwarzen. Hrsg. von Frank Schäfer. Hannover 1997
Kerstin Meiring: Die Christlich-Jüdische Mischehe in Deutschland 1840–1933. Hamburg 1998
Wilhelm Meister [d.i. Paul Bang]: Judas Schuldbuch. Eine deutsche Abrechnung. München [5–6]1920
Paul Mikat: Die Judengesetzgebung der merowingisch-fränkischen Konzilien. Opladen 1995

Alexander Mitscherlich/Fred Mielke: Das Diktat der Menschenverachtung. Heidelberg 1947
Maren Möhring: Marmorleiber. Körperbildung in der deutschen Nacktkultur (1890–1930). Köln, Weimar und Wien 2004
Johann Műller: Judaismus oder Jűdenthumb [...] Hamburg 1644
Rolf-Dieter Müller und Gerd R. Ueberschär: Kriegsende 1945. Die Zerstörung des Deutschen Reiches. Frankfurt am Main 1994
Nationalsozialistische Frauenpolitik vor 1933. Dokumentation. Hrsg. von Hans-Jürgen Arendt, Sabine Hering und Leonie Wagner. Frankfurt am Main 1995
Neu-alter Judenhass. Antisemitismus, arabisch-israelischer Konflikt und europäische Politik. Hrsg. von Klaus Faver, Julius H. Schoeps und Sacha Stawski. Berlin 2006
Die Neue Front. Hrsg. von [Arthur] Moeller van den Bruck, Heinrich von Gleichen und Max Hildebert Boehm. Berlin 1922
Jacob Neusner: Aphrahat and Judaism. The Christian-Jewish Argument in Fourth-Century Iran. Leiden 1971
Helmut Nicolai: Rasse und Recht. Berlin 1933
»Niemand war dabei und keiner hat's gewußt«. Die deutsche Öffentlichkeit und die Judenverfolgung 1933–45. Hrsg. von Jörg Wollenberg. München 1989
David Nirenberg: Conversion, Sex, and Segregation: Iberian Jews and Christians after the Massacres of 1391, http://www.history.umd.edu/Faculty/BCooperman/Medieval/DNirenbergConvsexsegr.html
Ernst Noam/Wolf-Arno Kropat: Juden vor Gericht 1933–1945. Dokumente aus hessischen Justizakten (Justiz und Judenverfolgung, Band 1). Wiesbaden 1975
Karl Leo Noethlichs: Die gesetzgeberischen Maßnahmen der christlichen Kaiser des vierten Jahrhunderts gegen Häretiker, Heiden und Juden. Köln 1971
ders.: Die Juden im christlichen Imperium Romanum (4.–6. Jahrhundert). Berlin 2001
Rudolf Olden: Hitler. Amsterdam 1935
James Parkes: The Conflict of the Church and the Synagogue. A study in the origins of antisemitism. New York 1974
Calel Perechodnik: Bin ich ein Mörder? Das Testament eines jüdischen Ghetto-Polizisten. Lüneburg 1997
Daniel Pipes: The Hidden Hand. Middle East Fears of Conspiracy. London u.a. 1996

Ute Planert: Antifeminismus im Kaiserreich. Diskurs, soziale Formation und politische Mentalität. Göttingen 1998
Léon Poliakov: Geschichte des Antisemitismus. Band VI. Emanzipation und Rassenwahn. Worms 1987; Band VII. Zwischen Assimilation und »jüdischer Weltverschwörung«. Frankfurt am Main 1988
Reiner Pommerin: »Sterilisierung der Rheinlandbastarde«. Das Schicksal einer farbigen deutschen Minderheit 1918–1937. Düsseldorf 1979
Alexandra Przyrembel: ›Rassenschande‹. Reinheitsmythos und Vernichtungslegitimation im Nationalsozialismus. Göttingen 2003
Rudolf Quanter: Die Sittlichkeitsverbrechen im Laufe der Jahrhunderte und ihre strafrechtliche Beurteilung. Berlin [8]1925 (Reprint Aalen 1970)
Wilhelm Raabe: Gesammelte Romane. Erster Band. Gütersloh [o.J.]
Gert Raeithel: Geschichte der nordamerikanischen Kultur. Band 1. Vom Puritanismus bis zum Bürgerkrieg 1600–1860. Frankfurt am Main 1995
Ingrid Rauschenbach: Antisemitismus und Kolportageroman. Zur Struktur und Ideologie von Artur Dinters Roman »Die Sünde wider das Blut« (unter besonderer Berücksichtigung der literarisch geistesgeschichtlichen Voraussetzungen und der Rezeption des Buches). Berlin 1981 (Magisterarbeit)
Recht, Verwaltung und Justiz im Nationalsozialismus. Hrsg. von Martin Hirsch, Dietmut Majer und Jürgen Meinck. Baden-Baden [2]1997
Rechtsextremismus in Deutschland. Voraussetzungen, Zusammenhänge, Wirkungen. Hrsg. von Wolfgang Benz. Frankfurt am Main 1994
Wilhelm Reich: Die Massenpsychologie des Faschismus. Köln und Berlin 1971
Regesten zur Geschichte der Juden im Fränkischen und Deutschen Reiche bis zum Jahre 1273. Hrsg. im Auftrage der Historischen Commission für Geschichte der Juden in Deutschland. Bearbeitet unter Mitwirkung von Albert Dresdner und Ludwig Lewinski von Julius Aronius. Berlin 1902
F. Roderich=Stoltheim [d.i. Theodor Fritsch]: Die Juden im Handel und das Geheimnis ihres Erfolges. Steglitz [2]1913
ders.: Der jüdische Plan. Leipzig 1920
Stefan Rohrbacher/Michael Schmidt: Judenbilder. Kulturgeschichte antijüdischer Mythen und antisemitischer Vorurteile. Reinbek 1991
Rom – Paris – London. Erfahrung und Selbsterfahrung deutscher Schriftsteller und Künstler in den fremden Metropolen. Ein Symposion. Hrsg. von Conrad Wiedemann. Stuttgart 1988
Alfred Rosenberg: Schriften und Reden. Erster Band. Schriften aus den Jahren 1917–1921. München 1943

Franco Ruault: »Neuschöpfer des deutschen Volkes«. Julius Streicher im Kampf gegen Rassenschande. Frankfurt am Main 2006
Abba Rubin: Images in Transition. The English Jew in English Literature, 1660–1830. Westport und London 1984
Herbert Rütgen: Antisemitismus in allen Lagern. Publizistische Dokumente zur Ersten Republik Österreich 1918–1938. Graz 1989
Sammlung von Urkunden, theologischen und juristischen Bedenken, Verordnungen, Memorialen, Suppliken, Decreten, Briefen, Lebensbeschreibungen, kleinen Tractaten u. d. g. m. als eine Grundlage zur Hamburgischen Kirchenhistorie neuerer Zeiten [...] Hrsg. von Christian Ziegra. I. Theil. Hamburg 1764
Jean-Paul Sartre: Betrachtungen zur Judenfrage. Psychoanalyse des Antisemitismus. Zürich 1948
Peter Schäfer: Judeophobia. Attitudes toward the Jews in the Ancient World. Cambridge und London 1997
J[ohannes]. E. Scherer: Beiträge zur Geschichte des Judenrechtes im Mittelalter mit besonderer Bedachtnahme auf die Länder der österreichisch-ungarischen Monarchie. Erster Band: Die Rechtsverhältnisse der Juden in den deutsch-österreichischen Ländern. Leipzig 1901
Arno Schickedanz: Sozialparasitismus im Völkerleben. Leipzig 1927
Wilfried Schouwink: Der wilde Eber in Gottes Weinberg. Zur Darstellung des Schweins in Literatur und Kunst des Mittelalters. Sigmaringen 1985
Heinz Schreckenberg: Die christlichen Adversus-Judaeos-Texte und ihr literarisches und historisches Umfeld (13.–20. Jh.). Frankfurt am Main u.a. 1994
Peter Schuster: Das Frauenhaus. Städtische Bordelle in Deutschland (1350–1600). Paderborn u.a. 1992
Walter Scott: Ivanhoe. Frankfurt am Main 1975
Sexuality and German Fascism. Hrsg. von Dagmar Herzog. New York und Oxford 2005
Claudius Sieber-Lehmann: Spätmittelalterlicher Nationalismus. Die Burgunderkriege am Oberrhein und in der Eidgenossenschaft. Göttingen 1995
Shlomo Simonsohn: History of the Jews in the Duchy of Mantua. Jerusalem 1977
Paul R. Spickard: Mixed Blood. Intermarriage and Ethnic Identity in Twentieth-Century America. Madison und London 1989
Helmut Stellrecht: Neue Erziehung. Berlin 1943, 66.–90. Tausend
Frank Stern: Im Anfang war Auschwitz. Antisemitismus und Philosemitismus im deutschen Nachkrieg. Gerlingen 1991

Klaus Theweleit: Männerphantasien. 1. Frauen, Fluten, Körper, Geschichte; 2. Männerkörper – zur Psychoanalyse des weißen Terrors. Reinbek 1987
Rolf Thiede: Stereotypen vom Juden. Die frühen Schriften von Heinrich und Thomas Mann. Zum antisemitischen Diskurs der Moderne und dem Versuch seiner Überwindung. Berlin 1998
Ludwig Thoma: Sämtliche Beiträge aus dem *Miesbacher Anzeiger* 1920/21. Kritisch ediert und kommentiert von Wilhelm Volkert. München [2]1989
Lothar Gottlieb Tirala: Rasse, Geist und Seele. München 1935
Johann Caspar Ulrich: Sammlung Jůdischer Geschichten, welche sich mit diesem Volk in dem XIII. und folgenden Jahrhunderten bis auf MDCCLX in der Schweiz von Zeit zu Zeit zugetragen [...] Basel 1768
Bernward Vesper: Die Reise. Romanessay. Hrsg. von Jörg Schröder. Jossa 1977, 4.–6. Tausend
Visions Allemandes de la France (1871–1914). Frankreich aus deutscher Sicht (1871–1914). Hrsg. von Helga Abret und Michel Grunewald. Bern u.a. 1995
Von einer Welt in die andere. Jüdinnen im 19. und 20. Jahrhundert. Hrsg. von Jutta Dick und Barbara Hahn. Wien 1993
»Von Gewohnheitsverbrechern, Volksschädlingen und Asozialen ...« Hamburger Justizurteile im Nationalsozialismus. Hrsg. von der Justizbehörde Hamburg. Hamburg 1995
Dirk Walter: Antisemitische Kriminalität und Gewalt. Judenfeindschaft in der Weimarer Republik. Bonn 1999
Otto Weininger: Geschlecht und Charakter. Eine prinzipielle Untersuchung. Berlin, Wien und Leipzig 1932
Karl Weinländer: Rassenkunde, Rassenpädagogik und Rassenpolitik. Der naturgesetzliche Weg zu Deutschlands Aufstieg. Weißenburg i. Bay. 1933
Franz Josef Wiegelmann: Wieder die Juden! Judentum und Antisemitismus in der Publizistik aus sieben Jahrhunderten. Bonn 2005
Iris Wigger: Die »Schwarze Schmach am Rhein«. Rassistische Diskriminierung zwischen Geschlecht, Klasse, Nation und Rasse. Münster 2007
Stephen Wilson: Ideology and Experience. Antisemitism in France at the Time of the Dreyfus Affair. London u.a. 1982
Andreas Winnecken: Ein Fall von Antisemitismus. Zur Geschichte und Pathogenese der deutschen Jugendbewegung vor dem Ersten Weltkrieg. Köln 1991
Robert Wistrich: Wer war wer im Dritten Reich? Ein biographisches Lexikon. Anhänger, Mitläufer, Gegner aus Politik, Wirtschaft und Militär, Kunst und Wissenschaft. Überarbeitet und erweitert von Hermann Weiß. Frankfurt am Main 1987

Personenregister

Abraham a Santa Clara (d. i. Johann Ulrich Megerle) 55
Adam-Kappert, Karl (»der *Völkische Beobachter*«) 221
Adenauer, Konrad 281
Adorno, Theodor W. 74, 257 f., 265
Agnes von Poitiers 114
Agobard, Erzbischof von Lyon 49, 200
Ahlwardt, Hermann 61, 88, 264 f.
Ainsztein, Reuben 346
Alberti, Conrad (d. i. Conrad Sittenfeld, »ein Sittenkritiker«) 60, 305
Alexander VI., Papst 11, 347
Alexander von Roes, Stiftsherr 115
Alfons X., König 201
Allport, Gordon W. 141, 293
Almquist, Paula (»eine deutsche Journalistin«) 79
Alsberg, Moritz (»eine Studie«) 142
Al-Sudayyis, Abd Al-Rahman 289
Alt, Franz 81 f.
Altgeld, Wolfgang 264
Althaus, Paul 22
Ambrosius 48
Améry, Jean 101
Anselm, Sigrun (»die folgende Analyse«) 267
Aphrahat, Mönch 48
Arndt, Ernst Moritz 113 f., 116, 123, 134, 136, 138, 210 f., 220 f.
Arnold, Matthew (»ein englischer Sittenkritiker«) 359
Ascoli, Cecco d' 52
Athenagoras von Athen (»ein griechischer Christ«) 15
Atta, Mohammed 264, 286, 290
Augustin, Karl Wilhelm (»die deutschen Soldaten«) 128
Augustinus 49, 52
Austriacus, Dr. (»ein österreichischer Katholik«) 65
Avicenna (»ein Mitarbeiter«) 266

Baß, Friedrich 245
Bahr, Egon 158
Bang, Paul (»So soll der Frieden«, »Kampfschrift«, »ein nationalsozialistischer Journalist«) 109, 134, 148
Bangert, Otto (»ein anderer Nationalsozialist«) 150
Banister, Joseph (»ein Patriot«) 293
Bardot, Brigitte 138
Baron, Salo Wittmayer 200, 332
Bartsch, Rudolf Hans 190 f.
Basler, Adolf 146
Bauer, Max (»ein Oberst«) 93
Below, Wassilij 15
Benjamin von Tudela 16
Benzenberg, Johann Friedrich (»Patriot«) 211
Berger, Theodor (»Hofmeister eines reiselustigen Barons«) 117
Bergmann, Werner 241
Bernstein, F. W. 160
Birger, Trudi (»In der Krankenbaracke«) 240
Birley, Anthony R. 347

Bismarck, Otto von 162
Blitz, Hans-Martin 120, 316
Boger, Friedrich Wilhelm 245, 349
Böhler, Jochen 344
Boehm, Erich 231
Bohm, Walter 225
Bondrowski, Jerzy 106
Bonifacius Vitalinus 337
Borchardt, Rudolf 164
Börne, Ludwig 124 f.
Bosbach, Franz 114
Brack, Viktor 246
Braun, Christina von 189, 275 ff., 303
Braun, Eva 43
Brentz, Samuel Friedrich (»ein zum Christentum bekehrter Jude«) 53, 303
Bronnen, Arnolt 170
Brückner, Peter 265 f.
Brühl, Carlrichard 315
Brumlik, Micha 309
Bucher, Lothar 340
Büderich, Wilhelm (»ein völkischer Publizist«) 135
Bullock, Alan 272
Burleigh, Michael 198
Buscher, Gustav 231
Butler, Nicholas Murray 132

Calimani, Riccardo 336
Carlyle, Thomas 214
Carpzov, Benedikt 206
Chamberlain, Houston Stewart 62, 132, 147, 187 f.
Chomeini, Ayatollah 282 f., 356
Chrysostomus 48
Cipriani, Lidio 22
Claß, Heinrich (»der Vorsitzende des Alldeutschen Verbandes«) 91
Cleaver, Eldridge 22
Clinton, Bill 286
Covarrubias y Leiva Diego, Diego 337

Danna International 287, 357
Darré , Richard Walther (»Völkerkundler«) 67, 79
Deckert, Joseph 62
Dehmel, Richard 164 f.
Dessuant, Pierre 269 f.
Diebow., Hans 9
Dietrich, Otto (»ein regimetreuer Journalist«) 73
Dijkstra, Bram 40
Dinter, Artur 24–38, 41–46, 143
Distler, Heinrich (»Autor«) 169
Djibril, Muhammad Othman 288
Dohm, Christian Wilhelm 56
Domitian, Kaiser 237
Döpler, Jacob 242
Drewermann, Eugen 80 f.
Drumont, Édouard 12 f.
Dryden, John 11
Dühring, Eugen 215
Dülmen, Richard van 295
Durkheim, Émile 284
Duerr, Hans Peter 22, 284, 346, 348
Dwingers, Edwin Erich 93, 95, 173
Dylan, Bob 138

Eastland, James O. 177
Eberle, Joseph (»Kritiker«) 65
Ebert, Friedrich 169
Eck, Johannes 52

Elsner, Richard 170
Engels, Friedrich 19
Ephräm, Kirchenvater 23, 48
Epstein, Brian 287
Erb, Rainer 241
Erikson, Erik H. 260
Erlach, Paul (»Schon der Dunstkreis«) 91
Evola, Julius 151

Falb, Alfred (»Dazu kommt …«) 66
Fausel, Adolf (»Ich blicke auf«) 163
Fechner, Hermann (»Historiker jenes Kriegs«) 163
Feder, Gottfried 97, 150 f.
Felden, Klemens 263
Fenichel, Otto 260
Fest, Joachim C. 51, 275 f., 278
Fetz, A. (»ein anderer Beobachter«, »Traktat«) 97, 192
Fischer, Eugen 152, 218, 341
Fischer, Fritz 133
Folz, Hans 50 f., 237 f.
Ford, Henry 14
Forel, Auguste 20 f., 64
Forster, Georg 121
Franck, Sebastian 116
Fraenkel, Ernst 275
Frank, Friedrich 348
Frank, Leo 13
Frankenberg, Fred Graf (»ein Kriegsteilnehmer«) 129, 162
Frankl, Viktor E. 251
Franz, Kurt Hubert 346
Freising, Ruprecht von 202
Freisler, Roland 100, 226
Freud, Sigmund 260, 284, 351
Frick, Wilhelm 220, 222, 225
Friedell, Egon 98
Friedländer, Saul 263
Friedmann, Friedrich G. 352
Fritsch, Gustav 19
Fritsch, Theodor 40, 68, 92, 143, 146, 192, 222, 291
Fritz, Georg (»ein Autor«) 218

Gaiser, Gerd 77
Garber, Jörn 317
Gay, Peter 131
Geiger, Ludwig 346
Geißler, Ewald (»deutschnationale Gelehrte«) 133
Gentz, Friedrich von 123
Georgius Nigrinus (d. i. Georg Schwarz, »Item«) 103
Gernhardt, Robert 114
Giesebrecht, Wilhelm von 114 f.
Giese, Wilhelm (»Betrachter«) 62
Giesen, Bernhard 47
Gilbert, G. M. (»Psychologe«) 71
Glagau, Otto (»schlichtere Autoren«) 59
Glassman, Bernard 303
Glazar, Richard 250
Gleispach, Wenzeslaus Graf von 221
Globke, Hans 281
Goebbels, Joseph 67, 71, 107, 111, 258, 275
Goedsche, Herrmann 187
Goedsche, Herrmann (Pseudonym Sir John Retcliffe) 186 f.
Goethe, Johann Wolfgang von 212, 339
Goldfarb, Abraham 241
Goldstein, Bernard 74, 245, 252
Goldt, Max 159

Gomerski, Hubert 194
Grab, Walter 254
Grabert, Hans (»ein alter Nazi«) 77 f.
Gratianus, Kirchenrechtler 200
Grattenauer, Carl Wilhelm Friedrich (»Pamphlet«) 210
Graus, František 50, 302
Gréban, Arnoul 50
Gremliza, Hermann L. 123
Grillparzer, Franz 186
Grimm, Hans 169
Grimmelshausen, Johann Jakob Christoffel von 183 f.
Göring, Hermann 74, 106
Groh, Josef 155
Grosser, Thomas (»Die Kavalierstour«) 117, 121
Grotius, Hugo 206
Gruber, Max 108
Grunberger, Béla 269 f.
Günther, Hans Friedrich Karl 222
Gutermann, Norbert (»zwei Autoren«) 266
Gutzkow, Karl Ferdinand 185 f., 330

Habe, Hans 179
Haeckel, Ernst 164
Hadrian, Kaiser 347
Hagen, Friedrich Heinrich von der (»ein Widersacher«) 125
Hahn, Christian Diederich (»ein Redner«) 132
Haimo, Bischof von Halberstadt 16
Hainbund 119, 120 f.
Haiser, Franz (»Betrachtung«) 97
Haller, Johannes 102, 176
Hannemann, Carl (»einer ihrer Abgeordneten«) 149
Hanstein, Ewald 239
Hardtwig, Wolfgang 119
Hartmann, Moritz (»ein deutscher Poet«) 182
Hartner-Hnizdo, Herwig (»Kriminalitätsstatistik«, »Abgesehen von diesen«) 73, 101
Hartwich, Wolf-Daniel 355
Hassencamp, Fritz 232 f.
Hauer, Nadine 308
Hauff, Wilhelm 184, 329
Hauser, Otto (»Verfasser«, »Antwort«, »kühne Versuche«, »ein Antisemit«) 66 ff., 96, 98, 141, 291
Haußleitner, August (»ein Rechtsextremist«) 177
Heeren, Arnold 124
Heil, Johannes 49
Heimberger, Fritz (»ein Lokalhistoriker«) 180
Heine, Heinrich 125
Heine, Susanne 80
Heinrich III., König 114, 201
Heinz, Friedrich Wilhelm (»Nun, jeder Jude«) 68
Henrici, Ernst 88
Henscheid, Eckhard 139
Hentschel, Willibald (»ratloser Mann«) 93
Herbeck, Ernst 27
Herder, Johann Gottfried 18
Hermes, C.H. (»liberale Anwälte«) 58
Herz, Henriette 193
Herzog, Dagmar 73, 74
Heydrich, Reinhard 198

Hieronymus, Kirchenvater 48
Hilberg, Raul 264
Hildebrandt, Kurt (»Verfasser einer Kampfschrift«) 220
Himmler, Heinrich 100, 112, 144, 194 f. 331, 333 f.
Hitler, Adolf 43, 72, 96, 103, 134 f., 146, 152, 154, 161, 171, 219, 227, 241, 248, 253 ff., 269, 270 ff., 276, 278 f., 282, 285, 333, 339, 349, 354
Hödl, Klaus 62
Hoegner, Wilhelm 349
Hoffmann, Ferdinand (»ein anderer Nazi«) 149
Holländer, Werner 232 f.
Hölty, Heinrich Christoph 119
Hommel, Carl Ferdinand von 209
Hondorff, Andreas 242
Honorius IV., Papst 202
Horkheimer, Max 257
Hosea, Prophet 52, 53
Hosemann, Sigismund (»Sündenregister«) 54, 304
Höß, Rudolf 70
Hrabanus Maurus 49, 302
Hubbard, William 17
Huber, Engelbert (»ein Fachmann«) 150
Hübner, H. F. (»ein Gegner«) 145
Hundt-Radowsky, Hartwig von 57, 243
Hussong, Friedrich (»die Nazis«) 109

Immermann, Karl 125 f.
Innozenz III., Papst 201
Innozenz IV., Papst 242
Iselin, Isaak 118
Ising, Willi 245

Jahn, Hermann (»ein Veteran«) 130
Jahn, Friedrich Ludwig 243
Jarcke, Carl Ernst 212
Jeggle, Utz 180
Jeismann, Michael 265
Joan Alardus 337
Jodl, Alfred 302
Johann I. von Aragon, König 203
John, Eckhard 145
Jones, LeRoi 22
Joseph I., Kaiser 208
Jost, Walter (»ein Stratege«) 175
Jung, Edgar J. (»scharfe Einwände«) 136, 147
Junge, Kay 47
Jünger, Ernst 255
Junges Deutschland 125 f.
Jung-Stilling, Johann Heinrich 122
Justin, Kirchenvater 48

Kadner, Siegfried (»ein Gutachter«) 152, 329
Kaiser, Helmut (»ein Kriminalist«) 101
Kant, Immanuel 210
Kaplan, Chaim A. (»ein anderer Zeuge«) 75
Karl II., König 11
Karrasch, Alfred (»ein Romane schreibender Nazi«) 99
Kästner, Wilhelm (»eine Expertise«) 40
Katsav, Mosche 309
Katz, Jacob 266
Katzenberger, Leo 232
Kellermann, Bernhard (»Schnulzenroman«) 64, 65, 306

Kelley, Douglas M. (»amerikanischer Psychiater«) 70
Kessler, Edmund 232 ff.
Khull-Kholwald, Ferdinand (»Seit der großen Revolution«) 134
Kiesinger, Kurt Georg 281
Killinger, Manfred von 273 f.
Kirchgeßner, J. Valentin (»Würzburger Jurist«) 54
Kittel, Gerhard 99, 154 f., 193 f.
Kleist, Peter (»Werk dieser Kategorie«) 178
Klinger, Max 164
Klopstock, Friedrich Gottlieb 191
Köberle, Adolf (»ein schwäbischer Professor«) 69
Kohlbauer-Fritz, Gabriele 227
Koller, Christian 166, 177, 325
Konrad, Franz 350
Konsalik, Heinz G. 139
Konstantin II., Kaiser 198
Körber, Robert (»Propagandafibel«) 175
Koschorke, Helmut 137
Krafft-Ebing, Richard von 59 f.
Krainz, Othmar (»ein Bericht«) 153
Kraus, Karl 127, 174, 265 f., 272
Kreneks, Ernst 147 f.
Krieck, Ernst 137
Kritschgau, Christian 47
Krobb, Florian 185
Kropat, Wolf-Arno 232
Krüger, Alf 330
Kühn, Erich 45
Kuhn (»ein Landgerichtsrat«) 229
Kummer, Bernhard 172
Küntzel, Matthias 283, 286, 357
Kutzleb, Hjalmar 221

Lambertus von Sint-Omaars 242
Lamprecht, Joachim Friedrich von 209
Lange, Friedrich (»ein Propagandist«, »ein deutscher Volksgenosse«, »ein Vorkämpfer«) 42, 137, 217
Lanz-Liebenfels, J. (d. i. Adolf Lanz, »völkischer Denker«, »Sittenwächter«) 91, 93, 97
Lassalle, Ferdinand 142
Lassen, Hans-Christian 228
Lau, Jörg 356
Lauterbacher, Hartmann 71
Lawrence, William 343
Leers, Johann von 107, 111 f., 197
Leeuwarden, Willi (»ein Zeuge«) 51, 302
Lempa, Günter 271
Lenz, Fritz 38
Leo I., Papst 49, 59
Leon, Johann Michael von (»Sohn einer Frankfurter Patrizierfamilie«) 117
Lersch, Heinrich 170
Leuschen-Seppel, Rosemarie 263
Levi, Primo 238 f.
Lewinsky, Monica 286
Ley, Robert 151, 176, 275
Liebermann, Max 164
Liebermann von Sonnenberg, Max Hugo 108, 216
Liechtenberger, Johannes 116
Liesching, Samuel Gottlieb 126
Loewenstein, Rudolph M. (»ein Freudianer«) 261

Logau, Friedrich von 53
Lombroso, Cesare 21
Long, Edward 18
Lotter, Friedrich 353
Löw, Franzi 249
Löw, Lena 235
Löwenthal, Leo (»zwei Autoren«) 14, 266
Ludwig XIV. 114, 122
Ludwig XV. 122
Luthardt, Ernst (»ein Autor«) 131
Luther, Martin 52, 264 f.

Mahmoud, Abdul Halim 284
Mahmud, Mustafa 286
Majer, Dietmut 344
Mann, Golo 262, 263
Mann, Heinrich 45, 46
Mann, Thomas 104 f., 165
Mannzmann, Anneliese (»Man kann sagen«) 271
Mantegezza, Paul (»Verfasser«) 20
Margaritha, Antonius 52
Marholm, Laura (d. i. Laura Hansson, »Theaterstück«) 89
Maria Theresia, Königin 208
Martial 47
Marx, Karl 142, 284
Maschmann, Melita 170
Maximilian I., Kaiser 114, 315
Mayer, Paul 7, 9, 22, 34, 290
Medawar, Sir Peter 354
Meiners, Christoph 18, 56, 142
Meller, Jobst (»ein Christ«) 86
Memmi, Albert 205
Mencken, Henry Louis 17
Mendel, Gérard (»ein Pionier«) 269
Mengele, Josef 239, 268
Mennecke, Friedrich 176
Menzel, Wolfgang 126, 186
Mercier, Louis Sébastien 178
Mertel, Hans Richard (»ein Arier«, »Kampfblatt«) 148, 222
Metternich, Klemenz Wenzel Lothar von 330
Metzsch, Horst v. (»Generalleutnant a. D.«) 174
Meyer, Alfred G. (»Wir hörten bald Geschichten«) 244
Meyer, Eduard 58, 164
Meyer, Friedrich Johann Lorenz 121 f.
Mitscherlich, Margarete 267
Mohler, Armin 255
Moeller van den Bruck, Arthur 147
Monroe, Marilyn 138
Moscherosch, Johann Michael 116
Muckermann, Hermann 342
Mufti von Jerusalem 283 f.
Mühlecker, Friedrich (»ein Demokrat«) 127
Mulack, Christa 79, 80, 82
Müller, Heidy 77
Müller, Johan 206, 337
Müller, Johann (»ein anderer«) 86
Munk, Frau 250

Napoleon Bonaparte 122 ff., 164
Napoleon III. 163
Naudh D. H. (»andere Sexualantisemiten«) 215, 340
Neubauer, Hans-Joachim 57
Neubauer, Peter B. 274
Nicolai, Helmut (»Feststellung«, »ein Jurist«) 99, 223
Niebuhr, Carsten 17 f., 295

Niederland, William G. 251
Nietzsche, Friedrich 98, 131, 216
Noam, Ernst 232
Nogent, Guibert von 11
Nolte, Ernst 234, 345
Nordheim, P. (»ein Autor«, »ein völkischer Beobachter«) 39, 85
Nordmann, Johannes 340

Odo von Cambrai 50
Oesterle, Ingrid 121, 125
Olden, Rudolf 27, 272, 354
Oldradus de Ponte 347
Olmert, Ehud 309
Oppenheimer, Joseph Süß (»Jud Süß«) 55, 208
Orel, Anton (»von katholischer Seite«) 150
Ovitz, Perla 239

Palm, Johann Philipp (»ein deutscher Patriot«) 123
Pappenheim, Bertha 104
Paul, Gustav 175
Paulescu, Nicolae C. 13
Paulus, Apostel 15, 198, 213, 347
Pfefferkorn, Johannes 51
Piccolomini, Enea Silvio → Pius II.
Pirner, Roland 235
Pius II., Papst 16
Pius V., Papst 11, 53
Plack, Arno 272
Plenge, Johann 109
Probst, Ferdinand 63
Prothmann, Wilhelm 76
Purchas, Samuel 17
Putin, Wladimir 309
Puvogel, Hans 244

Qasim, Talíat Fuíad 285
Quanter, Rudolf 337
Qutb, Muhammad 288
Qutb, Sayyid 283 f., 356

Raabe, Wilhelm 58 f., 87 f.
Raeithel, Gert 17, 19, 295
Raubal, Geli 43
Rebmann, Georg Friedrich 121 f. 317
Reemtsma, Jan Philipp 309
Reich, Wilhelm 258 f., 277, 357
Reich-Ranicki, Marcel 83
Reimarus, Hermann Samuel 56
Reinhardt, Max 164
Rieger, Sebastian 90
Ries, Rotraud 204
Rindfleisch, Georg Heinrich (»Premierlieutenant«) 130
Ringelblum, Emanuel 252
Robinsohn, Hans (»Und so fragten Polizeibeamte«) 228
Röder, Karl 251
Rohrbach, Paul (»evangelische Theologen«) 22, 133
Rohrbacher, Stefan 43, 50, 302
Röntgen, Wilhelm 22, 164
Rosenberg, Alfred 65, 95, 155–158, 168, 219, 342
Rost, Hans (»ein Katholik«) 90
Rosten, Curt (»Also, alles durcheinander bastardiert«) 224
Roth, Karl Heinz 268
Rothaug, Oswald 232
Rousseau, Jean-Jacques 122
Rowohlt, Harry 291
Ruault, Franco (»die Auffassung«) 268

Rüger, Bernhard (»ein Staatsanwalt«) 228
Rühs, Friedrich 125
Rutilius 49

Sackar, Josef 240
Sartre, Jean-Paul 181, 260 f., 265, 345
Schauer, Jenny 349
Schauwecker, Franz 273, 276
Schewzow, Iwan 195
Schickedanz, Arno 193, 220
Schiedermair, Rolf (»Spezialisten«) 156
Schiller, Friedrich 216
Schlegel, Friedrich 122
Schlettstadt, Rudolf von 85
Schmeck, Hermann (»ein Patriot«) 96
Schmidt, Michael 43, 50, 302
Schneckenburger, Max 324
Schopenhauer, Arthur 243 f.
Schreckenberg, Heinz 201
Schreiber, Ernst Martin (»in Mainz«) 171
Schröder, Burkhard (»ein Reporter«) 158
Schröder, Hein (»ein Mitarbeiter«) 174
Schubert, Karl 231
Schultze-Naumburg, Paul (»ein völkischer Kunstkritiker«) 110
Schumann, Horst 247
Scott, Walter 184, 238
Seberg, Jean 23
Seekel, Friedrich (»Veröffentlichungen«) 137
Sekles, Bernhard 152, 323
Sell, Manfred (»Forscher … Dogma«) 155
Shakespeare, William 266
Siegel, Erich (»antisemitischer Ideologe«) 307
Siegfried von Gorze, Abt 114 f., 133
Sklar, Moische 245
Sofsky, Wolfgang 246
Sorge, Gustav 231
Spiegelman, Art 159
Staemmler, Martin (»Mißtrauen der Arier«) 99
Stapel, Wilhelm 136
Steger, B. St. (»ein Pfarrer«) 213
Steiner, Rudolf 21, 41, 169
Sterling, Eleonore 261
Stilgebauer, Edward 189 f.
Stille, Gustav 60
Stoecker, Adolf 130
Stohge, Gustav (»Dichter«) 170
Stoiber, Edmund 235
Streicher, Julius 70 ff., 264, 268 f., 275, 307
Streim, Alfred 331
Stroop, Jürgen 137 f., 350
Strube, David Georg 209
Stuckart, Wilhelm (»Spezialisten«) 156
Sturm, Friedrich (»deutsche Kriminalisten«) 105
Sueton 237

Tacitus 47 ff.
Tacke, Charlotte 132
Tandler, Julius 244
Taufrova, Mlada 249
Theodor von Tarsus 199

Theodosius I., Kaiser 198
Theodosius II., Kaiser 198
Theweleit, Klaus 144, 264, 270, 295
Thoma, Ludwig 192, 219
Thurn und Taxis, Gloria von 159
Thygesen, Paul 350
Tiberius Decianus 205
Tirala, Lothar Gottlieb (»Naturforscher«) 72, 226
Tittmann, Carl August 212
Toller, Ernst 109
Treitschke, Heinrich von 127 f., 214 f.
Trurit, Hansgeorg (»Vorkämpfer«) 154
Tschewzow, Iwan 15
Tucholsky, Kurt 262, 298
Türk, Karl 60, 61

Ulrich I., Bischof 203
Ulrich, Johann Caspar (»ein Zürcher Pfarrer«) 12
Ulwan, Abdullah Nasih 289
Ungewitter, Richard (»ein Vorkämpfer«) 91

Vega Carpio, Lope Felix de (Kurzform Lope de Vega) 182
Veit, Dorothea 193
Verschuer, Otmar Freiherr von 72
Vesper, Will 158, 177, 195
Vespucci, Amerigo 16, 294
Vischer, Friedrich Theodor 164
Volkert, Bernd 236
Voltaire (Francois Marie Arouet) 11, 122
Vonhoff, R. (»Heimatzeitschrift«) 219

Wagener, Hermann 340
Wagner, Cosima 127
Wagner, Gerhard 72 f., 106
Wagner, Richard 38, 127
Wagner, Siegfried 147
Waldhausen, Robert (»ein antisemitischer Autor«) 216
Walser, Martin 83
Waltershausen, Hermann W. von (»ein Kulturkritiker«) 144 f.
Weber, Karl 177
Weiler, Gerda 80
Weininger, Otto 39, 63
Weinländer, Karl (»ein Rassenpädagoge«) 150, 173, 223
Weise, Christian 116
Weka (»ein völkischer Autor«) 90
Wendland, Hans (»Das Liebesleben«) 104
Wenz, Jakob (»ein Einwohner«) 171
West, Rebecca 307
Westheim, Paul 279 f.
Wiegand, Martin 133
Wilhelm II. 132, 135, 171
Willebrandt, Johann Peter 118
Windaus-Walser, Karin 267
Windmüller, Walter 245 f.
Wippermann, Wolfgang 198
Wistrich, Robert 104
Wodrig, Karl (»ein arischer Kunstliebhaber«) 218
Wojczak, Victor 231
Wolff, Hanna (»eine tiefenpsychologisch bewanderte Theologin«) 78 f., 82
Wolf, Heinrich (»die Nationalsozialisten«, »ein Historiker«) 110, 193

Woltmann, Ludwig (»ein Anthropologe«) 78 f., 82, 217
Wulffen, Erich (»ein deutscher Staatsanwalt«) 64
Wundshammer, Benno 178 f.

Zachariae, Friedrich Wilhelm 118
Zeno von Verona, Bischof 48
Ziegler, Hans Severus 152, 279, 355
Zietz, Louise 166
Zill, Egon 253
Zimmermann, Karl (»so hieß es«) 174
Zöberlein, Hans 172
Zola, Émile 12, 292
Zywulska, Krystyna (»eine Überlebende«) 240, 350